에듀윌과 함께 시작하면,
당신도 합격할 수 있습니다!

자소서와 면접, NCS와 직무적성검사의 차이점이 궁금한
취준을 처음 접하는 취린이

대학 졸업을 앞두고 취업을 위해 바쁜 시간을 쪼개며
채용시험을 준비하는 취준생

내가 하고 싶은 일을 다시 찾기 위해
회사생활과 병행하며 재취업을 준비하는 이직러

누구나 합격할 수 있습니다.
이루겠다는 '목표' 하나면 충분합니다.

마지막 페이지를 덮으면,

**에듀윌과 함께
취업 합격이 시작됩니다.**

누적 판매량 242만 부 돌파
베스트셀러 1위 3,615회 달성

공기업 NCS | 100% 찐기출 수록!

NCS 통합 기본서/실전모의고사
피듈형 | 행과연형 | 휴노형 봉투모의고사

매1N
매1N Ver.2

한국철도공사 | 부산교통공사
서울교통공사 | 국민건강보험공단
한국수력원자력+5대 발전회사

한국전력공사 | 한국가스공사
한국수자원공사 | 한국수력원자력
한국토지주택공사 | 한국도로공사

NCS 10개 영역 기출 600제
NCS 6대 출제사 찐기출문제집

대기업 인적성 | 온라인 시험도 완벽 대비!

20대기업 인적성 통합 기본서

GSAT 삼성직무적성검사
통합 기본서 | 실전모의고사

LG그룹 온라인 인적성검사

SKCT SK그룹 종합역량검사
포스코 | 현대자동차/기아

농협은행
지역농협

영역별 & 전공

공기업 사무직 통합전공 800제
전기끝장 시리즈 ❶, ❷

이해황 독해력 강화의 기술
PSAT형 NCS 수문끝

취업상식 1위!

공기업기출 일반상식

기출 금융경제 상식

다통하는 일반상식

* 에듀윌 취업 교재 누적 판매량 합산 기준(2012.05.14~2024.10.31)
* 온라인 4대 서점(YES24, 교보문고, 알라딘, 인터파크) 일간/주간/월간 13개 베스트셀러 합산 기준(2016.01.01~2024.11.05 공기업 NCS/직무적성/일반상식/시사상식 교재, e-book 포함)
* YES24 각 카테고리별 일간/주간/월간 베스트셀러 기록

더 많은
에듀윌 취업 교재

취업 대세 에듀윌!
Why 에듀윌 취업 교재

기출맛집 에듀윌!
100% 찐기출복원 수록

주요 공·대기업 기출복원 문제 수록
과목별 최신 기출부터 기출변형 문제 연습으로 단기 취업 성공!

공·대기업 온라인모의고사
+ 성적분석 서비스

실제 온라인 시험과 동일한 환경 구성
대기업 교재 기준 전 회차 온라인 시험 제공으로 실전 완벽 대비

무료 강의 ➕ 부가 자료

합격을 위한
부가 자료

교재 연계 무료 특강
+ 교재 맞춤형 부가학습자료 특별 제공!

eduwill

취업 교육 1위
에듀윌 취업 무료 혜택

교재 연계 강의

- 교재 연계 NCS 실전모의고사 주요 문제풀이 무료특강(2강)
- NCS 주요 영역 문제풀이 무료특강(19강)

※ 2024년 12월 13일에 오픈될 예정이며, 강의 명과 강의 오픈 일자는 변경될 수 있습니다.
※ 무료 특강 이벤트는 예고 없이 변동 또는 종료될 수 있습니다.

교재 연계 강의 바로가기

교재 연계 부가학습자료

다운로드 방법

STEP 1	STEP 2	STEP 3
에듀윌 도서몰 (book.eduwill.net) 로그인	도서자료실 → 부가학습자료 클릭	[최신판 피듈형 NCS 실전모의고사] 검색

- 피듈형 NCS 실전모의고사 1회분(PDF)
- NCS 주요 영역 256제(PDF)
- 모듈이론 핵심노트(PDF)
- 피듈형 출제 주요 공기업 기출 동형 20제(PDF)

온라인모의고사 & 성적분석 서비스

참여 방법

하기 QR 코드로 응시링크 접속	▶	해당 온라인 모의고사 [신청하기] 클릭 후 로그인	▶	대상 교재 내 응시코드 입력 후 [응시하기] 클릭

※ '온라인모의고사 & 성적분석' 서비스는 교재마다 제공 여부가 다를 수 있으니, 교재 뒷면 구매자 특별혜택을 확인해 주시기 바랍니다.

온라인 모의고사 신청

모바일 OMR
자동채점 & 성적분석 서비스

실시간 성적분석 방법

STEP 1 QR 코드 스캔	▶	STEP 2 모바일 OMR 입력	▶	STEP 3 자동채점 & 성적분석표 확인

※ 혜택 대상 교재는 본문 내 QR 코드를 제공하고 있으며, 교재별 서비스 유무는 다를 수 있습니다.
※ 응시내역 통합조회
에듀윌 문풀훈련소 → 상단 '교재풀이' 클릭 → 메뉴에서 응시확인

에듀윌이
너를
지지할게

ENERGY

처음에는 당신이 원하는 곳으로
갈 수는 없겠지만,
당신이 지금 있는 곳에서
출발할 수는 있을 것이다.

– 작자 미상

최신판

에듀윌 공기업
피듈형 NCS
실전모의고사

NCS 출제유형

주요 기업별 NCS 출제유형

분야	기업명	모듈형	PSAT형	피듈(모듈+PSAT)형
에너지	한국전력공사		○	
	한국수력원자력		○	
	한전KPS			○
	한전KDN			○
	한국중부발전			○
	한국남부발전			○
SOC	한국철도공사		○	
	서울교통공사			○
	부산교통공사			○
	한국수자원공사		○	
	한국가스공사			○
	한국도로공사			○
	한국토지주택공사		○	
보건	국민건강보험공단		○	
	근로복지공단		○	
	국민연금공단			○
	한국산업인력공단			○
	건강보험심사평가원			○
금융	NH농협은행			○
	IBK기업은행			○
	KDB산업은행			○
	신용보증기금			○
농림	한국농어촌공사			○
	한국환경공단			○

※ 2023~2024년 기준으로, 기업별 상황에 따라 출제유형이 달라질 수 있음

피듈형 NCS

피듈형 NCS는 응용모듈형이라고도 불리며, PSAT형 문제와 모듈형 문제가 함께 출제되는 출제유형을 말한다. 문제풀이에 참고되는 방대한 양의 자료가 제시되는 PSAT형 문제와 더불어 NCS 학습모듈 이론을 바탕으로 풀이하는 모듈형 문제가 함께 출제된다.

최근 NCS 필기시험에서 출제 비중이 점차 높아지는 추세로, 출제영역 모두 PSAT형과 모듈형 문제가 함께 출제되는 경우와 주요 출제영역(의사소통/수리/문제해결능력) 및 자원관리능력은 PSAT형 문제로 출제되고 그 외 영역은 PSAT형과 모듈형 문제가 적절히 섞여 출제되는 경우로 구분되기도 한다.

피듈형 NCS 출제영역 및 출제유형

피듈형 출제 주요 기업별 출제영역

구분	문항 수/시간	의사소통	수리	문제해결	자기개발	자원관리	대인관계	정보	기술	조직이해	직업윤리
한전KPS	50/65	○	○	○		△		△	△	△	
한전KDN	50/50	○	○	○	○	○	○	○	○	○	○
서울교통공사(*)	80/100	○	○	○		○	○	○	○	○	○
부산교통공사(*)	100/100	○	○	○		○					
한국가스공사	50/60	○	○	○		○					
한국도로공사	60/60	○	○	○				○			
국민연금공단	60/60	○	○	○				○		○	○
NH농협은행(*)	70/85	○	○	○				○			
KDB산업은행	60/60	○	○	○				○			
한국농어촌공사	50/50	○	○	○		△		○	△		
한국환경공단	50/60	○	○	○							

* 서울교통공사 필기시험은 NCS 40문항 + 전공 40문항 총 80문항/100분, 부산교통공사 필기시험은 NCS 50문항 + 전공 50문항 총 100문항/100분, 농협은행 필기시험은 NCS 45문항 + 전공 25문항 총 70문항/85분으로 구성됨
※ ○: 직렬별 공통 출제 영역, △: 직렬별 출제 영역 상이
※ 2023~2024년 기준으로, 기업별 상황에 따라 출제유형이 달라질 수 있음

NCS 영역별 세부 출제유형

영역	세부 출제유형
의사소통능력	문서의 종류, 문서이해의 절차, 문서작성 및 수정, 의사표현/경청 방법, 어휘, 어법, 독해(주제·제목, 목적, 중심내용, 내용일치, 추론, 문단배열, 문단구조, 전개방식, 접속사), 비판적 독해 등
수리능력	통계(평균, 분산, 표준편차), 도표 특징 및 작성, 수열, 연산규칙, 도형 활용, 응용수리(방정식, 경우의 수, 확률), 자료해석(자료 내용 확인, 자료계산, 도표변환) 등
문제해결능력	사고력(창의적 사고, 논리적 사고, 비판적 사고), 3C/SWOT 분석, 문제해결 과정, 명제, 조건추리(참·거짓, 배열배치, 조건추론), 자료복합(자료 내용 확인, 자료 내용 활용) 등
자기개발능력	자기개발 방법, 자아인식, 자기관리 계획 수립, 경력개발 계획 수립, 경력단계, 합리적 의사 결정단계 등
자원관리능력	시간관리, 예산관리, 물적자원관리, 인적자원관리, 자료복합(비용 계산, 자료 내용 활용) 등
대인관계능력	대인관계 양식, 팀워크, 팔로워십 유형, 리더십 유형, 갈등의 유형 및 진행 과정, 협상 과정 및 전략, 고객 대응 방안 등
정보능력	자료/정보/지식, 정보처리 과정, 정보 활용, 엑셀 이해 및 계산, 소프트웨어 활용, 컴퓨터 용어 및 활용(단축키, 함수식), 자료복합(코드 분석, 자료 내용 활용) 등
기술능력	산업재해, 기술혁신, 기술선택, 벤치마킹, 기술적용, 자료복합(장비 사용법 이해, 제품 선택, 매뉴얼 이해) 등
조직이해능력	경영전략, 조직유형/구조, 조직문화, SWOT 분석, 업무수행, 국제매너, 기업 조항 이해 및 해결, 전결 규정, 결재 처리 등
직업윤리	윤리의 의미, 근면/정직/성실, 봉사, 직장 내 예절, 직장 내 성희롱, 공정한 직무 수행 등

교재 구성

최신 출제경향을 반영하여 구성한 실전모의고사

피듈형 출제 주요 기업 맞춤형 총 4회분

피듈형 출제 주요 기업별 최신 출제경향 및 기출 키워드를 반영하여 40문항형 1회분, 50문항형 2회분, 60문항형 1회분으로 맞춤 구성하였다. 기업별로 상이한 출제 영역과 풀이시간을 고려하여 준비하는 기업에 맞게 실전 대비를 할 수 있다.

전 영역 통합형 2회분

NCS 10개 영역의 피듈형 문제를 모두 학습할 수 있도록 전 영역 통합형 실전모의고사 2회분을 구성하였다.

■ 모바일 OMR 채점 서비스 제공

회차당 수록되어 있는 QR 코드에 접속하여 정답을 입력하면 자신의 점수와 다른 수험생들과의 비교 데이터를 확인할 수 있도록 모바일 OMR 채점 및 성적분석 서비스를 제공하였다.

전 문항 상세한 해설이 담긴 정답과 해설

QUICK해설

학습한 문제 중 아는 문제는 정답에 대한 핵심 해설이 담긴 QUICK해설을 통해 빠르게 확인하며 넘어갈 수 있다.

상세해설 · 오답풀이

풀면서 헷갈렸던 문제나 틀린 문제는 확실하게 파악할 수 있도록 상세해설 및 오답풀이를 통해 정답에 대한 상세한 해설과 오답인 이유까지 완벽하게 이해할 수 있다.

목차

SPECIAL GUIDE

NCS 출제유형

피듈형 NCS 출제영역 및 출제유형

피듈형 NCS 실전모의고사

정답과 해설

최신판

피듈형
NCS 실전모의고사

| 1회 |

영역		구성	문항 수	풀이 시간	비고
NCS 직업기초능력평가	의사소통능력	서울교통공사 출제 영역	40문항	50분	객관식 오지선다형
	수리능력				
	문제해결능력				
	자기개발능력				
	자원관리능력				
	대인관계능력				
	정보능력				
	기술능력				
	조직이해능력				
	직업윤리				

※ 출제 영역 및 유형은 기업의 채용계획에 따라 다를 수 있으므로 해당 시기 채용공고를 확인하시기 바랍니다.

※ 2023년부터 서울교통공사 필기시험이 전 직렬 NCS 40문항+전공 40문항, 총 80문항/100분으로 변경되었습니다. 본 회차는 NCS 40문항 풀이 기준으로 구성하였습니다.

모바일 OMR
자동채점&성적분석 무료

정답만 입력하면 채점에서 성적분석까지 한번에!

활용 GUIDE	실시간 성적분석 방법!

STEP 1
QR 코드 스캔

▶

STEP 2
모바일 OMR 입력

▶

STEP 3
자동채점 & 성적분석표 확인

STEP 1

교재 내 QR 코드 스캔

실전모의고사 1회
모바일 OMR 바로가기

eduwill.kr/faPe

- 위 QR 코드를 모바일로 스캔 후 에듀윌 회원 로그인
- QR 코드 하단의 바로가기 주소로도 접속 가능

STEP 2

모바일 OMR 입력

- 회차 확인 후 '응시하기' 클릭
- 모바일 OMR에 답안 입력
- 문제풀이 시간까지 측정 가능

STEP 3

자동채점 & 성적분석표 확인

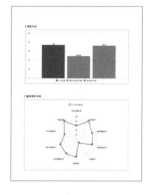

- 제출 시 자동으로 채점 완료
- 원점수, 백분위, 전체 평균, 상위 10% 평균 확인
- 영역별 정답률을 통해 취약점 파악

※ 본 회차의 모바일 OMR 채점 서비스는 2026년 12월 31일까지 유효합니다.

피듈형 NCS
실전모의고사 1회

정답과 해설 P.2

[01~02] 다음 글을 읽고 이어지는 질문에 답하시오.

기후변화에 관한 정부 간 협의체(IPCC)가 발표한 기후변화 보고서에 의하면, 지구 온도 1.5 ℃ 상승 억제를 위한 글로벌 사회의 목표 달성이 거의 불가능할 것으로 보인다. 이미 1 ℃를 넘나들기 때문에 보다 혁신적인 방법으로 여러 분야에서 온실가스를 감축하는 노력이 필요하다. 기후테크는 이러한 요구에 부응하는 ㉠ <u>노력으로써</u>, 파리협정이 표방하는 이른바 기후변화 목표 달성의 3대 축인 금융(Finance), 기술(Technology), 역량제고(Capacity Building)를 기반으로 한다.

기후테크(Climate Tech)는 온실가스의 실질적 감축을 통하여 기후변화 억제에 기여하는 것이 목표인 비즈니스 모델이다. 이를 위해서는 기존 또는 새로운 기술 적용을 통해 감축 성과를 달성하거나 생산−소비 시스템의 변화를 추구하기도 하며, 금융 기법을 적용하는 등 다양한 기술이 개발되어야 한다. 블룸버그에 의하면, 기후테크 관련 스타트업 기업에의 투자금액은 2022년에 590억 달러(약 73조 원)이며, 이는 ㉡ <u>전년 보다</u> 약 4% 증가한 수치라고 한다. 우리나라를 포함한 주요국이 선언한 2050년 탄소중립, 2030 국가온실가스 감축목표(NDC) 상향 조정의 정책 경로를 고려한다면, 앞으로 기후테크의 규모는 더욱 커질 것이다.

하지만 이렇게 외형적인 증가가 항상 수익을 보장하지는 않는다. 최근 포브스에 의하면 기후테크1.0 시기에 해당하는 2015년까지 벤처 투자는 그동안 투자했던 250억 달러의 절반 이상을 손실로 경험하였다. 주된 원인으로는 소비자 행동변화에 대한 과도한 낙관주의, 기술상용화 미달성, 공급체인의 후퇴 등을 꼽을 수 있다. 하지만 기후테크2.0의 현 시기에는 탄소중립 정책의 강화, 미국의 인플레이션감축법(IRA), EU의 탄소국경조정제(CBAM)와 핵심원자재법(CRMA) 등 기후변화 정책이 주요국의 시장과 통상정책에까지 ㉢ <u>깊숙이</u> 영향을 미침에 따라 기후테크 비즈니스 모델도 더욱 탄력을 받게 되었다.

당연한 이야기지만 스타트업 외에 메이저급 기업도 선도적으로 핵심 기술을 개발하고 시장 생태계를 조성하며 기후테크에 뛰어들고 있다. 기후테크 범위를 배터리와 전기차까지 확대한다면 이는 주로 메이저급 기업이 주도하는 시장에 해당할 것이다. 이러한 변화 역시 ㉣ <u>그 동안</u> 바뀐 제도 및 시장 환경에 기인한다. 예를 들면, ㉤ <u>십여년 전만</u> 하더라도 전기차에 공급되는 전기가 화석연료 기반이라는 점에서 전기차 보급이 제약을 받았지만, 그 사이 태양광과 풍력 발전 단가가 획기적으로 떨어지면서 재생에너지 전기공급이 증가할 수 있었다. 한편 배터리와 전기차 등 기존 기술 외 영역의 기후테크 비즈니스 모델로는 탄소제거 및 감축, 저탄소 소비, 탄소금융 등을 들 수 있다.

01 다음 중 글의 제목으로 가장 적절한 것을 고르면?

① 기후변화의 원인과 기후테크의 발전 전망
② 기후테크 사업투자 현황과 규제 강화
③ 기후테크2.0 시대의 주요 동향
④ 스타트업 기후테크 산업의 미래
⑤ 기후변화로 인한 시스템의 변화

02 다음 중 밑줄 친 ㉠~㉤을 고쳐 쓰기 위한 방안으로 적절하지 <u>않은</u> 것을 고르면?

① ㉠은 문장 전체의 의미를 고려하여 '노력으로서'로 수정한다.
② ㉡은 띄어쓰기가 잘못되었으므로 '전년보다'로 수정한다.
③ ㉢은 맞춤법에 어긋나는 표현이므로 '깊숙히'로 수정한다.
④ ㉣은 한 단어로 쓰이는 표현이므로 '그동안'으로 수정한다.
⑤ ㉤은 각 어휘의 품사를 고려하여 '십여 년 전만'으로 수정한다.

[03~04] 다음 글을 읽고 이어지는 질문에 답하시오.

경기를 끝낸 운동선수들을 대상으로 약물 검사를 할 때, 소변 또는 혈액 샘플에서 금지된 성분이 일정 기준 이상 검출된 선수는 금지 약물을 복용한 것으로 간주하여 부정 선수로 판정하고 실격시킨다. 그런데 기준을 어떻게 정하느냐에 따라 실제 약물을 복용하지 않았는데 약물 복용 혐의가 있는 것으로 판정하는 경우도 있고, 반대로 약물을 복용했는데도 약물 복용 혐의가 없는 것으로 판정하는 경우도 있다. 통계학에서는 전자를 '채택의 오류(거짓 양성 반응)'라고 하고, 후자를 '기각의 오류(거짓 음성 반응)'라고 한다.

그런데 전자의 경우에는 약물 검사관이 해당 선수로부터 명예 훼손 소송을 당하고 검사 기관은 신뢰를 잃게 되는 등의 심각한 대가를 치르게 되지만, 후자의 경우에는 자백하는 선수가 거의 없으므로 대가를 치를 일도 거의 없다.

이와는 반대로 채택의 오류에 의한 대가는 잘 드러나지 않고 기각의 오류에 의한 대가는 분명하게 드러나는 경우도 있다. 은행은 고객에 대한 대출 승인 여부를 결정할 때 고객들이 대출금을 미상환하는 일이 있을지 여부를 판정한다. 이때, 승인 기준에 따라 대출금을 상환할 사람인데 그렇지 않은(대출금을 미상환하는 일이 있을) 사람으로 판정하는 채택의 오류와 대출금을 상환하지 않을 사람인데 그렇지 않은(대출금을 미상환하는 일이 없을) 사람으로 판정하는 기각의 오류가 발생하게 된다. 이 경우 은행 입장에서는 대출해 주지 않아 영업 이익을 늘리지 못한 부분은 잘 드러나지 않고, 대출해 준 후 대출금을 상환 받지 못해 손실을 입는 부분은 비교적 분명하게 드러난다.

약물 검사관이나 은행은 오류의 기준을 정할 때 비교적 분명하게 드러나는 오류의 대가를 줄이려 할 것이다. 그런데 동일한 대상들에 대한 이 두 오류는 서로 시소 관계에 있다. 즉, 채택의 오류를 줄이기 위해 기준을 옮기면 그만큼 기각의 오류가 늘어나고, 기각의 오류를 줄이기 위해 기준을 옮기면 그만큼 채택의 오류가 늘어나게 된다. 그래서 통계학자들은 이를 통해 어떤 검출 시스템도 채택의 오류나 기각의 오류가 일어날 확률을 재분배하는 것에 불과할 뿐이므로, (   )을 간과해서는 안 된다고 말한다.

03 다음 중 글의 내용과 일치하지 <u>않는</u> 것을 고르면?

① 약물 검사관은 기각의 오류에 의한 대가를 줄이려 할 것이다.
② 약물을 복용하지 않았는데 거짓 양성의 오류가 나타날 경우 그 대가가 크다.
③ 추측한 사건이 실재한데, 실재하지 않는다고 나오는 것은 기각의 오류에 해당한다.
④ 추측한 사건이 실재하지 않는데, 실재한다고 나오는 것은 채택의 오류에 해당한다.
⑤ 은행의 경우 대출금을 상환할 사람을 미상환할 것이라 판단할 경우 그 대가는 잘 드러나지 않는다.

04 다음 중 글의 빈칸에 들어갈 내용을 추론한 것으로 가장 적절한 것을 고르면?

① 두 오류가 가지는 위험성에 주목해 오류 자체를 줄이려 해도 오류는 사라지지 않는다는 것
② 두 오류가 가지는 위험성에 주목해 오류 자체를 줄이려 하면 둘 중 하나의 오류가 커진다는 것
③ 한쪽 오류로 인해 드러나는 대가에만 주목해 그 오류를 줄이려 하면 다른 쪽 오류가 커진다는 것
④ 한쪽 오류로 인해 드러나는 대가에만 주목해 그 오류를 줄이려 하면 두 오류가 모두 커진다는 것
⑤ 한쪽 오류로 인해 드러나는 대가에만 주목해 그 오류를 줄이려 해도 오류는 사라지지 않는다는 것

05 기계 A만으로 12시간 동안 작업한 후 기계 B만으로 20시간 동안 작업하여 완성할 수 있거나, 기계 A만으로 18시간 동안 작업한 후 기계 B만으로 10시간 동안 작업하여 완성할 수 있는 일이 있다. 만약 이 일을 기계 A만으로 작업하여 완성한다고 할 때, 몇 시간이 걸리는지 고르면?

① 20시간   ② 24시간   ③ 28시간
④ 32시간   ⑤ 36시간

06 다음 도형 안의 숫자는 일정한 규칙에 의해 나열된 것이다. 빈칸에 들어갈 수로 알맞은 것을 고르면?

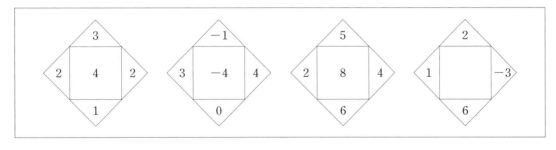

① −12   ② −9   ③ 4
④ 7   ⑤ 10

[07~08] 다음 [표]와 [그래프]는 2016~2020년 국가별 미국 달러($) 대비 평균 환율과 광물 A, B, C의 국제 시세에 관한 자료이다. 이를 바탕으로 이어지는 질문에 답하시오.

[표] 2016~2020년 국가별 미국 달러($) 대비 평균 환율

구분	2016년	2017년	2018년	2019년	2020년
한국(Won)	1,160.41	1,130.48	1,100.58	1,166.11	1,180.01
일본(Yen)	108.79	112.17	110.42	109.01	106.78
싱가포르(S$)	1.38	1.38	1.35	1.36	1.38
태국(Baht)	35.30	33.94	32.31	31.05	31.29
캐나다(Can$)	1.33	1.30	1.30	1.33	1.34
멕시코(Pesos)	18.66	18.93	19.24	19.26	21.49
러시아(Rubles)	67.06	58.34	62.67	64.74	72.11
스웨덴(Kronor)	8.56	8.55	8.69	9.46	9.21
스위스(Francs)	0.99	0.99	0.98	0.99	0.94
영국(Pounds)	0.74	0.78	0.75	0.78	0.78
유로지역(Euros)	0.90	0.89	0.85	0.89	0.88
남아프리카공화국(Rand)	14.71	13.32	13.23	14.45	16.46
오스트레일리아(A$)	1.35	1.31	1.34	1.44	1.45
뉴질랜드(NZ$)	1.44	1.41	1.45	1.52	1.54

[그래프] 2016~2020년 광물 A, 광물 B, 광물 C의 국제 시세 (단위: 미 달러/kg)

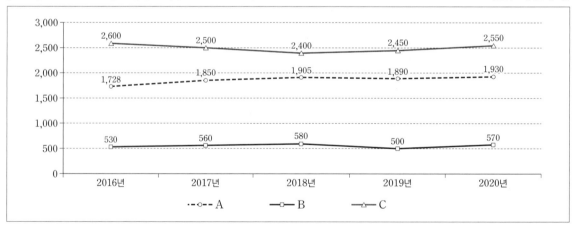

07 다음 중 자료에 대한 설명으로 옳은 것을 고르면?(단, 각 국가의 물가는 변하지 않았다고 가정하며 미국 달러가 기축통화이다.)

① 멕시코 통화 단위의 화폐 가치는 계속 상승하고 있다.

② 2019년 대비 2020년에 화폐 가치가 하락한 국가는 네 곳이다.

③ 2017년에 일본에서 자국 화폐로 A광물을 1kg 구입하기 위해 지출한 비용은 2019년에 B광물을 4kg 구입하기 위해 지출한 비용보다 크다.

④ 2020년에 남아프리카공화국에서 자국 화폐로 C광물을 1kg 구입하기 위해 지출한 비용은 2016년에 C광물을 1kg 구입하기 위해 지출한 비용보다 크다.

⑤ 조사 기간 동안 러시아의 화폐 가치가 가장 높을 때 러시아 화폐로 C광물을 1kg 구입하기 위해 지출한 비용은 러시아의 화폐 가치가 가장 낮을 때 러시아 화폐로 C광물을 1kg 구입하기 위해 지출한 비용보다 크다.

08 2020년에 한국의 S기업이 일본에서 한 벌의 가격이 25,000Yen인 옷 50벌과 한 켤레의 가격이 12,000Yen인 신발 30켤레를 수입하려고 한다. 수입 시 옷에는 옷 가격의 20%가 세금으로 붙고, 신발에는 신발 가격의 10%가 세금으로 붙는다고 할 때, S기업에서 수입을 하기 위해 지출해야 하는 총비용을 고르면?(단, 2020년 환율은 주어진 [표]의 환율을 적용하며, Yen 대비 Won 환율은 소수점 이하 첫째 자리에서 반올림한다.)

① 20,856,000Won   ② 21,064,000Won   ③ 21,452,000Won
④ 22,204,000Won   ⑤ 22,752,000Won

다음은 서울 도심 내 공공참여 소규모 재건축사업 공모에 대한 자료이다. 이를 바탕으로 이어지는 질문에 답하시오.

서울 도심 내 공공참여 소규모 재건축사업 공모

1. 추진 배경
주민과의 공동사업 추진으로 사업절차 간소화 및 건축규제 완화 등을 통해 저층주거지 주거환경 개선 및 주택공급 확대

2. 공모 대상 및 사업 요건
- 공모 대상: 서울특별시 내 소규모 재건축사업 추진 희망 지구
- 사업 요건: 「빈집 및 소규모주택 정비에 관한 특례법」의 소규모 재건축사업 요건을 충족하는 지역

> 「도시 및 주거환경정비법」 제2조 제7호에 따른 주택단지(*)로서 아래 각 목의 요건을 모두 충족한 지역
> *주택법에 따라 사업계획승인을 받아 주택 및 부대·복리시설 건설한 일단의 토지, 건축법에 따라 건축허가를 받아 아파트 또는 연립주택을 건설한 일단의 토지
> 1. 규모: 해당 사업시행구역의 면적이 1만 m^2 미만일 것
> 2. 노후도: 준공 후 30년 이상 지난 노후·불량건축물의 수가 해당 사업시행구역 전체 건축물 수의 3분의 2 이상일 것
> 3. 세대수: 기존 주택의 세대수가 200세대 미만일 것

3. 신청 요건
- 신청 대상: 주민 동의율이 50% 이상(*)인 서울특별시 내 소규모 재건축사업 추진·협의 중 또는 희망 지구
  *공모 신청서의 토지등소유자 '사업제안 동의 현황' 제출
- 사업 요건: ① 사업면적 1만 m^2 미만, ② 노후·불량건축물 수가 사업시행구역 전체의 2/3 이상, ③ 기존 주택의 세대수 200세대 미만
- 용도지역: 제2종 일반주거지역, 제3종 일반주거지역

4. 신청 접수
21. 11. 12.(금)~12. 27.(월) 17시까지 우편 또는 전자우편 접수
※ 공모기간 동안 접수된 신청건만 인정, 신청기간 초과 후 접수 분은 미인정함
※ 서류 제출 시 제출자 인적사항(신분증 사본, 연락처, 성명 등)을 확보할 예정이며, 제출된 서류는 추후 반환하지 않음

5. 신청 서류

구분	신청 서류	
	우편 접수(방문접수 불가)	전자우편(이메일) 접수
제출 서류	• 공모신청서 원본 • 자가 체크리스트 • 공모참여 주민동의서 원본 • 개인정보 이용·수집동의서	• 공모신청서 사본 • 자가 체크리스트 • 공모참여 주민동의서 사본 • 개인정보 이용·수집동의서
제출 마감	접수마감일 17시까지 원본 및 전자메일 도착분에 한함(우편 발송물 포함)	

6. 평가 기준

평가 내용의 객관적 사실관계 확인이 가능한 지표(정량지표 80점)와 비계량적 평가 내용에 대한 적정성 지표(정성지표 20점)로 평가함

7. 유의사항

- 본 공모는 후보지 발굴을 위한 절차로 공모를 통해 선정되는 후보지는 사업 추진이 가능한 지역임을 의미함
- 공모를 통해 선정된 지역은 추후 해당 조합이 조합원의 과반수 동의로 한국토지주택공사를 공동시행자로 지정해야 최종적인 사업 추진이 확정됨
- 제출된 서류는 반환되지 않고, 선정과 관련된 검토 결과 등은 일절 공개되지 않음
- 일정 등은 공모추진 과정에서 변경될 수 있음

09 다음 중 자료에 대한 설명으로 옳지 <u>않은</u> 것을 고르면?

① 방문 접수는 불가하고, 우편 접수는 가능하다.
② 건축법에 따라 건축허가를 받아 연립주택을 건설한 일단의 토지를 주택단지로 규정한다.
③ 서울 도심 내 공공참여 소규모 재건축사업에 신청하기 위해서는 조합원 동의율이 과반수이어야 한다.
④ 사업시행을 희망하는 구역 전체 건물 수가 550채일 때, 노후·불량건축물이 367채 이상이면 요건 중 하나를 충족한다.
⑤ 평가는 객관적 사실관계 확인이 가능한 정량지표를 80%, 비계량적 평가 내용에 대한 정성지표를 20% 비율로 평가한다.

10 A~E마을은 다음과 같이 소규모 재건축사업에 참여하였다고 한다. 소규모 재건축사업에 신청이 가능한 마을을 고르면?(단, 나머지 요건은 모두 충족했다고 가정한다.)

마을	면적(m²)	기존주택 세대수(세대)	노후·불량건축물 비율(%)	주민 동의율(%)	신청토지용도
A	6,400	135	70	58.7	제2종 일반주거지역
B	11,532	198	75	92.7	제3종 일반주거지역
C	8,750	180	69	49.5	제2종 일반주거지역
D	9,600	205	72	78.9	제3종 일반주거지역
E	7,452	164	60	80.2	제2종 일반주거지역

① A마을   ② B마을   ③ C마을
④ D마을   ⑤ E마을

[11~12] 다음은 탄소중립 실천 포인트에 관한 안내문과 J씨가 4~8월에 실천한 탄소중립 실천 활동 내역을 정리한 자료이다. 이를 바탕으로 이어지는 질문에 답하시오.

- 탄소중립 실천 포인트: 일반 국민의 탄소중립 생활 실천문화 확산을 위하여 다양한 민간 기업의 친환경활동 이용 시 이용 실적에 따라 인센티브를 지원하는 제도
- 참여 방법: 탄소중립 실천 포인트 누리집 회원가입을 통한 참여
- 참여 항목: 전자영수증, 리필스테이션, 무공해차 대여, 다회용기 사용, 친환경제품 구매(그린카드), 미래세대실천(어린이, 청소년)
- 참여 혜택: 참여자가 선택한 지급 수단(현금 또는 카드 포인트)으로 개인별 포인트 지급
  - 현금(한국환경공단 → 참여자)
  - 민간 기업 카드사 포인트(한국환경공단 → 민간 운영사)
- 지급 시기: 2023년 5월 일괄 지급 후 월별 지급
- 탄소중립 실천 활동에 따른 인센티브

대상	단가	상한액/년
합계	—	70,000원
실천 다짐금(최초)	5,000원	5,000원
다회용기 사용	1,000원/회	10,000원
무공해차 대여	5,000원/회	25,000원
전자영수증	100원/회	10,000원
리필스테이션	2,000원/회	10,000원
친환경상품 구매	1,000원/회	10,000원
미래세대실천(어린이, 청소년)	상장 및 상금	

[표] J씨의 탄소중립 실천 활동 내역
(단위: 회)

구분	4월	5월	6월	7월	8월
다회용기 사용	2	3	1	2	1
무공해차 대여	0	2	1	1	3
전자영수증	16	12	18	20	30
리필스테이션	2	0	1	2	3
친환경상품 구매	1	3	3	4	2

11 성인인 J씨가 4월부터 탄소중립을 실천 중이라고 할 때, 8월에 받는 탄소중립 실천 포인트를 고르면?(단, 5월 이후 월별 실천 포인트는 다음 달에 지급받는다.)

① 15,000원   ② 16,000원   ③ 17,000원
④ 18,000원   ⑤ 19,000원

12 다음 중 탄소중립 실천 포인트 제도와 관련된 내용으로 옳지 <u>않은</u> 것을 고르면?

① 1회만 지급되는 인센티브 항목이 존재한다.
② 인센티브 단가가 가장 낮은 활동은 전자영수증 사용이다.
③ 소비 진작을 위해서 포인트는 현금으로 수령할 수 없다.
④ 국민들이 기업의 친환경활동을 이용 시 인센티브를 주는 제도이다.
⑤ 참여를 위해서는 탄소중립 실천 포인트 누리집에 회원가입을 해야 한다.

13 다음은 어느 회사의 주주총회 규정이다. 이에 대한 설명으로 옳은 것을 [보기]에서 모두 고르면?

제1조(주주총회의 소집 등) ① 정기 주주총회는 매 결산기 종료일로부터 3개월 이내에, 임시 주주총회는 필요에 따라 수시로 소집한다.
② 주주총회는 본사의 소재지에서 개최한다.
③ 주주총회는 사장이 소집한다.
④ 주주총회에서는 미리 주주에게 통지한 회의의 목적사항 이외의 결의를 하지 못한다.
제2조(소집통지 및 공고) 주주총회를 소집함에는 그 일시 장소 및 회의의 목적사항을 총회일 2주일 전에 각 주주에게 서면으로 통지를 발송하여야 한다. 다만 의결권 있는 발행 주식총수의 100분의 1 이하의 주식을 소유한 주주에 대한 소집통지는 2주일 전에 주주총회를 소집한다는 뜻과 회의의 목적사항을 서울특별시에서 발간하는 2개 이상의 일간신문에 각 2회 이상 공고하거나 금융감독원 또는 한국거래소가 운용하는 전자 공시 시스템에 공고함으로써 서면에 의한 소집통지에 갈음할 수 있다.
제3조(의장) 주주총회의 의장은 사장으로 한다.
제4조(의장의 질서유지권) ① 주주총회의 의장은 그 주주총회에서 고의로 의사진행을 방해하기 위한 언행을 하거나 질서를 문란하게 하는 자에 대하여 그 발언의 정지취소 또는 퇴장을 명할 수 있다.
② 주주총회의 의장은 의사진행의 원활을 기하기 위하여 주주의 발언시간과 횟수를 제한할 수 있다.
제5조(주주의 의결권) ① 의결권은 1주마다 1개로 한다.
② 회사가 가진 자기주식은 의결권이 없다.
제6조(의결권의 대리행사) ① 주주는 대리인으로 하여금 그 의결권을 행사하게 할 수 있다.
② 제1항의 대리인은 주주총회 개회 전에 그 대리권을 증명하는 서면 위임장을 제출하여야 한다.
③ 공사는 의결권의 대리행사를 권유할 수 있다.
제7조(주주총회의 결의방법) 주주총회의 결의는 법령에 다른 정함이 있는 경우 외에는 출석한 주주의 의결권의 과반수와 발행주식총수의 4분의 1 이상의 수로써 하여야 한다.
제8조(의사록의 작성) 주주총회의 의사에 관하여는 그 경과와 결과를 의사록에 기재하고 의장과 출석한 이사가 이에 기명날인 또는 서명하여 본사 및 본부 지사 지점에 비치한다.

┤ 보기 ├
㉠ 정기 주주총회는 3개월마다 소집하고, 임시 주주총회는 수시로 소집한다.
㉡ 주주총회를 소집하는 경우 의결권 있는 발행 주식총수의 100분의 1을 초과하는 주식을 소유한 주주에게는 총회일 2주일 전에 서면으로 통지를 발송해야 한다.
㉢ 사장은 주주총회에서 주주의 발언시간과 횟수를 제한할 수 있다.
㉣ 발행주식총수가 100주이고, 주주총회에 참석한 주주가 6명일 때, 이 중 4명이 5주를 가지고, 2명이 40주를 가졌다면 5주를 가진 4명과 40주를 가진 2명의 의견이 다를 때, 결의가 불가능하다.

① ㉡, ㉢   ② ㉢, ㉣   ③ ㉠, ㉡, ㉣
④ ㉠, ㉢, ㉣   ⑤ ㉡, ㉢, ㉣

14 다음은 H기관의 내부 조직도이다. 이를 바탕으로 [보기]의 업무를 수행하는 팀으로 알맞게 짝지어진 것을 고르면?

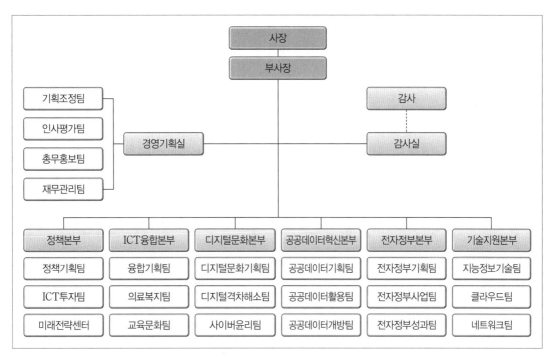

| 보기 |
ㄱ 전사 중장기 사업계획 수립 및 사업 조정
ㄴ 인터넷윤리, 사이버폭력예방 교육 기획 및 운영, 교육 대상별 맞춤형 콘텐츠 개발·보급
ㄷ 민간 클라우드 서비스의 공공활용 촉진 및 클라우드 유통기반 조성

	ㄱ	ㄴ	ㄷ
①	기획조정팀	사이버윤리팀	클라우드팀
②	재무관리팀	미래전략센터	전자정부기획팀
③	기획조정팀	디지털문화기획팀	공공데이터기획팀
④	재무관리팀	사이버윤리팀	네트워크팀
⑤	정책기획팀	공공데이터개방팀	클라우드팀

15 다음 글의 밑줄 친 ㉠~㉤ 중 명함을 교환할 때의 예절로 가장 적절하지 <u>않은</u> 것을 고르면?

김 대리는 거래처와 신제품 거래에 대하여 논의하기 위한 자리를 마련하고 처음 담당자를 만났다. 김 대리와 직속 상사인 정 부장은 먼저 약속 장소에 도착하여 거래처 담당자를 기다렸다. 거래처 측의 신 부장과 엄 대리가 들어오는 것을 보고 김 대리는 일어나 악수를 청하며 인사하였다. 그리고 ㉠ <u>착석한 후 거래처 신 부장이 명함을 건네기를 기다렸다가 먼저 받은 뒤 자신의 명함을 건넸다.</u> ㉡ <u>신 부장에게 명함을 건넬 때는 왼손으로 가볍게 받쳐 건네고, 받을 때는 두 손으로 받았다.</u> ㉢ <u>받은 명함을 바로 넣지 않고 내용을 확인한 후 명함 지갑에 넣었다.</u> ㉣ <u>엄 대리와는 동시에 명함을 교환하면서 오른손으로 건네고 왼손으로 받았다.</u> 또한 김 대리는 신 부장이 언급한 명함의 내용에 대하여 간단히 기재할 사항이 있었지만 ㉤ <u>그 자리에서 바로 적지 않고 나중에 거래처 상대방과 헤어진 후 기재하였다.</u> 계약은 무난하게 체결되었지만, 김 대리는 자리에 함께 있었던 정 부장으로부터 김 대리의 명함 교환 예절에서 개선해야 할 점이 있다는 것을 지적받았다.

① ㉠   ② ㉡   ③ ㉢
④ ㉣   ⑤ ㉤

16 다음 중 나라별 명함 교환 예절로 적절하지 <u>않은</u> 것을 고르면?

① 베트남에서는 명함을 교환할 때 상대방에 대한 존경의 뜻으로 가벼운 목례를 한다.
② 이슬람 문화권의 사업 관계자와 명함을 주고받을 때는 왼손을 사용하지 않도록 주의하여야 한다.
③ 중국 사업 관계자에게 명함을 받으면 자세히 살펴보는 액션을 취해야 하며, 바로 집어넣는 것은 실례이다.
④ 미국에서는 추후 연락할 필요가 있을 때만 명함을 주고받는데, 받은 후 바로 집어넣어도 실례가 되진 않는다.
⑤ 일본에서는 윗사람이 아랫사람에게 먼저 명함을 전달하며, 테이블이 있는 경우 테이블 옆으로 나와 명함을 교환하는 것이 예의이다.

17 다음은 MS Excel을 활용하여 의류 매장에서 작성한 재고목록이다. [H2] 셀에 입력해야 할 SUMIF 함수 식으로 가장 적절한 것을 고르면?

	A	B	C	D	E	F	G	H
1	종류	품번	수량(개)					
2	등산용	KE-026	80		여성용 의류 총 재고 수량(개)			510
3	여성용	KE-055	160					
4	남성용	KE-037	300					
5	여성용	KE-059	200					
6	유아용	KE-002	500					
7	여성용	KE-052	150					

① =SUMIF("여성용",C2:C7,A2:A7)

② =SUMIF(A2:A7,C2:C7,"여성용")

③ =SUMIF(C2:C7,A2:A7,"여성용")

④ =SUMIF(A2:A7,"여성용",C2:C7)

⑤ =SUMIF(C2:C7,"여성용",A2:A7)

[18~20] 다음은 Fibo 함수에 대한 설명이다. 이를 바탕으로 이어지는 질문에 답하시오.

Fibo 함수는 바로 앞의 두 숫자의 합으로 이루어진 값을 구하는 함수이다.
이를 식으로 표현하면 $F(n)=F(n-1)+F(n-2)$이다.

[재귀 구조]
```
1 function fibonacci(n)
2   if n==0
3     return 0
4   else if n==1
5     return 1
6   else return fibonacci(n-1)+fibonacci(n-2)
```

[반복 구조]
```
1 function fibonacci(n)
2   if n==0
3     return 0
4   else if n==1
5     return 1
6   prev=0
7   cur=1
8   for i from 2 to n
9     next=(가)
10     prev=cur
11     (나)
12   return cur
```

18 다음 중 (가)에 들어갈 코드로 적절한 것을 고르면?

① prev   ② cur   ③ prev+next

④ prev+cur   ⑤ n+prev

19 다음 중 (나)에 들어갈 코드로 적절한 것을 고르면?

① cur=next   ② prev=cur+n   ③ n=next

④ next=prev   ⑤ cur=next+n

20 은정이는 위의 Fibo 함수를 보고 피보나치 수열의 30번째 수를 구하는 알고리즘을 작성하였다. 아래의 알고리즘을 보았을 때, (다)에 들어가야 할 것을 고르면?

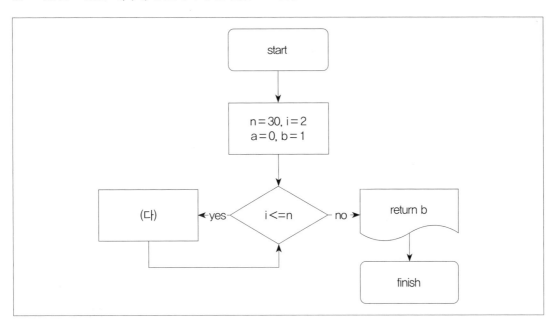

① c＝a
   a＝b
   b＝c

② c＝a＋b
   b＝c
   a＝b

③ c＝b
   a＝b
   b＝c

④ c＝a
   b＝c
   a＝b

⑤ c＝a＋b
   a＝b
   b＝c

[21~22] 다음은 지원자 A~J에 대한 면접관 1~5의 면접 점수에 관한 자료이다. 이를 바탕으로 이어지는 질문에 답하시오.

- 면접관 5명이 10명의 지원자 A~J의 면접을 진행하고 있다.
- 면접 점수는 각 면접관이 1~10점 사이의 점수를 부여하고, 최종 점수는 면접관 5명 중 최고 점수와 최저 점수를 제외한 3명의 면접관 점수의 평균에 가점을 합한 점수로 계산하며, 점수가 높은 순으로 순위를 매긴다.
- 최고 점수와 최저 점수가 2개 이상 나오면 그중 1개의 점수를 제외한다.
- 가점은 장애인 가점과 지역인재 가점이 있다. 장애인 가점은 2점, 지역인재 가점은 1점이고, 가점은 중복되지 않으며, 높은 가점 하나만 반영한다.
- 가점을 더하기 전 순위가 8위 이하인 사람은 불합격이다.
- 최종 합격 인원은 순위가 높은 4명이다.
- 가점 합산 후 점수가 동일한 경우에 가점 합산 전 점수가 더 높은 사람의 순위가 더 높고, 가점 합산 전 점수도 동일하다면 모든 면접관의 점수 합이 더 큰 사람의 순위가 더 높다.
- 면접관 5는 지원자 J의 면접 점수를 채점 중이다.

[표] 최종 면접 점수
(단위: 점)

구분	면접관 1	면접관 2	면접관 3	면접관 4	면접관 5	가점	
						장애인	지역인재
지원자 A	10	7	6	9	9	○	
지원자 B	8	8	7	10	9		○
지원자 C	9	10	7	9	7		
지원자 D	7	9	10	7	8		○
지원자 E	10	8	8	8	9		
지원자 F	8	8	8	8	10	○	○
지원자 G	7	10	9	7	9		
지원자 H	9	9	7	9	8		
지원자 I	9	9	9	7	10		
지원자 J	8	8	9	9	( )		

21 다음 중 자료를 근거로 판단할 때, [보기]에서 옳은 것을 모두 고르면?(단, 가산 합산 전 면접관 점수의 평균 계산 시 소수점 이하 둘째 자리에서 반올림한다.)

> **보기**
>
> ㉠ 면접관 5가 지원자 J에게 준 점수가 9점이라면 지원자 H는 합격한다.
> ㉡ 지원자 J의 점수에 관계없이 지원자 D는 불합격이다.
> ㉢ 면접관 5가 지원자 J에게 준 점수가 10점이라면 지원자 J가 합격한다.

① ㉠   ② ㉡   ③ ㉠, ㉢
④ ㉡, ㉢   ⑤ ㉠, ㉡, ㉢

22 지원자 J가 가점을 더하기 전, 불합격 대상으로 포함되기 위해 받을 수 있는 면접관 5의 최대 점수를 고르면?(단, 가점을 더하기 전 순위에서 동점일 경우 모든 면접관의 점수 합이 더 큰 사람의 순위가 더 높고, 이 점수도 동점이라면, 면접관 5명의 개별 점수 중 최고 점수가 높은 사람의 순위가 더 높다.)

① 5점   ② 6점   ③ 7점
④ 8점   ⑤ 9점

[23~24] 다음은 P대학교에서 공모전 참가팀에게 지원하는 지원금에 대한 자료이다. 이를 바탕으로 이어지는 질문에 답하시오.

- P대학교에서는 학생들의 취업 준비 활동 지원을 위하여 공모전에 참가하는 팀들에게 지원금을 지급한다.
- 참가비는 모든 팀들에게 실비로 지급하되, 최대 5만 원을 지급한다.
- 공공기관 공모전에 참가한 팀에게는 공모전 수행비용의 30%를 지급하고, 그 외의 공모전에 참가한 팀에게는 공모전 수행비용의 20%를 지급한다.
- 공모전 결과 대상 및 금상 수상팀에게는 공모전 수행비용의 20%를 추가로 지급하고, 은상 및 동상 수상팀에게는 10%, 그 외 수상팀에게는 5%를 추가로 지급한다.
- 각 팀의 지원금 총액은 공공기관 공모전은 60만 원, 그 외 기관 공모전은 40만 원을 초과하지 않는다.
- 공모전 참가팀의 현황은 다음과 같다.

참가팀	공모전 개최기관	총비용		수상내역
		참가비	수행비용	
A	공공기관	5만 원	150만 원	은상
B	공공기관	8만 원	160만 원	—
C	사기관	9만 원	200만 원	동상
D	사기관	4만 원	80만 원	장려상
E	사기관	5만 원	100만 원	대상
F	공공기관	무료	40만 원	—
G	사기관	10만 원	60만 원	장려상
H	사기관	8만 원	50만 원	—
I	공공기관	3만 원	120만 원	금상
J	공공기관	10만 원	80만 원	—

23 다음 중 자료를 근거로 판단할 때, P대학교에서 A~J팀에게 지급해야 하는 지원금 총액을 고르면?

① 353만 원   ② 365만 원   ③ 379만 원
④ 381만 원   ⑤ 391만 원

24 다음과 같이 지원금에 대한 내용이 바뀌었을 때, 기존 대비 지원금이 가장 많이 증가하는 팀을 고르면?

[변경 내용]
- 참가비 지급액: 실비로 지급하되, 최대 지원 금액 기존 대비 50% 상향
- 수행비용: 공공기관 공모전 참가한 팀에게 공모전 수행비용의 5% 추가 지급, 그 외 공모전 참가한
  팀은 기존 지원금에서 공모전 수행비용의 5% 차감
- 지원금 총액은 기존보다 15만 원씩 증가

① A팀   ② C팀   ③ E팀
④ G팀   ⑤ I팀

[25~26] 다음은 도형을 출력하기 위한 명령어와 그에 따른 실행 예시를 나타낸 자료이다. 이를 바탕으로 이어지는 질문에 답하시오.

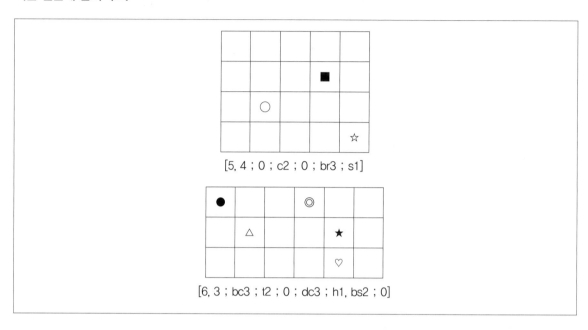

[5, 4 ; 0 ; c2 ; 0 ; br3 ; s1]

[6, 3 ; bc3 ; t2 ; 0 ; dc3 ; h1, bs2 ; 0]

25 다음 도형을 출력하기 위한 명령어로 적절한 것을 고르면?

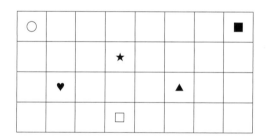

① [4, 8 ; c1, br8 ; bs4 ; bh2, bt6 ; r4]
② [8, 4 ; c1, br8 ; bs4 ; bh2, bt6 ; r4]
③ [4, 8 ; c1 ; bh2 ; 0 ; r1, bs3 ; 0 ; bt2 ; 0 ; br4]
④ [8, 4 ; c4 ; bh2 ; 0 ; r1, bs3 ; 0 ; bt2 ; 0 ; br4]
⑤ [8, 4 ; c4 ; bh3 ; 0 ; bs2, r4 ; 0 ; bt3 ; 0 ; br1]

26 다음 도형을 출력하기 위해 명령어 [9, 5 ; c1, br2 ; 0 ; s4 ; c2 ; 0 ; 0 ; t1, bc5 ; dc3 ; bs5]를 입력하였더니 오류가 발생하였다. 입력한 명령어에서 오류가 발생한 부분을 고르면?

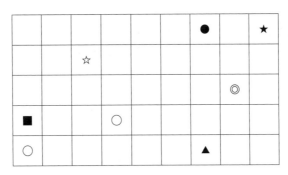

① 9, 5   ② c1, br2   ③ s4

④ c2   ⑤ t1

[27~28] 다음은 H기업의 신입사원을 위한 업무 관련 매뉴얼의 일부이다. 이를 바탕으로 이어지는 질문에 답하시오.

H기업의 시설관리팀은 신입사원들을 위한 업무 매뉴얼을 만들어 배포하고 있다. 해당 매뉴얼은 복합기 설치 방법, 회사 공용 소프트웨어 설치 및 인증 방법 등에 관한 내용을 포함하고 있다. 자세한 내용은 다음과 같다.

복합기 설치 방법

1. 사용할 복합기의 모델명을 확인
2. 회사 인트라넷에 접속하여 게시판 > 공유 소프트웨어 > 프린터/복합기 게시판에서 확인한 모델명의 게시물을 클릭
3. 게시물의 설치 파일을 다운로드 및 설치
4. 사용할 복합기의 기기 정보 > 네트워크 정보 > IP 확인 버튼을 눌러 복합기에 연결된 네트워크 IP 번호를 확인
5. 드라이버 설치 중 IP 입력 창이 뜨면 복합기에서 확인한 IP 번호를 입력
6. 설치 완료 및 테스트 용지가 인쇄되었는지 확인

※ 단, 복합기에 연결된 무선 인터넷과 컴퓨터에 연결된 무선 인터넷이 동일해야 함

공용 소프트웨어 설치 및 인증 방법

1. 회사 인트라넷에 접속하여 게시판 > 공유 소프트웨어 > 오피스 프로그램 게시판 확인
2. 게시판 내 설치할 소프트웨어 파일을 다운로드 및 설치
3. 본인 계정으로 회사 메일에 접속하여 시설관리팀으로부터 받은 〈소프트웨어 설치 및 인증 안내〉 메일 확인
4. 메일 내 링크 클릭
5. 링크 클릭 후 나타난 화면의 본인의 사번과 생년월일 6자리를 입력하여 시리얼 넘버를 확인
6. 시리얼 넘버를 소프트웨어 설치 시 입력
7. 설치 및 인증 완료

27 신입사원 C사원으로부터 매뉴얼대로 시도했으나 복합기가 설치되지 않는다는 문의를 받았을 때, 시설관리팀 B대리가 확인할 사항으로 적절한 것을 [보기]에서 모두 고르면?

┤ 보기 ├
⊙ 복합기 모델에 맞는 드라이버 파일을 설치했는지 확인한다.
ⓒ 복합기의 IP와 드라이버 설치 시 입력한 IP가 일치하는지 확인한다.
ⓒ 설치 시 사전에 확인된 시리얼 넘버를 입력한다.
ⓔ 복합기에 연결된 무선 인터넷과 컴퓨터에 연결된 무선 인터넷이 동일한지 확인한다.

① ㉠, ㉢   ② ㉠, ㉣   ③ ㉡, ㉢
④ ㉠, ㉡, ㉣   ⑤ ㉡, ㉢, ㉣

28 신입사원 C사원이 매뉴얼을 읽고 다음과 같이 메일을 보냈다고 하였을 때, 옳지 <u>않은</u> 것을 고르면?

안녕하십니까?
보내주신 매뉴얼은 잘 읽어 보았습니다.
매뉴얼을 읽고 설치하는 과정 중에 몇 가지 제안을 드리면 좋을 것 같아 이렇게 메일을 드리게 되었습니다.
먼저 제가 비전문가다 보니 ㉠<u>내용이 좀 더 단순하고 간결했으면 좋겠습니다.</u> 매뉴얼 내용 서술에 애매모호한 단어가 있으면 이해하기가 어렵습니다. 또, 의미를 좀 더 명확히 전달하기 위해서는 ㉡<u>수동태</u> <u>보다는 능동태의 동사를 사용하는 것이 좋을 것 같습니다.</u> 다음으로는 사용자에 대한 심리적 배려가 있었으면 좋겠다는 생각이 들었습니다. ㉢<u>"어디서?, 누가?, 무엇을?, 언제?, 어떻게?, 왜?"라는 질문을</u> <u>통해 사용자의 질문을 예상한다면 사용자가 매뉴얼을 한 번만 보더라도 충분할 것입니다.</u> 또, 매뉴얼을 읽다 보니 제가 원하는 정보를 빠르게 찾기에 다소 어려움이 있었습니다. ㉣<u>짧고 의미 있는 제목과 비</u> <u>고가 추가된다면 필요한 정보를 좀 더 빨리 찾는 데 도움이 될 것 같습니다.</u> 마지막으로 무엇보다도 중요한 것은 사용자가 사용하기 쉬워야 한다는 점입니다. 전자 매뉴얼처럼 구조가 복잡하여 접근하기 힘들다면 소용이 없으므로 사용자가 보기 편하도록 ㉤<u>매뉴얼은 되도록 크게 제작하는 것이 좋을 것 같습</u> <u>니다.</u>
제가 말씀드릴 내용은 여기까지입니다. 시간 내어 읽어 주셔서 감사드리며 다음번 매뉴얼 제작 시에 도움이 되셨으면 하는 바람입니다.
감사합니다.

① ㉠   ② ㉡   ③ ㉢
④ ㉣   ⑤ ㉤

[29~30] 다음은 합리적 의사결정 단계에 관한 문제이다. 이와 관련해서 이어지는 질문에 답하시오.

29 △△회사의 마케팅 3팀장인 홍 차장은 최근 출시된 제품을 해외 시장에 판매하기 위한 전략을 세우라는 지침을 받았다. 이에 홍 차장은 다음과 같은 합리적 의사결정 단계에 따라 팀원들과 함께 업무 지침을 수행하려고 한다. 이때, [A] 단계에서 홍 차장이 팀원들에게 할 수 있는 말로 가장 적절한 것을 고르면?

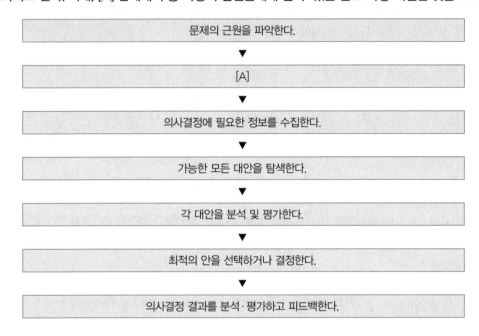

① 우리 제품이 판매될 수 있는 모든 시장을 조사하세요.
② 경쟁사의 성능을 파악하고, 우리 제품의 장점을 확인하세요.
③ 이전 제품의 해외 판매 실적을 파악하고, 판매율이 저조했던 이유를 파악하세요.
④ 현재 우리가 가장 타깃으로 삼아야 하는 나라를 확인하고, 가중치를 얼마나 부여할지 정리해 보세요.
⑤ 어떻게 하면 제품을 효율적으로 어필할 수 있는지 탐색된 모든 방법에 대해 토의해 봅시다.

30 다음 박 대리의 사례를 보고 **29**번의 합리적 의사결정 단계에 따라 [보기]를 순서대로 바르게 나열한 것을 고르면?

> 박 대리는 인사이동 시즌을 앞두고 고민이 많다. 현재 부서에서 5년간 업무를 하여 다음 번 인사이동 때 원하는 부서를 선택할 수 있는 권한이 주어졌는데, 현재 부서에 머무를지 새로운 부서로 이동을 할지 결정하지 못했기 때문이다. 현재 부서에서는 5년 동안 혼자 업무를 해내며 충분한 지식과 기술을 익혀 상대적으로 익숙하고 야근도 적어 부담이 적지만, 매일 같은 업무를 반복적으로 해내는 데에 따른 권태감에 더 이상 보람을 느끼기 어렵다. 반면 평소 가고 싶었던 부서는 회사 내에서 상대적으로 중요한 역할을 하는 부서로 전문 지식을 쌓는 데 도움이 될 뿐만 아니라 핵심적인 역할을 해 낸다는 것에 자부심을 가질 수 있다. 하지만 중요한 부서다 보니 당연히 야근이 많고 약간의 실수에도 책임져야 하는 부분이 많아 늘 긴장감에 일을 해내야 한다는 단점이 있다.

─┤ 보기 ├─

㉠ 인사이동 신청 기간이 끝나기 전에 부서 이동을 신청할지 고민한다.
㉡ 가고자 하는 부서에 오래 근무한 선배에게 업무에 관해서 묻는다.
㉢ 현재 부서에 머무를지 새로운 부서로 인사이동을 신청할지 결정한다.
㉣ 편한 것과 자부심을 느끼는 것 중 나에게 어느 것이 더 중요한지 생각해 본다.
㉤ 현재 부서와 가고자 했던 부서의 중간 정도의 업무 강도를 가진 부서는 없는지 등 여러 가지를 고려해 본다.
㉥ 생각했던 여러 가지 안을 종합적으로 평가하고 주변 사람들에게도 물어본다.
㉦ 결정 후 결과에 대해 평가해 보고 다음 결정의 교훈으로 삼는다.

① ㉠－㉡－㉣－㉤－㉥－㉢－㉦
② ㉠－㉣－㉡－㉤－㉥－㉢－㉦
③ ㉢－㉣－㉡－㉤－㉥－㉠－㉦
④ ㉣－㉠－㉡－㉤－㉥－㉢－㉦
⑤ ㉤－㉠－㉡－㉥－㉣－㉢－㉦

31 다음 글을 참고할 때, 조 대리가 수행하고자 하는 바로 가장 적절한 것을 고르면?

> 인사팀 조 대리는 평소 SNS 활동을 활발히 하고 있으며, 자신이 가진 인적 네트워크를 업무에 적극적으로 활용한다. 뿐만 아니라 개성 있는 자신만의 명함을 제작하여 스스로를 돋보이게 만들 줄 알며, 자신이 쌓아 온 경력을 포트폴리오로 만들어 관리하고, 이를 주변 지인들에게 홍보하는 일에 일정 시간을 할애한다.

① 자신을 브랜드화하여 PR하고자 한다.
② 자아를 올바르게 인식하고자 한다.
③ 주변 상황을 올바르게 탐색하고자 한다.
④ 철저한 자기관리를 모색하고자 한다.
⑤ 경력 목표를 명확히 설정하고자 한다.

32 차량용 임베디드 기관에서 기술 연구원으로 일하고 있는 석 대리는 최근 업무 능력 향상 프로그램을 이수하라는 요청을 받았다. 업무 성과 향상 측면에서 경력개발이 필요한 상황인 것이다. 이때, 다음 중 석 대리의 경력개발이 필요한 이유가 나머지와 다른 하나를 고르면?

① 기존 위탁 업체와 용역 업체가 변경되어 새로운 매뉴얼이 필요해졌다.
② 해당 업무와 관련하여 전문성을 축적하고자 하는 개인의 요청을 수용하였다.
③ 담당 업무와 관련해 데이터베이스가 구축되며 불필요한 인력이 증가하였다.
④ IT 산업 활성화를 위한 새로운 사업을 추진함으로써 경영 전략이 변화하였다.
⑤ 직급과 연공서열에 의한 획일적인 임금제를 벗어나 개별 성과급제를 채택하였다.

[33~34] 다음 글을 읽고 이어지는 질문에 답하시오.

H기업은 최근 직원들과의 임금 협상 문제로 몸살을 앓고 있다. H기업은 관련 규정대로 임금 인상률을 적용하려고 하지만, 직원 대표들의 입장은 달랐다. 올해 H기업이 신제품 출시로 매출이 급성장하여 주식시장에 상장까지 하였으므로 추가적인 임금 인상이 필요하다고 주장하는 것이다. H기업은 신제품 출시를 위한 설비투자와 연구개발비, 채권 발행 등으로 비용이 너무 많이 발생하여 규정 외 추가적인 임금 인상은 어렵다고 전했다.

회사 측의 설득에도 불구하고 직원 대표들이 강경한 태도를 고수하자, H기업은 임금 인상 외 다른 대안을 제시하기로 하였다. 먼저, 신제품 개발을 위해 작년부터 발생한 설비 투자비 및 연구개발비, 채권 발행액 등 소요된 비용과 신제품 개발을 통해 창출한 이익 등을 시각화한 자료를 준비하여 회사의 현 상황에 대해 명확하게 제시하였다. 또한 기업이 이렇게 성장할 수 있었던 이유에는 직원들의 노고가 가장 크다며 회사 차원에서 직원이 얼마나 소중한지 직원 대표들이 느낄 수 있도록 하였다.

그랬더니 직원 대표들의 태도가 바뀌었다. 기업이 앞으로 계속 성장하기 위해서는 서로 양보하는 것이 필요하다고 설득하여 직원 대표들의 입장을 변화시킨 것이다. 결국 H기업은 내년 추가적인 임금 인상 대신 올해 연말에 전 직원들에게 인센티브를 지급하는 것으로 모두가 대체로 만족하게끔 협상을 마무리 지었다.

33 주어진 글에서 나타난 협상 단계에 대한 설명으로 적절하지 <u>않은</u> 것을 고르면?

① 협상 전략과 전술을 수립한다.
② 협상을 위한 자료를 준비한다.
③ 협상 당사자가 전략과 전술을 구사한다.
④ 협상 내용을 비준·집행하고 분석·평가를 시행한다.
⑤ 협상 당사자들 사이에 상호 친근감을 쌓는다.

34 협상의 의미는 크게 의사소통 차원, 갈등해결 차원, 지식과 노력 차원, 의사결정 차원, 교섭 차원 등으로 나눌 수 있다. 주어진 글에 나타난 협상의 의미로 적절한 것을 [보기]에서 모두 고르면?

보기
⊙ 의사소통 차원: 이해 당사자들이 자신들의 욕구를 충족시키는 것을 목적으로, 상대방으로부터 최선의 것을 얻어내기 위해 상대방을 설득하는 과정
ⓒ 갈등해결 차원: 얻고자 하는 것을 가진 상대의 호의를 쟁취하기 위한 것에 관한 지식이며, 이를 위해 노력하는 과정
ⓒ 의사결정 차원: 둘 이상의 이해 당사자들이 여러 대안들 가운데에서 모두가 수용 가능한 대안을 찾기 위한 과정
ⓔ 교섭 차원: 선호가 서로 다른 당사자들이 합의에 도달하기 위해 공동으로 의사를 결정하는 과정

① ㉠, ㉡   ② ㉠, ㉢   ③ ㉡, ㉢
④ ㉠, ㉢, ㉣   ⑤ ㉡, ㉢, ㉣

[35~36] 다음은 대인관계 유형에 관한 문제이다. 이와 관련해서 이어지는 질문에 답하시오.

35 다음 [표]는 대인관계의 유형별 대표적인 특징과 보완점을 정리한 자료이다. 주어진 유형 중 적절하지 <u>않</u>은 내용이 포함된 것을 고르면?

[표] 대인관계 유형별 특징과 보완점

구분	특징	보완점
지배형	• 대인관계에 자신이 있으며 자기주장이 강하고 타인에 대해 주도권을 행사한다. • 지도력과 추진력이 있어서 집단적인 일을 잘 지휘할 수 있다.	• 타인의 의견을 잘 경청하고 수용하는 자세가 필요하다. • 타인에 대한 자신의 지배적 욕구를 깊이 살펴보는 시간이 필요하다.
실리형	• 대인관계에서 이해관계에 예민하고 치밀하며 성취 지향적이다. • 이성적이고 냉철하며 의지력이 강하고, 타인과 거리를 두며 대인관계를 맺는 경향이 있다.	• 타인의 이익과 입장을 배려하는 노력이 필요하다. • 타인과 신뢰를 형성하는 일에 깊은 관심을 갖는 것이 바람직하다.
순박형	• 단순하고 솔직하며 대인관계에서 너그럽고 겸손한 경향이 있다. • 타인에게 잘 설득당할 수 있어 주관 없이 보일 수 있으며, 잘 속거나 이용당할 가능성이 높다.	• 타인의 의도를 좀 더 깊게 들여다보고 행동하는 신중함이 필요하다. • 자신의 의견을 강하게 표현하고 주장하는 것이 바람직하다.
친화형	• 대인관계에서 따뜻하고 인정이 많으며, 타인을 잘 배려하여 도와주는 자기희생적인 태도를 취한다. • 타인을 즐겁게 해주려고 지나치게 노력하며, 타인의 고통과 불행을 보면 도와주려고 나서는 경향이 있다.	• 타인과의 정서적 거리를 유지하는 노력이 필요하다. • 타인의 이익만큼 나의 이익도 중요함을 인식해야 한다.
사교형	• 외향적이고 쾌활하며 타인과 함께 대화하기를 좋아하고, 타인으로부터 인정받고자 하는 욕구가 강하다. • 혼자서 시간을 보내는 것을 어려워하고, 타인의 활동에 관심이 많아 간섭하는 경향이 있다.	• 타인에 대한 관심보다 혼자만의 내면적 생활에 좀 더 깊은 관심을 갖고, 타인으로부터 인정받으려는 자신의 욕구에 대해 깊이 생각해 볼 필요가 있다.

① 지배형   ② 실리형   ③ 순박형
④ 친화형   ⑤ 사교형

36 다음 글을 읽고 김 과장에게 해줄 수 있는 조언으로 가장 적절한 것을 고르면?

> 김 과장은 평소 자기관리에 철저하며 일에 있어서도 철두철미하여 인정보다는 실리를 중시하는 편이다. 주변으로부터의 평가를 중요하게 생각하기 때문에 어떠한 일을 맡겨도 최선을 다해 노력하여 성과가 좋다. 자신감이 넘치며 사내 분위기를 주도하지만 직설적인 성격으로 자기주장이 강해 의도와는 달리 사람들에게 상처를 주는 경우도 있다. 또한 혼자 있는 것보다는 여럿이 함께 하는 것을 선호하며 주변 사람들에게 관심이 많은 편이다.

① 친화력이 있는 것은 좋지만 타인과 어느 정도 정서적인 거리를 유지할 필요는 있습니다.
② 사내 대인관계는 필수이므로 자신의 감정을 억제하기보다는 사회적 상황에 직면해야 합니다.
③ 여러 이해관계가 얽혀 있는 조직 내에서 타인의 의견을 경청하고 수용하는 자세는 필수입니다.
④ 다른 사람들로부터의 평가도 중요하지만 필요하다면 자신의 의견을 적극적으로 주장해야 합니다.
⑤ 주변 사람들과 친밀한 것도 좋지만 사내에선 적절한 긴장을 유지하고 주변의 평가에 신경을 쓰는 태도도 필요합니다.

37 다음 [보기]의 (가)~(다)에 해당하는 직업윤리가 순서대로 바르게 짝지어진 것을 고르면?

┌─ 보기 ┐
(가) 자신의 일이 누구나 할 수 있는 것이 아니라 해당 분야의 지식과 교육을 밑바탕으로 성실히 수행해야만 가능한 것이라 믿고 수행하는 태도
(나) 자신이 하고 있는 일이 사회나 기업을 위해 중요한 역할을 하고 있다고 믿고 자신의 활동을 수행하는 태도
(다) 자신의 일이 자신의 능력과 적성에 꼭 맞는다 여기고 그 일에 열성을 가지고 성실히 임하는 태도
└──────┘

	(가)	(나)	(다)
①	책임의식	직분의식	천직의식
②	책임의식	소명의식	천직의식
③	전문가의식	직분의식	천직의식
④	전문가의식	직분의식	소명의식
⑤	전문가의식	봉사의식	직분의식

38 다음 사례에 나타난 직원의 고객 응대 방법을 의미하는 용어로 가장 적절한 것을 고르면?

"제가 예전에 경험했던 일 중에 한 백화점에 입점한 의류 매장에서 받았던 응대가 아직도 기억에 남습니다. 그 날은 일이 끝나고 들렀기 때문에 매장에 도착한 것은 백화점 폐점 1시간 전이었습니다. 정장을 고르기 위해 스타일이나 소재 등에 대해 직원과 계속 이야기를 나누고 있었는데요, 폐점 시간이 다가와 저에게 대충 설명을 해 주고 퇴근 준비를 하려고 했을 법도 했는데 아주 상냥한 말투로 끝까지 대답을 잘 해 주더군요. 겨우 구입할 정장을 결정하고 사이즈를 확인하려고 할 때, 문득 시계를 보니 이미 폐점 시간이 20분이나 지난 것이었어요. 당황해서 직원에게 사과하자 오히려 직원은 "이미 출구가 닫혔을 겁니다. 죄송하지만 비상문을 통해 나가실 수밖에 없을 것 같아요."라며 제게 미안해하더군요. 그 직원은 저를 비상문이 있는 곳까지 안내해 주었고 구입한 물건을 건네주면서 정중하게 인사까지 해 주었습니다. 이런 배웅을 받은 뒤로 저는 그 매장과 직원뿐 아니라 백화점에도 매우 좋은 인상을 갖게 되었습니다. 나를 위해 이렇게까지 해 준다는 것에 약간의 자부심을 느꼈기 때문이지요."

① 고객만족서비스   ② 고객감동서비스   ③ 고객접점서비스
④ 고객우대서비스   ⑤ 고객우선서비스

[39~40] 다음은 직장 내 괴롭힘에 관한 문제이다. 이와 관련해서 이어지는 질문에 답하시오.

39 다음 직장 내 괴롭힘 사례 중 같은 유형이 <u>아닌</u> 것을 고르면?

① 김 팀장은 박 대리에게 매일 아침 출근길에 자신의 커피를 사다 줄 것을 지시하였다.

② 고 대리는 평소 마음에 들지 않았던 신입사원 양 씨가 같은 팀에 배정이 되자 미팅 시간을 알려주지 않는 등 은근히 업무에서 배제하려는 시도를 하였다.

③ 박 차장은 자신의 지시를 따르지 않은 강 대리에게 원래 정해진 분량 이상의 업무를 지시하거나 시일을 촉박하게 부여하는 등 업무적인 압박을 가하였다.

④ 강 팀장은 팀원 김 씨에게 자신의 업무를 대신 해 주지 않으면 고과 점수를 낮게 주어 다음 번 진급을 어렵게 하겠다고 하였다.

⑤ 송 대리는 평소 마음에 들지 않았던 사원 유 씨가 업무에 필요한 정보를 얻지 못하게 하기 위해 인트라넷 일부 게시판 접속을 차단하였다.

40 다음 (가)~(다) 사례에 대한 설명으로 옳지 <u>않은</u> 것을 고르면?

(가) 같은 부서의 선배가 후배인 부하 직원에게 술자리를 마련하지 않으면 인사상 불이익을 주겠다고 반복하여 말한 사건으로, "술자리 날짜를 아직도 못 잡았느냐", "성과급의 30%는 선배를 접대하는 것이다" 등 반복적으로 술자리를 갖자는 발언을 하고 시말서, 사유서를 쓰게 하여 부하 직원의 근로 환경을 불안정하게 조성하였다.

(나) 상사가 퇴근 후 주말 저녁에 술에 취한 채 팀 모바일메신저 단체대화방에서 월요일부터 진행하게 될 중요한 프로젝트에 대해서 재차 강조하는 글을 남기었다. 또한 모두가 쉬는 주말 저녁이지만 팀장으로부터 온 메시지를 읽지 않으면 피해를 당할지도 모른다는 생각에 팀원들은 업무 관련 글을 읽고 스트레스로 소중한 주말 시간을 망치게 되었다.

(다) 회식자리에서 직장 상사가 소주병을 거꾸로 쥐어 잡고 피해자를 가격하려고 위협하고, 고객들 앞에서도 피해자의 목을 짓누르는 신체적 폭력을 가하기도 하였다. 또한 다른 직장동료가 한자리에 모인 자리에서 피해자에게 종이를 던지며 모욕을 주는 행위를 가하기도 하고, 차렷 자세로 인사를 반복적으로 시키는 행위를 지속하였다.

① 직장 내 괴롭힘에 해당하지 않는 사례는 두 가지이다.

② 업무상 적정 범위를 벗어난 것으로 보기 어려운 사례는 한 가지이다.

③ (가)와 (나) 중 한 가지만 직장 내 괴롭힘에 해당한다.

④ (나)와 (다) 중 한 가지만 직장 내 괴롭힘에 해당한다.

⑤ 직장 내 괴롭힘에 해당하지 않는 사례는 업무상 적정 범위를 벗어나지 않았기 때문이다.

피듈형
NCS 실전모의고사

| 2회 |

영역		구성	문항 수	풀이 시간	비고
NCS 직업기초능력평가	의사소통능력	한국가스공사 한국농어촌공사 부산교통공사 출제 영역	50문항	60분	객관식 오지선다형
	수리능력				
	문제해결능력				
	자원관리능력				
	정보능력				

※ 출제 영역 및 유형은 기업의 채용계획에 따라 다를 수 있으므로 해당 시기 채용공고를 확인하시기 바랍니다.

모바일 OMR
자동채점&성적분석 무료

정답만 입력하면 채점에서 성적분석까지 한번에!

활용 GUIDE

실시간 성적분석 방법!

STEP 1
QR 코드 스캔

▶

STEP 2
모바일 OMR 입력

▶

STEP 3
자동채점 & 성적분석표 확인

STEP 1

교재 내 QR 코드 스캔

실전모의고사 2회
모바일 OMR 바로가기

eduwill.kr/TXPe

• 위 QR 코드를 모바일로 스캔 후 에듀윌 회원 로그인
• QR 코드 하단의 바로가기 주소로도 접속 가능

STEP 2

모바일 OMR 입력

• 회차 확인 후 '응시하기' 클릭
• 모바일 OMR에 답안 입력
• 문제풀이 시간까지 측정 가능

STEP 3

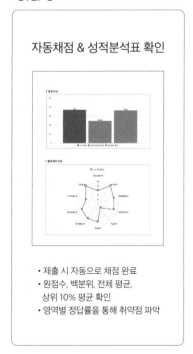

자동채점 & 성적분석표 확인

• 제출 시 자동으로 채점 완료
• 원점수, 백분위, 전체 평균, 상위 10% 평균 확인
• 영역별 정답률을 통해 취약점 파악

※ 본 회차의 모바일 OMR 채점 서비스는 2026년 12월 31일까지 유효합니다.

실전모의고사 2회

정답과 해설 P.14

01 다음은 ○○공기업의 신년사 중 일부이다. 글의 내용과 어울리는 한자성어로 적절한 것을 고르면?

> 기업 경영에서 도전과 끈기의 중요성은 절대적입니다. 치열한 경쟁 속에서 새로운 시장 진출이나 혁신적인 제품 개발과 같은 도전은 필수적입니다. 이러한 도전은 실패와 어려움을 동반하기 마련입니다. 그러나 좌절하지 않고 끊임없이 노력하며 목표를 향해 나아가는 자세가 성공적인 기업 경영에 중요합니다. 또한, 직원들에게도 도전 정신을 함양하도록 교육하고, 끊임없이 노력하는 자세를 장려하는 기업 문화를 조성해야 합니다.
>
> 개인의 삶에서도 도전과 끈기는 큰 의미를 지닙니다. 꿈이나 목표를 달성하기 위해서 끊임없는 노력과 인내가 필요합니다. 학업, 취업, 인간관계 등 다양한 분야에서 어려움과 좌절을 겪을 수 있지만, 포기하지 않고 꾸준히 노력한다면 목표를 달성할 수 있습니다. 또한, 새로운 것을 배우고 도전하는 것을 두려워하지 않고 적극적인 자세를 유지해야 합니다.
>
> 사회적으로도 도전과 끈기는 필수적입니다. 사회 발전과 개선을 위해서는 혁신적인 도전과 끊임없는 노력이 필요합니다. 정부는 혁신적인 정책을 추진하고, 시민들은 사회 문제해결을 위해 적극적으로 참여해야 합니다. 또한, 사회 구성원 모두가 서로 협력하고 돕는 분위기를 조성해야 합니다.
>
> 도전과 끈기는 우리 사회 전반에 걸쳐 깊이 뿌리내린 가치입니다. 이는 우리가 불가능을 가능으로 만들고, 더 나은 미래를 만들어갈 수 있는 원동력이 될 것입니다.

① 사생취의(捨生取義)　　② 지동지서(指東指西)　　③ 우공이산(愚公移山)
④ 격물치지(格物致知)　　⑤ 천려일실(千慮一失)

골밀도는 뼈의 건강을 나타내는 중요한 척도이다. 나이가 들수록 골밀도는 자연스럽게 감소하지만, 적절한 ㉠관리를 통해 이를 예방할 수 있다. 나이에 상관없이 뼈 건강을 유지하는 방법은 여러 가지가 있다. 특히 칼슘과 비타민 D를 충분히 섭취하는 것이 필요하다.

운동은 골밀도를 유지하는 데 필수적이다. 체중 부하 운동은 골밀도를 높이는 데 도움이 된다. ㉡걷기, 달리기, 계단 오르기 등 모두 ㉢좋은 운동 방법이다. 근력 운동 또한 뼈를 강화하는 데 효과적이다. 이렇게 규칙적으로 운동하면 골밀도를 유지하는 데 큰 도움이 된다.

흡연과 과도한 음주는 골밀도를 낮추는 주요 원인 중 하나이다. 따라서 이러한 습관을 피하는 것이 좋다. 균형 ㉣잡힌 식사를 하고, 적절한 음주를 유지하며 금연하는 것이 뼈 건강을 유지하는 데 중요하다. 이와 함께, 충분한 휴식을 취하는 것도 필요하다.

정기적인 건강 검진을 통해 자신의 골밀도를 체크하는 것도 중요하다. 골밀도 검사는 간단하면서도 유용한 정보를 제공한다. 이를 통해 자신의 뼈 건강 상태를 정확히 알 수 있다. ⓐ어쨌든, 건강한 생활 ㉤습관을 유지하는 것이 골밀도 유지를 위한 최선의 방법이다. 어떻게 해야 할지 모르겠다면, 전문가의 조언을 받아보는 것도 좋다.

02 주어진 글의 ㉠~㉤ 중 [보기]의 밑줄 친 예시와 동일한 음운의 변동이 일어난 것끼리 묶은 것을 고르면?

┤ 보기 ├

음운의 변동이란 어떤 음운이 놓이는 환경에 따라 바뀌어 소리 나는 현상으로, 음운의 교체(된소리되기, 음절 끝소리 규칙, 동화), 탈락(자음 탈락, 모음 탈락), 축약(자음 축약, 모음 축약), 첨가(ㄴ첨가, 사이시옷)의 4가지 유형으로 나눌 수 있다. 음운의 변동이 일어나는 경우 음운 개수의 변화가 나타나기도 한다. 예를 들어, 넣어[너어]는 자음 음운 탈락이 1번 일어났고 음운의 개수는 1개 줄었다. 갈등[갈뜽]은 된소리되기 음운 교체가 1번 일어났고 음운의 개수는 변하지 않았다.

① ㉠, ㉡, ㉣ ② ㉠, ㉡, ㉤ ③ ㉡, ㉢, ㉣
④ ㉡, ㉢, ㉤ ⑤ ㉡, ㉣, ㉤

03 다음 중 [보기]를 바탕으로 밑줄 친 ⓐ의 발음 표기에 반영된 음운과 음절 개수가 동일한 단어를 고르면?

┤ 보기 ├

표기	발음
ⓐ 어쨌든	[ ]

① 알약 ② 물난리 ③ 묻히다
④ 여닫이 ⑤ 알맞은

04 다음 글을 읽고 추론한 내용으로 적절하지 <u>않은</u> 것을 고르면?

과거 수백 년 동안 동양이나 서양이나 그림을 그린다는 것은 의미를 나타내고자 하였다는 점에서 같다. 의미를 나타낸다는 말은 곧 언어를 이용한다는 말인데, 서양에서는 그들의 언어인 영어를 비롯한 서구어가 표음문자이기 때문에 한자처럼 동음이자(同音異字)로 뜻을 나타내기에 적당치 않았으므로 주로 우의를 이용해서 뜻을 나타내었다.

언어는 두 가지 요소로 구성된다. 하나는 소리이고 하나는 의미이다. 이 두 가지 중, 동양의 화가는 서양의 화가들보다 언어의 소리로서의 정보성을 조금 더 중시하여 그림에 이용했다. 하지만 우리 조상들은 표음문자를 가지고 있었음에도, 중국식 독화법(讀畵法)을 받아들여 한자의 독음을 이용하여 그림을 구상했기 때문에, 비유와 상징을 활용하여 그리는 법을 서양만큼 풍부하게 발전시키지 못했다.

동양의 독화법처럼 동음이자를 이용하는 방식은 당시 통용되는 말을 이용하는 것으로, 말을 아는 사람이면 누구나 쉽게 의미를 해독할 수 있어 뜻을 전달하기가 용이하다는 장점이 있다. 이와 비교하여 서양의 독화법은 사물 속에 담긴 우의를 이용하는 것이어서 그에 관한 지식이 없으면 해독할 수 없다. 그래서 소수의 지식층 외에는 대중화할 수 없는 단점이 있다.

동양의 화가들은 누구나 알 수 있는 쉬운 방법으로 그림을 그렸기 때문에 그리는 사람이나 보는 사람이나 모두 그림 감상에 머리를 쓰지 않아도 되었지만, 서양의 화가들은 감상자인 귀족, 지식층들과 일종의 숨바꼭질을 하는 것처럼 그림을 그렸다. 동양의 화가는 동음이자, 우의, 고전 명구 등 몇 개의 모델을 정해 놓고 거기에 맞추어 그림을 그렸다. 예를 들어 '구사' 한 가지로 수백의 화가가 수천의 그림을 그렸지만, 생각의 다양성이나 변화 없이 모두 똑같은 사고방식으로 그렸기 때문에 단지 그 수효만 많았다.

이에 비하여 서양의 화가들은 온갖 지식과 사고력을 동원하여 새로운 내용의 작품을 제작했으므로, 수백의 서로 다른 화가에 의하여 수천의 서로 다른 작품이 나올 수 있었다. 즉, 그것은 수백, 수천의 생각이 작품에 표출되었다는 뜻이다. 서양의 화가는 그림이 가진 내용의 구상이 심오하고 표현이 뛰어날수록 훌륭한 화가로 인정받지만, 내용이 시시하거나, 판에 박힌 듯이 똑같거나, 묘사력이 좋지 않으면 스타덤에 오를 수가 없었다.

① 서양의 화가들은 독창적인 우의를 담기 위해 부단히 노력했을 것이다.
② 서양의 지식인들은 그림 감상을 통해 자신의 유식함을 과시했을 것이다.
③ 동양에 비해 서양에 그림 그리기를 직업으로 삼는 화가가 더 많았을 것이다.
④ 우리나라와 중국은 같은 소재를 대상으로 그림을 그린 것이 꽤 많았을 것이다.
⑤ 우리나라는 중국의 영향을 받아 그림에 담긴 뜻을 서양에 비해 직관적으로 파악할 수 있었을 것이다.

05 다음 글의 내용 전개 방식으로 가장 적절한 것을 고르면?

음악은 마음에 담아 두거나 기호로 적는 방법으로 전해진다. 대개 동양음악은 마음과 입으로, 서양음악은 기호로 전해져 왔다.

마음에 담아 둔 음악은 청중의 반응에 따라 예정에 없던 가락을 더 넣기도 하는 즉흥음악(卽興音樂)이다. 이런 음악을 '자루 음악'이라고 하는데 넣는 물건에 따라 모양이 달라지는 자루처럼, 청중의 반응이나 연주자의 능력에 따라 늘 새로운 음악이 되기 때문이다. 예를 들어, 판소리는 주어진 시간에 따라 짧거나 길게 부를 수 있고, 청중이 어린아이인지 노인인지에 따라 다르게 부를 수 있다. 판소리에서 중요한 것은 청중과의 교감이므로 창자는 청중의 반응을 보며 노래한다. 악보가 없는 판소리나 사물놀이 같은 자루 음악은 선생과 제자가 입에서 입으로, 마음에서 마음으로 전하고 받는다. 더러 판소리를 채보하는 일도 있지만, 이것은 연구를 위한 것이지 가르치기 위한 것이 아니다. 따라서 자루 음악은 음악의 보존과 계승 면에서는 불리하다.

반면에 기호로 적혀 있는 서양음악은 일단 연주를 시작하면 일부를 생략할 수 없다. 청중이 협주곡의 느린 악장을 지루해한다고 그 부분을 연주하지 않을 수 없으며, 빠르고 경쾌하여 청중의 흥미를 끄는 악장이라고 두 번 연주할 수도 없다. 한번 시작한 이상 정해진 대로 끝까지 연주해야 하고, 연주를 마치고 나서야 박수 소리를 통해 청중의 반응을 알 수 있다.

우리 음악이 자루 음악이라면 악보대로 연주하는 서양음악은 상자 음악이다. 상자는 미리 용도를 생각하고 치수를 측정하여 만든다. 이처럼 서양음악은 치밀하게 계산된 형식 속에 갇힌 냉정한 이성(理性)의 음악인 것이다. 음악을 기호로 적는 방법, 즉 악보로 보관하는 방법은 잊어버릴 염려가 없고, 누구나 악보만 있으면 아무리 오래된 선율이라도 당장 재현할 수 있으니 음악의 보존과 계승 면에서는 서양음악이 더 유리하다고 할 수 있다.

① 시간의 흐름에 따라 내용을 전개하고 있다.
② 어떤 결과를 가져오게 한 원인을 밝히고 있다.
③ 두 대상을 견주어 그들의 차이점을 밝히고 있다.
④ 문제를 제기하고 그 문제의 해결 방법을 제시하고 있다.
⑤ 서로 대등한 관계에 있는 정보를 나열하여 설명하고 있다.

06 다음 글의 [가]~[마]를 내용의 흐름에 맞게 적절하게 배열한 것을 고르면?

[가] 현행 규정으로는 영세 임대업자 및 임차인의 경제적 부담이 크고, 6층 이상 건축물의 임대시장이 축소될 우려가 있다. 따라서 기존 건축물의 구조나 설비가 수용할 수 없는 경우에 대한 특례나 소급 적용 기준을 마련해야 하며, 자발적인 소방시설 설치를 유도하기 위해 비용이나 세제 혜택 등의 지원도 함께 고려되어야 한다.

[나] 스프링클러 설비를 설치하려면 일단 천장 속 여유 공간이 필요하며, 펌프 및 수조, 유수검지 장치실 등을 추가로 설치해야 한다. 용도 변경된 부분에만 스프링클러 설비를 설치하더라도 공용 공간의 변경이 필요하며, 천장 속 여유 공간이 부족한 경우 천장고가 낮아지게 된다. 이는 경제적 손실뿐만 아니라 거실 기능을 상실하는 등 실질적인 용도 변경을 어렵게 할 수 있다.

[다] 소방시설법 시행령 개정에 따라 스프링클러 설비 설치 대상이 층수 11층 이상의 건축물에서 6층 이상 건축물로 강화되었다. 이는 안전 인식이 강화됨에 따라 국민의 생명과 안전을 보호하기 위한 조치로, 신축 건축물에는 당연히 적용된다. 하지만, 기존 건축물의 경우 상황이 다를 수 있다. 시행령 제17조 제2항에 따르면, 건축물이 용도 변경되는 경우, 용도 변경되는 부분에 한해 당시의 소방시설 설치 기준을 적용해야 한다. 단, 화재 발생의 우려가 적어지는 경우 적용이 제외될 수 있다. 따라서 법 개정 이전에 지어진 6층 이상 11층 미만 건축물의 용도 변경 시 스프링클러 설비를 추가로 설치해야 한다. 하지만 스프링클러 설비를 기존 건축물에 추가로 설치하는 데는 어려움이 있다.

[라] 또한, 소방시설법과 건축법의 기준이 다르다는 점도 문제로 작용한다. 건축법에서는 용도 변경을 허가 대상과 신고 대상으로 구분하고, 용도를 비슷한 군으로 변경하는 경우 건축 허가 대상이 되며, 하위 군으로 변경하는 경우 신고 대상이 된다. 같은 군에서 용도 변경하는 경우 건축물대장 기재 내용 변경 신청으로 행정절차가 간소화된다.

[마] 하지만 소방시설법에서는 시행령 제17조 제2항의 단서조항에서 완화 기준을 명시하고 있으나, 그 기준이 모호하고 건축법과 달라 혼선을 초래하고 있다. 즉, 소방시설법에 따르면, 신축 당시 적법한 절차를 거친 건축물이라도 건축물대장 기재 변경이나 신고 대상의 용도 변경 시 스프링클러 설비를 추가로 설치해야 한다.

① [가]-[다]-[나]-[라]-[마]
② [가]-[다]-[라]-[나]-[마]
③ [다]-[나]-[라]-[가]-[마]
④ [다]-[나]-[라]-[마]-[가]
⑤ [다]-[나]-[마]-[라]-[가]

07 다음 중 글의 내용과 일치하지 <u>않는</u> 것을 고르면?

콘크리트는 뛰어난 내구성 덕분에 수천 년 동안이나 건축 재료로 사용되어 왔으며, 지금도 현대 문명을 지탱하는 건축 재료 중 하나이다. 특히 고도의 건축술을 가진 고대 로마인들이 만든 '로마 콘크리트'는 2000여 년이 지난 지금까지도 단단하게 구조물을 지탱하고 있다. 더 놀라운 점은 부두와 방파제, 즉 바닷물이 닿는 구조물에 쓰인 콘크리트가 아직도 건재하다는 것이다. 일반적으로 해양 콘크리트는 바닷물에 의한 화학적 작용, 파도에 의한 물리적 작용으로 인해 육상 콘크리트와 비교했을 때 더 쉽게 손상된다. 그러나 로마 콘크리트는 현재까지도 건재할 뿐만 아니라, 심지어 처음 건축됐을 때보다 내구성이 더 강해졌다. 그래서 오랫동안 과학자들은 로마 콘크리트의 미스터리를 풀기 위해 수많은 분석을 거듭했다.

수년 동안 과학자들은 로마 콘크리트의 뛰어난 내구성의 비결이 '포졸란' 덕분이었을 것으로 추측해 왔다. 로마 콘크리트 제조 당시 포졸란은 이탈리아 나폴리만 포주올리 지역의 화산재를 부르는 말이었지만, 이후 물과 서서히 반응해 물에 녹지 않는 화합물을 만드는 물질들을 한데 이르는 말로 확대됐다. 포졸란은 콘크리트를 제조할 때 조직을 더욱 치밀하게 만들어 내구성을 높이는 역할을 한다. 그동안 로마 콘크리트에 쓰인 포졸란, 즉 나폴리만의 화산재가 특히 접착성이 좋아 내구성이 뛰어나다고 알려져 왔다. 하지만 이 가설은 단순히 내구성이 높은 것이 아니라, 시간이 지날수록 점점 강해지는 로마 콘크리트를 설명하기엔 부족했다.

이에 미국 메사추세츠공과대학(MIT) 건설환경공학과 연구팀은 로마 콘크리트에서 발견되는 수 밀리미터 크기의 흰색 덩어리에 주목했다. 이 흰색 덩어리는 로마 콘크리트에서 공통으로 발견됐지만, 재료가 충분하게 섞이지 못하거나 제조 과정에서 들어간 이물질로 여겨졌다. 연구팀은 자체 개발한 고해상도 멀티 스케일 이미징 및 화학 매핑 기술을 사용해 이 흰색 덩어리를 정밀 분석했다. 분석 결과, 흰색 덩어리는 이물질이 아니었다. 이 흰색 덩어리는 '석회 쇄설암(lime clast)'으로, 다양한 형태의 탄산칼슘으로 이뤄졌으며, 고온의 열 반응으로 형성된 것이다. 여기서 주목할 점은 '고온의 열 반응'이다. 콘크리트의 재료 중 하나인 석회는 '생석회'와 '소석회' 두 종류가 있는데, 지금까지 로마 콘크리트에는 '소석회'만이 쓰였을 것으로 추측됐다. 소석회와 물과의 반응은 비교적 발열량이 작아 저온인 반면, 생석회는 소석회보다 반응성이 높아 물과 혼합하면 부글부글 끓어오른다. 따라서 로마 콘크리트에 생석회가 쓰였음을 알 수 있다. 생석회를 사용하면 소석회를 사용할 때보다 콘크리트 제조 과정이 까다롭다. 하지만 장점도 명확하다. 반응이 훨씬 빨라서 건축물을 짓는 시간을 단축할 수 있으며, 고온에서만 만들어지는 화합물을 생성할 수 있다. 이 중 하나가 바로 연구팀이 발견한 석회 쇄설암이다.

연구팀은 생석회로 석회 쇄설암이 포함된 콘크리트를 만든 뒤, 일부러 균열을 일으키는 실험을 진행했다. 균열이 일어난 콘크리트 샘플 틈 사이로 물을 흘려보내고 2주가 지나자, 석회 쇄설암이 포함된 콘크리트에서는 균열이 복구돼 있었다. 콘크리트 내부로 흘러 들어온 물과 석회 쇄설암 속 칼슘이 만나 새로운 결정이 형성됐다. 이번 연구로 석회 쇄설암이 콘크리트에 '자가 치유' 능력을 보유했다는 사실이 밝혀졌다.

① 석회 쇄설암은 생석회로 콘크리트를 제조할 때 생성되는 화합물이다.
② 칼슘과 물이 만나 형성된 결정은 콘크리트의 내구성을 높일 수 있다.
③ 포주올리 외의 지역 화산재로 만든 화합물은 포졸란에 해당하지 않는다.
④ 이전에 석회 쇄설암은 로마 콘크리트에서 발견되는 이물질로 여겨졌다.
⑤ 콘크리트는 사용된 장소에 따라 손상 정도가 달라질 수 있다.

08 다음 중 글의 빈칸에 들어갈 말로 가장 적절한 것을 고르면?

> 루키즘이란 말은 뉴욕타임스의 칼럼리스트 윌리엄 새파이어가 자신의 칼럼을 통해 만들어 낸 말로 외모지상주의, 외모차별주의를 의미한다. 윌리엄은 칼럼에서 인종, 성, 종교, 이념에 이어 외모가 개인 간의 우열을 형성하는 잣대가 되고 있다고 하였다. 실제로 외국의 한 조사결과에 의하면 아름다운 여성이나 잘생긴 남성은 법정에서 유죄판결을 받는 확률이 그렇지 못한 사람에 비해 적은 것으로 나타나고 있다. 이것은 배심원들이 외모가 뛰어난 사람들에게 동정심을 더 많이 갖기 때문이다.
>
> 이런 현상을 보이는 건 비단 외국뿐만이 아니다. 우리나라에서도 백화점이나 고급 식당, 미용실 등을 갔을 때 정장차림을 하고 방문을 할 경우에는 점원들의 환대와 관심을 받을 수 있는 반면에, 허름한 복장으로 가거나 화장을 하지 않고 방문했을 때는 그다지 친절하지 못한 대접을 받는 것을 쉽게 느낄 수 있다. 사회적으로 이런 현상은 편안한 일요일이나 공휴일, 여러 가지 이유로 외출을 해야 될 경우, 본인의 의사와는 무관하게 자신을 꾸며야 한다는 부담스러운 의무감을 갖게 만드는 것이다. 옛 속담에 "보기 좋은 떡이 먹기도 좋다", "같은 값이면 다홍치마" 등의 의미를 통해 과거에도 지금처럼 외모를 중요시하였음을 알 수 있다. 물론 조건이 같을 경우 이왕이면 예쁘고 잘생긴 사람이 마음에 와닿는 것을 부인하자는 것은 아니다.
>
> 다만 급속하게 번지고 있는 루키즘의 파급효과가 사회 각 영역에서 상당한 영향력을 보이고 있다는 점에서 우려가 있는 것은 사실이다. 외모가 일상생활에 주는 영향을 묻는 각종 항목 중에서 '외모를 가꾸는 것이 꼭 필요하기 때문'이라는 항목에 78%가 긍정적인 동의를 했다는 점에서, (   )

① 루키즘 현상이 사회적으로 개인의 삶을 결정짓는 데 중요한 요인임을 알 수 있다.
② 자신의 능력을 평가받을 때 외모가 미치는 영향을 미미하게 여기고 있음을 알 수 있다.
③ 외모가 개인 간의 우열을 형성하는 잣대로서 절대적인 조건으로 작용하고 있음을 알 수 있다.
④ 일상생활에서 외모를 중시함으로써 다른 능력보다 우선시하는 경향이 생겨났음을 알 수 있다.
⑤ 자신의 의사와 무관하게 외모를 가꾸어야 한다는 사회적 의무감으로부터 벗어났음을 알 수 있다.

유튜브 알고리즘은 사용자들에게 최적화된 동영상을 추천하여 이용 시간을 늘리고, 광고 수익을 극대화하는 데 중요한 역할을 한다. 유튜브는 2005년 설립 이후, 전 세계에서 가장 큰 동영상 공유 플랫폼으로 성장했다. 2022년 기준, 유튜브는 매월 약 22억 명의 활성 사용자를 보유하고 있으며, 하루 평균 10억 시간 이상의 동영상이 시청되고 있다.

유튜브 알고리즘은 사용자의 시청 기록, 검색 기록, 댓글, 공유, 좋아요 및 구독 정보 등을 분석하여 맞춤형 콘텐츠를 추천한다. 알고리즘은 홈 피드, 추천 동영상, 검색 결과 세 가지 주요 영역에서 작동한다.

홈 피드는 유튜브를 열었을 때 바로 보이는 화면으로, 알고리즘은 사용자의 과거 시청 기록과 구독한 채널을 기반으로 관련성 높은 동영상을 추천한다. 또한 유튜브 사용자들이 이전에 좋아했던 콘텐츠와 유사한 새로운 동영상 등을 다양하게 제시하여 시청 시간을 극대화한다. 추천 동영상은 사용자가 현재 시청 중인 동영상의 오른쪽 또는 아래에 표시되는 동영상들로, 알고리즘은 현재 시청 중인 동영상과 유사한 콘텐츠를 분석하여 추천한다. 이 과정에서는 주제, 태그, 제목, 설명 등이 중요한 역할을 한다. 검색 결과는 사용자가 특정 키워드를 검색할 때 나타나는 결과로, 알고리즘은 키워드와 관련된 동영상의 제목, 설명, 태그, 시청 시간 등을 종합적으로 분석하여 가장 관련성 높은 동영상을 상위에 배치한다.

유튜브 알고리즘에서는 시청 시간, 클릭률, 사용자 참여도 등을 주요 지표로 사용한다. 시청 시간은 사용자가 동영상을 얼마나 오래 시청했는지를 나타내며, 클릭률은 추천된 동영상이 얼마나 자주 클릭되는지를 나타낸다. 사용자 참여도는 좋아요, 댓글, 공유 등의 행동을 의미한다. 이러한 지표들은 알고리즘이 어떤 동영상을 더 많이 추천할지를 결정하는 데 중요한 역할을 한다.

유튜브 알고리즘은 매 순간 방대한 데이터를 처리하고 학습하면서 진화하고 있다. 인공지능과 머신러닝 기술을 활용하여 사용자들의 취향을 더욱 정교하게 파악하고, 개인화된 경험을 제공한다. 이는 유튜브의 사용자 시청 시간을 늘려 유지율을 높이고, 장기적인 사용자 만족감을 바탕으로 광고 수익을 극대화하는 데 기여한다. 그러나 유튜브 알고리즘에 대한 비판도 존재한다. 알고리즘이 사용자의 편향을 강화하고 잘못된 정보나 극단적인 콘텐츠를 확산시킬 위험이 있다는 것이다. 이는 창의성과 다양성을 저해할 수 있다.

결론적으로 유튜브 알고리즘은 사용자의 시청 경험을 개인화하고 광고 수익을 극대화하는 데 중요한 역할을 하지만, 그 이면에는 다양한 문제점들도 존재하며, 유튜브와 같이 플랫폼이 지속 가능한 발전을 위해서는 알고리즘의 투명성과 책임성을 강화할 필요가 있다.

09 다음 중 유튜브 알고리즘에 관한 설명으로 옳은 것을 고르면?

① 유튜브 알고리즘은 오직 사용자의 검색 기록만을 분석하여 추천 동영상을 결정한다.
② 유튜브 알고리즘은 현재 시청 중인 동영상의 주제와 관련된 콘텐츠만을 골라 추천한다.
③ 유튜브 알고리즘은 사용자의 좋아요, 댓글, 공유 등의 행동을 분석하여 동영상을 추천하지 않는다.
④ 유튜브 알고리즘은 홈 피드에서만 작동하며, 추천 동영상과 검색 결과에는 영향을 미치지 않는다.
⑤ 유튜브 알고리즘은 사용자의 과거 시청 기록과 구독한 채널을 기반으로 관련성 높은 동영상을 추천한다.

10 다음 중 유튜브 알고리즘이 광고 수익을 극대화하는 방법으로 옳지 <u>않은</u> 것을 고르면?

① 사용자의 시청 시간을 늘려 더 많은 광고를 노출시킨다.
② 사용자의 참여도와 클릭률을 증가시켜 광고 효과를 극대화한다.
③ 짧고 자극적인 시각적 광고만을 중시하여 일회성 이익을 우선시한다.
④ 사용자의 데이터를 분석하여 광고 클릭을 최적화하는 방향으로 동작한다.
⑤ 인공지능 기술을 활용하고 사용자 맞춤형 광고를 제공하여 광고 효율성을 높인다.

11 직각삼각형 ABC에 대하여 선분 AD의 길이와 선분 CD의 길이의 비가 3:4이고, 넓이는 $\frac{75}{8}$ cm²라고 한다. 이때, 직각삼각형 ABD와 직각삼각형 ACD의 둘레의 길이의 차를 고르면?

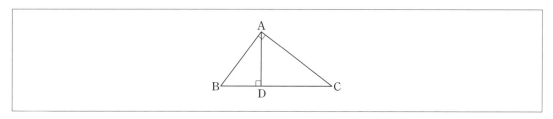

① 3cm   ② 6cm   ③ 9cm

④ 12cm   ⑤ 18cm

12 다음 숫자들의 배열 규칙을 찾아 빈칸에 들어갈 알맞은 숫자를 고르면?

( )	8	16	24	32	40

① 0   ② 4   ③ 8

④ 16   ⑤ 24

13 A거래처는 수건을 총 60장 주문생산하려고 한다. A거래처는 수건을 색상별로 블루는 20장만 주문하였고, 화이트와 핑크는 각각 10장 이상씩은 반드시 포함되도록 주문하였다. 이때, 수건을 만들 수 있는 모든 경우에서 핑크가 세 가지 색상 중 가장 많이 생산될 확률을 고르면?(단, 수건 색상은 블루, 화이트, 핑크 세 가지뿐이다.)

① $\frac{10}{21}$ ② $\frac{3}{7}$ ③ $\frac{8}{21}$

④ $\frac{1}{3}$ ⑤ $\frac{2}{7}$

14 다음 [보기]는 새로 만든 연산 기호에 일정한 연산 규칙을 적용한 것이다. [보기]의 내용을 바탕으로 할 때, (1★2)□(3▼4)의 값을 고르면?

┌─ 보기 ┐

$1★2=4$	$5★2=8$	$(-3)★(-1)=-3$
$5□9=4$	$3□1=2$	$(-2)□5=7$
$7▼8=15$	$2▼4=12$	$5▼3=-16$

① 1   ② 2   ③ 3
④ 4   ⑤ 5

15 어느 상점에서 두 제품 A, B를 판매하고 있다. 다음 [조건]의 내용을 바탕으로 할 때, 제품 B의 판매량은 전월 대비 얼마나 감소하였는지 고르면?

┌─ 조건 ┐

• 전월 기준 두 제품 A, B의 가격의 비는 3:2이고, 가격 변동은 없다.
• 제품 A의 판매량은 전월 대비 20% 증가하였고, 제품 B의 판매량은 전월 대비 감소하였다.
• 전월 기준 두 제품 A, B의 판매량의 비는 4:3이고, 두 제품의 총판매액은 전월 대비 10% 증가하였다.

① 10%   ② 12%   ③ 15%
④ 18%   ⑤ 20%

[16~17] 다음 [표]는 2018~2021년 골다공증 질환의 진료실인원 현황을 나타낸 자료이다. 이를 바탕으로 이어지는 질문에 답하시오.

[표1] 2018~2021년 골다공증 질환의 시도별 진료실인원 현황 (단위: 명)

구분	2018년	2019년	2020년	2021년
서울시	162,485	177,815	167,933	182,572
부산시	61,990	69,059	68,232	75,471
대구시	55,236	61,877	59,947	65,817
인천시	46,838	53,486	51,012	54,925
광주시	23,042	25,624	25,579	29,773
대전시	25,735	28,284	28,451	30,712
울산시	17,469	18,722	18,204	19,970
세종시	3,889	4,758	5,146	5,954
경기도	200,048	225,892	217,037	239,821
강원도	38,103	42,213	41,542	43,690
충청북도	34,339	37,326	35,994	38,160
충청남도	50,239	54,615	51,903	54,650
전라북도	52,051	56,311	55,404	59,651
전라남도	54,340	58,220	57,484	61,265
경상북도	74,139	80,698	77,745	83,480
경상남도	72,463	79,624	77,732	83,438
제주도	14,415	15,894	15,997	16,840
합계	980,641	1,084,290	1,048,787	1,138,840

[표2] 2021년 골다공증 질환의 연령대별·성별 진료실인원 현황 (단위: 명)

구분	9세 이하	10대	20대	30대	40대	50대	60대	70대	80대 이상	전체
남성	20	113	472	1,204	3,160	8,128	16,114	23,450	12,974	65,635
여성	20	113	1,169	4,483	17,351	174,015	404,018	318,490	153,546	( )
합계	40	226	1,641	5,687	20,511	182,143	420,132	341,940	166,520	( )

16 다음 중 자료에 대한 설명으로 옳지 <u>않은</u> 것을 고르면?

① 2021년 여성 진료실인원은 105만 명 이상이다.

② 시도별 기준으로, 2018~2021년 골다공증 질환의 진료실인원이 많은 상위 3곳은 동일하다.

③ 2019~2021년 중 전년 대비 골다공증 질환의 전체 진료실인원이 10만 명 이상 증가한 해는 2019년 이다.

④ 2021년 골다공증 질환의 진료실인원이 전체 진료실인원의 10% 이상인 시도는 총 3곳이다.

⑤ 2021년 10대 이하를 제외한 연령대별 골다공증 질환의 진료실인원은 남성보다 여성이 더 많다.

17 다음 [표]의 2018~2021년 골다공증 질환의 총진료비 현황을 바탕으로, 진료실인원이 처음 100만 명을 넘은 연도의 진료 1인당 진료비를 고르면?

[표] 2018~2021년 골다공증 질환의 총진료비 현황 (단위: 천 원)

2018년	2019년	2020년	2021년
239,817,777	283,354,458	292,401,037	326,833,828

※ (진료 1인당 진료비)= $\dfrac{(총진료비)}{(진료실인원)}$

① 약 20만 원　　　　② 약 22만 원　　　　③ 약 24만 원
④ 약 26만 원　　　　⑤ 약 28만 원

[18~19] 다음 [표]와 [그래프]는 ◇◇회사의 2019년부터 2023년까지 연도별 매출액 및 영업비용에 관한 자료인데, 일부가 훼손되었다. 이를 바탕으로 이어지는 질문에 답하시오.

[표] 2019~2023년 연도별 매출액 (단위: 억 원)

구분	2019년	2020년	2021년		
매출액	1,280	1,050	1,320		
영업외손익	700	−360	420	−250	
법인세	70	13	45	21	40

※ (영업이익률)(%) = $\dfrac{(영업이익)}{(매출액)} \times 100$

※ (영업이익) = (매출액) − (영업비용)

※ (당기순이익률)(%) = $\dfrac{(당기순이익)}{(매출액)} \times 100$

※ (당기순이익) = (영업이익) + (영업외손익) − (법인세)

[그래프] 2019~2023년 연도별 영업비용 (단위: 억 원)

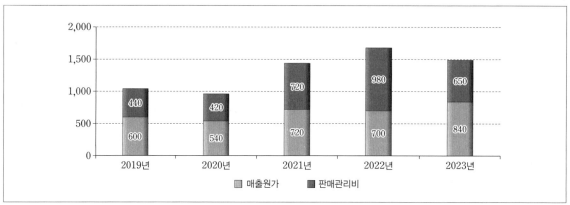

※ (영업비용) = (매출원가) + (판매관리비)

18 다음 [보기] 중 자료에 관한 설명으로 옳은 것을 모두 고르면?

┤ 보기 ├

㉠ 2019년 당기순이익률은 70% 이상이다.

㉡ 2021년 매출액은 전년 대비 25% 이상 증가하였다.

㉢ 5년간 ◇◇회사 영업비용의 평균은 1,322억 원이다.

㉣ 매출원가가 두 번째로 높은 해의 법인세는 40억 원 이상이다.

① ㉠, ㉡   ② ㉠, ㉣   ③ ㉡, ㉢

④ ㉠, ㉢, ㉣   ⑤ ㉡, ㉢, ㉣

19 주어진 자료와 다음 기사를 바탕으로, 2023년 영업이익률을 고르면?(단, 소수점 이하 둘째 자리에서 반올림한다.)

◇◇회사는 2022년 매출액이 2021년 대비 180억 원 성장하였고, 이듬해에는 전년 대비 10% 더 성장하여 좋은 상승세의 흐름을 이어가고 있다. 2023년 영업외손익은 −90억 원으로 여전히 마이너스를 기록했지만, 전년 대비 160억 원 높아진 것을 바탕으로 한다면 고무적인 것으로 해석된다.

① 9.4% ② 9.7% ③ 10.2%
④ 10.6% ⑤ 11.3%

20 다음 [표]는 2017~2021년 유가증권 거래 현황에 관한 자료이다. 이를 바탕으로 [조건]을 모두 만족하는 연도를 고르면?

[표] 2017~2021년 유가증권 거래 현황

구분	2017년	2018년	2019년	2020년	2021년
거래량(백억 원)	31,107	37,395	40,931	60,289	65,296
차감량(백억 원)	26,157	28,140	33,086	52,873	58,824
결제량(백억 원)	4,950	9,255	7,845	7,416	6,472
거래대금(백만 원)	1,560,007,526	1,994,423,570	1,586,276,179	4,039,907,034	4,529,993,705
결제대금(백만 원)	122,794,941	138,754,910	119,435,743	188,652,304	235,143,108
증권거래제세금(백만 원)	3,632,056	4,407,380	2,954,894	6,657,954	7,872,804

※ (차감률)(%)$=\dfrac{(차감량)}{(거래량)}\times100$

※ (결제율)(%)$=\dfrac{(결제량)}{(거래량)}\times100$

┤ 조건 ├
- 거래대금이 가장 높지는 않다.
- 증권거래제세금이 가장 낮지는 않다.
- 차감률이 가장 낮지는 않다.
- 차감률은 결제율의 6배 미만이다.

① 2017년 ② 2018년 ③ 2019년
④ 2020년 ⑤ 2021년

21 8명의 학생 A~H가 성적에 따라 한 반에 2명씩 총 4반에 나누어 배정되었다. 다음 [조건]에 따라 배정되었다고 할 때, 항상 옳은 것을 고르면?

┤ 조건 ├

- 1등과 8등은 1반, 2등과 7등은 2반, 3등과 6등은 3반, 4등과 5등은 4반에 배정되었다.
- G는 6등이고, D와 같은 반이 아니다.
- A는 1반이다.
- C는 E와 같은 반에 배정되었다.
- H의 등수는 4등보다 높다.
- D는 F와 다른 반에 배정되었다.
- B는 2반이 아니다.

① G와 H는 같은 반일 수 없다.
② C와 E는 G보다 등수가 높다.
③ B가 4등이라면 D는 5등이다.
④ A와 D가 같은 반이라면 B는 3등이다.
⑤ F와 H가 같은 반이라면 F는 7등이다.

22 어느 회사의 면접관들이 지원자 A~E 중 누구를 합격시킬지 회의하고 있다. 다음 [조건]을 바탕으로, 항상 옳은 것을 고르면?

┤ 조건 ├

- A를 선호하는 면접관은 B를 선호한다.
- B를 선호하는 면접관은 D를 선호한다.
- C를 선호하는 면접관은 B를 선호하지 않는다.
- E를 선호하는 면접관은 D를 선호하지 않는다.

① A를 선호하는 면접관은 E를 선호한다.
② E를 선호하는 면접관은 B를 선호한다.
③ D를 선호하는 면접관은 A를 선호한다.
④ C를 선호하는 면접관은 A를 선호하지 않는다.
⑤ D를 선호하는 면접관은 C를 선호하지 않는다.

23 갑, 을, 병, 정, 무 5명의 신입사원은 OJT를 마친 날 시험을 진행하였다. 다음 [조건]에 따라 시험 점수가 높은 순으로 경영지원팀, 인사팀, 홍보팀, 기획팀, 재무팀으로 배정하고자 할 때, 홍보팀에 배정되는 신입사원을 고르면?

> ┤ 조건 ├
> • 시험은 20문제로 문제당 배점은 각 5점이고, 오답에 대한 감점은 없다.
> • 시험 점수가 가장 낮은 사람은 15문제, 가장 높은 사람은 19문제를 맞혔으며 동점자는 없다.
> • 병은 무보다 3문제를 더 맞혔고, 갑은 을보다 2문제를 덜 맞혔다.
> • 정보다 시험 점수가 높은 사원 수는 정보다 낮은 사원 수의 3배이다.

① 갑   ② 을   ③ 병
④ 정   ⑤ 무

24 다음의 사례에서 알 수 있는 사고력 개발 방법으로 가장 적절한 것을 고르면?

> 텐트를 만드는 데 쓸 천을 납품해 달라는 의뢰를 받은 A사는 기한에 맞춰 텐트용 천을 제작했다. 하지만 어느 직원이 실수하는 바람에 거래처가 요구하지도 않은 파란색 천으로 잘못 염색이 되었고, 이 때문에 거래처가 구매를 거부하는 사태가 벌어졌다. 결국 악성재고가 된 대량의 파란색 천을 어찌할까 고심하던 중, 광부들이 입는 옷이 파란색 천과 차이가 별로 없다는 것을 확인하였다. 특히, 그들의 바지는 잘 찢어졌기에 안 그래도 남아도는 파란색 천을 활용하여 광부용 바지나 만들어 보자는 생각에 텐트용의 질긴 천으로 바지를 만들었다. 회사의 예상은 적중했고, 선풍적인 인기를 끌게 되었다. 옷이 잘 안 망가지고 탄탄했기에 외부의 오물도 안으로 많이 침투할 수 없다는 게 가장 큰 강점이었다. 한마디로 값이 싸고 아무렇게나 마구 입을 수 있는 옷이라서 대박을 터뜨린 것이다.

① 비교 발상법
② 피라미드 구조기법
③ 자유 연상법
④ so what 기법
⑤ 강제 연상법

25 다음 글을 읽고 이해한 내용으로 적절하지 <u>않은</u> 것을 고르면?

뉴질랜드는 재생에너지 발전 비중이 높은 친환경 모범국이다. 뉴질랜드의 재생에너지 발전 비중은 OECD 국가 중 네 번째로 높으며 뉴질랜드는 에너지 자급률이 약 74%에 달할 정도로 에너지 자립도도 높은 국가다. 현재 뉴질랜드는 전체 전력의 약 87%를 재생에너지로 생산한다. 뉴질랜드는 2030년까지 이 비중을 100%로 확대하는 것이 목표다. 또한, 2035년까지 최종 에너지 소비(소비전력 및 기타 포함) 비중의 50%를 재생에너지에서 얻고자 한다.

[그래프1] 1992년 이후 뉴질랜드 재생에너지원 비중 변화 및 목표

뉴질랜드의 연간 전력의 대부분은 재생에너지 중 수력발전으로 생산된다. 비중은 수력(60%), 지열(18%), 풍력(6%), 태양광(1%) 순이다. 이외로 화석 연료가 13%를 차지하고 있다. 이와 같이 연간 약 87%의 전력이 재생에너지원으로 공급되고 있다. 2024년 3월 14일에 기업혁신고용부(MBIE)가 발표한 '분기별 에너지 현황' 자료에 따르면, 2023년 4분기에는 재생에너지 전력 비중이 90.3%로 나타났다. 당시 풍력발전량이 977GWh로 사상 최고치를 기록했으며, 전년 동기 대비 32.9% 증가했다. 또한, 해당 분기에는 '그리드 연결 태양광 발전 시스템'을 통해 125GWh의 전력 생산 기록을 세웠다. 이는 하라파키(Harapaki) 풍력 단지와 카이타이아(Kaitaia) 태양광 발전 단지가 해당 분기부터 가동을 시작해 재생에너지 발전량 증가에 기여한 것으로 확인됐다. 하라파키 풍력발전소가 완전히 가동되기 시작하면 풍력 용량은 176MW로 증가할 것이라고 전망되고 있다.

[그래프2] 2023년 4분기 재생에너지 전력 현황

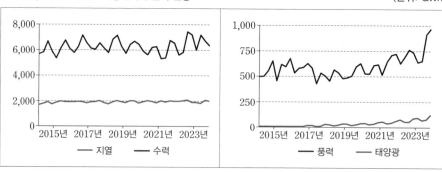

① 지열 발전은 풍력 발전보다 전기 생산량의 변화가 적은 편이다.
② 뉴질랜드의 연간 생산 전력에서 수력은 화석 연료보다 높은 비중을 차지한다.
③ 뉴질랜드는 2030년까지 최종 에너지 소비 전체를 재생에너지로 확대할 예정이다.
④ 1992년부터 현재까지 매년 전체 전력 생산 중 재생에너지원 비중은 절반 이상이다.
⑤ 2022년 재생에너지 발전량에는 하라파키 풍력 단지의 풍력발전량이 포함되지 않는다.

26 K기업은 10월 주재원 발령자를 대상으로 어학 집중 교육을 진행하고자 한다. 다음 [조건]을 바탕으로 교육 일정을 수립할 때, [보기]에서 옳은 것을 모두 고르면?

조건

- 어학 집중 교육은 10월에 하루 1과목, 8시간씩 진행할 예정으로, 과목은 문법, 독해, 듣기, 회화, 작문을 진행한다.
- 개천절과 한글날, 일요일에는 수업을 진행하지 않고, 10월 마지막 날에는 평가를 진행한다.
- 작문 수업은 매주 같은 요일에 5회 진행한다.
- 10월 중 작문 수업 전날에는 매번 동일한 수업을 진행한다.
- 가장 많이 진행되는 수업은 8회 진행하는 회화, 가장 적게 진행되는 수업은 3회 진행하는 독해이다.
- 문법 수업은 매번 3일 간격으로 총 4회 진행하며, 가능한 빠른 일정으로 시작한다.
- 듣기 수업은 10월 1주 차부터 4주 차까지 주 1회씩 총 4회 수업하고, 매주 다른 요일에 진행한다. (단, 10월 5일과 17일은 듣기 과목 강사의 휴무일이다.)
- 독해 수업은 모두 같은 주에 진행한다.

[10월 달력]

구분	일	월	화	수	목	금	토
1주 차					1	2	3
							개천절
2주 차	4	5	6	7	8	9	10
						한글날	
3주 차	11	12	13	14	15	16	17
4주 차	18	19	20	21	22	23	24
5주 차	25	26	27	28	29	30	31
							평가

보기

ㄱ. 회화 수업은 한 주차에 최대 3일 연속으로 진행될 수 있다.
ㄴ. 한글날을 제외한 매주 금요일에는 서로 다른 과목을 수업한다.
ㄷ. 평가 바로 전날에는 듣기 수업이 진행된다.
ㄹ. 문법 수업은 10월 4주 차 중에 종료된다.
ㅁ. 마지막 독해 수업은 금요일에 진행된다.

① ㄱ, ㄹ   ② ㄴ, ㄷ   ③ ㄱ, ㄴ, ㅁ
④ ㄱ, ㄷ, ㄹ   ⑤ ㄴ, ㄹ, ㅁ

실전모의고사 2회 · 63

[27~28] 다음은 A~E구의 김장 쓰레기 배출 방법에 관한 자료이다. 이를 바탕으로 이어지는 질문에 답하시오.

　　S시가 본격적인 김장철을 맞아 5개 자치구별로 김장 쓰레기 배출방법을 안내했다. 각 구청별로 특별수거기간을 운영하며, 이 기간 동안에는 김장 쓰레기를 일반 종량제 봉투로 배출하거나 김장 쓰레기 수거 전용봉투를 이용하여 배출할 수 있다. 단, 김장철과 상관없이 음식물 종량제 봉투로 배출하는 자치구도 있으므로 유의해야 한다. 자치구별 김장 쓰레기 수거 방식은 다음과 같다.

○A구
　― 배출 기간: 2021. 11. 01.~12. 31.
　― 배출 방법(20L 이상 김장 채소 쓰레기): 물기 제거 후 일반 쓰레기 종량제 봉투(20L, 30L, 50L)에 담아 봉투 겉면에 '김장 쓰레기' 표기하여 배출
　　　※ 생활폐기물 혼합 배출 금지(수거 거부 및 20만 원 이하 과태료 부과)
　　　•20L 미만 김장 채소 쓰레기 및 다른 음식물 쓰레기: 음식물 쓰레기 종량제 봉투에 배출
　　　•50L 초과 용량은 봉투 파손 및 작업자 부상 우려가 있으니 반드시 20L, 30L, 50L 봉투만 사용

○B구
　― 배출 기간: 2021. 11. 08.~12. 20.
　― 배출 방법: 김장 쓰레기 전용봉투에 담아 납부필증(20L)을 부착하여 음식물류 폐기물 전용수거용기 옆에 배출
　　　※ 김장 쓰레기 전용봉투 배부처: 납부필증 구입처(종량제 봉투 판매소)
　― 납부필증(20L) 구입 시 구입 매수에 따라 전용봉투 제공
　― 전용봉투가 없을 경우 일반 투명봉투에 납부필증 부착 후 배출 가능
　　　※ 김장쓰레기 전용봉투 안에 김장 쓰레기 이외의 다른 음식물 쓰레기를 담는 경우에는 수거하지 않음
　　　※ 음식물류 폐기물 미수거 시 수거 대행업체로 수거 요청
　　　※ 음식물류 폐기물 무단투기 시 100만 원 이하의 과태료가 부과되며 토요일은 모든 쓰레기를 배출하지 않음

○C구
　― 배출 기간: 2021. 11. 08.~12. 31.
　― 배출 방법
　　　•20L 이상의 김장 쓰레기는 일반 쓰레기 종량제 봉투에 배출(20L, 30L, 50L 사용)
　　　•20L 미만은 음식물 쓰레기 종량제 봉투에 배출(1L, 2L, 3L, 5L, 10L 사용)
　　　※ 공동주택의 경우 20L 이상 김장 쓰레기는 일반 쓰레기 종량제 봉투에 담아 음식물 수거통 또는 RFID 계량기에 넣지 않고, 옆에 배출
　　　※ 20L 이상 배출 시 일반 쓰레기 종량제 봉투에 김장 쓰레기만 배출해야 함. 일반 쓰레기와 김장 쓰레기 혼합 배출 시 과태료 10만 원 부과

○D구
　― 배출 기간: 2021. 11. 01.~12. 17.
　― 배출 방법: 음식물 쓰레기 전용용기에 배출
　　　예외) 음식물 쓰레기 전용용기만으로 배출이 어려울 경우(김장철): 20L 납부필증 구입하고 김장 쓰레기 전용봉투(20L)를 지급받아 납부필증 부착 후 배출
　　　※ 납부필증 구입처: 종량제 봉투 판매소(김장 쓰레기 전용봉투는 납부필증 구입 시 무상 제공)
　― 전용봉투가 없을 경우 일반 투명봉투에 용량에 맞는 납부필증 부착 후 배출
　― 기존 구매한 납부필증을 보관 중인 경우 납부필증을 지참 후 가까운 동 행정복지센터 방문 시 김장용 전용봉투 지급
　　　※ 일반 생활 쓰레기, 음식물 쓰레기와 혼합 배출할 경우에는 수거하지 않으며 최대 30만 원의 과태료 부과

○E구
 ─ 배출 기간: 2021. 11. 08.~2021. 12. 31.
 ─ 배출 품목: 가정에서 발생한 20L 이상 김장 쓰레기는 일반 쓰레기 종량제 봉투에 배출
   * 음식점, 시장 등은 제외
 ─ 배출 방법: 물기 및 이물질 제거 후 봉투에 굵은 펜으로 '김장 쓰레기'라고 표시
   ※ 배출제외: 20L 이하의 김장 쓰레기, 절였거나 물기가 있는 김장 쓰레기
   ※ 일반 생활 쓰레기, 음식물 쓰레기와 혼합 배출할 경우에는 수거하지 않으며 최대 30만 원의 과태료 부과

27 다음 중 자치구별 김장 쓰레기 처리방식에 대한 설명으로 옳은 것을 고르면?

① D구에서 20L 이상의 김장 쓰레기는 반드시 김장 쓰레기 전용봉투에 납부필증을 부착하여 배출해야 한다.

② A구에서 20L 미만 김장 채소 쓰레기와 다른 음식물 쓰레기를 같은 음식물 종량제 봉투에 배출하는 경우 수거가 거부된다.

③ 배출 기간이 가장 짧은 구에서는 김장 쓰레기 전용봉투에 담아 납부필증을 부착한 뒤 음식물류 폐기물 전용수거용기 옆에 배출해야 한다.

④ C구 공동주택의 경우 20L 이상의 김장 쓰레기는 음식물 종량제 봉투에 담아 음식물 수거통 옆에 배출한다.

⑤ S시 주민이 20L 이상의 김장 쓰레기와 일반 쓰레기를 혼합하여 배출하는 경우 최대 20만 원의 과태료가 부과될 수 있다.

28 갑, 을, 병, 정은 A~E구 중 서로 다른 구에 거주한다. 갑, 을, 병, 정의 김장 쓰레기 처리 방법이 다음과 같을 때, 갑, 을, 병, 정이 거주하지 <u>않는</u> 구를 고르면?

- 갑: 11월 1일에 김장을 하였고, 그날 30L의 김장 쓰레기를 물기 제거 후 일반 쓰레기 종량제 봉투에 담아 겉면에 '김장 쓰레기'를 표기하여 배출했어.
- 을: 12월 31일에 김장을 하였고, 그날 50L의 김장 쓰레기를 일반 쓰레기 종량제 봉투에 담아 배출했어.
- 병: 12월 17일에 김장을 하였고, 그날 20L의 김장 쓰레기를 김장 쓰레기 전용봉투에 담아 납부필증을 부착하여 음식물류 폐기물 전용수거용기 옆에 배출했어.
- 정: 12월 31일에 김장을 하였고, 그날 20L의 김장 쓰레기를 일반 쓰레기와 혼합하여 일반 쓰레기 종량제 봉투에 담아 배출하였더니 30만 원의 과태료가 부과됐어.

① A구   ② B구   ③ C구   ④ D구   ⑤ E구

[29~30] 100명의 사람과 1개의 은행이 존재하는 작은 공동체가 있다고 할 때, 다음 [조건]을 바탕으로 이어지는 질문에 답하시오.(단, 시점은 현재, 내년, 내후년만 고려하며, 현재, 내년, 내후년의 화폐가치는 동일하다고 가정힌다.)

─┤ 조건 ├─

- 100명의 사람들은 각자 10원씩 은행에 예금한다. 사람들은 예금을 내년에 찾거나 내후년에 찾을 수 있다.
- 은행은 예금을 내년에 찾는 사람들에게는 한 사람당 11원씩 돌려준다고 공표하였다.
- 은행은 기업에게 연 이율 10%로 대출을 하며, 만기는 반드시 2년이다. 즉, 내후년에 기업으로부터 원금과 이자를 받는다.
- 은행은 예치된 금액 중 내년에 찾는 사람들에게 지급할 돈은 남겨두고, 나머지는 모두 기업에게 대출한다.
- 2년 후 기업으로부터 받은 원금과 이자는 예금을 내후년에 찾는 사람들에게 남김없이 균등하게 분배한다.
- 100명의 사람은 모두 〈유형1〉 또는 〈유형2〉에 속하는데, 〈유형1〉은 반드시 예금을 내년에 찾는다.
- 〈유형2〉는 예금을 내년에 찾을 수도 있지만, 내후년에 찾을 때 받는 돈이 더 많을 것으로 예상되면 내후년에 찾는다. 만약 예금을 내년에 찾을 때 받는 돈이 내후년에 찾을 때 받는 돈보다 동일하거나 많으면 내년에 찾는다.

29 은행이 준비한 돈보다 더 많이 예금을 찾아가려는 현상을 뱅크런이라고 한다. 100명 중 〈유형1〉의 비율을 p라고 하고, 이 비율을 은행이 알고 있을 때, 내년에 뱅크런이 발생하는 p의 **최솟값**을 고르면?(단, 은행은 〈유형2〉의 사람들이 반드시 예금을 내후년에 찾을 것이라고 착각하고 있으며, p는 $0 \leq p \leq 1$이다.)

① $\dfrac{2}{21}$ ② $\dfrac{3}{11}$ ③ $\dfrac{3}{7}$

④ $\dfrac{5}{11}$ ⑤ $\dfrac{10}{21}$

30 29번 문제와 동일한 상황에서 〈유형1〉의 비율 p가 0.5이다. 이때, 금융당국이 뱅크런을 방지하기 위해 〈유형2〉의 사람들에게 내후년까지 기다리면 1인당 12원을 보장한다는 약속을 하였다. 은행이 내후년에 〈유형2〉의 사람들에게 분배하는 금액이 1인당 12원에 미치지 못하면, 그 부족분만큼을 금융당국이 마련해야 할 때, 금융당국이 준비해야 하는 총금액을 고르면?

① 55.5원 ② 56.5원 ③ 57원

④ 57.5원 ⑤ 58.5원

31 I사의 인사팀에 근무 중인 김 사원은 신입사원 연수 기간 중 교육 일정을 위해 외부 회의실을 예약하고자 한다. 다음 대화와 [표]의 5월 외부 회의실 예약 현황을 고려하였을 때, 김 사원이 예약해야 하는 외부 회의실을 고르면?

- 이 팀장: 5월 1일부터 15일까지 진행되는 신입사원 연수 기간 중 3일은 교육을 진행해야 합니다. 1일차에는 기본 서류 작성 및 사내망 사용법 교육, 2일차에는 커뮤니케이션 능력 교육, 3일차에는 자사의 인재상 및 미래 역량에 대한 교육을 하는 것이 좋겠네요.
- 박 대리: 네, 팀장님. 다른 일정을 고려해 교육 시간은 매일 같은 시간에 시작해 종료할 수 있도록 배정하겠습니다. 교육시간은 얼마나 소요될까요?
- 이 팀장: 교육은 매일 3시간씩 3일 연달아 진행하겠습니다. 12시부터 1시간 동안은 점심시간으로 이미 식당 예약이 되어 있으니 그 시간은 제외해 주세요.
- 박 대리: 네, 알겠습니다. 김 사원, 외부 회의실 예약 현황을 확인해 주세요. 외부 회의실 예약은 타임별로 진행되며, 1타임은 오전 9시부터 정오까지, 2타임은 정오부터 오후 3시까지, 3타임은 오후 3시부터 18시까지로 구분되고, ○ 표시가 되어있는 타임은 예약이 이미 완료된 타임이니 참고해주세요.
- 김 사원: 네, 대리님. 예약 현황을 확인하여 일정에 맞는 회의실을 찾아 보고하겠습니다.

[표] 5월 외부 회의실 예약 현황

구분	이용 시간	1일	2일	3일	4일	5일	6일	7일	8일	9일	10일	11일	12일	13일	14일	15일
가 회의실	1타임	○		○	○		○		○			○		○	○	○
	2타임	○		○				○	○	○		○	○	○	○	○
	3타임	○		○		○	○					○	○			
나 회의실	1타임	○			○	○		○		○	○		○		○	
	2타임	○	○		○	○						○			○	
	3타임			○		○				○				○		○
다 회의실	1타임	○		○	○	○				○			○			
	2타임	○								○						
	3타임									○						
라 회의실	1타임		○		○	○		○	○			○		○		
	2타임		○		○	○		○		○	○		○	○		
	3타임		○	○						○		○			○	○
마 회의실	1타임	○		○			○	○	○			○		○		○
	2타임			○		○			○			○	○			
	3타임	○		○		○		○	○			○				

① 가 회의실　　　　② 나 회의실　　　　③ 다 회의실
④ 라 회의실　　　　⑤ 마 회의실

32 다음 [표]는 출원료에 관한 자료이다. 이에 대한 설명으로 옳지 <u>않은</u> 것을 고르면?

[표1] 특허·실용신안·디자인 출원료

구분		특허	실용신안	디자인	
				심사	일부심사
전자출원 (온라인)	기본료	국어 46,000원 외국어 73,000원	국어 20,000원 외국어 32,000원	1디자인마다 94,000원	1디자인마다 45,000원
서면출원	기본료	국어 66,000원 외국어 93,000원	국어 30,000원 외국어 42,000원	1디자인마다 104,000원	1디자인마다 55,000원
	가산료	명세서·도면·요약서의 합이 20면을 초과하는 1면마다 1,000원 가산	명세서·도면·요약서의 합이 20면을 초과하는 1면마다 1,000원 가산	없음	없음

※ 특허권 존속기간 연장등록출원료: 매건 300,000원

[표2] 상표 출원료

구분		상표
전자출원 (온라인)	기본료	1상품류 구분마다 62,000원 ※ 특허청에서 고시하는 상품명칭만을 사용하여 출원하는 경우 1상품류 구분마다 56,000원
	지정상품 가산금	1상품류 구분의 지정상품이 20개 초과 시, 초과하는 지정상품마다 2,000원 가산
서면출원	기본료	1상품류 구분마다 72,000원 ※ 특허청에서 고시하는 상품명칭만을 사용하여 출원하는 경우 1상품류 구분마다 66,000원
	지정상품 가산금	1상품류 구분의 지정상품이 20개 초과 시, 초과하는 지정상품마다 2,000원 가산

① 명세서·도면·요약서의 합이 25면이고, 국어를 출원언어로 한 특허를 전자출원할 경우와 서면출원할 경우 납부해야 하는 출원료의 차는 20,000원이다.

② 특허청에서 고시하는 상품명칭 외의 명칭을 사용하여 지정상품이 각 22개인 2상품류를 온라인 출원하는 B 씨가 납부할 출원료는 132,000원이다.

③ 서면으로 1디자인 일부심사를 받고, 2디자인 심사를 받은 C 씨가 납부해야하는 출원료는 263,000원이다.

④ 3건의 특허권 존속기간 연장등록출원을 하는 D 씨가 납부할 출원료는 900,000원이다.

⑤ 명세서·도면·요약서의 합이 32면인 실용신안을 서면출원할 경우 국어 출원과 외국어 출원 시 납부해야 하는 출원료의 차는 12,000원이다.

33 차 대리는 2박 3일 동안의 야유회를 준비 중이다. 주어진 [표]와 [상황]을 고려하여 차 대리가 작성해야 하는 예산계획서에 들어갈 최소한의 숙박 비용을 고르면?

[표] ○○호텔 가격표   (단위: 만 원)

방 타입	투숙 인원 (명)	성수기(7~8월, 12~1월)		준성수기(6, 9월)		비수기(그 외)	
		주중	주말	주중	주말	주중	주말
A	기준 2/최대 4	18	22	16	18	10	12
B	기준 3/최대 5	22	26	18	20	14	16
C	기준 4/최대 6	25	30	20	22	16	18
D	기준 5/최대 7	30	36	26	28	20	22
E	기준 6/최대 8	32	40	28	30	22	24

※ 주중(일~목), 주말(금~토)
※ A~C타입: 기준 인원에서 추가 1인당 1만 원 추가
※ D~E타입: 기준 인원에서 추가 1인당 2만 원 추가

[상황]
- 일시: 8월 31일(금)~9월 2일(일)
- 장소: ○○호텔
- 인원: 남자 직원은 100명(팀장급 20명), 여자 직원은 40명(팀장급 8명)
- 비고: 팀장급 이상은 2인 1실로 배정, 그 외 직원은 2인 1실을 제외하고 배정

① 1,602만 원 ② 1,612만 원 ③ 1,632만 원
④ 1,652만 원 ⑤ 1,672만 원

34 P사의 인사팀에 근무 중인 귀하는 상반기 신입사원 공개 채용에 지원한 지원자 가~차의 필기시험 점수를 확인하고 있다. 지원자 가~차의 필기시험 점수와 [신입사원 필기시험 평가 기준]을 고려하였을 때, 사무직 필기시험 전형에 합격하는 지원자를 모두 고르면?

[신입사원 필기시험 평가 기준]

1. 지원자들은 의사소통능력, 수리능력, 문제해결능력, 자원관리능력, 정보능력, 기술능력에 대해 시험을 치르며, 이 중 직무별로 중요도를 고려한 4가지 평가 영역 점수의 평균으로 평가한다.
2. 직무별로 평가 점수에 반영되는 평가 영역은 다음과 같다.

연구직	기술직	사무직
수리능력, 문제해결능력, 정보능력, 기술능력	수리능력, 문제해결능력, 자원관리능력, 기술능력	의사소통능력, 문제해결능력, 자원관리능력, 정보능력

3. 평가 점수를 산정하는 4가지 과목과 별개로 모든 평가 영역 중에서 평가 영역별 하위 20%는 해당 평가 영역 점수 미달로 평가한다.
4. 점수 미달 영역이 2개 이상인 지원자는 과락으로 탈락 처리한다.
5. 탈락 처리된 지원자를 제외하고 최종 점수의 평균이 높은 순으로 필기시험의 순위를 결정하며, 직무별로 필기시험 순위 1순위부터 3순위까지 합격한다.

[표] 사무직 지원자 필기시험 점수 (단위: 점)

지원자	의사소통능력	수리능력	문제해결능력	자원관리능력	정보능력	기술능력
가	78	68	90	85	83	90
나	83	70	91	88	86	79
다	93	89	95	67	87	73
라	91	69	84	86	80	79
마	85	87	60	92	78	79
바	73	78	96	69	80	88
사	95	86	88	67	73	75
아	89	63	96	83	80	81
자	73	85	91	85	69	69
차	88	89	79	86	78	78

① 가, 다, 바   ② 가, 바, 차   ③ 나, 다, 아
④ 나, 라, 아   ⑤ 다, 라, 차

35 다음 글을 근거로 판단할 때, [보기]에서 옳지 <u>않은</u> 것을 모두 고르면?

10명의 심사위원이 다섯 명의 선수 A~E의 경기를 보고 채점을 하고 있다. 채점 방식은 다음과 같다.

○ 각 심사위원들이 선수별로 난이도를 고려하여 기술점수, 예술점수를 각각 평가한다.

○ 기술점수는 6~10점을 부여하고, 예술점수는 1~5점을 부여한다. 각 점수는 1점 단위이고, 선수별로 다른 점수를 부여한다.

○ 각 심사위원들은 자신이 부여한 선수별 기술점수와 예술점수의 총합을 바탕으로 순위점수를 부여한다. 순위점수는 자신이 부여한 기술점수와 예술점수의 총합이 가장 높은 선수에게 5점, 두 번째로 높은 선수에게 3점, 세 번째로 높은 선수에게 1점을 부여한다. 총합이 동일한 경우 기술점수가 더 높은 선수의 등수가 더 높다.

○ 각 심사위원들이 순위점수 평가를 모두 마치면 순위점수의 합산 점수가 가장 높은 선수는 금메달, 두 번째로 높은 선수는 은메달, 세 번째로 높은 선수는 동메달을 획득한다.

○ 합산 점수가 동점이 되어 등수가 가려지지 않은 경우 심사위원장이 부여한 기술점수와 예술점수의 합이 더 높은 선수의 등수가 더 높고, 이 점수도 동일한 경우 기술점수가 더 높은 선수의 등수가 더 높다.

○ 현재 심사위원들의 채점이 아직 완료되지 않았고, 지금까지 채점을 완료한 심사위원들의 순위점수 합은 아래와 같다. 심사위원장의 채점은 완료되었다.

(단위: 점)

구분		선수 A	선수 B	선수 C	선수 D	선수 E
심사위원장 점수	기술점수	8	9	10	7	6
	예술점수	1	4	3	2	5
현재까지의 순위점수 합		22	13	14	14	9

┤ 보기 ├

㉠ 선수 E가 금메달을 획득할 수 있다.

㉡ 선수 A가 동메달을 획득할 수 있다.

㉢ 선수 B와 선수 C가 동점이라면 선수 C는 메달을 획득할 수 있다.

① ㉡　　　　　　② ㉠, ㉡　　　　　　③ ㉠, ㉢

④ ㉡, ㉢　　　　　⑤ ㉠, ㉡, ㉢

[36~37] 다음 메일을 읽고 이어지는 질문에 답하시오.

보낸 날짜: 2023. 08. 22.(금) 오전 09:17
보낸 사람: 석 과장
받는 사람: 윤 대리

제목: 수익 계산서 수정 자료

윤 대리, 업무량이 좀 많지?

금번에 새롭게 수정된 자료인데, 광고비 항목이 새롭게 들어갔어. 또한, 전 제품은 9월부터 출고가 가능하다고 하더라. 그리고 다음 주까지 수익계산서 작성을 마감한 후에 부장님께 제출하면서 배송 완료 일정도 함께 보고해야 해.

그러니 협력업체와 배송 일정을 꼭 조율하도록 해.

그럼 오늘 하루도 수고해.

— 첨부파일: 수익계산서 수정 자료

[수익계산서 수정 자료]

제품명	주문량(개)	제품 정가(원)	제품 원가(원)	운송료(원)	수수료(원)	광고비(원)
A	2,400	24,000	1,000			
B	2,600	37,800	3,200			
C	2,500	26,200	2,800			
D	3,600	40,000	5,000			
E	3,200	12,400	600			

※ (순수익) = (개당 이익)×(판매량)
※ (개당 이익) = (제품 정가)−(제품 원가)−(운송료)−(수수료)−(광고비)
※ 수수료: 판매가의 10%
※ 광고비: 제품 원가의 10%
※ 운송료: 개당 500원

36 윤 대리는 협력업체에서 아래와 같은 메일을 받았다. 윤 대리가 부장님께 보고할 배송이 가장 빠르게 완료되는 날짜를 고르면?

보낸 날짜: 2023. 08. 24.(월) 오전 11:38

보낸 사람: 협력업체 박 대리

받는 사람: 윤 대리

제목: 9월 배송 일정 관련 사항

안녕하세요. 협력업체 박 대리입니다.

보내주신 메일은 잘 받았습니다. 이번 9월의 경우 추석 연휴로 인한 물량 증가에 따라 특이사항이 있으니 아래에 첨부한 내용을 참고하시길 바랍니다. 하지만 10월부터는 원래대로 동일 제품은 하루 최대 1,200개, 두 종류 이상의 제품 동시 배송은 하루 최대 1,000개까지 가능하고, 배송은 발송 당일을 제외한 영업일 기준 2일이 소요되며, 주말은 배송 불가한 점 확인 바랍니다.

감사합니다.

ㅡ 첨부파일: 9월 배송 일정표

[9월 배송 일정표]

일요일	월요일	화요일	수요일	목요일	금요일	토요일
		1	2	3	4	5
6	7	8	9	10	11	12
13	14	15	16	17	18	19
20	21	22	23	24	25	26
27	28	29	30			

※ 특이사항(9월)
 ㅡ 발송 당일을 제외한 영업일 기준 2일 소요(배송 완료)
 ㅡ 추석 연휴(17~20일) 전후 3일 동안 배송 불가 및 주말 배송 불가
 ㅡ 하루 최대 800개까지(동일 제품)만 배송 가능
 ㅡ 두 종류 이상의 제품을 동시 배송할 경우 하루 최대 600개까지만 배송 가능

① 10월 4일　　　　　② 10월 5일　　　　　③ 10월 6일
④ 10월 7일　　　　　⑤ 10월 8일

37 모든 제품의 판매가 확정되어 수익계산서를 통해 부장님께 총순수익을 보고하려고 한다. 총순수익이 얼마인지 고르면?

① 298,000,000원　　　　　② 310,000,000원　　　　　③ 316,000,000원
④ 322,000,000원　　　　　⑤ 325,000,000원

38 어느 연구실에서 실험복을 새로 맞추기 위하여 [표]의 제품을 비교하고 있다. 다음 [조건]에 따라 가장 적절한 실험복을 구입한다고 할 때, 총구입금액은 얼마인지 고르면?

[표] 제품별 정보

제품	색상	재질	세탁법	소매길이	리뷰평점	개당 가격	자수 가격	비고
A	백색	20수	손세탁	반팔	3점	15,000원	5,000원	30개 이상 구입 시 자수 무료
B	하늘색	20수	세탁기 가능	긴팔	5점	18,000원	3,000원	—
C	백색	30수	손세탁	긴팔	4점	24,000원	1,500원	—
D	하늘색	20수	세탁기 가능	긴팔	4점	19,000원	3,000원	—
E	백색	20수	세탁기 가능	긴팔	5점	20,000원	2,000원	20개 이상 구입 시 자수 무료
F	백색	30수	세탁기 가능	긴팔	4점	25,000원	1,500원	—
G	백색	20수	손세탁	긴팔	5점	20,000원	2,000원	30개 이상 구입 시 자수 무료
H	백색	20수	세탁기 가능	긴팔	5점	19,000원	2,000원	50개 이상 구입 시 자수 무료
I	분홍색	30수	세탁기 가능	반팔	4점	30,000원	무료	—
J	하늘색	30수	손세탁	긴팔	3점	24,000원	3,000원	—
K	백색	20수	세탁기 가능	긴팔	5점	25,000원	2,000원	30개 이상 구입 시 20% 할인(자수 별도)
L	백색	20수	세탁기 가능	반팔	5점	18,000원	5,000원	50개 이상 구입 시 자수 무료
M	백색	20수	세탁기 가능	긴팔	5점	18,000원	3,000원	—
N	백색	20수	세탁기 가능	긴팔	3점	20,000원	2,000원	20개 이상 구입 시 20% 할인(자수 별도)

※ 20수는 사계절용, 30수는 여름용임

┤ 조건 ├
- 백색의 긴팔 실험복을 구입한다.
- 사계절 내내 착용할 수 있는 실험복을 구입한다.
- 세탁기로 세탁을 할 수 있어야 한다.
- 리뷰평점이 4점 이상이어야 한다.
- 총 30벌을 구입하며 모든 실험복에 개인별 이름을 자수로 새겨야 한다.
- 해당하는 제품이 여러 개인 경우 위 [조건]을 만족하는 제품 중 할인 후 총가격이 가장 저렴한 제품을 구입한다.

① 54만 원 ② 57만 원 ③ 60만 원
④ 63만 원 ⑤ 66만 원

39 민 대리는 오전 10시 공항에 도착해 지하철 노선도를 보고 있다. 20분 후 민 대리는 지하철을 이용하여 각 거래처를 30분씩 방문한 후 공항으로 가장 빠르게 이동하여 돌아올 예정이다. 이때, 민 대리가 공항에 다시 도착할 예상 시각을 고르면?(단, 지하철 정거장과 거래처 사이의 이동 시간과 식사 시간은 고려하지 않는다.)

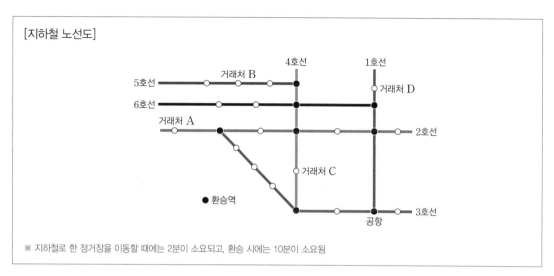

① 오후 2시   ② 오후 2시 2분   ③ 오후 2시 10분
④ 오후 2시 12분   ⑤ 오후 2시 22분

40 다음은 ○○프로젝트를 진행하기 위한 클라우드 및 컴퓨터 사양 업그레이드 프로그램 비용에 관한 자료이다. 프로젝트 진행 기간인 5년 동안 다음 중 한 가지 상품만 이용한다고 할 때, 저렴한 상품부터 차례대로 나열한 것을 고르면?(단, RAM은 16GB, SSD는 1TB, CPU는 i9인 컴퓨터 총 20대가 필요하다.)

1. 클라우드 시스템
   - 계약기간: 매 1년마다
   - 금액: 9,000,000원

2. 컴퓨터 사양 업그레이드 프로그램

품목	사양	가격
RAM	16GB	35만 원
SSD	1TB	30만 원
CPU	i7	25만 원
	i9	35만 원

※ 단, 컴퓨터 사양 업그레이드가 완료된 후에는 더 이상 업그레이드를 할 필요는 없음

3. 상품 정보

상품	계약기간	약정료	상품 구성	비고
A	−	−	클라우드 매년 계약 컴퓨터 사양 업그레이드 필요한 만큼 계약	−
B	1년	1,600만 원	클라우드＋컴퓨터 사양 10대 업그레이드	동일 상품 재계약시마다 20% 할인
C	2년	2,200만 원	클라우드＋컴퓨터 사양 15대 업그레이드	동일 상품 재계약시마다 10% 할인
D	3년	3,300만 원	클라우드＋컴퓨터 사양 20대 업그레이드	동일 상품 재계약시마다 5% 할인

① B−C−D−A
② B−D−A−C
③ B−D−C−A
④ D−B−C−A
⑤ D−C−B−A

41 다음 글의 빈칸에 공통으로 들어갈 말에 대한 설명으로 옳은 것을 고르면?

> 몇 년 전 발생한 전 세계 150여 개국을 대상으로 한 사상 초유의 사이버 인질극은 보안 전문가들의 조사 결과, '워너크라이'라 불리는 (   )에 의한 것으로 드러났다. 그동안 사이버 공격은 주로 특정 시스템 및 홈페이지를 마비시키거나 정보를 유출하는 방식으로 이루어졌고, 사이버 인질극을 벌이는 (   )는 범죄자들이 개인, 기업 등 소규모의 특정 대상에게 돈을 요구하는 수준으로만 나타났다. 하지만 얼마 전 발생한 사건에서는 4차 산업혁명 시대에 국가 사회, 경제가 사이버 공격 위협에 얼마나 취약해질 수 있는지가 여실히 확인되었다. PC뿐만 아니라 휴대전화, 사물인터넷 기기도 공격 대상이 될 수 있다. 특히, 스마트폰에는 은행 계좌정보, 비밀번호, 사진, 지인 전화번호, 위치정보 등의 개인정보가 저장되어 있어 유출되었을 때 PC보다 더 큰 피해를 입을 수 있다.
>
> (   )에 감염되면 마땅한 해결책이 없으므로 감염되지 않도록 예방하는 것이 중요하다. 운영체제는 물론 응용프로그램까지 모든 소프트웨어를 최신 버전으로 업데이트해야 하고, 백신 엔진도 늘 최신 버전으로 업데이트해야 한다. 또 출처가 불명확한 이메일과 인터넷 주소 링크는 실행하지 말아야 하며, 파일 공유 사이트 등에서 파일 다운로드 및 실행에 주의하도록 한다. 문서, 사진 등 중요 자료는 별도 매체에 정기적으로 백업하거나 클라우드에 업로드하는 습관이 필요하다.

① 여러 대의 장비로 대량의 데이터를 집중적으로 전송해 특정 서버의 기능을 방해한다.
② 사용자의 컴퓨터에 몰래 설치되어 사용자의 정보를 수집하거나 사생활을 침해한다.
③ 사용자 PC, 서버 등을 감염시킨 후 데이터를 암호화하고 비트코인 등으로 돈을 요구한다.
④ 어떤 프로그램이 정상적으로 실행되는 것처럼 속임수를 사용한다.
⑤ 메신저에서 지인이나 금융기관 또는 공공기관으로 사칭하여 개인정보나 금융정보를 얻는다.

42 인테리어 업체 담당자인 S씨는 공사할 곳에 대한 정보를 다음과 같이 MS Excel을 활용하여 정리하였다. '구분'란에는 '관리번호'의 두 번째 글자가 1이면 '아파트', 2이면 '빌라', 3이면 '오피스텔'로 분류되도록 CHOOSE 함수와 MID 함수를 함께 사용하였을 때, [E2] 셀에 입력된 함수식으로 가장 적절한 것을 고르면?

	A	B	C	D	E
1	관리번호	주택명	지역	공사기간	구분
2	B2-001	W빌	경기	5일	빌라
3	K1-001	P지오	서울	4일	아파트
4	K3-002	S그마	경기	3일	오피스텔
5	A1-001	L파크	인천	6일	아파트

① =CHOOSE(MID(A2,2,2),"아파트","빌라","오피스텔")
② =CHOOSE(MID(A2,1,2),"아파트","빌라","오피스텔")
③ =CHOOSE(MID(A2,2,1),"아파트","빌라","오피스텔")
④ =MID((A2,1,2),CHOOSE("아파트","빌라","오피스텔"))
⑤ =MID((A2,2,2),CHOOSE("아파트","빌라","오피스텔"))

43 다음과 같이 MS Excel에 입력한 자료를 참고하여 [보기]에 주어진 3개의 함수식에 대한 결괏값을 모두 더한 값을 고르면?

◢	A	B	C	D
1	2	4	6	8
2	1	3	5	7
3	9	8	7	6

┤ 보기 ├

- =SQRT(A3)
- =INDEX(A1:D3,3,4)
- =COUNTA(A1:D2)

① 15   ② 16   ③ 17

④ 18   ⑤ 19

44 다음 중 글의 빈칸 ㉠, ㉡에 들어갈 단축키가 바르게 짝지어진 것을 고르면?

　　회계팀에서 근무하는 조 대리는 각 팀에서 제출한 사업계획서를 합쳐 회사 전체의 사업계획서로 만드는 작업을 진행하고 있다. 각 팀에서는 회계팀에서 배포한 '한글' 양식 파일에 팀별 사업계획서 내역을 기재하여 제출하였으며, 조 대리는 모든 팀별 사업계획서를 열어 놓고 작업을 진행 중이다. 조 대리는 작업 중 열려 있는 5~6개 팀의 사업계획서 창을 동시에 화면에 나열해 보고자 (㉠) 버튼을 눌러 원하는 화면을 실행하였다. 또한, 작업 도중 바탕화면으로 돌아가 다른 파일을 실행해야 할 일이 생겨 이미 열려져 있는 많은 파일 창을 일일이 최소화시키는 대신 간단하게 (㉡) 버튼을 한 번만 눌러 바탕화면으로 돌아갈 수 있었다.

	㉠	㉡
①	Win+Tab	Win+D
②	Win+Ctrl	Win+Tab
③	Shift+Tab	Ctrl+Tab
④	Shift+D	Win+Tab
⑤	Win+S	Shift+Tab

45 다음은 정보 분석 절차를 도식화한 자료이다. 이를 바탕으로 아래의 [상황]과 같은 행위가 포함되는 것을 (가)~(마)에서 고르면?

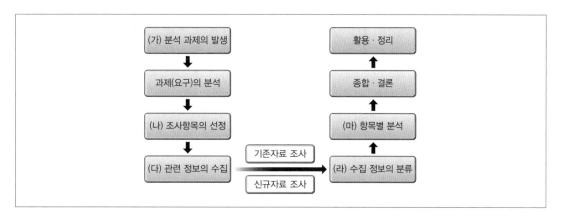

[상황]

　광진구가 청년들의 목소리를 정책에 반영하기 위해 이달 10일까지 '청년 소통 온라인 설문조사'를 실시한다. 이번 설문조사는 청년들의 다양한 의견을 수렴해 더 나은 청년 정책을 추진하기 위해 마련됐다. 설문조사 대상은 광진구에 거주하거나 생활권이 있는 19세에서 39세 사이의 청년들로, 참여를 희망하는 청년은 광진구청 누리집을 통해 설문에 응할 수 있다. 설문에 참여한 청년 중 30명에게는 추첨을 통해, 모바일 상품권을 증정할 예정이다. 설문자는 광진구에서 시행하고 있는 청년 정책(사업) 중 본인이 선호하는 사업을 선택할 수 있으며, 정책평가 및 만족도 조사 등을 통해 광진구 청년 정책을 평가하고 의견을 자유롭게 작성할 수 있다. 향후 광진구는 설문조사 결과를 청년 정책 개선을 위한 중요한 기초 자료로 활용할 계획이다.

① (가)　　　　　　　② (나)　　　　　　　③ (다)
④ (라)　　　　　　　⑤ (마)

[46~47] 다음은 의류 생산 공장의 생산 코드에 관한 자료이다. 이를 바탕으로 이어지는 질문에 답하시오.

[의류 생산 코드]

의류 종류 코드		색상 코드		생산 국가 도시 코드	
TS	티셔츠	WH	흰색	AMA	미국 뉴욕
BS	바지	BB	검은색	AMB	미국 LA
SC	스커트	YE	노란색	AMC	미국 애리조나
CO	코트	RE	빨간색	CNA	중국 톈진
JA	재킷	PU	보라색	CNB	중국 북경
BL	블라우스	GE	녹색	CNC	중국 항저우
GD	카디건	BL	파란색	KRA	한국 인천
JE	저지	OR	주황색	KRB	한국 군산
DR	드레스	GO	금색	KRC	한국 창원

[코드 부여 방식]

[의류 종류]―[색상]―[생산 개수]―[생산 국가 도시]―[제조 연월]

⑩ TS―YE―0500―KRA―2112: 2021년 12월에 한국 인천에서 생산된 노란색 티셔츠 500벌

46 다음 중 '2022년 1월에 미국 애리조나에서 생산된 흰색 블라우스 200벌'에 해당하는 코드를 고르면?

① BL―WH―0200―AMA―2201

② BL―WH―0200―AMC―2201

③ BL―WH―2201―AMC―0200

④ WH―BL―0200―AMA―2201

⑤ WH―BL―2201―AMC―0200

47 다음 [보기]에서 2012년 7월에 생산된 상품에 대한 설명으로 옳은 것을 고르면?

┤ 보기 ├

BL-OR-0034-KRC-1201	JE-BL-2007-CNC-1212	BS-BB-9999-CNB-2002
SC-RE-0093-CNB-1507	CO-RE-0056-AMC-1506	BL-BL-0190-KRB-1908
GD-BB-0230-AMC-2003	SC-RE-0100-KRC-1207	TS-RE-0207-KRA-2008
TS-GO-1137-CNA-2112	DR-GO-0001-AMB-2012	JA-PU-1004-AMA-2109
JA-RD-0340-AMB-2111	JE-WH-0456-KRC-2111	GD-YE-8080-CNC-1912

① 드레스, 금색, 1벌 생산, 미국 LA
② 재킷, 보라색, 1,004벌 생산, 미국 뉴욕
③ 스커트, 빨간색, 100벌 생산, 한국 창원
④ 저지, 파란색, 1,212벌 생산, 중국 항저우
⑤ 티셔츠, 금색, 230벌 생산, 미국 애리조나

48 MS PowerPoint를 활용하여 프레젠테이션 자료를 작성하고자 한다. 다음 중 슬라이드에 사진을 삽입하고자 할 때, 사용할 수 있는 메뉴로 가장 적절하지 <u>않은</u> 것을 고르면?

① 온라인 그림　②　그림　③ 비디오　④ 스크린샷　⑤ 사진앨범

[49~50] 다음 글은 채권시장에서 사용되는 은어에 관한 내용이다. 이를 바탕으로 이어지는 질문에 답하시오.

주식시장을 자본주의의 꽃이라고도 말하지만, 거래 규모만으로 따졌을 때는 채권시장이 주식시장보다 월등히 더 크다. 그 규모에 걸맞게 채권시장 주요 종목인 국고채와 통안채는 100억 원 단위로 거래되기 때문에 개인은 접근이 거의 불가능하고, 소수의 기관투자가만 참여하는 '그들만의 리그'에 가깝다. 실제로 채권시장 참여자들은 1,000여 명 남짓으로 파악되며, 이들은 특정 메신저에서 만나 채팅으로 흥정과 거래를 한다. 이런 채권시장에서만 사용되는 그들만의 언어도 존재한다.

"21−5 675+ 500"

채권시장 메신저에서 주로 볼 수 있는 은어의 기본 형태는 위와 같다. 제일 앞의 '21−5'는 2021년에 다섯 번째로 발행된 국고채 10년 지표물인 '국고02000−3106'을 의미한다. 종목명을 다 부르기엔 번거롭고 한 해에 발행되는 국고채는 그리 많지 않아 '21−5'와 같은 형태로 줄여 부른다. 그 뒤의 '675+'는 2.675%로 매수하고 싶다는 의미이다. 국고채 10년물 금리는 2.67~2.68%에 호가가 제시되고 있는 상황에서 첫 숫자인 '2'는 모든 시장 참여자들이 알고 있으므로 생략하고, 소수점 뒷자리만 부르는 것이다. 그 뒤의 '+'는 매수를, '−'는 매도를 의미한다. 마지막 500은 500억 원을 뜻한다. 국고채와 통안채의 기본 거래 단위는 100억 원이므로, 100억 원 거래를 희망할 때는 이 숫자를 생략할 수도 있다. 그러나 그 외의 액수로 거래를 희망할 때는 반드시 뒤에 숫자를 붙여야 한다. 즉, "21−5 675+ 500"란 "국고02000−3106 종목(21−5)을 2.675%에 500억 원어치를 매수하고 싶다"라는 의미이다.

국고채는 '21−5'와 같은 숫자로 불리지만, 통안채는 '통당', '구통당', '구구통' 등으로 불린다. '통당'이란 '통안채 당월 발행물', 즉 가장 최근에 발행된 통안채를 의미한다. '구통당'은 직전 달에, '구구통'은 그전달에 발행된 통안채이다. '통딱'이라는 은어도 있는데, 이는 '통안채 딱지'의 준말로 통안채 입찰이 끝난 후 실제로 유통되기 직전까지 사용된다. 따라서 '통딱'이 실제로 유통되는 순간부터는 '통당'이 되고, 그 전에 '통당'이었던 통안채는 뒤로 하나씩 밀려 '구통당'이 된다. '통딱'은 발음의 유사성 때문에 '통닭'이라고 부르기도 한다.

누군가가 "통당 655− 200"과 같은 메시지를 올린 후, 이 조건에 만족한 상대방이 거래 의사를 밝히면 거래가 성립된다. 거래가 성립되면 'ㅎㅈ(확정)', 'ㄱㅅ(감사)'이라는 채팅으로 거래가 성사되었음을 알린다. 물론 메신저상의 짧은 대화만으로 수백억 원대의 거래가 정식으로 체결되는 것은 아니다. 거래 의사가 확인되면 전화상으로 다시 한 번 거래 내용을 확인하고, 통화 내용을 녹취하며 계산서를 팩스로 주고받은 후에 실제 거래가 이루어진다.

49 다음 중 글을 읽고 추론한 내용으로 옳은 것을 고르면?

① '18−2'는 2018년 2월에 발행된 국고채를 의미한다.
② 채권시장 참여자들은 전화를 통해 흥정과 거래를 한다.
③ '통딱'이 실제로 유통되는 순간부터 '구통당'은 '구구통'이 된다.
④ 'ㅎㅈ', 'ㄱㅅ'을 입력하면 곧장 거래가 체결되므로 주의를 요한다.
⑤ '+' 또는 '−'로 메시지가 끝나면 500억 원어치를 거래하고 싶다는 의미이다.

50 다음 중 "통닭 105+"이라는 메시지의 뜻으로 가장 적절한 것을 고르면?(단, 현재 통안채는 2.10~2.11%에 호가가 제시되고 있다.)

① 가장 최근에 발행된 통안채를 1.05%에 200억 원어치 매수하고 싶다.

② 가장 최근에 발행된 통안채를 2.105%에 100억 원어치 매수하고 싶다.

③ 가장 최근에 발행된 통안채를 2.105%에 200억 원어치 매수하고 싶다.

④ 최근에 입찰이 끝났지만 아직 유통은 되지 않은 통안채를 1.05%에 100억 원어치 매수하고 싶다.

⑤ 최근에 입찰이 끝났지만 아직 유통은 되지 않은 통안채를 2.105%에 100억 원어치 매수하고 싶다.

피플형
NCS 실전모의고사

┃ 3회 ┃

영역		구성	문항 수	풀이 시간	비고
NCS 직업기초능력평가	의사소통능력	부산시 공공기관 한국환경공단 한전KPS 출제 영역	50문항	60분	객관식 오지선다형
	수리능력				
	문제해결능력				
	자원관리능력				
	정보능력				
	기술능력				
	조직이해능력				

※ 출제 영역 및 유형은 기업의 채용계획에 따라 다를 수 있으므로 해당 시기 채용공고를 확인하시기 바랍니다.

모바일 OMR
자동채점&성적분석 무료

정답만 입력하면 채점에서 성적분석까지 한번에!

활용 GUIDE

실시간 성적분석 방법!

STEP 1
QR 코드 스캔

STEP 2
모바일 OMR 입력

STEP 3
자동채점 & 성적분석표 확인

STEP 1

교재 내 QR 코드 스캔

실전모의고사 3회
모바일 OMR 바로가기

eduwill.kr/MXPe

- 위 QR 코드를 모바일로 스캔 후 에듀윌 회원 로그인
- QR 코드 하단의 바로가기 주소로도 접속 가능

STEP 2

모바일 OMR 입력

- 회차 확인 후 '응시하기' 클릭
- 모바일 OMR에 답안 입력
- 문제풀이 시간까지 측정 가능

STEP 3

자동채점 & 성적분석표 확인

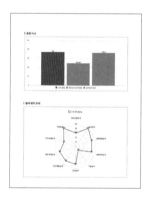

- 제출 시 자동으로 채점 완료
- 원점수, 백분위, 전체 평균, 상위 10% 평균 확인
- 영역별 정답률을 통해 취약점 파악

※ 본 회차의 모바일 OMR 채점 서비스는 2026년 12월 31일까지 유효합니다.

실전모의고사 3회

정답과 해설 P.30

01 다음 글의 ㉠~㉤ 중 어법에 맞지 <u>않는</u> 것을 모두 고르면?

> 인간이 가진 많은 감정 중에서 시기, 질투, 원한은 모두 부정적인 감정으로 여겨진다. 특히 시기심이나 질투심이 극대화되어 원한을 품게 되고, 이를 ㉠ <u>적절이</u> 조절하지 못하면 자기파멸을 초래할 뿐만 아니라 타인이나 심지어 자기가 속한 공동체에도 해악을 끼칠 수 있다. 시기심의 핵심은 나보다 뛰어난 사람, 내가 가지고 있지 못한 것을 가지고 있는 사람, 내가 원하는 것을 나보다 먼저 거머쥔 사람에 대한 씁쓸한 감정에 있다. 심리학에서는 부러움에 가까운 가벼운 시기심을 '온화한 시기심'이라 하고, 부정적인 느낌을 주는 강한 시기심을 '악의적 시기심'으로 나누어 인간의 심성을 연구하고 있다.
>
> 이 중 온화한 시기심은 항상 ㉡ <u>부정적이기보다는</u> 때때로 긍정적인 효과를 낳는다. 이는 온화한 시기심이 자극제가 되어 자신감을 촉진할 수 있기 때문이다. 그렇다면 어떤 경우에 부정적인 시기심, 즉 악의적 시기심에 ㉢ <u>사로 잡히게</u> 될까? 인간은 자기보다 능력이 부족하다고 생각되는 사람이 높은 지위나 많은 자원, 큰 행복을 가지는 경우 그 사람에 대해 '공정하지 않다' 또는 '정당하지 않다'라고 느끼며 악의적 시기심에 도취될 수 있다. 네덜란드 사회심리학자 닐스 반 데 벤(Niels van de Ven)은 실험을 통해 온화한 시기심이 피험자의 자신감을 높이고, 악의적 시기심은 피험자의 심리를 피폐하게 ㉣ <u>만듬을</u> 입증했다.
>
> 일반적으로 시기와 질투는 같은 의미로 사용되기도 하지만 학술적으로는 전혀 다른 감정으로 정의한다. 시기는 자신이 가지고 있지 못한 가치 있는 자원을 누군가가 갖고 있고 그것을 자신도 갖고 싶을 때, 그 상대에 대해 느끼는 불쾌한 감정을 말한다. 반면 질투는 자신이 가지고 있는 가치 있는 자원을 누군가는 가지지 않아 그 자원을 그 사람에게 빼앗길 것으로 ㉤ <u>보일</u> 때, 그 상대를 배제하려는 불쾌한 감정을 말한다. 즉 질투는 지금의 자기 위치가 누군가에 의해 손상될지도 모른다는 불쾌감에서 초래되는 감정이라는 것이다.

① ㉠, ㉤   ② ㉡, ㉢   ③ ㉡, ㉣

④ ㉠, ㉢, ㉣   ⑤ ㉢, ㉣, ㉤

02 다음 글의 밑줄 친 ㉠~㉤ 중 문맥상 쓰임이 적절하지 <u>않은</u> 것을 고르면?

경찰청과 도로교통공단이 전국 실시간 교통신호정보를 활용한 기술 개발과 지자체의 현장 인프라 구축 및 지원을 통해, 내비게이션에서 신호등 ㉠<u>잔여</u> 시간 정보를 확인할 수 있는 서비스 제공의 토대를 마련했다고 밝혔다. 경찰청과 도로교통공단은 실시간 교통신호정보를 활용하기 위해 지난 2017년부터 기술 개발과 관련 규격들을 정비했다. 양 기관은 경찰청 도시교통정보센터에서 전국 교통신호정보를 실시간으로 수집 및 제공하기 위한 기반을 마련하고 이달 중순부터 본격적인 사업을 추진할 계획이다.

현재, 교통신호정보는 대구시 협조로 국가산업단지 내 자율주행차량 운행구간을 중심으로 도시교통정보센터에서 ㉡<u>수집</u>하고 있다. 대구시는 2025년까지 시 전역에 대한 신호정보 개방을 목표로 도로교통공단과 함께 노력하고 있다. 경찰청과 도로교통공단은 실시간 교통신호정보 수집 및 활용을 위해 관련 기술지원과 지자체 협업체계를 바탕으로 이를 전국에 확대할 계획이다.

해당 시스템은 도로교통공단에서 개발하여 경찰청 규격으로 반영되어 있으며, C−ITS 인프라를 활용하지 않고도 자율주행차량과 ㉢<u>결렬</u>하여 서비스 제공이 가능한 것이 장점이다. 또한 2021년 11월 대구 지능형자동차부품진흥원에서 공단 주관으로 개최한 합동시연회에서 해당 시스템을 이용하여 자율주행차 교차로 운행을 통해 신뢰성을 확보한 바 있다.

또한 카카오모빌리티는 도시교통정보센터로 수집된 교통신호정보를 이용해 내비게이션에서 신호정보를 ㉣<u>표출</u>하는 서비스를 제공하기 위해 기술 테스트를 완료했다. 본 사업은 정식 서비스를 위한 절차를 밟아, 대구 지역을 시작으로 일반 이용자 대상 서비스를 제공할 예정이다. 카카오모빌리티는 안드로이드와 iOS 카카오내비 앱에서 동시에 서비스를 ㉤<u>개시</u>하고, 우회전 후 보행자 횡단신호 점등 시 사전 안내 및 전방 교차로 신호등의 남은 시간 정보를 제공한다.

도로교통공단 이사장은 "미래 교통 시스템 변화와 기술 발전에 발맞춰, 도로 이용자를 위한 서비스를 활발히 개발하고 교통환경에 적용될 수 있도록 하겠다"라며, "공단은 급변하는 교통환경에 대응하는 혁신적인 미래교통 전문기관으로서, 자율주행 시대를 대비해 다양한 분야에 대한 선제적인 연구개발을 진행 중이다"라고 밝혔다.

① ㉠   ② ㉡   ③ ㉢

④ ㉣   ⑤ ㉤

03 다음 보도자료를 이해한 내용 중 문서이해 절차의 4단계에 해당하는 것을 고르면?

> **'탄소중립포인트제 모바일 앱' 이름을 골라주세요!**
>
> □ 환경부 산하 한국환경공단은 6월 2일까지 탄소중립포인트제 가입자들의 접근성과 편의성 향상을 위해 개발 중인 '탄소중립포인트제 모바일 앱' 명칭의 선호도 조사를 실시한다.
> > ○ 공단은 모바일 앱을 통해 탄소중립포인트제 분야별(에너지·자동차·녹색생활 실천)로 운영되던 누리집을 통합하여 탄소중립제도에 일괄 참여할 수 있는 원스탑 서비스를 구현한다.
> > ○ 손쉬운 실적조회, 간편 로그인 및 모바일 QR을 통한 참여 인증 기능 등이 추가되어 올해 7월 시범운영 이후 정식 출시 예정이다.
> □ 이번 선호도 조사는 전 국민을 대상으로 6월 2일(일)까지 탄소중립포인트제 누리집(cpoint.or.kr/netzero)를 통해 실시하고, 신규 앱의 최종 명칭은 대국민 선호도 조사와 전문가 심사를 거쳐 확정한다.
> > ○ 선호도 조사 대상인 응모작(공모명)은 탄소중립포인트 제도를 기억하기 쉽고 친근하게 다가갈 수 있는 이름으로 25개 후보군을 선정하였다.
> □ 이번 대국민 선호도 조사에 참여하는 국민은 탄소중립포인트제 누리집에 접속해 미리 선정한 25개 이름 중 3개를 선택할 수 있다. 공단은 추첨을 통해 선호도 조사에 참여한 일반 국민 200명에게 5천 원 상당의 커피 기프티콘을 지급한다.
> □ 한국환경공단 이사장은 "대국민 저탄소 생활실천 유도를 위해 개발 중인 모바일 앱에 대한 국민 여러분의 많은 관심을 바란다"고 말했다.

[문서이해 절차]

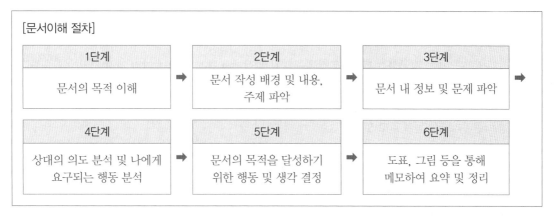

① "기존 서비스를 통합하여 개발한 모바일 앱에 새로운 명칭이 필요했구나."
② "이번 선호도 조사에 참여하는 것을 시작으로 저탄소 생활을 적극 실천해야겠어."
③ "신규 앱의 명칭은 이번 선호도 조사 결과와 전문가 심사를 거쳐 최종 결정되는구나."
④ "선호도 조사에 참여해 모바일 앱 명칭 후보 중 마음에 드는 3개를 선택해야겠어."
⑤ "탄소중립포인트제도 모바일 앱 명칭의 선호도 조사가 실시되는구나."

[04~05] 다음 글을 읽고 이어지는 질문에 답하시오.

[가] 입력 장치란 음성 외에 기기 또는 장치와의 의사소통을 위해 필요한 데이터를 입력 매체로부터 읽어 들이는 장치를 말한다. 예를 들어 컴퓨터는 정보를 0과 1로 표시한다. 따라서 컴퓨터의 입력 장치는 문자, 도형, 목소리, 숫자 등의 데이터를 읽어 들인 다음 컴퓨터가 이를 처리할 수 있도록 0과 1의 이진수 형태로 바꾸는 역할을 한다. 우리가 흔히 알고 있는 키보드, 마우스, 터치 패드, 스캐너 등이 대표적인 입력 장치이다. 최근에는 단순하면서도 누구나 사용할 수 있는 입력 장치로 터치스크린이 널리 쓰이고 있다. 터치스크린은 그저 화면을 꾹꾹 눌러 입력할 수 있어 단순하면서 사용이 편리한 인터페이스이다.

[나] 터치스크린은 구현 원리와 작동 방법에 따라 다양한 방식으로 구분되는데, 대표적으로 저항막 방식과 정전식이 있다. '저항막 터치스크린'은 액정 위에 여러 겹으로 막이 쌓여 있는 형태이다. 손이나 펜이 맞닿는 부위에는 부드러우면서 흠집에 강한 재질의 막이 있고, 다음은 충격을 완화하는 막, 그리고 다음은 전기가 통하면서 입력을 감지할 수 있는 얇고 투명한 기판 2장이 겹쳐 있는 방식이다. 사용자가 화면을 누르면, 투명 전도막 2장이 서로 맞닿으면서 발생한 전류와 저항의 변화를 감지해 입력을 판별한다. 따라서 손가락은 물론, 터치펜 등 손에 쥘 수 있는 거의 모든 것을 이용해 화면을 터치할 수 있으며, 연속된 필기 입력이나 작은 아이콘 터치에도 유리하다. 또한 원리가 간단한 만큼 제조 비용이 저렴하다. 그러나 액정 위에 여러 겹으로 막을 쌓아 올렸기 때문에 화면 선명도가 떨어지고 충격에 약하며, 날카로운 재질로 터치할 경우 화면에 흠집이 생길 수 있다.

[다] 요즘 출시되는 거의 대부분의 스마트폰이 이러한 방식을 활용하고 있다. 이들 제품처럼 작은 화면에 효과적인 사용자 인터페이스를 적용하는 데는 정전식 입력 방식이 적합하다. 그러나 정전식 터치스크린은 손가락처럼 전자를 유도하는 물질이 아닐 경우 터치 입력이 불가능하다. 따라서 저항막 방식에서 쓰이는 일반적인 스타일러스 펜을 이용할 수 없으며, 손가락이나 정전식 전용 스타일러스펜을 이용해야만 한다. 정전식 터치스크린의 내구성은 저항막 방식에 비해 뛰어나지만, 작은 손상에도 터치스크린이 오작동할 가능성이 높다.

[라] 이와 같은 원리로 작동하는 터치스크린은 우리가 일상에서 흔히 접하는 여러 가지 기기에 활용되고 있다. 스마트폰이나 태블릿 PC 등의 모바일 기기 이외에도 지하철 역사의 전자 지도 기기, 공공건물의 정보 전달 기기, 극장의 영화 표 자동 발권기, 현금 자동 인출기(ATM) 등 우리 생활에 깊숙이 자리 잡고 있으며 생활의 편리함을 높여 주고 있다.

[마] '정전식 터치스크린'은 우리 몸에 있는 정전기를 이용하는 방식이다. 즉, 액정 유리에 전기가 통하는 화합물을 코팅해서 전류가 계속 흐르도록 만들고, 화면에 손가락이 닿으면 액정 위를 흐르던 전자가 접촉 지점으로 끌려오게 된다. 그러면 터치스크린 모퉁이의 센서가 이를 감지해서 입력을 판별한다. 따라서 화면을 살짝 스치듯 만져도 터치 입력이 가능하며, 여러 접촉 부위를 동시에 인식할 수 있다. 또한 전기가 통하는 화합물로 코팅된 액정 유리를 사용했기 때문에 화질이 저하될 염려도 없다.

04 다음 중 글의 [가]~[마] 문단을 문맥에 따라 순서대로 배열한 것을 고르면?

① [가]−[나]−[마]−[다]−[라]
② [가]−[다]−[라]−[나]−[마]
③ [나]−[가]−[마]−[라]−[다]
④ [마]−[나]−[가]−[다]−[라]
⑤ [마]−[다]−[나]−[라]−[가]

05 다음 중 글의 내용과 일치하지 <u>않는</u> 것을 고르면?

① 정전식 터치스크린 방식은 화질 저하의 우려가 적다.
② 대부분의 스마트폰은 정전식 터치스크린 방식을 활용한다.
③ 저항막 방식의 터치스크린은 2장의 막으로 구성되어 있다.
④ 정전식 터치스크린 방식은 저항막 방식에 비해 내구성이 강하다.
⑤ 컴퓨터의 주변 장치인 마우스는 데이터를 0과 1의 이진수 형태로 바꿔 준다.

[06~08] 다음 보도자료를 읽고 이어지는 질문에 답하시오.

환경부와 한국수자원공사가 함께 관리 중인 댐 저수구역 37곳(다목적댐 20개, 용수댐 14개, 홍수조절댐 3개)을 대상으로 생물 서식 환경 개선과 생태계 구축을 위한 '댐 저수구역 생태계 복원 사업'을 본격적으로 추진한다. 이번 복원 사업은 육상생태계와 수생태계가 공존하는 전이 지대인 댐 저수구역의 생태적 가치를 높이기 위해 추진하는 것으로, 2022년까지 생태계 보전·관리 및 복원 전략 등을 구상하는 기본 계획을 수립하고, 생태계 복원 사업을 2025년까지 달성하기 위해 올해부터 단계적으로 추진한다. 댐 저수구역 생태계 복원 기본 계획에는 댐 주변 지역의 멸종위기 야생 생물과 같은 생물종 출현 현황 조사·분석 및 생태계 분석 결과를 토대로, 생태 복원이 필요한 대상지를 비롯해 생태계 복원 전략 등이 포함된다.

아울러 환경부는 댐 저수구역 생물 서식 환경 개선 및 무단 경작 해소가 시급한 임하댐 저수구역(송강리 일원, 약 14만㎡)을 선정하여 댐 저수구역의 생태계를 복원하는 시범 사업을 5월 4일부터 추진한다. 임하댐 저수구역은 무단 경작 현황, 지형 특성(완경사), 국가 생태축 인접성(멸종위기 야생생물 등 법정 보호종 출현), 댐 운영 수위 등을 고려하여 시범 사업 대상지로 선정됐다. 이곳 저수구역 인근에는 환경부와 한국수자원공사가 지난해 말에 조사한 자연성이 우수하고 생물 다양성이 뛰어난 송강습지가 있다. 또한, 이곳 일대는 생태적 가치가 높은 생태 자연도 1등급 권역인 멸종위기 야생 생물의 주된 서식지 또는 생태축, 생물 다양성이 풍부한 지역의 산림도 연결되어 있다. 시범 사업은 송강습지와 산림을 연결하고 무단 경작지와 훼손지를 생물 서식지로 조성하는 방식으로 5월 4일 설계 착수가 진행되어 내년부터 2년간 복원 사업에 들어간다.

환경부와 한국수자원공사는 임하댐 저수구역 시범 사업을 시작으로 그간 무단 경작, 서식지 훼손 등으로 교란된 댐 저수구역의 생태계를 차례로 복원하여 댐 저수구역을 생태적으로 건강하게 관리할 계획이다. 또한 탄소 흡수원인 댐 생태 공간의 복원을 통해 온실가스 흡수량을 늘리고 기후 조절 등 생태계 기능을 극대화하여 자연·생태 기반 탄소 중립 달성에도 힘을 보탤 예정이다. 환경부 수자원정책국장은 "댐 저수구역 생태계 복원 사업을 통해 댐 주변 지역의 생물 다양성을 증진하고 생태 가치를 높이는 데 노력할 것"이라며, "아울러 댐 저수구역의 탄소 흡수 능력을 증대시키고 2050년 탄소 중립을 실현하는 데 전력을 다할 것"이라고 말했다.

06 다음 중 보도자료의 제목으로 가장 적절한 것을 고르면?

① 댐의 탄소 흡수 능력 증대, 탄소 중립에 기여
② 댐 저수구역, 지속적인 무단 경작으로 훼손 심각
③ 멸종위기 야생 동물의 댐 주변 지역 출현 현황
④ 댐 저수구역 생태 가치 향상을 위한 복원 사업 추진
⑤ 임하댐, 댐 저수구역 복원 사업 시범 대상지로 선정

07 다음 중 보도자료의 내용과 일치하지 <u>않는</u> 것을 고르면?

① 댐 저수구역의 생태계 보전·관리 및 복원 전략을 설계하는 기본 계획은 2022년까지 수립할 예정이다.

② 임하댐 저수구역의 생태계 복원 시범 사업은 송강습지와 산림의 경계를 구분하여 경작지를 생물 서식지로 조성하는 방향으로 진행된다.

③ 댐 생태 공간의 복원으로 온실가스 흡수량을 늘리고 기후 조절 등의 생태계 기능을 극대화하여 탄소 중립 달성에 기여할 수 있다.

④ 한국수자원공사는 댐 저수구역의 생태적 가치를 높이고자 환경부와 댐 저수구역 생태계 복원 사업을 추진한다.

⑤ 임하댐 저수구역의 근방에는 자연성과 생물 다양성이 탁월하다고 알려진 송강습지가 위치해 있다.

08 다음 중 보도자료의 작성 목적으로 가장 적절한 것을 고르면?

① 공식적인 정보를 언론에 제공하기 위함

② 특정한 일의 현황, 진행 상황 등을 보고하기 위함

③ 법령이 정하는 바에 따라 일정한 사항을 일반에게 알리기 위함

④ 어떤 일을 꾀하여 계획한 내용을 시행하도록 설득하기 위함

⑤ 하급 기관에 일정한 사항을 알리기 위함

JIT(Just−In−Time) 생산 시스템은 재고를 최소화하고 필요할 때 정확한 양의 부품과 자재를 공급받아 생산하는 방식을 의미한다. JIT는 1970년대 일본 도요타 자동차에 처음 도입되어 큰 성공을 거두었고, 이후 전 세계의 다양한 제조업체들이 채택하였다.

JIT의 핵심 목표는 낭비를 줄이고 생산 효율성을 극대화하는 것이다. 이를 위해 생산 과정 전반에 걸쳐 자재와 부품의 흐름을 최적화하고, 각 공정에서 필요한 자원을 정확히 예측하여 조달하는 시스템을 구축한다. 이렇게 함으로써 과도한 재고로 인한 비용 부담을 줄이고, 생산 공정의 유연성을 높일 수 있다.

JIT 시스템의 장점은 명확하다. 첫째, 재고를 최소화하여 보관 비용과 재고 유지 비용을 절감할 수 있다. 둘째, 생산 과정의 효율성을 높여 낭비를 줄이고, 자원의 활용을 극대화할 수 있다. 셋째, 빠르게 변하는 시장 수요에 유연하게 대응할 수 있다.

그러나 JIT 시스템이 완벽한 것은 아니다. JIT는 공급망의 안정성과 정확한 시간 관리가 필수적이기 때문에, 외부 환경의 변화에 매우 민감하다. 예를 들어, 공급업체의 문제나 자연재해와 같은 예기치 않은 상황이 발생하면 생산 라인 전체가 중단될 수 있는 위험이 있다. 또한, JIT 시스템의 도입과 운영에는 고도의 관리 능력과 정보 시스템의 통합이 필요하다.

JIT의 성공적인 구현을 위해서는 기업의 전반적인 문화와 조직 구조가 이에 맞게 조정되어야 한다. 모든 부서가 협력하여 생산 계획을 세우고, 신뢰할 수 있는 공급망을 구축하는 것이 중요하다. 이를 위해서는 지속적인 교육과 훈련, 그리고 효율적인 커뮤니케이션이 필수이다.

결론적으로, JIT 생산 시스템은 재고를 최소화하고 생산 효율성을 극대화하는 혁신적인 방법으로, 많은 기업들이 이를 통해 큰 성공을 거두고 있다. 그러나 외부 환경 변화에 취약하다는 단점도 있어, 이를 보완하기 위한 전략이 필요하다.

① JIT 시스템은 재고를 최소화하고 생산 효율성을 높이는 방식이다.
② JIT 시스템은 도요타 자동차에 처음 도입되어 성공한 전략이다.
③ JIT 시스템을 도입하면 성공적인 매출 증대를 가져온다.
④ JIT 시스템은 외부 환경 변화에 매우 민감하다는 문제점이 있다.
⑤ JIT 시스템은 많은 기업들이 채택한 완벽한 생산 시스템이다.

10 주어진 각 상자에는 일정한 규칙에 의해 수가 쓰여 있다. 다음 중 빈칸에 들어갈 알맞은 수를 고르면?

123	6
198	18

292	13
5	5

965	20
135	

① 9

② 10

③ 11

④ 12

⑤ 13

11 어떤 물건의 정가를 20% 할인하여 판매하면서 원가의 4% 이익을 얻으려고 한다. 처음 정가를 정할 때, 원가의 몇 % 이익을 붙여야 하는지 고르면?

① 25%

② 30%

③ 35%

④ 40%

⑤ 45%

[12~13] 다음 [표]와 [그래프]는 2020~2022년 식품산업 제조업체 생산실적에 대한 자료이다. 이를 바탕으로 이어지는 질문에 답하시오.

[표] 2020~2022년 식품산업 제조업체 생산실적 현황   (단위: 억 원)

구분	2020년	2021년	2022년
식품 등	543,599	597,871	677,062
축산물	277,026	306,589	344,998
건강기능식품	22,642	27,120	28,050
합계	843,267	931,580	1,050,110

※ 생산실적은 생산액 기준
※ 식품 등=식품제조가공업+식품첨가물제조업+용기·포장류제조업
※ 축산물=식육가공업+유가공업+알가공업+식육포장처리업

[그래프] 2022년 세부 업종별 생산실적

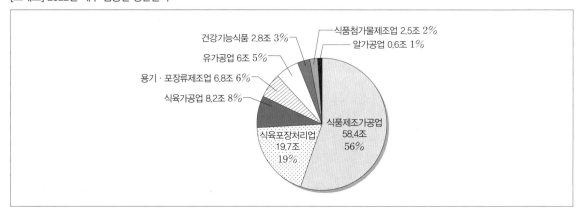

12 다음 중 자료에 대한 설명으로 옳은 것만을 [보기]에서 모두 고르면?

┤ 보기 ├

㉠ 2022년 국내 GDP가 21,505,760억 원이라면, 국내 GDP 대비 식품산업 제조업체 생산 비중은 약 5%이다.

㉡ 전년 대비 2022년 식품산업 제조업체 생산실적의 성장률은 약 13%이다.

㉢ 2022년 식품 등의 생산실적 비중은 64% 정도이고, 축산물은 33% 정도를 차지한다.

① ㉠   ② ㉠, ㉡   ③ ㉠, ㉢

④ ㉡, ㉢   ⑤ ㉠, ㉡, ㉢

13 다음 [표]는 2022년 건강기능식품 상위 5개 품목의 점유율을 정리한 자료이다. 이를 바탕으로 할 때, 상위 5개 품목의 생산액 합계로 옳은 것을 고르면?

[표] 2022년 건강기능식품 상위 5개 품목의 점유율
(단위: %)

홍삼	비타민 및 무기질	프로바이오틱스	EPA 및 DHA 함유 유지	헤모힘 당귀 등 혼합추출물
21.0	13.6	13.0	8.0	4.1

① 약 1조 6,800억 원   ② 약 1조 9,600억 원   ③ 약 2조 500억 원

④ 약 2조 2,320억 원   ⑤ 약 2조 3,180억 원

[14~15] 다음 [표]는 2018~2022년 원인별 및 장소별 화재 발생 현황에 대한 자료이다. 이를 바탕으로 이어지는 질문에 답하시오.

[표1] 2018~2022년 원인별 화재 발생 현황 (단위: 건)

구분	2018년	2019년	2020년	2021년	2022년
합계	42,338	40,103	38,659	36,267	( )
전기적 요인	10,471	9,459	9,329	9,472	10,011
기계적 요인	4,619	4,046	4,053	4,038	3,856
가스누출	211	162	141	146	151
화학적 요인	604	624	630	683	686
교통사고	505	433	458	398	430
부주의	20,352	20,149	19,186	16,875	19,666
기타 실화	372	452	600	679	683
자연적 요인	250	195	238	241	214
방화	447	370	377	308	400
방화 의심	470	435	381	339	346
미상	4,037	3,778	3,266	3,088	3,670

[표2] 2018~2022년 장소별 화재 발생 현황 (단위: 건)

구분	2018년	2019년	2020년	2021년	2022년
합계	42,338	40,103	38,659	36,267	40,113
주거	12,002	11,058	10,664	10,005	10,496
비주거	16,011	14,967	14,265	13,992	14,930
자동차, 철도차량	5,067	4,710	4,557	4,530	4,825
위험물, 가스제조소 등	37	29	21	22	40
선박, 항공기	116	108	120	125	156
임야	2,258	2,211	1,619	1,063	2,014
기타	6,847	7,020	7,413	6,530	7,808

14 다음 중 자료에 대한 설명으로 옳은 것만을 [보기]에서 모두 고르면?

┤ 보기 ├

⊙ 전국에서 발생한 화재 건수는 2019년부터 2021년까지 매년 줄어들다가 2022년에 전년 대비 10% 이상 증가했다.
ⓒ 2022년 전국에서 발생한 화재 건수 중 부주의로 인한 화재 건수가 50% 이상이다.
ⓒ 기타를 제외하고 2018~2022년 장소 중 비주거 시설에서 발생한 화재 건수가 매년 가장 높은 비율을 차지하며, 그다음으로는 주거, 자동차, 철도차량, 임야, 선박, 항공기, 위험물, 가스제조소 등 순으로 높은 비율을 차지하고 있다.
ⓔ 전년 대비 2019~2022년에 화재 건수가 꾸준히 증가한 원인으로는 화학적 요인이 유일하다.

① ㉠, ㉡   ② ㉠, ㉢   ③ ㉡, ㉢
④ ㉡, ㉣   ⑤ ㉢, ㉣

15 다음 [표]는 2018년부터 2022년까지의 인명피해 및 재산피해 현황을 나타낸 자료이다. 조사 기간 중 전국에서 발생한 화재 건수가 가장 적었던 해의 화재로 인한 피해액을 고르면?

[표] 2018~2022년 인명피해 및 재산피해 현황   (단위: 백만 원)

구분	2018년	2019년	2020년	2021년	2022년
인명피해	2,594	2,515	2,282	2,130	2,668
재산피해	559,735	858,496	600,475	1,099,125	1,210,397

① 약 5억 6,233만 원   ② 약 6,028억 원   ③ 약 8,610억 원
④ 약 1조 1,013억 원   ⑤ 약 1조 2,131억 원

16 다음 [그래프]와 [표]는 2018~2023년 헌혈 인구 및 헌혈률 추이를 나타낸 자료이다. 이에 대한 설명으로 옳은 것을 [보기]에서 모두 고르면?

[그래프] 2018~2023년 헌혈 인구 및 헌혈률

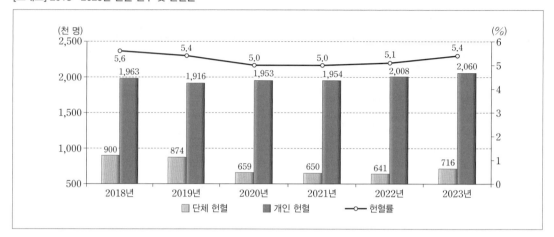

[표] 2018~2023년 총인구 및 연헌혈 인구수

(단위: 천 명)

구분	2018년	2019년	2020년	2021년	2022년	2023년
총인구	51,635	51,849	51,829	51,639	51,439	51,325
연헌혈 인구	2,883	2,791	2,611	2,604	2,649	2,776

※ 개인 헌혈자 비율: 전체 헌혈 인구 중 개인 헌혈자가 차지하는 비율

┤ 보기 ├

ⓐ 연헌혈 인구는 2021년까지 매년 감소하다가 2022년을 기점으로 증가한다.
ⓑ 전년 대비 2020년의 헌혈률 감소폭은 0.4%p이다.
ⓒ 2018~2023년 중 개인 헌혈 인구가 단체 헌혈 인구의 3배 이상인 해는 두 해이다.
ⓓ 2019~2023년 단체 헌혈과 개인 헌혈의 전년 대비 인구수 증감 추이는 동일하다.

① ㉠, ㉡   ② ㉠, ㉡, ㉢   ③ ㉠, ㉢, ㉣
④ ㉡, ㉢, ㉣   ⑤ ㉠, ㉡, ㉢, ㉣

17 발산적인 사고가 요구되는 창의적 사고력 개발을 위한 방법과 훈련법을 다음과 같이 도식화하였다. 각 사고 방법의 사례가 바르게 짝지어진 것을 고르면?

구분	내용	사례
자유연상법	생각나는 대로 자유롭게 발상	( )
강제연상법	각종 힌트에 강제적으로 연결 지어서 발상	( )
비교발상법	주제의 본질과 닮은 것을 힌트로 발상	( )

	자유연상법	강제연상법	비교발상법
①	체크리스트	NM법	Synectics
②	체크리스트	NM법	브레인스토밍
③	Synectics	브레인스토밍	체크리스트
④	브레인스토밍	Synectics	NM법
⑤	브레인스토밍	체크리스트	Synectics

18 어느 회사의 총무부에서는 특정 부서의 예산이 계획과 다르게 잘못 집행되었음을 파악하였고, 해당 부서의 예산 집행을 담당한 직원을 찾으려고 한다. A~E 중 1명이 해당 부서의 예산 집행 담당자이고, 이들 중 4명은 참말, 나머지 1명은 거짓말을 하였을 때, 주어진 [보기]를 바탕으로 예산 집행 담당자를 고르면?

┤ 보기 ├
- A: "저는 예산 집행 담당자가 아닙니다."
- B: "E는 예산 집행 담당자가 아닙니다."
- C: "저도 예산 집행 담당자가 아닙니다."
- D: "예산 집행 담당자는 거짓말을 하지 않습니다."
- E: "D는 참말을 하고 있습니다."

① A	② B	③ C
④ D	⑤ E	

19 다음은 불법 소프트웨어 사용 관련 점검 공지와 팀별 배치에 관한 자료이다. [조건]을 바탕으로 개발실 점검이 끝나는 날이 언제인지 고르면?

> 최근 타 업체에서 불법 소프트웨어 사용 적발 사례가 있어, 유사 사례 발생 방지를 위해 사내 점검을 하고자 합니다. 점검 일정 및 대상은 아래 내용을 참고 바랍니다.
>
> [점검 일정]
> • 점검은 월요일~금요일에 시행되며, 각 담당별로 시행됩니다.
> • 하루에 최대 5팀까지 점검하며, 하루에 점검이 어려울 경우 2일에 걸쳐 시행됩니다.
> • 하루에 1개 실에 대한 점검만 진행합니다.
> • 점검은 2층 → 5층 → 6층 → 4층 → 1층 → 7층 → 3층 순으로 진행됩니다.
> • 점검은 10월 4일(월)부터 시작합니다.
>
> [점검 대상]
> • 영업실(영업 1~7팀)
> • 마케팅실(마케팅 1~4팀)
> • 재무실(재무 1~3팀)
> • 기획실(기획 1~4팀)
> • 개발실(개발 1~9팀)
> • 생산실(생산 1~10팀)
> • 보안실(보안 1~2팀)

─┤ 조건 ├─
• 건물은 7층까지 있으며 각 실은 1개 층 전체를 사용한다.
• 재무실 바로 아래층은 보안실이 사용하고, 재무실 바로 위층은 영업실이 사용한다.
• 마케팅실보다 높은 층에 근무하는 실은 1개 실이고, 보안실보다 낮은 층에 근무하는 실은 2개 실이다.
• 생산실은 가장 위층이나 가장 아래층을 사용하지 않는다.
• 1층에는 외부 업체 회의실도 있어야 하므로 5개 미만 팀이 속한 실이 사용해야 한다.

① 10월 7일　　　　② 10월 8일　　　　③ 10월 13일
④ 10월 14일　　　⑤ 10월 15일

20 다음은 A기업의 비품관리 규정 중 일부이다. 이를 바탕으로 옳지 <u>않은</u> 것을 고르면?

- A기업에서는 부서별로 대리 중 한 명을 비품관리 담당자로 지정하여 해당 부서의 비품을 관리하도록 한다.
- 비품을 관리할 때는 각 비품마다 일련번호를 붙여 관리한다. 일련번호는 '구매 연도.현재 비품 관리 담당자의 성.사무실 번호'로 구성한다.
- 비품관리 담당자는 2017년부터 바뀌지 않았으며, 기획부의 비품관리 담당자는 송 대리, 재무부의 비품관리 담당자는 강 대리, 영업부의 비품관리 담당자는 나 대리, 홍보부의 비품관리 담당자는 나 대리, 개발부의 비품관리 담당자는 송 대리이다.
- 기획부의 사무실 번호는 1357, 재무부의 사무실 번호는 1359, 영업부의 사무실 번호는 1557, 홍보부의 사무실 번호는 1559, 개발부의 사무실 번호는 1757이다.
- 다음은 창고에 보관하고 있는 비품 목록이다.

20.송.1757	21.강.1359	22.송.1357	21.송.1757	23.강.1359	22.강.1359	18.나.1559
20.강.1359	23.나.1557	22.강.1359	21.송.1757	20.송.1357	20.나.1559	22.나.1559
20.강.1359	18.송.1357	19.나.1557	21.강.1359	22.강.1359	19.강.1359	18.송.1357
17.나.1557	21.나.1559	23.강.1359	22.나.1557	17.송.1357	20.강.1359	20.나.1557
22.강.1359	20.강.1359	23.송.1757	20.강.1359	20.강.1359	19.나.1557	22.강.1359
19.송.1357	21.강.1359	18.나.1559	17.나.1559	18.나.1557	21.나.1559	22.송.1357
23.강.1359	21.송.1757	19.송.1757	20.나.1559	21.송.1757	20.강.1359	19.나.1559

① 창고 비품 목록 중 2017년, 2019년에 구매한 비품 수의 합은 2021년에 구매한 비품 수와 같다.

② 창고에 가장 많은 비품을 보관하고 있는 부서는 창고에 있는 비품 총합의 40% 이하를 가지고 있다.

③ 창고 비품 목록 중 영업부와 동일한 수량의 비품을 가지고 있는 부서는 2개이다.

④ 비품 일련번호에 포함된 비품관리 담당자의 성 중 가장 적은 것은 '송'이다.

⑤ 창고에 2023년에 구매한 비품이 없는 부서는 기획부 하나이다.

21 다음은 신재생에너지 설비의 지원 등에 관한 지침 중 금융지원사업 자금접수 및 추천과 관련된 자료이다. 이에 대한 설명으로 옳은 것을 고르면?

---

① 자금추천을 받고자 하는 자는 센터의 장에게 [별표 9]에 따른 신청서류를 제출하여야 하며, 세부기준은 다음 각 호와 같다.

　1. 동일 사업이 2년 이상에 걸쳐 공사가 진행되는 사업(이하 "계속사업"이라 한다)을 제외하고는 동일시설에 대해 중복 신청할 수 없다.

　2. 추천액은 당해연도 동일 사업자당 지원 한도액을 초과할 수 없다. 이때 자금신청 최소 금액은 3,000만 원으로 하고, 자금추천은 100만 원 단위로 한다.

　3. 다음 각 목의 서류를 제출한 경우 중소기업으로 추천한다.

　　가. 중소벤처기업부에서 발급한 중소기업확인서

　　나. 공공기관에서 중소기업임을 확인한 공문서(벤처기업확인서, 유망중소기업확인서 등)

　4. 「중견기업 성장촉진 및 경쟁력 강화에 관한 특별법」 제2조 제1호에 따른 확인서를 제출한 경우 중견기업으로 추천한다.

　5. 개인(개인사업자 포함)은 「중소기업 확인서」를 제출하지 않아도 중소기업에 준하는 조건으로 추천한다.

② 심사의 종류는 다음 각 호과 같다.

　1. 서류심사: 구비 서류를 모두 갖춘 사업에 대하여 사업적격 여부 등을 심사한다.

　2. 제55조에 따른 신재생에너지 금융지원사업 심의위원회(이하 "심의위원회"라 한다) 온라인심사: 구비 서류를 모두 갖춘 사업에 대하여 온라인상에서 [별지 제51호 서식]의 평가표에 따라 보급효과, 사업준비성 등을 심사한다.

　3. 심의위원회의 오프라인 심사: 구비 서류를 모두 갖춘 사업에 대하여 [별지 제51호 서식]의 평가표에 따라 보급효과, 사업준비성 등을 심사한다. 다만, 해외진출사업은 [별지 제51-1호 서식]의 평가표에 따라 심사한다.

③ 추천 신청액이 20억 원 미만인 경우에는 서류 심사 및 심의위원회의 온라인 심사를 통해 자금을 추천하며, 20억 원 이상인 경우에는 서류 심사 및 심의위원회의 오프라인 심사를 통해 자금을 추천한다. 이때, 심사를 통해 평가점수가 60점 이상인 사업을 대상으로 평가점수 순위에 따라 자금을 추천한다.

　1. 계속사업의 경우 2차년도 이후에는 서류 심사를 통해 자금을 추천한다.

　2. 추천 후 포기한 사업을 동일한 내용으로 재신청한 경우 서류심사를 통해 자금을 추천할 수 있다.

　3. 해외진출사업과 센터가 별도의 논의가 필요하다고 판단하는 사업의 경우 추천 신청액에 관계없이 서류심사 및 심의위원회의 오프라인 심사를 통해 자금을 추천한다.

　4. 제45조 제3항에도 불구하고 500kW 미만의 태양광의 자금추천은 서류 심사 및 담당부서 평가를 통해 자금을 추천할 수 있다.

④ 센터의 장은 당해연도(전년도 10월 이후분 포함)에 착수된 사업에 한해 착수일 이후에 소요되는 자금을 추천한다. 다만, 전년도에 추천 받은 계속사업은 당해연도 이전에 착수된 사업일 경우에도 당해연도에 소요되는 자금을 추천할 수 있다. 이 경우 사업의 착수일은 자금추천을 받고자 하는 자가 시공업체와 계약한 일자(외자인 경우는 신용장 개설일)를 말하며, 복합공정에서 전체 계약내용 중 지원대상 시설에 대한 착공일자가 계약일자와 다를 경우는 실제 착공일을 기준으로 한다.

---

⑤ 센터의 장은 자금추천 포기 및 취소 등을 감안하여 지원예산액의 150% 범위 내에서 접수할 수 있으며, 자금추천은 지원예산액 대비 운전자금은 100%, 생산·시설자금·주민참여자금은 130% 범위 내에서 추천할 수 있다. 다만, 자금추천 포기·취소, 추가예산 등으로 자금추천이 추가로 가능할 시에는 당초 접수분을 대상으로 추가 또는 후순위로 지정하여 추천할 수 있다.

⑥ 계속사업에 소요되는 자금은 익년도 지원예산액의 범위 내에서 우선적으로 자금추천하며, 계속사업에 대한 자금추천은 추천연도를 포함하여 3년 이내까지만 인정한다. 또한 계속사업으로 사업을 추진 중인 자는 3월 말까지 자금접수를 하여야 하며 계속사업자가 3월 말까지 자금접수를 하지 않을 경우는 계속사업을 포기한 것으로 간주하여 잔여년도 추천신청금액(소요금액)은 자금추천 대상에서 제외한다.

⑦ 센터의 장으로부터 자금추천을 받은 자가 시설변경, 금융기관 변경 등 당초 추천조건과 다른 변동사항이 발생한 경우는 사전에 센터의 장에게 추천변경을 신청하여 변경승인을 받아야 한다.

⑧ 센터의 장은 자금추천, 환수, 참여제한 등 동 사업의 업무를 효율적으로 수행하기 위하여 심의위원회를 구성·운영할 수 있다. 심의위원은 원별 전문가를 포함하여 심의위원회의 오프라인 심사의 경우 10인 내외로 구성하며, 심의위원회의 온라인 심사의 경우 5인 내외로 구성한다.

① 별도의 논의가 필요하지 않고 추천 신청액이 10억 원인 경우에는 서류 심사를 거쳐야 하지만, 오프라인 심사는 거치지 않아도 된다.

② 센터의 장은 자금추천 포기·취소, 추가예산 등으로 자금추천이 추가로 가능할 시에는 추가로 접수를 받아 추가 또는 후순위로 지정하여 추천할 수 있다.

③ 추천액은 당해연도 동일 사업자당 지원 한도액을 초과할 수 없고, 최대 3,000만 원이다.

④ 심의위원은 원별 전문가를 포함하여 심의위원회의 온라인 심사의 경우 10인 내외로 구성하며, 오프라인 심사의 경우 5인 내외로 구성한다.

⑤ 추천 후 포기한 사업을 동일한 내용으로 재신청한 경우에는 서류심사 및 심의위원회의 오프라인 심사를 통해 자금을 추천할 수 있다.

[22~24] 다음 자료를 바탕으로 이어지는 질문에 답하시오.

조기폐차 사업(배출가스 4·5등급 자동차 기준)

1. 조기폐차 신청 조건 [5개(총중량 3.5톤 미만은 5) 항목 제외) 사항을 모두 충족 필요]

    1) 대기관리권역 또는 신청 지역에 6개월 이상 연속하여 등록(사용본거지를 말함)돼 있어야 함

        ※ 자동차등록령 제20조 및 건설기계관리법 제6조 제4항에 따라 신규 등록된 차량 등은 재등록 시점부터 6개월이 경과되어야 함

    2) 「자동차관리법」 제43조의2 제1항 제1호에 따른 관능검사 결과 적합 판정을 받아야 함

        ※ 자동차관리법 시행규칙 제75조 및 건설기계관리법 시행규칙 제31조의2에 따라 검사 유효기간이 연장된 경우 인정

    3) 지자체의장 또는 절차대행자가 발급한 '조기폐차 대상차량 확인서'상 정상가동 판정이 있어야 함

    4) 정부 및 지자체 지원으로 배출가스저감장치(DPF)를 부착하거나 저공해 엔진으로 개조한 사실이 없어야 함

    5) 총중량 3.5톤 이상 자동차의 조기폐차 신청은 6개월 이상 소유하여야 함

2. 보조금 지원 금액

    차종의 형식 및 연식에 따라 보험개발원이 산정한 분기별 차량기준가액에 아래 보조금 표의 지원율을 곱하여 상한액 범위 내에서 지원

    1) 조기폐차 지원금 상한액 및 지원율

(단위: 만 원)

구분		상한액 (기본+추가 지원)		지원율		
		5등급	4등급	기본(폐차)	추가 지원(차량 구매 시)	
총중량 3.5톤 미만	승용(5인승 이하)	300	800	50%	50%	무공해차 구매 시 50만 원 추가 지원
	그 외	300	800	70%	30%	
총중량 3.5톤 이상	3,500cc 이하	440	720	100%	200%(신차) 100%(중고차)	
	3,500cc 초과 5,500cc 이하	750	1,600			
	5,500cc 초과 7,500cc 이하	1,100	2,400			
	7,500cc 초과	3,000	7,800			

※ 저소득층은 각 지원율의 10% 추가 지원

※ 저소득층 적용 기준

    – 국민기초생활보장 수급자 증명서(신청 전 1개월 이내 발급)를 첨부한 차량 소유주만 인정

    – 차량 소유주가 2인 이상인 경우(공동명의 차량) 2인이 모두 저소득층인 경우에만 인정

    – 운수회사(법인) 명의로 등록된 개인소유 차량(지입 차량)의 경우 자동차등록 원부에 개인소유 차량으로 등재되어 있고, 차량 소유주가 저소득층인 경우 인정

2) 지원 금액 산정기준

    − 차종 분류는 자동차등록증에 기재된 출고 당시 차종 형식 중 기본형으로 적용

    − 당해 연도 분기별 차량기준가액표에 적시된 금액을 차량기준가액으로 하되, 차량기준가액표에 표기
      되지 않은 연식의 차량가액은 당해 연식이 기재된 최근 연도 기준가액에 매년 15%의 감가상각률 적용

    − 2005년 이전 제작·출고된 자동차에 지급하는 보조금은 같은 종류의 2005년 제작·출고된 자동차와
      같은 기준 적용

    − 차량기준가액표에 표기되지 아니한 차량의 경우 제작사, 차명, 형식(외형), 차량용도, 차령을 기준으
      로 가장 유사한 차량의 기준가액 적용

    − 조기폐차 보조금은 자가용 기준가액을 기준으로 지급하며, 지급대상 확인신청서 제출일 기준 기준가
      액으로 산정

    − 산정된 기준가액의 최소지급 단위는 만 원(천 원 이하 절사)

22 다음 중 자료를 이해한 내용으로 적절한 것을 고르면?

① 공동명의 차량은 그중 1인이라도 저소득층에 해당할 경우 저소득층 기준을 적용한다.

② 차량기준가액표에 표기되지 않은 차량은 보조금 지원 대상에 해당하지 않는다.

③ 2003년 출고된 자동차의 경우 2005년 출고된 동종의 자동차를 기준으로 보조금을 산정한다.

④ 기준가액이 200만 원인 4등급의 3.5톤 미만 4인승 차량을 폐차할 경우 기본 보조금은 50만 원이다.

⑤ 차량기준가액표에 2006년까지 산정되었다면, 2004년 차량가액은 2006년 차량가액에서 15% 감가
    상각률을 적용한다.

23 다음 중 조기폐차 신청 조건에 어긋나는 경우를 [보기]에서 모두 고르면?(단, 현재는 2024년 7월 1일이다.)

┌─ 보기 ├─

  ㉠ 2024년 3월 1일부터 현재까지 소유한 총중량 1톤의 5등급 승용차를 조기폐차하려는 A씨

  ㉡ 타 지역에서 이주하여 2024년 3월 29일부터 현재까지 신청 지역에 사용본거지를 두고 있는 B씨

  ㉢ 저소득층으로서 정부의 지원을 받아 저공해 엔진으로 개조한 1톤 트럭을 조기폐차하려는 C씨

  ㉣ 대기관리권역인 지자체의장으로부터 정상가동 불가 판정이 있는 확인서를 받은 D씨

① ㉠, ㉡   ② ㉢, ㉣   ③ ㉠, ㉡, ㉢

④ ㉠, ㉡, ㉣   ⑤ ㉡, ㉢, ㉣

24 다음 중 자료를 바탕으로 [보기]의 A씨가 받을 수 있는 조기폐차 보조금의 총액을 고르면?(단, A씨는 저소득층에 해당하지 않는다.)

┤ 보기 ├

　　A씨는 소유한 차량이 배출가스 4등급으로 조기폐차 신청 조건을 만족하여 폐차 후 신차를 구매하고자 한다. A씨가 소유한 차량은 2005년식 배기량 3,900cc의 3.5톤 대형트럭으로, 해당 분기 기준 차량기준가액은 600만 원이다.

① 600만 원　　　　　　② 1,200만 원　　　　　　③ 1,600만 원
④ 1,800만 원　　　　　　⑤ 2,400만 원

25 다음 중 물적자원 및 관리 과정에 관한 설명으로 옳은 것을 고르면?

① 물적자원을 적시에 활용할 수 없게 하는 방해 요인 중 하나는 물품의 특성이다.
② 물품의 특성에 맞추어 안전하게 보관하되 항상 바코드나 QR코드 등을 이용하여 관리하여야 한다.
③ 동일 및 유사 물품은 같은 장소에 보관하여 물품을 찾는 시간을 단축시킨다.
④ 물적자원은 물품 활용의 편리성을 위해 시간 순에 따라 구분하여 정리해야 한다.
⑤ 현재 사용하는 물품은 반드시 출입구 가까운 곳에 보관하여야 한다.

26 N사 자재관리팀에 근무 중인 양 사원은 비품 구매를 위해 상점별 가격 및 할인 정보를 확인하였다. 양 사원이 구매할 비품은 볼펜 35개, 점착 메모지 24개, 클립 40개, 플래그 25개이며, 총구매 가격이 가장 저렴한 상점에서 모든 비품을 구매한다고 할 때, 양 사원이 비품을 구매할 상점을 고르면?

[표1] 상점별 가격 정보

구분	볼펜	점착 메모지	클립	플래그
상점 A	500원	700원	1,000원	1,500원
상점 B	700원	600원	1,100원	1,400원
상점 C	400원	800원	800원	1,200원
상점 D	600원	900원	900원	1,300원
상점 E	500원	1,000원	800원	1,300원

[표2] 상점별 할인 정보

구분	할인 정보				
상점 A	모든 품목을 20개 이상 동시 구매 시 20,000원 할인				
상점 B	각 품목별 기준 수량 이상 구매 시 해당 품목 25% 할인				
	구분	볼펜	점착 메모지	클립	플래그
	기준 수량	40개	20개	30개	25개
상점 C	플래그 및 클립을 각각 30개 이상 구매 시 볼펜 및 접착 메모지 가격의 50% 할인				
상점 D	플래그 및 클립을 각각 20개 이상 구매 시 플래그 및 클립 가격의 30% 할인				
상점 E	총구매 금액이 10만 원 이상 시 총구매 금액의 15% 할인				

① 상점 A   ② 상점 B   ③ 상점 C

④ 상점 D   ⑤ 상점 E

[27~28] 다음은 어느 회사의 2021년 상반기 신입직원 공개채용 선발 기준에 관한 자료이다. 이를 바탕으로 이어지는 질문에 답하시오.

이 회사는 서류전형에서 6명을 선정한 후, 이 중 점수가 가장 높은 1명을 우선 선발한다. 이후 남은 다섯 명에 대해 면접을 실시한 뒤 최종 합격자 1명을 추가로 선정하여 총 2명을 선발한다. 전형별 선발 기준은 다음과 같다.

○ 서류전형(100점 만점)

필기시험 성적, 학점, 토익 성적, 자기소개서를 100점 만점으로 환산한 뒤 50%:20%:10%:20%의 가중치를 부여하여 총점을 구한다. 단, 필기시험 성적이 80점 미만인 경우 또는 학점이 70점 미만인 경우 과락으로 불합격 처리한다. 자격증을 소지한 경우 최대 3개까지 1개당 2점을 추가 부여한다. 총점이 동일한 경우 필기시험 성적 – 자기소개서 – 학점 – 토익 성적순으로 점수가 높은 지원자의 순위가 더 높다.

○ 면접전형(100점 만점)

문제해결능력, 자기개발능력, 의사소통능력, 대인관계능력, 직업윤리에 대하여 상대 평가한다. 각 항목마다 상 2명, 중 2명, 하 1명을 선정한다. 상은 20점, 중은 15점, 하는 5점을 부여하고, 다섯 항목의 총점이 가장 높은 지원자 1명을 선발한다. 총점이 동일한 경우 서류전형 점수가 더 높은 지원자의 순위가 더 높다.

○ 가점대상(단, 중복 부여는 불가함)
 ─ 취업지원대상자: 5점 추가 부여
 ─ 장애인: 5점(서류평가에만 적용) 추가 부여

2021년 상반기 신입직원 공개채용에 지원한 8명의 지원자의 서류전형 항목별 환산 점수는 다음과 같다.

[표] A~H의 서류전형 항목별 환산 점수

지원자	필기시험 성적	학점	토익 성적	자기소개서	자격증	비고
A	90점	90점	80점	85점	3개	취업지원대상자
B	70점	80점	90점	95점	4개	장애인
C	90점	70점	95점	90점	5개	
D	94점	60점	100점	100점	3개	
E	88점	75점	95점	85점	0개	취업지원대상자
F	95점	80점	90점	80점	2개	
G	80점	90점	90점	80점	1개	취업지원대상자, 장애인
H	90점	80점	90점	90점	1개	

27 다음 중 자료를 바탕으로 서류전형에서 우선 선발되는 지원자를 고르면?

① A   ② C   ③ D
④ F   ⑤ H

28 서류전형 2~6위인 지원자들의 면접전형 점수가 다음과 같을 때, 합격한 지원자를 고르면?

[표] 서류전형 2~6위의 면접전형 항목별 환산 점수

순위	문제해결능력	자기개발능력	의사소통능력	대인관계능력	직업윤리
2위	중	상	중	상	하
3위	하	상	상	상	중
4위	상	중	상	하	상
5위	상	중	중	중	상
6위	중	하	하	중	중

① A   ② C   ③ E
④ F   ⑤ H

29 ○○사에서는 EUV노광 관련 장비를 59억 원 어치 구입하였는데 구입 과정에서 해외 배송으로 인한 1억 원의 운반비, 3억 6천만 원의 설치비도 함께 발생하였다. 다음 감가상각비와 관련한 자료를 참고하여 정액법으로 상각 시 3년 경과 후 발생할 감가상각 누계액이 얼마인지 고르면?(단, 경제적 내용연수는 9년이고, 내용연수가 종료되는 시점의 잔존가액은 15억 원으로 추정된다.)

---

1. 감가상각비의 정의

　시간이 지남에 따라 공장이나 기계설비와 같은 고정자산은 노후화로 인해 물리적, 경제적 가치가 하락하게 된다. 이때 발생하는 고정자산에서 감소되는 가치를 비용으로 해당 연도에 부담시키는 회계상의 처리나 절차를 감가상각이라 한다. 감가상각에 의해 계산된 비용으로 특정 연도의 비용이 되는 고정자산의 가치가 감소되는 금액을 감가상각비라 한다.

　즉, 감가상각비는 고정자산 취득에 투입된 자본을 그 내용연수 동안 매년 나누어 비용으로 회수하는 것을 말하며, 정확하고 합리적인 기간 손익 계산을 위해 활용한다.

2. 감가상각 방법

(1) 정액법

　직선법, 직선식상각법, 균등상각법이라고도 한다. 정액법은 고정자산의 내용연수의 기간 중 매기 동일액을 상각해 가는 방법이며, 이 방법에 의한 상각을 정액상각이라고 한다. 이 경우 상각의 대상이 되는 것은 취득가액에서 잔존가액을 뺀 것이 된다.

> - 자산의 가치가 매년 일정액씩 감소한다.
> - 매년도 감가액＝(취득원가－잔존가액)÷경제적 내용연수
> - 감가상각 누계액＝매년도 감가액×경과연수

※ 취득원가: 매입자산의 매입가액과 취득에 소요되는 부대비용을 포함하는 금액
※ 경제적 내용연수: 자산이 사용가능할 것으로 기대되는 기간

(2) 정률법

　체감잔액법, 미상각잔액법, 잔액비례법이라고도 하며 고정자산의 기초미상각잔액에 매기마다 일정률을 곱하여 상각액을 계산하는 방법이다. 이 방법에 의한 상각을 정률상각이라고 한다. 이것은 잔액이 체감하게 되어 있으므로 빠른 기간에 많이 상각할 수 있기 때문에 이상적인 상각법이다.

> - 자산의 가치가 매년 일정비율로 감소한다.
> - 매년도 감가액＝전년도 말 미상각잔액×매년 상각률

① 15억 2천만 원　　② 16억 원　　③ 16억 2천만 원
④ 17억 원　　⑤ 17억 2천만 원

30 김 씨가 할인 마트에서 물품을 구매하고 있다. 이 할인 마트에서 다음과 같이 할인을 한다고 할 때, 김 씨가 구입한 물품에 포함된 것을 고르면?

- 이 할인 마트에서는 남은 유통기한에 따라 할인율을 달리 적용하여 판매한다.
- 오늘은 2023년 11월 1일이고, 김 씨는 현재 1만 원을 가지고 있다.
- 유통기한은 품목마다 다르다. 2023년 11월 1일 기준으로 유통기한이 지난 품목은 구매할 수 없고, 유통기한이 5분의 1 미만으로 남은 것은 50%를 할인하여 판매하고, 유통기한이 5분의 1 이상 3분의 1 미만으로 남은 것은 30%를 할인하여 판매한다. 유통기한이 3분의 1 이상으로 남은 품목은 10%를 할인한다.
- 할인 품목은 품목별로 1개씩만 구입할 수 있다.
- 김 씨는 예산 내에서 최대한 많은 종류의 품목을 최대한 저렴하게 구입할 예정이다.

[표] 판매 품목 정보

품목	생산일	유통기한	정가
두부	2023. 10. 21.	생산일로부터 20일째	2,000원
라면	2023. 03. 11.	생산일로부터 9개월째	5,000원
콩나물	2023. 10. 11.	생산일로부터 1개월째	3,000원
우유	2023. 10. 26.	생산일로부터 10일째	4,000원
계란	2023. 10. 01.	생산일로부터 30일째	3,500원
소시지	2023. 10. 01.	생산일로부터 2개월째	5,000원
만두	2023. 06. 21.	생산일로부터 6개월째	8,000원
빵	2023. 10. 31.	생산일로부터 7일째	3,000원
주스	2023. 10. 05.	생산일로부터 1개월째	3,000원

㉾ 콩나물 유통기한: 2023. 11. 10.까지

① 라면　　　　　　② 우유　　　　　　③ 계란
④ 소시지　　　　　⑤ 빵

31 다음은 A씨가 하루 일과에 투입하는 시간과 집중도에 관한 자료이다. 이를 바탕으로 판단할 때, 업무의 결괏값이 가장 크게 되도록 하기 위해 업무에 투사해야 할 시간의 최솟값을 고르면?

> ┤ 조건 ├
> - A씨가 시간과 집중력을 투자하는 하루 일과는 운동, 업무, 공부, 게임 4가지이다.
> - 각 일과의 결괏값은 다음과 같이 결정된다.
>
> > (결괏값)=(일과에 투자하는 시간×3)+(일과에 투자하는 집중도×4)
>
> - A씨는 하루 일과 총 16시간을 남김없이 투자한다.
> - 각 일과는 1시간 단위로 투자하며, 모든 하루 일과는 최소 1시간씩 시간을 투자한다.

[표] A씨의 하루 일과별 집중도

구분	운동	업무	공부	게임
집중도	9	6	8	11

① 6시간   ② 7시간   ③ 8시간

④ 9시간   ⑤ 10시간

32 다음은 MS Excel을 활용하여 수와 문자를 산발적으로 작성한 자료이다. 이를 바탕으로 함수식 '=COUNT(A1:G2)'(㉠)과 '=COUNTA(A1:G2)'(㉡)을 입력했을 때의 결괏값이 바르게 짝지어진 것을 고르면?

	A	B	C	D	E	F	G
1	정 과장	홍보팀	50,000	7		회식비	17,500
2	132,000	???		서 대리 생일	22	^^	book

	㉠	㉡
①	5	12
②	5	14
③	7	11
④	7	12
⑤	7	14

33 다음 [보기]에서 MS Excel의 기능에 대한 설명으로 옳은 것의 개수를 고르면?

┤ 보기 ├

㉠ 하나의 통합문서에는 최대 200개까지의 워크시트를 포함할 수 있다.
㉡ 워크시트 탭의 색을 변경할 수 있으나, 각 워크시트의 색은 반드시 다른 색으로 설정해야 한다.
㉢ 수식 데이터를 수정하려면 수정할 셀을 더블 클릭하거나 F2 키를 눌러 수정 사항을 입력할 수 있으며, 수식 입력줄을 클릭하여 수정할 수도 있다.
㉣ 숫자 데이터를 문자 데이터 형식으로 입력하려면 인용부호(")를 숫자 데이터 맨 앞에 입력한다.
㉤ 메모를 삽입하기 위한 단축키는 SHIFT＋F2이다.
㉥ 워크시트에 작성한 그래픽 개체 중, 직사각형, WordArt, 클립 아트, 텍스트 상자, 차트 등은 모두 회전이나 대칭 기능을 사용할 수 있다.

① 2개   ② 3개   ③ 4개
④ 5개   ⑤ 6개

[34~35] 다음은 축산물이력제의 묶음번호에 관한 담당자와 소비자의 Q&A 자료이다. 이를 바탕으로 이어지는 질문에 답하시오.

Q	묶음번호가 무엇인가요?
A	묶음번호란 다수의 이력번호(개체식별번호)를 이력번호 외의 번호 또는 이를 새로운 기호로 대체해 표시하는 것을 말합니다. 여러 개의 다른 이력번호를 한 개로 포장처리·판매할 경우 이력번호를 전부 표시하거나, 〈묶음번호 구성내역서〉를 기록한 후 묶음번호를 사용할 수 있습니다.
Q	묶음번호 표시의 정해진 형식이 정해져 있나요?
A	묶음번호는 총 15자리[묶음고정코드(1)＋구분코드(1)＋묶음날짜코드(6)＋영업자코드(4)＋일련번호(3)]로 구성됩니다. 묶음고정코드는 묶음을 나타내는 LOT의 약자인 L로 고정된 값입니다. 구분코드는 축종에 따라 소고기는 0, 돼지고기는 1로 표시하며, 묶음날짜코드는 묶음을 구성한 날짜를 연월일 6자리로 표시합니다. 영업자코드 4자리는 전산신고 의무대상이면 전산상에서 따로 부여되며, 비의무대상인 경우 업장의 사업자번호 10자리의 마지막 5자리 중 끝에 한 자리를 제외한 4자리의 숫자로 표시합니다. 마지막 일련번호 3자리는 묶음구성일별로 중복되지 않도록 영업자가 자체적으로 부여합니다. ㉠ 전산신고 비대상 업체(412−81−12345)에서 '15년 1월 27일 가공한 소고기의 묶음번호: L0150127 1234001

34 다음은 묶음번호 구성내역서의 일부이다. 이에 대한 설명으로 옳은 것을 [보기]에서 모두 고르면?

묶음번호	이력번호
L01710151234001	002001773786
	002002753787
	002003773789
L11710234321003	110053800007
	120053800007
	130053800007

─┤ 보기 ├─
㉠ 특정 포장처리업소에서 동일한 날짜에 6개의 이력번호를 가진 개체에 대한 포장처리를 실시하였다.
㉡ 소고기와 돼지고기가 각각 3개 개체씩 포장처리되었다.
㉢ 동일한 축종끼리 묶음을 구성한 날짜는 다르다.
㉣ 만약 2개의 업체가 같은 날 각 업장에서 포장처리한 축산물에 묶음번호를 각각 부여한다면 동일하게 표시되는 코드는 최소 7자리이다.

① ㉠, ㉡   ② ㉡, ㉢   ③ ㉢, ㉣
④ ㉠, ㉡, ㉢   ⑤ ㉡, ㉢, ㉣

35 사업자번호가 123-45-67890인 전산신고 비대상 업체가 2022년 10월 25일에 우(牛)삼겹살 부위에 대하여 120개의 묶음을 구성하였다. 해당 묶음의 묶음번호로 옳은 것을 고르면?(단, 일련번호 세 자리는 마지막 묶음의 일련번호인 120으로 한다.)

① L02220106789012
② L02210256789120
③ L02210257890120
④ L12210256789120
⑤ L12210257890120

36 다음 중 빈칸에 들어갈 말이 순서대로 올바르게 나열된 것을 고르면?

( )은(는) 1972년에 벨 연구소(Bell Labs)의 데니스 리치가 만든 언어로, 비주얼 스튜디오 (Visual Studio) 같은 플랫폼을 활용해 데스크톱 애플리케이션과 웹 애플리케이션을 모두 개발할 수 있다.

( )은(는) 1991년에 네덜란드 개발자 귀도 반 로섬(Guido van Rossum)이 만든 언어로, 주로 파이참(PyCharm)이라는 플랫폼을 사용하여 프로그래밍을 한다. 기존의 언어보다 좀 더 쉽고 간편하게 다룰 수 있다는 특징이 있다. 예를 들어, 'Hello World!'라는 말을 출력하기 위해 printf("Hello World! n") 대신 print("Hello World!")라고만 입력해도 정상적으로 작동한다.

( )은(는) 데이터를 분석하는 데 사용하는 소프트웨어로서, 1993년 뉴질랜드 오클랜드 대학에서 무료 버전 형태로 소개되었다. 범용 분석 툴이기 때문에 통계 분석, 머신러닝 모델링, 텍스트 마이닝, 소셜 네트워크 분석, 지도 시각화, 이미지 분석, 웹 애플리케이션 개발 등 매우 많은 분야에 사용할 수 있다.

① C언어, 파이썬, R언어
② C언어, R언어, 파이썬
③ 파이썬, C언어, R언어
④ 파이썬, R언어, C언어
⑤ R언어, 파이썬, C언어

37 다음은 A~D사원이 정보통신기술의 발달에 따른 업무 방식의 변화에 대해 나눈 대화 내용이다. 이 중 적절하지 <u>않은</u> 발언을 한 사람을 모두 고르면?

> - A사원: "최근 정보통신기술의 발달로 시간과 장소에 얽매이지 않고 언제 어디서나 일할 수 있는 스마트 워크가 각광받고 있다고 하네요."
> - B사원: "스마트 워크는 재택 근무와 모바일 근무, 스마트 워크센터 등이 갖추어진 지식정보사회 기반으로 구현된다고 할 수 있어요."
> - C사원: "그중 스마트 워크센터는 자신의 근무지와 최대한 가까운 지역에서 근무할 수 있도록 환경을 제공하는 원격근무용 업무 공간을 의미해요."
> - D사원: "스마트 워크센터를 활용하면 출퇴근 시간에 소비되는 시간과 교통비 부담을 줄이고 더불어 탄소배출량을 감소시키는 효과를 얻을 수 있어요."

① B사원   ② C사원   ③ A사원, B사원
④ A사원, D사원   ⑤ C사원, D사원

38 다음 중 [보기]의 ㉠과 ㉡에 해당하는 산업 재해의 기본적 원인을 바르게 짝지은 것을 고르면?

┤ 보기 ├
> ㉠ A기업에서 사전 안전 교육 없이 신규 입사자를 제품 생산 현장에 투입하여 안전사고가 발생하였다.
> ㉡ B기업의 제조 공장에서는 전기 설비가 노후하여 이로 인한 누전으로 대형화재가 발생하였다.

	㉠	㉡
①	교육적 원인	기술적 원인
②	교육적 원인	작업 관리상 원인
③	기술적 원인	교육적 원인
④	작업 관리상 원인	기술적 원인
⑤	작업 관리상 원인	교육적 원인

39 다음 글의 A와 B에 들어갈 말로 가장 적절한 것을 고르면?

20세기는 (A) 시대요 21세기는 (B) 시대다. (A)는 자신이 직접 해보고 배워 아는 것을 말한다. 그러나 그것은 한계가 있다. 모든 것을 배울 수 없고 다 익힐 수 없다. 우리가 배우는 범위는 한정적이다. 그러나 (B)는 그 정보가 어디 있는지만 알면 된다. 그런 능력과 기술, 지식을 가진 사람이 누군지만 알고 있으면 된다. 그래서 평소 맺어놓은 네트워크를 이용하여 그 정보와 기술을 취하면 된다. 범위가 훨씬 넓다. 그리고 더 잘 해낼 수 있다. 더 많은 일을 더 짧은 시간에 할 수 있다. 구태여 자신이 다 알고 자신이 다 하려고 할 필요가 없다. 다른 사람을 활용하는 기술만 있으면 된다. 진정한 리더는 이런 사람이다. 자신이 다 하려는 사람은 좋은 리더가 될 수 없다. 위임하고 맡길 줄 알아야 한다.

미국의 입지전적인 사업가 데일 카네기의 묘비에 이런 말이 새겨져 있다.

"자기 자신보다 훌륭한 사람을 활용하여 성공한 사람이 여기 잠들다."

이 말이 바로 '(B)'의 핵심이다. (B)는 한마디로 '내가 필요로 하는 정보가 어디에 있는지 신속·정확하게 찾아내는 기술'이다. 산업 사회에서는 자기만의 독특한 기술, 즉 '(A)'가 성공의 요인이었다. 그러나 정보 사회에서는 '(B)' 없이 성공을 거두기 어렵다. (B)는 휴먼네트워크, 관계, 태도로 정리될 수 있다. 따라서 인적네트워크, 즉 노우후(know who)를 구축하는 것이 중요하다. "시작은 내 힘으로 성공은 다른 사람의 힘으로!"라는 말이 여기서 적용된다. 21세기 정보사회에 적응해 나갈 수 있는 힘의 원천은 정보다. 그 정보를 어떻게 어디서 얻는지 아는 것이 힘이다.

A	B
① 노하우(know-how)	노웨어(know-where)
② 노하우(know-how)	노와이(know-why)
③ 노와이(know-why)	노하우(know-how)
④ 노와이(know-why)	노웨어(know-where)
⑤ 노하우(know-how)	노우후(know who)

40 다음 글을 바탕으로, 일반적으로 기술 관리자에게 요구되는 능력이 <u>아닌</u> 것을 고르면?

> 기술자와 기술 관리자는 다르다. 기술 관리자는 기술이 아니라 사람을 다룬다. 그래서 기술자 시절에 PC를 붙잡고 씨름하던 것과는 완전히 다른 관점과 방식이 필요하다. 하지만 좋은 관리를 받아 본 적이 없고 더군다나 준비도 안 된 상태에서 좋은 관리자가 되는 것은 거의 불가능하다.
>
> 한때 기술자였으나 실패한 관리자의 사례를 하나 살펴보자. 개발자 K는 뛰어난 개발 능력으로 조직에서 인정을 받고 있었다. 대개의 조직은 일정 경력을 갖춘 우수한 개발자에게 관리자를 맡기고 싶어 한다. 그 뛰어난 능력을 단지 개발에만 쏟지 말고 여러 개발자들을 관리하는 데 써달라는 것이다. 결국 개발자 K는 조직의 갑작스런 필요에 의해 관리자 역할을 맡게 되었다. 하지만 그는 관리를 잘 하지 못했다. 그는 인력 배치를 부적합하게 했을 뿐만 아니라, 팀원들에게 업무를 맡긴 후 결과가 나올 때까지 기다려주는 인내심이 없었다. 매일매일 점검을 했으며, 자신이 잘 알고 있는 미시적인 내용에 대해 팀원과 불필요한 논쟁을 하기도 했다. 업무 지시를 명확하게 하지 않았으면서도 업무 성과가 마음에 안 든다며 팀원들을 질책하기도 했고, 기술이 부족한 팀원에게 일을 맡기면서 해당 기술을 습득할 수 있는 여건을 마련해 주지 않았다. 팀장으로서 팀원들의 고과를 매겨야 하는 상황에서는, 제대로 상담을 하지 않고 고과를 확정해 팀원들의 분노를 유발하기도 했다.

① 기술이나 추세에 대한 이해 능력
② 기술직과 의사소통을 할 수 있는 능력
③ 근무 환경을 혁신적으로 조성하는 능력
④ 기술적, 사업적, 인간적인 능력을 통합할 수 있는 능력
⑤ 새로운 기술을 지닌 제품 개발 시간을 단축할 수 있는 능력

41 다음은 C기업이 클라우드 서비스 사업을 시작하면서 진행한 사항에 관한 글이다. C기업이 클라우드 서비스를 출시하자, 자사에 클라우드 서비스를 도입하려는 D기업의 '갑' 부장은 서비스 유형을 선택하기 위해 다음과 같은 [요구사항]을 제시하였다. 이를 바탕으로 '갑' 부장이 제시한 조건에 부합하는 서비스 유형을 고르면?

C기업은 데이터관리 플랫폼 서비스를 제공하는 기업으로, 최근 기업을 대상으로 한 사무용 클라우드 사업을 시작하려고 한다. C기업 내부에는 클라우드에 대해 전문성을 가지고 있는 직원이 없어, 클라우드 스타트업을 운영한 경험이 있는 '을' 연구원을 비롯해 다수의 인사를 채용하였다. C기업에서는 클라우드 사업에 있어서, 서비스 사양 결정 등 전반적인 기술 선택을 내부 구성원의 검토나 분석 없이 '을' 연구원이 단독으로 결정하도록 하였다. '을' 연구원은 그동안의 경험과 시장 조사 결과를 바탕으로, 아래와 같은 클라우드 서비스 유형을 구성하였다.

기능	지원 가능 여부			
	스탠다드형	비즈니스형	프리미엄형	커스터마이징
클라우드 용량	100TB	300TB	500TB	최대 700TB까지
전용 어플 제공		✔	✔	✔
사용 가능 유저수	10명	20명	50명	최대 50명까지
데이터 백업 기능			✔	✔
24시간 상담		✔	✔	✔
아이디 이전 기능	✔	✔	✔	✔
마스터 기능	1명	2명	3명	최대 10명까지
이용 가격	500,000원/1년	1,000,000원/1년	1,500,000원/1년	협의 후 결정

[요구사항]

우리 부서 직원은 총 18명이며, 모두가 클라우드에 접속 가능해야 합니다. 클라우드 용량은 상관없으나 최소 50TB 이상이었으면 합니다. 클라우드 외에도 모두들 데이터를 따로 보관하고 있으니, 데이터 백업 기능은 필요 없습니다. 말씀드린 조건에서 가장 저렴한 유형을 추천해주셨으면 합니다.

① 스탠다드형
② 비즈니스형
③ 프리미엄형
④ 커스터마이징
⑤ 부합하는 서비스 유형이 없음

42 다음 중 (가), (나)의 사례에서 알 수 있는 '기술선택을 위한 의사결정 방법'에 대한 설명으로 옳지 <u>않은</u> 것을 고르면?

> (가) S사에서는 회사의 경영 슬로건 중 하나인 '글로벌 리더로서의 위상을 세계시장에 구현하자'는 목표를 가지고, 경영혁신에 필요한 선진기업의 노하우를 벤치마킹하고 그에 따른 선진경영기술을 도입하기 위하여 많은 인재들에게 현지 협력업체로의 출장 기회를 부여해왔고 현지의 전문가들을 본사로 초청해 강연회를 통한 경영기술 공유의 장을 마련하였다.
>
> (나) 영업본부 내 마케팅팀에서는 해외 영업 시 아쉬웠던 부분을 보완하기 위해 영업직원들이 자신들의 경험에서 스스로 도출해 낸 아이디어를 종합하여 새로운 영업 모델을 개발하는 데 성공하였다. 이를 적용하기 위해 국내 우수 업체들과 논의한 끝에 동반 해외 진출을 이룰 수 있게 되어 해외 영업의 성과를 배가시키는 쾌거를 이루었다.

① (가)는 기술경영진과 기술기획담당자들에 의한 체계적인 분석을 통해 기업이 획득해야 하는 대상기술과 목표기술수준을 결정한다.

② (나)는 연구자나 엔지니어들이 자율적으로 기술을 선택한다.

③ (가)의 방법은 기술개발 실무를 담당하는 기술자들의 흥미를 유발할 수 있다.

④ (나)의 방법은 자칫 시장의 고객들이 요구하는 제품이나 서비스를 개발하는 데 부적합한 기술이 선택될 수 있는 단점이 있다.

⑤ (가)의 방법은 기업이 처한 환경을 고려하여 먼저 기업의 중장기적인 사업목표 설정이 이루어져야 한다는 전제 조건이 있다.

43 다음 중 (가)~(라)에서 언급된 '인공 지능이 수행할 수 있는 인간의 능력'을 순서대로 바르게 나열한 것을 고르면?

(가) 인공 지능은 도로상의 물체가 자동차인지, 길을 건너는 사람인지, 장애물인지에 대한 인지능력을 발휘할 수 있으며 이는 자율주행차 안전과 직결된다. 또한, 일본의 NEC는 최근 CCTV 화면에서 100만 명 중에 동일인을 10초 내에 찾는 소프트웨어를 발표하였다.

(나) 골드만삭스가 투자한 Kensho는 어떤 이벤트가 금융시장에 미치는 영향을 평가하여 제시하는 인공 지능이며, 변호사의 변론 준비에 필요한 판례 검색 등을 자동으로 수행하고 온라인 강좌에서 학생들의 질문에 답변하는 조교 업무를 사람보다 더 효과적으로 수행한다.

(다) 금융회사의 의사결정은 부가가치가 높지만 반복적인 특징을 갖고 있어 인공 지능으로 대체할 경우 효과가 클 것으로 예상되는 분야이며, 인공 지능이 운영하는 헤지 펀드들이 '15년부터 본격적으로 등장하였고 운용 수익률에 있어서도 다른 헤지 펀드들의 성과를 압도하고 있다.

(라) 카네기 멜론 대학교 연구팀은 환자들이 사람 상담사보다 인공 지능을 상대할 때 심리적으로 더욱 편안함을 느낀다고 보고한 바 있으며, 노인들의 심리상태를 인식하여 반응하는 인공 지능 애완로봇 등이 개발되어 노인들의 건강관리와 심리적 안정을 돕는 서비스가 조만간 활성화될 것으로 보인다.

---

① 이미지 인식, 맥락 이해, 패턴 인식, 감정 이해
② 맥락 이해, 이미지 인식, 패턴 인식, 감정 이해
③ 이미지 인식, 맥락 이해, 감정 이해, 패턴 인식
④ 이미지 인식, 패턴 인식, 맥락 이해, 감정 이해
⑤ 감정 이해, 맥락 이해, 패턴 인식, 이미지 인식

44 다음 중 조직이해를 바탕으로 경영과 관리를 비교한 내용 중 가장 적절한 것을 고르면?

① 경영과 관리는 모두 조직의 최고경영자에 의해 이루어진다.

② 경영은 관리 이외에도 조직의 목적을 설정하고 이를 달성하기 위한 의사결정 전략을 포함한다.

③ 과거에는 경영과 관리가 철저하게 구분되었으나, 점차 동일한 의미로 사용되고 있다.

④ 경영 계획에 따라 세워진 전략, 관리, 운영 등은 실제 경영 활동에서 명확하게 구분된다.

⑤ 관리는 목적, 인적자원, 자금, 전략의 4요소로 구성된다.

45 다음 글에서 알 수 있는 조직문화의 기능으로 가장 적절한 것을 고르면?

> 휴렛팩커드가 급속히 성장하게 된 데는 창업자 휴렛과 팩커드의 공로도 크지만, 1977년에 사장으로 취임한 영(J. Young)의 역할이 컸다. 이 세 사람이 휴렛팩커드 방식(HP Way)의 핵심 멤버이다. 휴렛팩커드 방식은 휴렛팩커드사의 기업문화를 표현하는 상징어이며, 이들은 회사의 경영이념을 다음과 같이 설정했다.
>
> "휴렛팩커드는 모든 구성원을 중요하게 생각하고 존경하며, 그들의 개인적인 성취를 인정해주는 전통 이외에는 다른 것을 생각하지 않습니다."
>
> 휴렛팩커드는 이러한 경영이념에 따라 출퇴근 기록기를 없앴고, 유연근무제를 도입했다. 이처럼 휴렛팩커드는 인간 존중의 경영이념을 바탕으로 기업 특유의 제도와 기법을 개발, 활용하는 기업으로 불황 시에도 꾸준히 우수 기업으로 인정받고 있다. 이러한 조직문화에 따라 휴렛팩커드에는 인간은 누구나 우수하며, 여건만 갖추어지면 실제로 능력을 발휘할 것이라는 믿음이 모든 임직원들에게 깊이 뿌리를 내리고 있다.

① 조직원들이 더욱 왕성하고 원만한 대인관계를 유지할 수 있도록 해 준다.

② 일탈적 행동을 통제함으로써 자기개발의 기회를 더 많이 부여받을 수 있다.

③ 자발적으로 조직 목표 달성에 자신의 노력과 능력을 기울이도록 조직몰입을 높여준다.

④ 불필요한 지출을 방지하여 회사 전체의 비용 절감에 크게 기여할 수 있다.

⑤ 최고 경영진으로부터 말단 직원까지 의사소통 및 전달이 일사불란하게 진행된다.

46 다음 글을 통해 알 수 있는 내용으로 가장 적절한 것을 고르면?

> 프랑스의 심리학자 막스 링겔만은 '줄다리기 실험'에서 사람 수에 따라 줄을 잡아당기는 힘이 얼마나 증가하는지 측정했다. 이론적으로, 한 명이 잡아당기는 힘이 50kgf라면, 두 명이 잡아당기는 힘은 100kgf, 열 명이 잡아당기는 힘은 500kgf이어야 한다. 하지만 실험 결과는 달랐다. 한 명이 잡아당기는 힘은 평균적으로 63kgf이었지만, 세 명일 때는 160kgf, 여덟 명일 때는 248kgf이었다. 사람 수가 증가함에 따라 한 명이 잡아당기는 힘의 평균이 계속 줄어들었던 것이다.

① 많은 사람이 모인다고 해서 큰 효율성과 효과성을 보는 것이 아니므로 각자 개별적으로 일해야 한다.
② 팀의 규모가 커지면 성과는 늘어날 수 있으나 무임승차의 문제점이 발생하여 효율이 떨어질 수 있다.
③ 우수한 성과를 내기 위해서는 10명의 몫을 할 수 있는 1명을 잘 채용하여야 한다.
④ 편견과 선입견을 버리고 서로 간의 신뢰가 있어야 팀워크를 최대화할 수 있다.
⑤ 사람들은 심리적으로 안정적일 때 충분한 힘을 발휘할 수 있다.

47 K사의 영업팀에서는 창의적인 사고를 돕기 위해 브레인스토밍을 진행하려고 한다. 다음 대화 중 적절하지 <u>않은</u> 이야기를 하는 사람을 고르면?

> P대리: 기존의 주제인 <신제품 판매전략>을 <언택트 시대의 20대를 대상으로 한 판매전략>으로 수정하겠습니다.
> K과장: 개발팀과 마케팅팀에도 참석 요청하겠습니다.
> Y사원: 장소는 원형 테이블이 있는 회의실로 예약하겠습니다.
> C팀장: 회의는 내가 직접 진행할 테니 회의 시간만 정해서 알려줘.
> L대리: 회의록은 제가 작성하겠습니다.

① P대리   ② K과장   ③ Y사원
④ C팀장   ⑤ L대리

48 다음 설명을 바탕으로 '차별화 전략'의 단점과 가장 거리가 <u>먼</u> 것을 고르면?

> 조직의 경영전략은 경영자의 경영이념이나 조직의 특성에 따라 다양하게 나타난다. 이 중 대표적인 경영전략으로 마이클 포터(Michael E. Porter)의 본원적 경쟁전략이 있다. 본원적 경쟁전략은 해당 사업에서 경쟁 우위를 확보하기 위한 전략이며 차별화 전략, 집중화 전략, 원가우위 전략이 이에 속한다.
> 차별화 전략은 조직이 생산품이나 서비스를 차별화하여 고객에게 가치 있고 독특하게 인식되도록 하는 전략이다. 이러한 전략을 활용하기 위해서는 연구개발이나 광고를 통하여 기술, 품질, 서비스, 브랜드 이미지를 개선할 필요가 있다.

① 많은 비용이 수반된다.
② 비차별화 전략에 비해 시장을 세분화해야 하는 어려움이 있다.
③ 다양한 상품을 개발함에 따라 상품 원가가 높아질 수 있다.
④ 유통경로 관리와 촉진에 추가적인 노력이 필요하다.
⑤ 과도한 가격경쟁력 확보를 위해 수익구조에 악영향을 끼칠 수 있다.

49 다음은 맥킨지의 7S 모델에 대한 설명이다. 글에서 언급된 하드웨어적인 3개 요소에 포함되는 것을 고르면?

> 전략적 사고를 한마디로 말하면 '불확실한 비즈니스 환경에서 체계적이고 논리적인 분석과 여러 요인을 통합해 미래에 예측되는 시나리오를 명쾌하게 창조하는 사고'로 정의할 수 있을 것이다. 요즘처럼 급변하는 비즈니스 환경은 기회와 위협 요인에 대해 체계적이고 논리적으로 분석해야 한다. 또 여러 요인을 통합적으로 판단해 기업이 어느 방향으로 움직여야 할 것인가를 보다 정확하게 판단하고 지속 가능한 조직이 되도록 지원하는 역할을 수행한다. 특히 7S 모델은 조직을 이해하고 설계할 때 중요한 사항을 밝혀내는 데 유용하며, 조직의 강·약점과 회사 문화와의 일체성 여부를 확인하는 데 도움이 되는 분석모델이다.
> 7S의 구성요소로는 전략(Strategy), 시스템(System), 구조(Structure), 스타일(Style), 능력(Skill), 직원(Staff), 공유가치(Shared Value)가 있다. 분석기법의 가장 큰 특징이라고 할 수 있는 것은 조직의 하드웨어적인 3개 요소와 함께, 소프트웨어적인 4개 요소를 고려해 분석했다는 것이다.

① 스타일
② 시스템
③ 능력
④ 직원
⑤ 공유가치

50 다음 자료를 보고 매트릭스 조직 구조에 대한 설명으로 가장 적절하지 <u>않은</u> 것을 고르면?

매트릭스 조직 구조란 하나 이상의 보고체계를 가진 조직 구조를 의미하는 것으로서, 다음 그림과 같이 기존 기능부서의 상태를 유지하면서 특정한 프로젝트를 위해 서로 다른 부서의 인력이 함께 일하는 조직설계 방식이다.

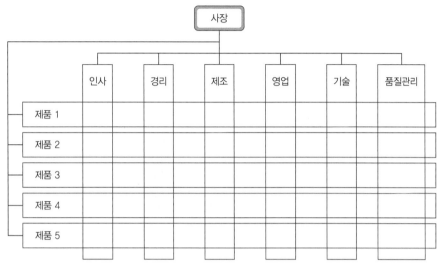

[그림] 매트릭스 조직 구조도

매트릭스 조직에 속한 개인은 두 명의 상급자(기능부서 관리자, 프로젝트 관리자)로부터 지시를 받으며 보고를 하게 된다. 따라서 기존의 전통적 조직 구조에 적용되는 명령통일의 원칙을 깨뜨린 것이 매트릭스 조직의 가장 큰 특징이다.

① 인적 자원을 효율적으로 운용할 수 있다.
② 조직 목표 달성을 위해 내부의 과업지향적인 작업 집단을 운영할 수 있다.
③ 조직 내 과업 집단은 보통 한시적인 특징을 갖는다.
④ 지휘 계통이 원활하여 신속한 의사결정이 가능해진다.
⑤ 여러 가지 상황에 유연하게 대처할 수 있다.

오랫동안 꿈을 그리는 사람은
마침내 그 꿈을 닮아간다.

– 앙드레 말로(Andre Malraux)

피둘형
NCS 실전모의고사

| 4회 |

영역		구성	문항 수	풀이 시간	비고
NCS 직업기초능력평가	의사소통능력	한국도로공사 국민연금공단 KDB산업은행 출제 영역	60문항	60분	객관식 오지선다형
	수리능력				
	문제해결능력				
	자원관리능력				
	정보능력				
	기술능력				
	조직이해능력				
	직업윤리				

※ 출제 영역 및 유형은 기업의 채용계획에 따라 다를 수 있으므로 해당 시기 채용공고를 확인하시기 바랍니다.

모바일 OMR
자동채점&성적분석 무료

정답만 입력하면 채점에서 성적분석까지 한번에!

활용
GUIDE

실시간 성적분석 방법!

STEP 1
QR 코드
스캔

STEP 2
모바일
OMR 입력

STEP 3
자동채점 &
성적분석표 확인

STEP 1

교재 내 QR 코드 스캔

실전모의고사 4회
모바일 OMR 바로가기

eduwill.kr/tXPe

- 위 QR 코드를 모바일로 스캔 후
  에듀윌 회원 로그인
- QR 코드 하단의 바로가기 주소로도
  접속 가능

STEP 2

모바일 OMR 입력

- 회차 확인 후 '응시하기' 클릭
- 모바일 OMR에 답안 입력
- 문제풀이 시간까지 측정 가능

STEP 3

자동채점 & 성적분석표 확인

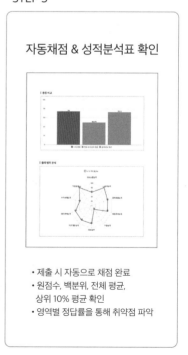

- 제출 시 자동으로 채점 완료
- 원점수, 백분위, 전체 평균,
  상위 10% 평균 확인
- 영역별 정답률을 통해 취약점 파악

※ 본 회차의 모바일 OMR 채점 서비스는 2026년 12월 31일까지 유효합니다.

실전모의고사 4회

정답과 해설 P.43

01 다음 글의 내용과 일치하지 않는 것을 고르면?

노화 현상에 대해 설명하는 전통적 이론 중 하나는 네크로시스 이론이다. 네크로시스 이론은 세포 괴사 이론이라고도 하는데, 네크로시스로 인해 조직이나 기관이 죽고 개체가 노화되어 죽음에 이르게 된다고 말한다. 여기서 네크로시스란 '타의적인 세포 죽음'이라고 설명할 수 있다. 네크로시스는 화상과 타박, 독극물 등의 자극에 의해 일어나는 세포의 죽음으로, 외부의 충격 때문에 백혈구의 염증 반응이 일어나 세포핵이 붕괴되고 세포질이 파괴되는 등의 세포 괴사를 가리킨다. 이때 염증 반응은 단위세포 차원에서가 아니라 세포 군집, 세포 조직 차원에서 발생한다.

염증 반응이 없는데도 세포의 죽임이 발생하는 경우가 있는데, 아포토시스가 대표적이다. 아포토시스는 세포가 분해되고 소멸되는 과정을 일컫는 말인데, 일정한 시점을 정해 놓은 것처럼 점진적으로 세포가 소멸하기 때문에 '예정된 세포 죽음'이라고 설명할 수 있다. 아포토시스는 네크로시스와 달리 세포 군집이나 세포 조직 차원보다 단위세포 차원에서 발생한다. 아포토시스는 다양한 조건에서 발생하지만 세 가지의 메커니즘으로 발생한다고 알려져 있다. 첫째, 배아 세포가 성인 세포로 되어 가는 과정, 즉 발생 과정에서 건강하지만 지나치게 넘쳐나는 잉여 세포들을 제거하는 경우이다. 이를 '공리적 세포 자살'이라고 부른다. 둘째, 외부의 손상을 입지 않았지만 세포 자신이 노화하여 스스로 고사하는 경우이다. 오래된 세포에서 이상이 누적되면 DNA상의 오류가 발생될 수 있으므로 오류가 발생하기 이전에 늙은 세포가 스스로 고사하는 것이다. 이를 '노화 세포 자살'이라고 부른다. 셋째, 외부 침해가 있을 경우에 손상을 받은 세포 밖으로 손상이 퍼지지 않기 위해 손상 받은 세포들이 스스로 죽는 경우이다. 이를 '이타적 세포 자살'이라고 부른다. 아포토시스 이론에서는 노화 세포 자살로 인해 늘어난 세포의 괴사가 조직이나 기관, 나아가 개체를 노화시킨다고 설명한다.

노화 현상을 세포와 관련짓지 않고 섭생과 관련지어 설명하는 이론도 있다. 이 이론에 따르면, 섭생으로 인한 에너지 제한이 노화 연관 경로에 관여하는 특수 단백질에 영향을 준다. 그중에서 대표적인 것이 세스트린인데, 세스트린은 스트레스에 의해 나타나는 대사조절체 단백질로, 일반적으로 AMPK 라는 신호전달계에 작용해서 mToR1이라는 신호전달체계의 활성을 저해해 암 세포증식, 노화, 비만, 당뇨병과 관련한 대사증후군을 막는 것으로 알려져 있다. 세스트린의 영향으로 AMPK가 활성화되면 표적 단백질이 억제되고, 표적 단백질이 활성화되면 AMPK가 억제된다. 이때 표적 단백질이 과도하게 활성화되면 세포 내 손상된 미토콘드리아를 제거하여 새로운 것으로 대체하는 세포의 재생 작용인 세포 자기 소모 작용이 제어되고 활성산소종이 대량으로 발생하여 노화가 일어난다.

① 노화 현상의 원인을 설명하는 다양한 이론이 있다.
② 네크로시스 이론은 노화 현상의 원인을 외부 자극에서 찾는다.
③ 염증 반응이 없어도 세포의 죽음이 발생할 수 있다.
④ 건강한 세포가 공리적 이유로 제거되기도 한다.
⑤ 섭생으로 인해 세스트린이 제한되면 노화가 일어난다.

02 다음 [보기]의 결론이 반드시 참이 되도록 만드는 전제2로 적절한 것을 고르면?

> ┤ 보기 ├
> • 전제1: 어떤 자동차는 수소로 작동한다.
> • 전제2: _____
> • 결론: 수소로 작동하는 것 중에는 연구 단계인 것도 있다.

① 모든 자동차는 연구 단계이다.
② 연구 단계인 모든 것은 자동차이다.
③ 자동차는 모두 연구 단계가 아니다.
④ 연구 단계인 것 중에는 자동차도 있다.
⑤ 자동차 중에는 연구 단계가 아닌 것도 있다.

03 다음 명제들이 모두 참일 때, 반드시 참이라고 할 수 <u>없는</u> 명제를 고르면?

> ㉠ 미국을 가봤으면 영국도 가봤다.
> ㉡ 미국을 가봤으면 독일도 가봤다.
> ㉢ 프랑스를 가봤으면 독일도 가봤다.
> ㉣ 호주를 가봤으면 영국도 가봤다.
> ㉤ 프랑스를 가보지 않았으면 영국도 가보지 않았다.

① 미국을 가봤으면 프랑스도 가봤다.
② 미국을 가봤으면 호주도 가봤다.
③ 프랑스를 가보지 않았으면 호주도 가보지 않았다.
④ 독일을 가보지 않았으면 영국도 가보지 않았다.
⑤ 독일을 가보지 않았으면 프랑스도 가보지 않았다.

04 A~F 6명은 각각 2가지 이야기를 하고 있으며, 각자 이야기한 2가지 이야기의 진실 여부는 서로 다르다. 다음 [조건]을 참고할 때, 항상 옳은 것을 고르면?

┤ 조건 ├
- A: 물건을 훔친 사람이 2명임을 봤다. D는 물건을 훔치지 않았다.
- B: 고백하건대 나와 D 중 1명만 물건을 훔쳤다. 물건을 훔친 사람은 2명이 아니다.
- C: F가 물건을 훔친 것을 봤다. 나와 A, E 중 물건을 훔친 사람이 최소 1명이다.
- D: 사실 내가 물건을 훔쳤다. 물건을 훔친 사람은 2명이 아니다.
- E: B와 C가 모두 물건을 훔친 것을 알고 있다. F는 물건을 훔쳤다.
- F: D는 물건을 훔치지 않았다. B는 물건을 훔치지 않았다.

① A, C, E 중 물건을 훔친 사람은 없다.
② B와 D 모두 물건을 훔쳤다.
③ 물건을 훔친 사람은 3명 이상이다.
④ 첫 번째 이야기가 진실인 사람은 2명이다.
⑤ C의 두 번째 진술은 진실이다.

05 P사의 사무실 관리 담당자 A~E 5명이 [보기]와 같이 진술하였는데, 5명 중 1명은 거짓을 말하고 나머지 4명은 모두 진실을 말한다. 사무실 관리 대상이 화분, 탕비실, 책장, 공기청정기, 복합기라고 할 때, C가 담당하는 사무실 관리 대상을 고르면?(단, 거짓을 말하는 사람의 말에는 진실이 포함되어 있지 않다.)

┤ 보기 ├
- A: "화분을 관리하는 사람이 거짓을 말하고 있어."
- B: "D는 탕비실을 관리하고, E는 공기청정기를 관리해."
- C: "나는 화분을 관리하지 않고, B는 책장을 관리해."
- D: "A는 화분을 관리하는 사람이 아니야."
- E: "C는 책장을 관리하지 않고, D는 화분을 관리하지 않아."

① 책장   ② 복합기   ③ 공기청정기
④ 화분   ⑤ 탕비실

4차 산업혁명 이후 그 중심에 인공지능(AI)이 위치하면서 많은 기업들이 'AI 활용'을 기업의 최우선 과제로 삼고 있다. 실제로, AI는 자율 주행, 보안 등 이미 다양한 분야에서 중요한 역할을 담당하고 있다. 이번 글을 통해서는 AI의 한 갈래인 딥러닝에 대해서 알아보도록 하자.

딥러닝 기술은 인공 신경망을 기반으로 한 기계 학습 기법이다. 딥러닝은 인간의 뇌 구조를 모방한 인공 신경망을 통해 대량의 데이터를 분석하고, 패턴을 인식하며, 스스로 학습하는 능력을 갖추고 있다. 이 기술은 이미지 및 음성 인식, 자연어 처리, 자율 주행, 의료 진단 등 다양한 분야에서 혁신적인 성과를 거두고 있다.

비슷한 갈래로 머신러닝이 존재한다. 머신러닝은 컴퓨터 시스템이 데이터로부터 학습하고 패턴을 인식하여 결정을 내리는 기술로 기계학습, 또는 기계학습 알고리즘이라고 부른다. 머신러닝은 주로 사람이 설계한 특징을 기반으로 한 모델을 사용한다. 즉, 데이터로부터 특징을 추출하여 모델에 입력하여 학습을 진행한다. 예를 들면, 이미지 분류를 위해 사람이 직접 특징을 추출하여 머신러닝 알고리즘에 적용하는 경우가 일반적이다. 이에 반해 딥러닝은 인공 신경망을 기반으로 학습하기에 사람이 수동으로 특징을 추출할 필요 없이 데이터의 복잡한 특징을 자동으로 학습할 수 있다.

딥러닝 기술은 다층 신경망 구조로 외부에서 데이터를 받는 입력층, 데이터의 특징을 추출하고 변환하는 은닉층, 최종 결과를 추출하는 출력층으로 구성된다. 기본적으로 은닉층의 수를 증가시켜 학습 능력을 향상시킨다. 각 층의 뉴런은 이전 층의 뉴런들과 연결되어 있으며, 가중치와 활성화 함수 등을 통해 신호를 전달하고 변환한다. 딥러닝은 많은 은닉층을 활용하여 복잡한 데이터의 특징을 추출하고, 이를 통해 높은 예측 성능을 달성한다.

딥러닝의 학습 과정은 크게 지도 학습과 비지도 학습으로 나뉜다. 지도 학습은 라벨이 있는 데이터를 통해 학습하며, 주로 이미지 분류, 음성 인식 등의 분야에 적용된다. 비지도 학습은 라벨이 없는 데이터를 통해 패턴을 학습하며, 데이터 클러스터링, 차원 축소 등에 활용된다.

딥러닝이 장점만 있는 것은 아니다. 데이터의 양과 질에 너무 민감하게 반응하며 편향된 데이터를 학습할 경우, 잘못된 예측이나 차별적인 결과를 초래할 수도 있다. 따라서 데이터의 공정성과 투명성을 확보하고 결과에 대한 책임성을 명확히 하며 개인정보보호와 보안 문제 역시 중요하게 고려되어야 한다.

과적합 문제도 단점으로 지적된다. 과적합은 모델이 훈련 데이터의 특성뿐만 아니라 노이즈까지 학습해버려, 새로운 데이터에 대한 일반화 능력이 떨어지는 상태를 의미한다. 현재 데이터 양 증가 및 다양성 증대, 불필요한 데이터 제거, 규제를 통한 복잡도 조절, 검증 데이터를 무작위로 바꾸는 교차 타당성 검증, 복수 예측 결과 모델 사용(앙상블 기법) 등의 방법 등을 통해서 과적합 방지를 위해 노력하고 있다.

06 다음 중 딥러닝 기술에 대한 설명으로 옳지 <u>않은</u> 것을 고르면?

① 다층 신경망 구조를 활용한다.

② 데이터의 라벨 유무에 따라 학습 과정을 지도 학습과 비지도 학습으로 나눌 수 있다.

③ 학습하는 데이터의 양과 질에 따라 편향된 결과를 예측할 수 있다.

④ 비지도 학습을 통해서 패턴을 학습할 수 있다.

⑤ 사람이 데이터의 특징을 추출하여 학습시켜야 한다.

07 A사는 딥러닝 기술을 활용한 서비스를 출시하였다. 서비스 도중 노이즈까지 학습하여 새로운 데이터를 일반화하지 못하는 문제가 발생해 이에 대한 해결 방안을 모색하고 있다. 다음 중 해결 방안으로 적절하지 <u>않은</u> 것을 고르면?

① 학습 데이터의 양을 늘린다.

② 적절한 규제를 사용하여 복잡도를 줄인다.

③ 불필요한 데이터를 제거한다.

④ 검증용 데이터를 고정하여 검증을 실시한다.

⑤ 예측 모델을 복수로 사용하여 예측도를 높인다.

[08~09] 다음 글을 읽고 이어지는 질문에 답하시오.

[가] 고속도로 이용 요금을 요금소에서 납부하는 방법은 여러 가지가 있다. 그중 '전자요금징수시스템(ETC)'을 이용하면 차량이 달리는 중에 자동으로 요금 납부가 가능하므로 편리하다. 그렇다면 전자요금징수시스템은 어떠한 과정과 방식으로 작동하는 것일까?

[나] 전자요금징수시스템이 작동되는 과정은 다음과 같다. 우선 차량이 요금소의 첫 번째 게이트를 통과할 때, 차량 단말기와 첫 번째 게이트에 설치된 제1기지국 간에 통신이 일어난다. 제1기지국은 차량 단말기로부터 전송받은 요금 징수 관련 데이터를 잃어버리지 않도록 임시 저장소에 보관하면서 동시에 지역요금소 ETC 서버로 전송한다. 지역요금소 ETC 서버는 이 데이터를 분석한 후, 도로공사 요금정산센터의 서버로 전송해서 도로공사 요금정산센터의 서버가 징수할 요금에 관한 데이터를 찾도록 요청한다. 이렇게 찾아진 데이터는 다시 지역요금소 ETC 서버를 거쳐 두 번째 게이트에 설치된 제2기지국을 경유하여 차량 단말기로 전송된다. 이때 이 데이터가 수신되면 차량 단말기를 통해 요금이 징수되며, 그 후 요금 징수 결과가 안내표시기를 통해 운전자에게 안내된다.

[다] 이러한 과정에서 차량 단말기와 기지국 간에는 무선으로 데이터 전송이 이루어진다. 이때 통신 규약에 따라 정해진 전자요금징수시스템의 데이터 처리 방식은 시분할 방식이다. 이는 동일한 크기로 분할된 시간의 단위인 타임 슬롯을 차량 단말기에서 전송된 각각의 데이터에 할당하여 데이터를 처리하는 방식이다. 타임 슬롯은 차량이 진입하지 않아도 항상 만들어지는데, 차량이 지나가게 되면 규약으로 정해진 데이터 종류의 순서에 따라 데이터에 타임 슬롯이 할당된다. 차량 한 대가 지나가는 경우 데이터에 할당된 타임 슬롯들에 의해 하나의 집합체가 구성되는데 이를 프레임이라고 한다. 이때 타임 슬롯이 데이터에 할당되는 방식과 프레임이 구성되는 방식은 시분할 방식의 종류에 따라 동기식과 비동기식으로 나누어 볼 수 있다.

[라] 동기식 시분할 방식은 통신 규약에 따라 타임 슬롯을 데이터 종류 각각에 지정해 놓는다. 그리고 데이터가 전송되면 그 데이터의 종류에 지정된 타임 슬롯이 해당 데이터에 할당된다. 하지만 데이터가 전송되지 않으면 타임 슬롯은 빈 채로 남아 있게 된다. 그래서 하나의 프레임에 포함된 타임 슬롯의 개수는 차량마다 동일하다. 결국 동기식 시분할 방식은 데이터를 처리하는 과정에서 오류가 발생할 가능성은 낮지만, 데이터에 할당되지 않은 타임 슬롯이 존재할 수 있다는 점에서 타임 슬롯이 일부 낭비된다.

[마] 비동기식 시분할 방식은 전송되는 데이터가 없는 경우 타임 슬롯을 비워 두지 않고 다음 순서에 해당하는 데이터에 타임 슬롯이 할당된다. 그래서 하나의 프레임에 포함된 타임 슬롯의 개수는 차량에 따라 다를 수 있다. 그리고 데이터의 종류에 따라 정해진 타임 슬롯이 해당 종류의 데이터에 할당되지 않기 때문에 전송되는 모든 데이터마다 그 데이터의 종류를 확인할 수 있는 주소 필드를 포함하여 프레임이 구성된다. 결국 비동기식 시분할 방식은 타임 슬롯이 낭비되지는 않지만, 데이터를 처리하는 과정에서 오류가 발생할 가능성이 상대적으로 높다.

08 다음 중 [가]~[마]의 중심 내용으로 적절하지 <u>않은</u> 것을 고르면?

① [가]: 전자요금징수시스템의 작동 원리에 대한 궁금증
② [나]: 전자요금징수시스템의 작동 과정
③ [다]: 시분할 방식의 종류에 따른 데이터 처리 방식
④ [라]: 동기식 시분할 방식의 데이터 처리 방식과 장단점
⑤ [마]: 비동기식 시분할 방식의 데이터 처리 방식과 장단점

09 다음 중 '전자요금징수시스템'에 따른 고속도로 이용 요금 납부 과정으로 옳지 <u>않은</u> 것을 고르면?

㉠	차량이 요금소의 첫 번째 게이트를 통과할 때 차량 단말기는 제1기지국으로 요금 징수 관련 데이터를 전송한다.

↓

㉡	제1기지국은 차량의 단말기에서 받은 데이터를 임시 저장소에 안전하게 보관한 후 지역요금소 ETC 서버로 이동시킨다.

↓

㉢	지역요금소 ETC 서버는 제1기지국에서 받은 데이터를 분석한 후 도로공사 요금정산센터의 서버로 전송하여 징수할 요금에 관한 데이터를 찾도록 요청한다.

↓

㉣	징수할 요금에 관한 데이터는 지역요금소 ETC 서버와 제2기지국을 거쳐 차량 단말기로 전송된다.

↓

㉤	차량 단말기를 통해 요금이 징수된 후 그 결과는 안내표시기를 통해 운전자에게 안내된다.

① ㉠   ② ㉡   ③ ㉢
④ ㉣   ⑤ ㉤

10 다음 글을 읽고 ㉠~㉢에 들어갈 접속어가 바르게 연결된 것을 고르면?

덴마크의 삼소섬(Samso Island)은 주민들이 합심하여 재생에너지에 과감하게 투자하고 개발에 나섬으로써 탄소제로섬으로 탈바꿈시킨 대표적인 사례이다. 이 섬은 덴마크 중앙에 위치하고 있다. 동쪽 끝에 있는 수도 코펜하겐에서 서쪽 끝으로 한참 이동해 페리선을 타면 약 2시간 정도면 삼소섬에 닿을 수 있다. 삼소섬의 면적은 114km²로서 우리나라 안면도와 비슷한 크기이다. 섬 인구수는 약 4,000명이며, 이 중 66세 이상 노인 인구가 20% 이상을 차지하고, 덴마크 평균 소득보다 20% 이상 낮은 낙후된 섬이었다.

이러한 삼소섬의 개발은 정부 주도의 개발 계획이 아닌 대부분 농부인 섬 주민들의 폭넓은 참여를 기반으로 추진했다. (㉠) 더 큰 의미가 있다. 섬 주민들은 개인·협동조합 형태로 섬 개발에 투자했고, 투자 수익을 창출했을 뿐 아니라 낙후된 섬을 세계에서 아주 유명한 섬 중 하나로 만들게 되었다. 이로 인한 관광 수입 등 부수적 효과도 창출하고 있다.

우리나라에서도 주민참여형 재생에너지 비즈니스 모델이 속속 도입되고 있다. 태백 가덕산 풍력은 국내 최초의 육상풍력 주민참여형 이익공유 사업이다. 이 사업은 민·관·공 상생 협업형 사업으로 설계되어 지역의 천연자원인 바람과 땅을 활용하는 풍력사업을 통해 지역민에게 실질적인 이익이 환원된다. (㉡) 지역경제 활성화 기여 등 지역사회 이익공유형 사업모델을 제시하고 있다. 발전소 주변 지역 주민이 직접 투자하고 이익을 배분받아 주민 수용성을 높이는 한편, 발전소에서 발생한 이익은 지역 복지사업에 투자해 경제효과가 발생하는 선순환 효과가 나타나고 있는 것이다. 태백 가덕산 풍력 1단계 사업은 3.6MW 발전기 12기를 설치해 총 43.2MW규모로 지난해 6월 완공되었다.

창출된 수익은 마을기업을 통해 마을 전체에 분배될 예정이다. 지역주민들의 생업인 농업과 임업 지원을 위한 농기구와 비료 구매, 창고시설 구축, 마을 공동시설 개·보수, 장학금, 건강복지 지원 등 다양한 분야에 이익이 공유된다. (㉢) 태백시민펀드를 개설해 태백시에 거주하는 주민들은 향후 20년간 8.2%대 금리 펀드로 투자수익을 얻을 수 있다. 발전소 인근 주민 외에도 해당 사업지가 속한 지자체 경제에도 효과가 확산되고 있는 것이다.

삼소섬과 태백 가덕산 풍력 사례는 탄소중립으로 가는 열차를 타고 있는 우리에게 많은 시사점을 주고 있다. 탄소중립은 주민참여가 기반이 되어야 한다는 것이다. 탄소중립을 위한 에너지전환을 단지 화석연료를 재생에너지로 바꾸는 물리적 개념으로만 생각해서는 요원할 뿐이다. 지역주민들이 재생에너지를 이해하고, 적용하고, 생활화하는 단계까지 가야만 재생에너지 확산이 가능해진다. 이를 위해서는 주민들이 참여할 수 있는 장이 마련되어야 하며, 이는 주민중심적인 사업모델 설계와 부단한 소통이 중심에 있다.

	㉠	㉡	㉢
①	따라서	그리고	또한
②	따라서	또한	하지만
③	또한	그리고	하지만
④	또한	하지만	따라서
⑤	하지만	그리고	따라서

11 다음 [표]는 E기업의 신입사원 연도별 교육 평균 점수를 나타낸 자료이다. 5개년 평균이 78점이라고 할 때, E기업의 2021년 신입사원 평균 점수를 고르면?

[표] 신입사원 평균 점수

구분	2017년	2018년	2019년	2020년	2021년
인원(명)	34	42	36	48	40
평균 점수(점)	80	76	74	78	( )

① 76점   ② 78점   ③ 80점
④ 82점   ⑤ 84점

12 K사에서는 신사업을 위해 남자 직원 4명과 여자 직원 6명을 TF팀으로 구성했다. 이들이 처음 만나 악수를 하는데 남자 직원들은 모든 여자 직원들과만 한 번씩 악수를 했고, 여자 직원들은 자신을 제외한 모든 직원들과 한 번씩 악수를 했다. 이때, TF팀의 구성원들이 악수한 총횟수를 고르면?

① 39번   ② 41번   ③ 43번
④ 45번   ⑤ 47번

13 10% 농도의 A소금물과 x% 농도의 B소금물이 각각 180g, 300g이 있다. A에 소금 20g을 섞은 후 A의 절반을 B와 섞은 결과물을 C소금물이라 할 때, C의 농도는 10%가 된다. 이때 B소금물의 농도 x는 몇 % 인지 고르면?(단, 소금물은 항상 균일하게 섞인다.)

① 6%   ② 7%   ③ 8%
④ 9%   ⑤ 10%

안전한 패스워드 구성 방법에 관한 다음 안내문을 읽고 이어지는 질문에 답하시오.

구분	회피 규칙	권장 규칙
구성 방법	1) 2가지 종류 이하의 문자 구성으로 8자리 이하의 길이로 구성된 패스워드 2) 문자 구성과 관계없이 7자리 이하 길이로 구성된 패스워드 　※ 문자 종류는 알파벳 대문자와 소문자, 특수기호, 숫자의 4가지임 3) 한글, 영어 등을 포함한 사전적인 단어로 구성된 패스워드 　※ 스펠링을 거꾸로 구성하거나 모드를 바꾸어 타이핑한 패스워드도 포함 4) 널리 알려진 단어로 구성된 패스워드 　※ 컴퓨터 용어, 사이트, 기업 등의 특정 명칭으로 구성된 패스워드도 포함 5) 사용자 ID를 이용한 패스워드 　※ 사용자 ID 혹은 사용자 ID를 거꾸로 구성한 패스워드도 포함 6) 제3자가 쉽게 알 수 있는 개인정보를 바탕으로 구성된 패스워드 　※ 본인 또는 가족의 이름, 생일, 주소, 휴대전화번호 등을 포함하는 패스워드 7) 하나의 문자가 세 번 이상 연속하여 등장하거나 일정한 규칙성이 보이는 패스워드 　※ 키보드에서 연속하는 위치에 있는 문자들의 배열을 포함	1) 3가지 종류 이상의 문자 구성으로 8자리 이상의 길이로 구성된 패스워드 2) 2가지 종류 이상의 문자 구성으로 10자리 이상의 길이로 구성된 패스워드 　※ 문자 종류는 알파벳 대문자와 소문자, 특수기호, 숫자의 4가지임 3) 한글, 영어 등의 사전적 단어를 포함하지 않은 패스워드 4) 널리 알려진 단어를 포함하지 않거나 예측이 어렵게 가공한 패스워드 5) 사용자 ID와 연관성이 있는 단어구성을 포함하지 않은 패스워드 6) 제3자가 쉽게 알 수 있는 개인정보를 포함하지 않은 패스워드 　※ 개인정보는 본인 또는 가족의 이름, 생일, 주소, 휴대전화번호 등을 말함

14 주어진 안내문에 대한 설명으로 가장 옳지 <u>않은</u> 것을 고르면?

① 사용자 또는 사용자 가족 등의 이름을 포함하는 패스워드는 회피하여야 한다.

② 보안이 높은 패스워드라면 일정한 패턴이 반복되어서는 안 된다.

③ 키보드상에서 연속한 위치에 존재하는 문자들의 집합은 노출되기 쉬운 패스워드이다.

④ 3가지 문자로 8자리의 패스워드를 구성하였다면 권장 규칙을 잘 따른 것이다.

⑤ 영어 단어를 한글 모드에서 타이핑하여 입력하게 되면 쉽게 노출되지 않는 패스워드 조합을 구성할 수 있다.

15 다음 [그림]을 참고하여 주어진 안내문에 따라 만든 가장 적절한 패스워드를 고르면?

[그림] 표준배열 키보드

① bo3$&K

② S37북?sx@4@

③ @ytisrevinu!

④ 1h3o3u4s8e?

⑤ 77ncs－cookie8

다음은 GCD 함수에 대한 설명이다. 이를 바탕으로 이어지는 질문에 답하시오.

GCD(a, b) 함수는 a, b 두 숫자의 최대공약수를 구하는 함수이다.(단, a는 b보다 크거나 같다.)
예를 들어, GCD(4, 2)=2이다.

[재귀 구조]
```
1 function gcd(a, b)
2     if b==0
3         return a
4     else
5         return gcd(b, (가))
```

[반복 구조]
```
1 function gcd(a, b)
2     while b!=0
3         temp=b
4         b=(가)
5         a=temp
6     return (나)
```

16 다음 중 (가)에 들어갈 코드로 적절한 것을 고르면?

① a+b   ② a−b   ③ a*b
④ a/b   ⑤ a mod b

17 다음 중 (나)에 들어갈 코드로 적절한 것을 고르면?

① a   ② b   ③ temp
④ a/b   ⑤ a mod b

18 나영이는 주어진 GCD 함수를 보고 다음과 같이 63과 27의 최대공약수를 구하는 알고리즘을 작성하였다. (다)에 들어가기에 가장 적절한 것을 고르면?

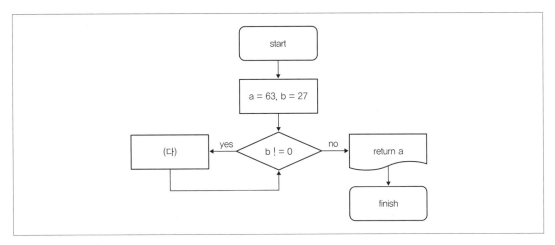

① c=b
   b=a+b
   a=c

② c=a
   b=a
   a=b

③ c=b
   b=a mod b
   a=c

④ c=a mod b
   b=a
   a=c

⑤ c=a mod b
   b=c
   a=b

19 다음 두 기업가가 나눈 대화 내용을 바탕으로 지속 가능한 기술에 관한 설명으로 옳은 것을 [보기]에서 모두 고르면?

기업가 A: 수전, 세면대, 변기 등으로 잘 알려진 위스콘신주 소재의 배관 제품 생산기업 K사가 최근 선 보인 스마트 비접촉 수전(Smart touchless faucets) 제품은 특정 용량의 물만 나오도록 하는 음성 명령이나 수도 사용량 모니터링을 가능케 하며, 이를 통해 물 사용량을 줄일 수 있 도록 도와준다고 합니다. 이와 더불어, 가정 내 전체 수도 사용 상태를 추적하고 관리할 수 있는 K사의 수도 모니터링 시스템은 물의 낭비나 누수 등의 문제도 탐지할 수 있어 편리함과 친환경적 요소라는 두 마리 토끼를 모두 잡은 스마트 홈 기술로 관심을 얻고 있다고 하죠.

기업가 B: 다국적 종합 기술 기업 B사는 탄소 배출 절감을 핵심 목표로 삼고 있는 기업들 중 하나입니 다. 예를 들어, B사의 클라우드 기반 에너지 플랫폼은 생산시설의 작업 과정을 최적화하여 공장에서의 탄소 배출 감소에 큰 도움을 주죠. 지능형 알고리즘을 사용하는 이 에너지 플랫 폼은 에너지 소비량을 예측해 에너지의 피크 부하(Peak load)를 방지하고 전형적인 소비 패 턴 내에서의 편차를 줄이는 등 전반적인 에너지 효율성을 높기도 합니다. 그뿐만 아니라 재 생에너지·전기 등의 클린 에너지 사용을 늘리는 등 '탄소 중립(Carbon Neutrality)'의 실 현을 위해 지속적인 노력을 기울이는 것으로 보입니다.

| 보기 |

ㄱ 자원의 질을 생각한다.
ㄴ 낭비적인 소비 형태를 지양한다.
ㄷ 자원이 생산적인 방식으로 사용되는가에 주의를 기울인다.
ㄹ 제품이나 기업이 환경을 존중하고 보호하는 것으로 인식되도록 하여 긍정적인 이미지를 얻도록 한다.

① ㄱ, ㄷ   ② ㄱ, ㄹ   ③ ㄴ, ㄹ
④ ㄱ, ㄴ, ㄷ   ⑤ ㄴ, ㄷ, ㄹ

20 다음은 A차장이 중간급 매니저의 업무수행 능력 수준을 파악하기 위해 작성한 직무 수준 평가표이다. 평가 항목 ㉠~㉢ 중 적절하지 <u>않은</u> 것을 고르면?

평가 항목	직무 수준			
	본인 평가	상사 평가		
		M	A	B
㉠ 기술을 운용하거나 문제를 해결할 수 있는 능력				
㉡ 기술직과 의사소통을 할 수 있는 능력				
㉢ 공학적 도구나 지원 방식을 이해할 수 있는 능력				
㉣ 시스템적인 관점에서 인식하는 능력				
㉤ 기술을 기업의 전반적인 전략 목표에 통합시키는 능력				

① ㉠ ② ㉡ ③ ㉢
④ ㉣ ⑤ ㉤

21 다음은 '경청'의 의미에 대한 설명이다. 빈칸에 들어갈 말로 적절하지 <u>않은</u> 것을 고르면?

> 상대방에 대한 이해는 상대방의 말을 잘 듣는 데서부터 시작된다. 그렇다면 상대방의 말을 잘 듣는다는 것은 상대방의 무엇을, 어떻게 들어야 한다는 의미일까?
> 경청은 친밀감을 형성하고 유지하는 가장 중요한 효율적인 의사소통 기술이다. 상대방의 말을 잘 들을 수 있을 때 그 사람을 더 잘 이해하고, 서로 이해한 마음을 나눔으로써 친밀감을 형성한다. 그러나 상대방의 말을 진정으로 잘 듣는다는 것은 매우 힘든 일이다. 경청은 (   )이기 때문이다.

① 상대방을 존중하는 것으로서, 자신의 관심과 욕구와 편견을 한쪽으로 밀어 놓고 상대방을 진정으로 이해하고 공감하겠다는 의지의 표현
② 상대방이 말하고자 하는 모든 메시지에 반응하는 매우 적극적인 과정
③ 상대방에게 관심을 집중하고, 말을 열심히 정성 들여 듣는 능동적인 과정
④ 열심히 들어 줄 사람이 있을 정도로 중요한 사람임을 깨닫게 하며, 동시에 내적인 긴장을 해소시키는 의미를 갖는 것
⑤ 모든 신경을 귀에 집중하여 상대방의 말을 적극적으로 귀담아듣고 '왜?'라는 질문을 적극 활용하여 상대방의 말을 온전히 이해하는 것

22 N기업 인사팀에서는 대학 캠퍼스 리쿠르팅과 채용설명회 등을 진행하기 위해 업무 리스트를 작성하여 A~J 10명의 직원들에게 희망 업무 1지망과 2지망을 제출하라고 하였다. 다음 [조건]을 바탕으로 항상 옳지 **않은** 것을 고르면?

┤ 조건 ├

[표1] 인사팀 업무 리스트

번호	업무 내용
1	W 대학 캠퍼스 리크루팅 인솔
2	X 대학 캠퍼스 리크루팅 인솔
3	Y 대학 캠퍼스 리크루팅 인솔
4	Z 대학 캠퍼스 리크루팅 인솔
5	비대면 채용설명회 준비
6	비대면 채용설명회 참석자 질문 답변
7	리크루팅을 위한 부스 방문 기념품 디자인 및 주문
8	리크루팅 참석 인원 사전교육
9	리크루팅 참석 인원 사전교육 자료 작성
10	면접 장소, 교통편 섭외 및 현업 면접관 초빙

• 모든 업무는 각 1명씩 담당하고, W, X, Y, Z 대학 캠퍼스 리크루팅 인솔 및 비대면 채용설명회 준비는 과장급 이상 인원이 1명씩 담당한다.
• 특정 업무에 1지망으로 단독 지원하였을 경우, 단독 지원자를 해당 업무에 우선 배정한다.
• 2명 이상이 특정 업무에 1지망으로 지원하였을 경우, 지원자들 중에서 특정 업무에 2지망으로 단독 지원하였다면 해당 2지망 업무에 우선 배정한다.
• 위 절차를 통해서 업무 배정이 완료되지 않을 경우, 부장이 남은 업무 중에서 담당자를 임의로 배정한다.

[표2] 직원 A~J의 희망 업무 현황

구분	A	B	C	D	E	F	G	H	I	J
직급	부장	차장	차장	과장	과장	대리	대리	주임	사원	사원
1지망	1	3	1	2	1	10	9	10	8	10
2지망	5	5	4	1	3	6	6	9	7	6

---

① 본인이 1지망으로 지원한 업무를 하게 되는 직원은 최대 6명이다.
② 본인이 2지망으로 지원한 업무를 하게 되는 직원은 최대 4명이다.
③ 본인이 지원하지 않은 업무를 하게 되는 직원은 1명이다.
④ 비대면 채용설명회 준비 업무를 하게 되는 직원은 A부장이다.
⑤ 비대면 채용설명회 참석자 질문 답변 업무를 하게 되는 직원은 F대리이다.

23 다음 ㉠~㉤ 중 어법에 맞지 <u>않는</u> 부분을 모두 고르면?

연못가를 산책하다 보면 새끼 오리들이 어미 오리를 쫓아가는 모습을 흔히 볼 수 있습니다. 새끼 오리들은 어떻게 자기 어미를 알고 쫓아갈 수 있을까요? 1900년대 초반까지만 하더라도 오리는 자기 어미를 쫓아다니는 유전인자를 타고나는 것으로 보았습니다. ㉠<u>또한</u> 콘라트 로렌츠는 실험을 통해 이런 생각을 바꾸어 놓는 새로운 주장을 하였습니다. 로렌츠의 주장에 따르면, 오리는 자기 어미를 쫓아가도록 하는 유전자를 타고난 것이 아닙니다. 단지 자기 어미를 쫓아갈 수 있는 소인(素因)을 가지고 ㉡<u>태어났을뿐</u>입니다.

이 말이 의미하는 바가 무엇인지 짐작할 수 있겠습니까? 새끼 오리가 자기 어미를 쫓아가도록 학습 경험을 주면 그것을 학습하는 반면, 그 경험이 제공되지 않으면 그렇게 하지 못한다는 뜻입니다. 게다가 이 학습 경험에서는 '타이밍'이 매우 중요합니다. 로렌츠는 부화 후 '12시간 또는 13시간'이 오리의 학습에 결정적이라는 점을 밝혀냈습니다. 병아리와 오리가 자기 어미를 쫓아가는 것은 부화 후 12시간에서 13시간 사이에 학습하게 된다는 것이지요.

그렇다면 오리가 어미를 쫓아가도록 만드는 학습 기제는 어떤 것일까요? 오리들은 부화해서 12시간 또는 13시간 사이에 첫 번째로 보이는 움직이는 물체에 ㉢<u>각인되어집니다.</u> 즉, 오리들은 부화 후 12시간 또는 13시간 사이에 제일 먼저 보게 되는 움직이는 물체를 따라다니는 행동을 학습하게 되어 있다는 것입니다.

로렌츠의 실험이 이를 보여 주고 있습니다. 그는 오리들이 부화한 후 어미 오리를 ㉣<u>격리시켰습니다.</u> 대신 자신이 새끼 오리들 주위를 어슬렁거렸죠. 그랬더니 나중에 오리들이 자기 어미를 쫓아가지 않고 로렌츠를 쫓아왔습니다. 결국 오리의 행동은 유전에 의해서만 결정되는 것은 아니라는 것입니다. 하나의 움직이는 물체에 각인될 수 있는 소인, 즉 능력은 타고났지만 그것이 실제 수행으로 나타나기 위해서는 학습이 필요하다는 것이겠지요. 이 학습 시기에 어떤 경험을 주느냐에 따라 오리가 로렌츠를 쫓아갈 수도 있고 자기 어미를 쫓아갈 수도 있다는 말입니다. 로렌츠는 실험을 통해 새끼 오리가 어미를 쫓아가는 데는 유전, 환경, 타이밍 세 가지가 함께 영향을 ㉤<u>미친다고</u> 주장하였습니다. 그의 실험은 과거 우리가 따로따로 얘기하던 유전, 환경, 그리고 타이밍의 세 요소를 동시에 고려해야 한다는 점을 잘 보여 주고 있습니다.

① ㉠   ② ㉠, ㉡   ③ ㉠, ㉡, ㉢
④ ㉠, ㉡, ㉢, ㉣   ⑤ ㉠, ㉡, ㉢, ㉣, ㉤

24 다음 글의 [가]~[바]의 문단 구조로 가장 적절한 것을 고르면?

[가] 에스키모인에서 부시먼족에 이르기까지 전 세계 모든 부족의 사람들은 격렬하거나 단조로운 목소리로 노래하고 소리 지르며, 딸랑이를 흔들거나 손뼉을 치고 북을 친다. 이러한 잡음들을 음악이라고 부르는 것이 가능할까? 만약 음악이라면 구석기적인 음악에서부터 현대의 음악극과 교향곡에 이르기까지 얼마나 많은 발전 단계가 필요할까? 과연 음악은 발전하고 진보하는 것일까?

[나] 얼마 전까지 그 해답은 '그렇다'였다. 음악을 포함한 문화는 단순한 것에서 복잡한 것으로, 삶은 낮은 수준에서 높은 수준으로 진화되어 왔다는 것이 상대주의적이고 문화 중심적인 인류학을 시작했던 시대에 주류를 이룬 종족학의 주요 이론이다. 그러나 조잡한 것에서 좀 더 나은 것으로의 '진화'라는 개념에는 많은 문제점이 내포되어 있다.

[다] 진보는 최종 목표 혹은 목적으로의 진전을 내포한다. 우리의 삶과 밀접하게 관련이 있는 기술적이고 과학적인 진보의 성과 중에서 그 확실한 가능성과 기록을 가진 것은 약(藥)이다. 질병과 죽음에 대항한 무자비한 싸움에서의 승리라는 명확한 목표하에 진단과 처방에 있어서 모든 새로운 관점, 기술, 발견은 목표를 향한 하나의 단계가 된다. 생명을 보존한다는 측면에서 약(藥)과 정반대의 지점에 있는 사냥과 전쟁 역시 살생이라는 명확한 목표를 가진다. 그리고 이런 관점으로 보면 원자폭탄과 레이더 조준총은 고무총, 석궁과 비교할 때 의심할 여지 없이 진보적이다.

[라] 하지만 모든 문화의 목표가 확정적인 것은 아니다. 일례로 언어가 당면한 목표는 가변적이다. 물론 언어도 인간 집단 안에서의 확실한 의사소통이라는 목표를 가지고 있지만, 언어의 최종 목표는 사람들의 변화하는 요구에 대해 끊임없이 적응하는 것이다. 이러한 적응에는 단순함에서 복잡함으로 향하는 방향성이 없다. 인도 게르만 어족의 고대 언어는 8개의 격 변화를 갖지만, 현재 널리 사용되는 언어인 영어는 하나 정도의 격 변화를 필요로 한다. 단어에 있어서도 마찬가지이다.

[마] 문화의 구체적인 상태나 경향에 대한 끊임없는 적응은 '완성'과 거의 관련이 없다. 예술은 목표라고 말할 수 있는 것이 있다면 우리 자신을 표현하고자 하는 충동이다. 그리고 그 충동은 계속해서 변화하며 동서양 사이뿐 아니라 각 영역의 문화마다 다르다. 문화에 따라 베토벤의 교향곡이 위대한 예술로 느껴질 수도 있고, 평범하게 느껴질 수도 있는 것이다. 음악은 보편적인 언어가 아니기 때문이다.

[바] 우리는 그동안 서구 사회의 음악에 원시 음악을 대입하고 그들의 음악이 원시적이라고 평가했다. 그러나 다른 민족의 눈에는 우리와 우리의 음악이 원시적일 수 있다. 오히려 한 종족에 속하는 모든 사람이 음악을 통해 하나가 되며, 어떤 종교의 의식이나 세속 의례도 노래 없이는 진행하지 않는 그들의 모습은 전문가와 비전문가를 구분하는 우리의 음악 현실을 돌아보게 한다. 우리의 음악은 진보한 게 아니라 단지 변화된 것이다.

① [가] ― [나] ― [라] ― [바]
　　　　　[다] ― [마]

② [가] ― [나] ― [다] ― [라] ― [바]
　　　　　　　　　　　　[마]

③ [가] ― [다] ― [라] ― [마] ― [바]
　 [나]

④ [가] ― [나] ― [다]
　　　　　　 [라]
　　　　　　 [마]
　　　　　　 [바]

⑤ [가] ― [나] ― [다] ― [마]
　　　　　　 [라] ― [바]

25 다음은 2024년 교통사고 사망자 감소 대책에 대한 보도자료이다. 이를 올바르게 이해한 사람을 [보기]에서 모두 고르면?

화물차·이륜차 안전 강화로 보행자 사망 줄인다

▫ 5월 20일 정부는 관계부처 합동으로 「2024년 교통사고 사망자 감소 대책」(이하 대책)을 발표하였다.

▫ '23년 전체 교통사고 사망자 수는 2,551명이다. 사망자가 가장 많았던 '91년 대비 1/5 수준이며, 전년 대비 6.7% 감소하였다. 그러나 인구 10만 명당 사망자 수는 여전히 OECD 회원국 중 중하위권 수준(28위/38개국, '21년 기준)에 그치고 있다.

  ○ 특히, 화물차(23%), 이륜차(15%)로 인한 사망자 비율이 높고 보행 중 사망자는 전체 교통사고 사망자의 34.7%를 차지하여, OECD 회원국 평균(18%)의 1.9배에 달하고 있다. 어린이 보호구역 내에서 사망자도 지속 발생하고 있으며, 교통사고로 사망한 고령자의 44.4%가 보행 중 사망한 것으로 나타났다.

▫ 「2024년 교통사고 사망자 감소 대책」의 주요 내용은 다음과 같다.

  ○ (보행자) 보행자 안전 강화를 위해 우회전 사고다발구간에 우회전 신호등 설치를 확대(현재 229대 → '24년까지 400대)하고, 대형 차량을 대상으로 우회전 사각지대 감지장치를 부착하는 시범사업(버스 등 50대)을 추진한다.

  ○ (화물차·이륜차) 바퀴 이탈 등 정비 불량으로 인한 사고를 예방하기 위해 노후한 사업용 대형 화물차(5톤 이상)는 정기적으로 가변축 분해점검*을 받도록 하고, 이를 차량 정기검사 시 확인하도록 할 계획이다.

    * (예시) 주행장치(허브베어링, 휠 디스크·림), 제동장치(드럼·라이닝)

  ○ (버스·택시) 운수 종사자의 안전 운행을 위해 운행 중 동영상 시청을 제한하고(과태료 50만 원), 대열운행에 대한 제재를 강화(3회 이상 적발 시 감차)한다.

  ○ (안전의식) 상습적인 음주운전을 근절하기 위해 음주운전 이력이 있는 자는 음주운전 방지장치*를 장착한 경우에만 운전이 가능하도록 하는 조건부 운전면허 제도를 시행('24.10월)한다.

    * 운전자의 호흡에서 음주 여부가 감지되면 시동이 걸리지 않도록 하는 장치

▫ 정부는 "올해 교통사고 사망자 감소대책은 보행자의 안전을 강화하고 화물차·이륜차에 대한 선제적 예방관리에 중점을 두고 마련하였다."면서, "관계기관과 협의하여 교통사고 사망자 감소를 위한 분야별 교통안전대책을 적극 이행해 나가도록 하겠다."라고 밝혔다.

┤ 보기 ├

• A: "이번 교통사고 사망자 감소 대책에 따르면 앞으로 버스의 경우 정기적으로 주행장치와 제동장치에 대한 검사를 받아야 해."

• B: "2024년 10월부터는 음주운전 이력이 있는 운전자의 경우 특정 장치를 장착한 경우에만 운전을 할 수 있는 제도가 시행되는구나."

• C: "2023년 전체 교통사고 사망자 중 '보행 중 사망자' 수는 850명 이상이었어."

① A   ② B   ③ A, C   ④ B, C   ⑤ A, B, C

26 다음은 △△ 대학교 교수 윤리강령의 일부이다. [보기]의 해당 대학교에 재직 중인 교수들의 대화 내용 중 윤리강령에 어긋나는 말을 한 사람의 수를 고르면?

△△ 대학교 교수 윤리강령

첫째, 교수는 학생의 인격을 존중하고 그들이 가진 다양성을 인정하며 사회가 요구하는 지적 능력과 윤리적 판단력을 갖춘 인재로 성장할 수 있도록 교육한다.

둘째, 교수는 올바른 방법으로 학문을 연구하고 그 결과에 책임을 지며, 동료 교수의 교육과 연구 활동을 존중하고, 업적을 공정하게 평가한다.

셋째, 교수는 자신의 전문지식과 연구 결과를 바탕으로 사회봉사에 적극적으로 참여하여 국가와 인류 공동체의 발전에 이바지한다.

넷째, 교수는 교육자의 양식과 품위를 가지고, 공정성과 도덕성을 유지하며, 부당한 방법으로 개인의 이익을 추구하지 않는다.

다섯째, 교수는 대학의 제반 규정을 준수하고 학사 행정에 적극적으로 협조하여 합리적이고 효율적인 대학 운영에 이바지한다.

┤ 보기 ├

㉠ 교수 A: 매년 열리는 모교 방문의 날, 학술대회, 정기총회 등 학교 행사에 빠짐없이 참석하려고 노력합니다. 행사에 참여함으로써 학생들의 학업에 도움을 주고 나아가 우리 학부의 발전에 이바지할 수 있기 때문이죠.

㉡ 교수 B: 지난해 건축물 외장재를 친환경 소재로 전환하는 방법에 관해 연구했습니다. 이 연구 결과를 좀 더 발전시켜 실제로 적용하고 대중화하기 위해 계속해서 연구할 계획입니다.

㉢ 교수 C: 산업 디자인은 정해진 답이 있는 것이 아닙니다. 그렇기에 간혹 학생들이 터무니없는 의견을 제시하더라도 진지한 마음으로 들으며, 그 의견에 대해 어떤 점을 보강해야 하는지, 어떤 식으로 발전시켜야 현실적인 제품이 될 수 있는지 등을 지도하고자 합니다.

㉣ 교수 D: 학생들의 성적을 평가할 때, 중간고사, 기말고사 점수 결과만을 평균하여 학점을 부여합니다. 학생들은 이제 성인이 되어 자율적인 판단이 가능하므로, 출결이나 인성 등은 학점에 고려하지 않습니다. 다만 평소 학생회와 같은 중요한 직위를 맡은 학생은 임의로 최종 점수에 추가 점수를 부여하기도 합니다.

① 0명　　　　　　② 1명　　　　　　③ 2명
④ 3명　　　　　　⑤ 4명

27 문제해결을 위한 방법은 크게 소프트 어프로치, 하드 어프로치, 퍼실리테이션 세 가지로 구분된다. 다음 (가)와 (나)의 사례를 세 가지 문제해결 방법에 따라 바르게 설명한 것을 고르면?

(가) 천안시 신부동 상가 지역이 특색 있는 거리로 변하고 있다. 허물어져 가는 주택가 골목 담장, 깨진 화장실 창문, 길모퉁이 기둥이 개성 넘치는 예술작품으로 다시 태어났다. 녹슬어 버린 상가와 상가 사이 쪽문은 화사한 색상을 입힌 그림으로 새 옷을 갈아입었다. 작품들은 모두 천안 지역 대학생들이 만들었다. 신부동상점가상인회가 벽화사업을 제안했고 단국대, 상명대, 남서울대, 호서대 학생 40여 명이 흔쾌히 동참했다. 상인들도 팔을 걷어붙였다. 평일과 주말 할 것 없이 시간만 나면 벽화 그리기에 모든 열정을 쏟았다. 상인과 학생들은 벽화사업에 앞서(9월) 한 자리에 모여 구체적인 추진 방안을 협의했다. 두 차례에 걸친 워크숍을 갖고 '첫눈에 반한 거리'라는 주제도 선정했다. 모두 80여 곳을 선정하고 각자 구역(4~5곳)을 나눠 작업에 들어갔다. 전○○ 상인회장은 "대학생들이 많이 찾는 곳인데 그들이 즐기고 문화를 향유할 수 있는 공간을 만들면 좋겠다고 생각했다."며 "특히 지역 대학에 예술과 관련된 학과가 많고 학생들이 함께 동참해 거리를 조성하자는 회원들의 의견을 모아 추진하게 됐다."고 말했다.

(나) 해외영업 1팀에서는 본부장의 지시에 따라 신규 사업으로 미주와 유럽의 명품 가구를 수입하여 내수 판매를 할 계획을 세웠다. 하지만 해외영업 2팀장은 그간 생각해 온 미국의 H오토바이를 독점 계약하여 국내에 들여와야 한다고 주장하였다. 해외영업 1팀장은 최근 국내 가구 시장이 침체된 것은 코로나19의 영향뿐만 아니라 다양한 품종이 출시되지 않았기 때문이라는 점을 내세우며 자신의 입장을 고수하였지만, 해외영업 2팀장은 미국 거주 경험을 바탕으로 국내에도 아웃도어 레저 문화가 활성화될 때를 대비해 미리 준비해야 한다는 점을 주장의 근거로 내세웠다. 본부장은 두 팀장의 의견을 경청한 뒤 시장 보고를 위한 기획서를 작성해볼 것을 두 팀장에게 지시하였다. 본부장은 어느 의견이 채택될지 장담할 수는 없으나, 경영진의 최종 방침을 따를 수밖에 없다는 점을 설명하며 신규 사업 결정에 대한 최종 회의를 시장 보고 후 다시 열자고 제안하였다.

---

① (가)와 같은 방법으로는 창조적인 아이디어나 높은 만족감을 이끌어 내기 어렵다.

② (가)는 퍼실리테이션, (나)는 하드 어프로치에 의한 문제해결 방법이다.

③ (나)와 같은 방법은 문제해결 방법을 도출함과 동시에 구성원의 동기가 강화되고 팀워크도 한층 강화된다는 특징을 갖는다.

④ (가)와 같은 방법에서는 서로의 생각을 직설적으로 주장하고 논쟁이나 협상을 통해 의견을 조정해 가는 방식이 활용된다.

⑤ (가)와 같은 방법은 제3자가 합의점이나 줄거리를 준비해 놓고 예정대로 결론이 도출되어 가도록 해야 한다.

28 A사에서 2년째 근로하고 있는 B씨는 최근 업무량 증가로 인해 1일 10시간, 주 50시간을 근무하여 피로도가 높다. 또한, B씨는 유급휴가를 신청(지난해 병가로 인해 70% 출근)하였지만 회사는 사업 운영에 일부 차질이 생긴다는 이유로 휴가 기안을 반려하고 있다. 이때 근로기준법을 참고하여 근로자 B씨에게 발생할 수 있는 일로 적절한 것을 [보기]에서 모두 고르면?

제50조(근로시간)

① 1주간의 근로시간은 휴게시간을 제외하고 40시간을 초과할 수 없다.

② 1일의 근로시간은 휴게시간을 제외하고 8시간을 초과할 수 없다.

③ 제1항 및 제2항에 따라 근로시간을 산정하는 경우 작업을 위하여 근로자가 사용자의 지휘·감독 아래에 있는 대기시간 등은 근로시간으로 본다.

제53조(연장 근로의 제한)

① 당사자 간에 합의하면 1주간에 12시간을 한도로 제50조의 근로시간을 연장할 수 있다.

(중략)

제54조(휴게)

① 사용자는 근로시간이 4시간인 경우에는 30분 이상, 8시간인 경우에는 1시간 이상의 휴게시간을 근로시간 도중에 주어야 한다.

② 휴게시간은 근로자가 자유롭게 이용할 수 있다.

제60조(연차 유급휴가)

① 사용자는 1년간 80퍼센트 이상 출근한 근로자에게 15일의 유급휴가를 주어야 한다.

② 사용자는 계속하여 근로한 기간이 1년 미만인 근로자 또는 1년간 80퍼센트 미만 출근한 근로자에게 1개월 개근 시 1일의 유급휴가를 주어야 한다.

③ 삭제 <2017. 11. 28.>

④ 사용자는 3년 이상 계속하여 근로한 근로자에게는 제1항에 따른 휴가에 최초 1년을 초과하는 계속 근로 연수 매 2년에 대하여 1일을 가산한 유급휴가를 주어야 한다. 이 경우 가산휴가를 포함한 총휴가 일수는 25일을 한도로 한다.

⑤ 사용자는 제1항부터 제4항까지의 규정에 따른 휴가를 근로자가 청구한 시기에 주어야 하고, 그 기간에 대하여는 취업규칙 등에서 정하는 통상임금 또는 평균임금을 지급하여야 한다. 다만, 근로자가 청구한 시기에 휴가를 주는 것이 사업 운영에 막대한 지장이 있는 경우에는 그 시기를 변경할 수 있다.

┤ 보기 ├

㉠ B씨는 근로시간과 관련하여 사용자에게 현재보다 적은 근로시간을 요구할 수 있다.

㉡ B씨는 업무량을 고려하여 현재보다 주 3시간의 추가 근로를 회사와 합의할 수 있다.

㉢ B씨는 업무 시 피로도를 고려하여 휴게시간 1시간을 요청할 수 있다.

㉣ B씨가 회사의 반려를 받아들인다면 회사는 사용하지 않은 휴가를 소멸시킬 수 있다.

---

① ㉠, ㉡   ② ㉠, ㉢   ③ ㉡, ㉢   ④ ㉡, ㉣   ⑤ ㉢, ㉣

29 다음 글의 문단을 논리적 흐름에 따라 나눈다고 할 때 가장 적절한 것을 고르면?

[가] 과거 학교폭력에 대한 체육계·연예계의 폭로가 이어지고 있다. 우리는 학교폭력 폭로를 단초로 현재 진행형인 학교폭력을 어떻게 해결하고 있는지 들여다봐야 한다. 우선 학교폭력이 발생했을 때 절차는 크게 두 단계로 나뉜다. 먼저 학교에서 이뤄지는 절차다. 학교폭력이 발생하면 학교장은 즉시 가해자와 피해자를 분리할 수 있다. 학교폭력 전담기구는 수사기관 역할을 한다. 사실관계 확인과 피해 정도, 증거를 확보해 관할 교육지원청 학교폭력대책심의위원회(이하 '학폭위')에 보고한다. 학폭위에서는 양측을 출석하게 해 의견진술을 듣고 사안의 심각성, 피해 학생과의 분리 필요성, 반성 정도 등을 고려해 가해 학생에게 징계를 내린다.

[나] 두 번째 단계로 형사 절차가 있다. 성폭력 사건은 학교에서 수사기관에 의무적으로 신고해야 한다. 학교 측의 신고 혹은 피해자 측의 고소로 경찰에 접수되면 수사가 개시된다. 이후 만 14세 미만의 촉법소년은 소년재판을, 만 14세 이상의 미성년자는 소년재판을 받거나 사건이 중대하면 성인과 마찬가지로 형사처벌을 받는다. 소년재판은 교화를 목적으로 전과를 남기지 않는 보호처분을 받게 한다.

[다] 과거 학교폭력은 법의 테두리 안에 있지 않았다. 보통 학교폭력에 적용되는 공소시효는 5~7년이라 고소하고 싶어도 못하는 사례가 많다. 민사소송으로 손해배상을 청구하려고 해도 학교폭력을 안 날로부터 3년 이내에 청구해야 하기 때문에 이 또한 어렵다. 공소시효 범위 내에 있다고 하더라도 오래전 일이라 피해자는 증거확보가 쉽지 않다. 그러다 보니 과거 학교폭력 피해자들은 온라인 커뮤니티를 이용해 폭로한다. 폭로에는 법적 책임을 물을 수 없다면 사회적·도의적 책임이라도 묻겠다는 피해자 의중이 담겼다.

[라] 과거 학교폭력 폭로에도 유의할 점은 과거 폭력이 사실이라도 명예훼손이 될 수 있다는 점이다. 다만 공익적 목적이 있다면 위법성이 없다고 판단돼 처벌받지 않는데 표현 방법이 지나치게 감정적·인신공격적이라면 공익적 목적을 의심받을 수 있으니 유의해야 한다. 악의적인 허위 폭로는 폭로의 당사자는 물론 다른 피해자들의 진정성까지 의심받게 한다는 점에서 절대 해서는 안 된다.

[마] 2020년 학폭위가 교육지원청으로 이관되기 전, 학교 자체에서 학폭위가 열렸을 때 '학교에 법의 잣대로 들이대는 게 말이 되냐', '애들 일은 법으로 해결해서는 안 된다', '애들 싸움에 무슨 변호사냐' 등 일부 교사들의 비판이 나왔다. 애들 싸움으로 치부해 피해자에게 참으라 하고, 피해자가 트라우마를 안고 살게 하거나 가해자를 피해 스스로 학교를 떠나게 하는 것이 과연 교육인지 묻고 싶다. 학교폭력이 발생하면 피해자는 보호받고, 가해자에게는 책임이 따른다는 것, 피해자가 부끄러워할 일이 아니라 가해자가 비난받고 부끄러워해야 한다는 것을 학생들에게 보여주는 것이 진정한 교육이 아닐까 싶다. 법과 교육은 결코 분리된 것이 아니라 함께 가는 것이다. 학교폭력이라는 단어도 없었던 과거 학창시절과 달리 학교폭력이 제도권 내로 들어오면서 심각한 사회문제로 인식되었고, 최근에야 피해자들도 목소리를 낼 수 있는 분위기가 형성됐다. 학교폭력 제도의 순기능을 분명히 이해하되, 부족한 부분을 보완해 가는 것이 중요하다.

① [가] / [나], [다], [라] / [마]
② [가] / [나], [다] / [라], [마]
③ [가], [나] / [다], [라] / [마]
④ [가], [나] / [다] / [라], [마]
⑤ [가], [나], [다] / [라] / [마]

30 방사성 물질 A(반감기 5)는 초기 양의 6.25% 이하일 때 후처리가 가능하다고 한다. 주어진 글을 바탕으로 초기 양이 300g인 물질 A는 최소 며칠 뒤부터 후처리가 가능한지 고르면?

반감기는 방사성 물질이 원래의 양의 절반으로 감소하는 데 걸리는 시간을 의미한다. 이는 물질의 붕괴 속도를 나타내는 중요한 지표로, 방사성 동위 원소뿐만 아니라 약물의 체내 농도 감소 등 다양한 분야에서 활용된다. 반감기는 지수 함수적 감소를 나타내며, 특정 물질의 반감기가 일정하다면, 그 물질의 양은 반감기마다 절반으로 줄어들게 된다. 방사성 물질의 반감기는 원자핵이 방사선을 방출하며 붕괴하는 과정에서 결정된다. 예를 들어, 탄소−14의 반감기는 약 5730년으로, 고고학적 연대 측정에 사용된다. 반면, 요오드−131의 반감기는 약 8일로, 의료 분야에서 암 치료 등에 활용된다. 반감기를 알면 물질의 남은 양을 시간에 따라 예측할 수 있다.

반감기는 다음과 같은 수식으로 계산된다.

$$N(t) = N_0 \times (1/2)^{(t/T)}$$

여기서 $N(t)$는 시간 t 후의 남은 양, N_0는 초기 양, T는 반감기이다. 이를 통해 반감기와 경과 시간, 남은 양 간의 관계를 정량적으로 이해할 수 있다.

---

① 10일   ② 15일   ③ 20일
④ 25일   ⑤ 30일

31 김 사원은 회사에서 출발하여 창고 A~E를 모두 거쳐 업무를 처리한 후 다시 회사로 복귀하고자 한다. 다음 지도를 참고하여 최단거리를 고르면?(단, 한 번 지나간 창고는 다시 지나지 않는다.)

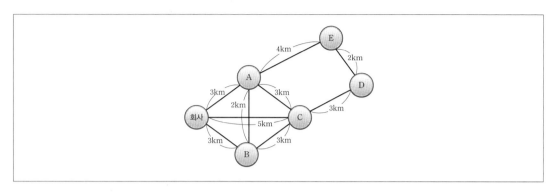

① 17km   ② 18km   ③ 19km
④ 20km   ⑤ 21km

32 다음 [조건]을 바탕으로 갑이 연차를 쓴 날에 해야 할 일로 옳게 짝지어진 것을 고르면?

┤ 조건 ├

• 갑이 이번 주에 해야 하는 업무는 다음과 같다.
  1) 수원 공장 출장
  2) 임원 보고 참석
  3) 업체 미팅
  4) 신제품 초안 설계
• 월~금요일 중 하루에 하나씩 위의 업무를 수행하며, 남는 하루에는 연차를 사용한다.
• 연차를 쓰기 전날은 수원 공장에 출장을 다녀온다.
• 신제품 초안 설계를 한 다음 날에 임원 보고에 참석한다.
• 업체 미팅은 금요일에 하지 않고, 연차 사용과 연달아서 하지 않는다.
• 목요일은 수원 공장 전체 야유회 날이라 출장을 갈 수 없다.
• 갑이 연차를 쓰고 할 수 있는 일은 다음과 같다.

구분	월	화	수	목	금
세차장		예약 마감	예약 마감	예약 마감	
은행	예약 마감	예약 마감			예약 마감
서점		휴무		휴무	휴무
병원	예약 마감		예약 마감	예약 마감	
세탁소	예약 마감		예약 마감		예약 마감

① 세차장, 서점 방문
② 병원, 세탁소 방문
③ 은행, 서점 방문
④ 은행, 세탁소 방문
⑤ 세차장, 병원 방문

33 다음 [표]는 2019~2022년 주요 대도시 주거지역(도로)의 소음도를 측정한 자료이다. 이에 대한 설명으로 옳지 <u>않은</u> 것을 고르면?

[표] 2019~2022년 주요 대도시 주거지역(도로) 소음도　　　　　　　　　　　　　　　　　(단위: dB)

구분	2019년		2020년		2021년		2022년	
	낮	밤	낮	밤	낮	밤	낮	밤
서울	68	66	68	65	69	66	70	67
부산	65	58	65	59	67	61	66	61
대구	67	62	67	61	67	62	67	61
인천	66	61	66	61	67	61	66	61
광주	62	57	63	56	63	56	64	57
대전	60	53	61	54	60	54	60	55

※ 도로변 주거지역 환경 기준: 낮 65dB 이하, 밤 55dB 이하
※ 소음도가 낮을수록 조용하고 쾌적한 환경임

① 조사 기간 동안 매년 낮시간대 소음도 환경 기준을 만족하는 주요 도시는 광주와 대전뿐이다.
② 조사 기간 동안 매년 밤시간대 소음도 환경 기준을 만족하는 주요 도시는 대전뿐이다.
③ 환경 기준을 초과하는 주요 도시 중, 밤시간대 소음도가 가장 낮은 도시는 광주이다.
④ 2019년 대비 2022년에 3dB 이상 밤시간대 소음도가 증감한 도시는 없다.
⑤ 조사 기간 동안 낮시간대 소음도의 변동이 없던 도시는 한 군데이다.

34 다음 [그래프]와 [표]는 골재채취 현황에 관한 자료이다. 이에 대한 설명으로 옳지 <u>않은</u> 것을 고르면?

[그래프] 2018~2021년 골재 허가실적 및 채취실적 (단위: 백만 m³)

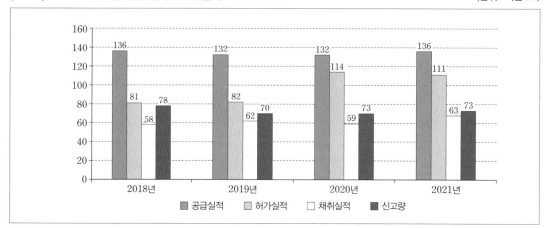

※ 공급실적=채취실적+신고량
※ 신고량: 선별·파쇄 또는 세척된 골재
※ 골재 허가실적: 수치가 클수록 허가량이 많음을 의미함
※ 골재 채취실적: 수치가 클수록 채취량이 많음을 의미함

[표] 2021년 전국 기준 허가실적 현황 (단위: 천 m³)

구분	1분기	2분기	3분기	4분기	합계
하천골재	188	193	174	173	728
육상골재	1,106	1,012	991	965	4,074
산림골재	27,044	24,347	22,873	21,858	96,122
바다골재	1,992	2,309	2,663	3,056	10,020
전체	30,330	27,861	26,701	26,052	110,944

※ 육상골재: 하천·바다·산림골재 외의 골재

① 2018~2021년 중 골재 허가량이 가장 많았던 해는 2020년이다.
② 2018~2021년 중 골재 채취량이 가장 적었던 해는 2018년이다.
③ 전년 대비 2021년 골재 공급실적은 약 3% 증가했다.
④ 2021년 전체 허가실적은 하천·바다·산림골재 외의 골재의 허가실적의 25배 미만이다.
⑤ 2021년 골재 허가실적은 1분기, 2분기, 3분기, 4분기 순으로 많았다.

35 다음 [표]는 2018~2022년 에너지 및 지방 과잉 섭취자 분율을 나타낸 자료이다. 이에 대한 설명으로 옳지 <u>않은</u> 것을 고르면?

[표1] 2018~2022년 에너지 과잉 섭취자 분율 (단위: %)

구분	전체 (표준화)	성별(표준화)		연령층별							
		남자	여자	1~2세	3~5세	6~11세	12~18세	19~29세	30~49세	50~64세	65세 이상
2018년	18.5	22.0	14.8	34.3	12.7	16.1	18.0	16.1	19.5	20.4	15.6
2019년	17.7	21.3	14.0	32.6	16.0	18.8	15.8	17.5	18.6	17.2	12.3
2020년	15.9	18.8	12.8	27.7	17.8	18.4	9.7	10.6	18.7	17.0	12.2
2021년	14.6	16.9	12.0	43.4	13.7	17.9	8.6	12.8	14.5	16.5	10.9
2022년	13.5	15.3	11.8	47.2	16.4	17.0	10.5	11.8	10.9	15.2	15.0

※ 에너지 과잉 섭취자 분율: 에너지 과잉 섭취자 분율은 낮을수록 양호

[표2] 2018~2022년 지방 과잉 섭취자 분율 (단위: %)

구분	전체 (표준화)	성별(표준화)		연령층별							
		남자	여자	1~2세	3~5세	6~11세	12~18세	19~29세	30~49세	50~64세	65세 이상
2018년	19.6	19.4	19.8	4.1	19.5	22.6	24.3	28.6	21.5	10.8	4.3
2019년	23.8	24.9	22.5	8.1	19.0	28.8	28.1	31.4	27.7	12.9	6.2
2020년	27.5	27.8	27.0	10.7	22.3	25.9	30.1	40.4	29.8	18.8	8.8
2021년	25.8	24.8	26.9	12.7	23.4	28.8	27.4	40.1	26.0	17.6	7.9
2022년	29.7	28.4	31.0	11.3	26.4	33.5	31.9	43.0	32.5	18.7	8.4

※ 지방 과잉 섭취자 분율: 지방 과잉 섭취자 분율은 낮을수록 양호

① 2022년에 전체 에너지 과잉 섭취자 분율은 전년 대비 1.1%p 감소했다.
② 매년 에너지 과잉 섭취자 분율은 남자가 여자보다 높았고, 연령대별로는 1~2세에서 가장 높았다.
③ 매년 지방 과잉 섭취자 분율은 여자가 남자보다 높았고, 연령대별로는 19~29세에서 가장 높았다.
④ 2018~2022년 중 지방 과잉 섭취자 분율이 가장 양호했던 연도는 2018년이다.
⑤ 에너지 과잉 섭취자 분율이 꾸준히 감소한 연령대는 50~64세가 유일하다.

36 다음은 부동산 취득세에 관한 규정이다. ○○지사에 근무하는 박 주무관은 취득세의 이해도를 높이기 위해 관련 예시를 첨부할 예정이다. 주어진 [예시] 중 총취득세가 높은 것부터 바르게 나열한 것을 고르면?(단, 1평 = 3.3m²이다.)

- 부동산에서 말하는 '취득세'란, 부동산을 거래(매매·교환)하거나, 다른 사람에게 공짜로 받거나(상속·증여·기부), 또는 건물을 새로 짓거나 기존 건물을 좋게 고쳤을 때 내는 세금이다. 취득세(농어촌특별세, 지방교육세도 포함) 계산 시 취득가액은 취득자가 신고한 가액으로 산정한다. 신고를 하지 않은 경우나 신고금액이 시가표준액에 미달 또는 신고가액을 기입하지 않은 경우엔 시가표준액을 기준으로 계산한다.
- 총취득세는 취득가액에 총취득세율을 곱하여 계산하며, 총취득세율은 '취득세율＋농어촌특별세＋지방교육세'로 한다.

[표1] 주택 취득세표

취득가액	취득세율	농어촌특별세(전용면적 85m² 초과만)	지방교육세
6억 원 이하	1%		0.1%
6억 원 초과 9억 원 이하	(취득가액×2/3억 원－3억 원)×1/100	0.2%	취득세의 1/10
9억 원 초과	3%		0.3%

[표2] 주택외 취득세표

주택 외		취득세율	농어촌특별세	지방교육세
주택 외 매매(토지, 건물 등)		4%	0.2%	0.4%
원시취득(신축), 상속(농지 외)		2.8%	0.2%	0.16%
무상취득(증여)		3.5%	0.2%	0.3%
농지	매매 신규	3%	0.2%	0.2%
	매매 2년 이상 자경	1.5%	—	0.1%
	상속	—	2.3%	0.06%

※ 무상취득의 경우 공시지가가 취득세의 과세표준임

┤ 예시 ├

- A: 충청북도 청주시 ○○동의 전용면적 30평형의 아파트를 6억 원에 취득하였을 경우
- B: 경상남도 양산시 ○○동의 60평형의 토지를 1억 8천만 원에 취득하였을 경우
- C: 서울 강북구 ○○동의 전용면적 20평형의 아파트를 6억 1,200만 원에 취득하였을 경우
- D: 부산광역시 해운대구 ○○동의 공시지가 2억 원인 토지를 무상으로 증여받았을 경우

① B－A－D－C 　　② B－D－A－C 　　③ B－D－C－A
④ D－B－A－C 　　⑤ D－B－C－A

37 A~E가 함께 축제 기간 동안 푸드 트럭을 운영하기로 하였다. 다음 [조건]에 따라 수익을 분배한다고 할 때, 옳지 <u>않은</u> 것을 고르면?

조건

• 축제 기간은 총 5일이고, 매일 푸드 트럭을 운영하였다. A~E의 근무 일정은 다음 [표]와 같다.

[표1] A~E의 근무 일정

구분	1일차	2일차	3일차	4일차	5일차
A	△	○	○	○	×
B	○	○	○	×	△
C	×	×	○	○	○
D	○	○	×	×	○
E	△	△	△	△	△

※ ○: 종일 근무, △: 반일 근무, ×: 근무하지 않음

• 축제 기간 동안 매출액은 다음과 같다.

[표2] 푸드 트럭의 매출액

날짜	매출액
1일 차	370만 원
2일 차	420만 원
3일 차	500만 원
4일 차	320만 원
5일 차	400만 원

• 개인별 수익은 다음과 같은 매출액 분배 방법에 따른다.
  - 일일 매출액의 10만 원을 자릿세로 지불한다.
  - 일일 매출액의 30%를 재료비 및 기타 부대비용으로 지불한다.
  - 자릿세와 재료비 및 기타 부대비용을 제하고 남은 매출액을 해당 날짜에 근무한 사람끼리 나눠 가지며 반일 근무자의 분배금은 종일 근무자 한 사람의 분배금의 절반이 되도록 지급한다.
  - 매출액은 천 원 단위로 분배하고, 천 원 미만은 절사한다.

① 총재료비 및 기타 부대비용은 603만 원이다.
② 총수익은 A가 B보다 더 많다.
③ 종일 근무자 1인이 가져가는 수익이 가장 적은 날은 2일 차이다.
④ C는 D보다 받은 총수익이 더 많다.
⑤ E가 받은 총수익은 218.3만 원이다.

[38~39] 다음 글을 읽고 이어지는 질문에 답하시오.

1. 청약통장 종류
   ① 주택청약종합저축
      주택청약종합저축은 모든 국민이 가입할 수 있는 통장으로, 일정 금액을 저축하면서 청약 자격을 얻는다. 이 통장은 민영주택과 국민주택으로 모두 청약이 가능하며, 청약 가점제가 적용된다. 가점제는 무주택 기간, 부양가족수, 청약통장 가입 기간 등을 고려하여 점수를 매긴다.
   ② 청약예금
      청약예금은 민영주택 청약이 목적인 통장으로, 일정 금액을 예치한 후 청약에 참여할 수 있다. 청약예금은 가입 기간과 예치 금액에 따라 청약 순위가 결정된다.
   ③ 청약부금
      청약부금은 국민주택 청약이 목적인 통장으로, 매월 일정 금액을 납부하며 저축한다. 청약부금도 주택청약과 마찬가지로 청약 가점제가 적용된다.

2. 청약 가점기준표

가점항목	가점구분	점수(점)	가점구분	점수(점)
무주택 기간	1년 미만	2	8년 이상~9년 미만	18
	1년 이상~2년 미만	4	9년 이상~10년 미만	20
	2년 이상~3년 미만	6	10년 이상~11년 미만	22
	3년 이상~4년 미만	8	11년 이상~12년 미만	24
	4년 이상~5년 미만	10	12년 이상~13년 미만	26
	5년 이상~6년 미만	12	13년 이상~14년 미만	28
	6년 이상~7년 미만	14	14년 이상~15년 미만	30
	7년 이상~8년 미만	16	15년 이상	32
부양가족수	0명	5	4명	25
	1명	10	5명	30
	2명	15	6명 이상	35
	3명	20		
청약통장 가입 기간	6월 미만	1	8년 이상~9년 미만	10
	6월 이상~1년 미만	2	9년 이상~10년 미만	11
	1년 이상~2년 미만	3	10년 이상~11년 미만	12
	2년 이상~3년 미만	4	11년 이상~12년 미만	13
	3년 이상~4년 미만	5	12년 이상~13년 미만	14
	4년 이상~5년 미만	6	13년 이상~14년 미만	15
	5년 이상~6년 미만	7	14년 이상~15년 미만	16
	6년 이상~7년 미만	8	15년 이상	17
	7년 이상~8년 미만	9		

※ 무주택 기간: ①, ② 중 빠른 일을 기준으로 산정함
　① 만 30세의 생일이 지난 다음 날 / ② 만 30세 이전에 혼인을 한 경우 혼인신고일
※ 부양가족 기준
　① 배우자: 분리세대 허용
　② 직계존속: 60세 이상, 3년 이상 함께 살며 동일 주민등록등본에 기재되어야 함
　③ 직계비속: 동일 주민등록등본에 기재된 만 30세 미만의 미혼 자녀, 1년 이상 동일 주민등록등본에 등재된 만 30세 이상의 미혼자녀

38 다음 중 국민주택 청약의 가점을 높이기 위한 방법으로 적절하지 **않은** 것을 고르면?

① 청약예금의 가입 기간을 늘린다.
② 부양가족수를 늘린다.
③ 주택청약종합저축 가입 기간을 늘린다.
④ 무주택 기간을 늘린다.
⑤ 인근에 사는 부모님(60세 이상)과 합가하여 3년 이상 거주한다.

39 주어진 자료를 바탕으로 청약에 당첨된 사람을 고르면?

[청약 정보]
- 주택종류: 국민주택
- 청약세대: $84m^2$ 1세대
- 청약기준일: 2024.06.19.
- 당첨 기준: 청약 인원 중 청약 가점제를 적용하여 점수가 가장 높은 사람이 당첨됨

구분	나이(만)	결혼 여부	혼인신고일	생일	부양가족(괄호는 만 나이)	청약통장 종류 및 가입일
A	27	○	2021.06.12.	5월 17일	부(62), 모(59), 배우자(분리세대)	청약부금 (2010.03.01.)
B	34	○	2024.02.15.	7월 3일	배우자, 자녀(5), 자녀(1)	주택종합저축 (2014.05.23.)
C	28	×	—		혼자 거주	주택종합저축 (2006.03.25.)
D	42	○	2012.03.15.		배우자(분리세대), 자녀(13)	청약예금 (1998.05.32.)
E	57	○	1999.01.27.		자녀(31 미혼, 분리세대), 자녀 (29, 기혼)	주택종합저축 (2023.10.27.)

※ A~E는 모두 세대주이며, 본인을 포함한 모든 부양가족이 무주택자임
※ 부양가족은 별도 기재 없을 경우 함께 살며 동일 주민등록등본에 기재됨

① A　　　　　② B　　　　　③ C　　　　　④ D　　　　　⑤ E

[40~41] 다음은 '갑'사의 성과급 지급 규정이다. 이를 바탕으로 이어지는 질문에 답하시오.

[등급 기준 및 성과급 산정 기준]
- S등급: 평가 종합점수 95점 이상, 기본급의 30% 지급
- A등급: 평가 종합점수 90점 이상~95점 미만, 기본급의 25% 지급
- B등급: 평가 종합점수 85점 이상~90점 미만, 기본급의 20% 지급
- C등급: 평가 종합점수 80점 이상~85점 미만, 기본급의 15% 지급
- D등급: 평가 종합점수 75점 이상~80점 미만, 기본급의 10% 지급

[표1] 항목별 평가 점수 (단위: 점)

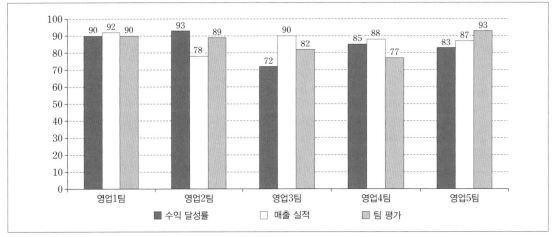

※ 항목별 평가 종합점수는 수익 달성률 40%, 매출 실적 40%, 팀 평가 20%의 가중치로 합산함

[표2] 직원별 기본급

영업1팀 K대리	영업2팀 E과장	영업3팀 S차장	영업4팀 N사원	영업5팀 G대리
210만 원	260만 원	320만 원	180만 원	220만 원

※ 팀별 성과급은 해당 팀의 모든 직원에게 적용됨

40 다음 중 평가 종합점수가 큰 순서대로 순위를 매겼을 때 순위가 4위와 5위인 두 팀을 순서대로 바르게 나열한 것을 고르면?

① 영업2팀, 영업3팀

② 영업3팀, 영업4팀

③ 영업4팀, 영업3팀

④ 영업3팀, 영업2팀

⑤ 영업5팀, 영업3팀

41 영업1팀의 K대리와 영업3팀의 S차장이 받게 될 성과급을 순서대로 바르게 나열한 것을 고르면?

① 55만 5천 원, 44만 원

② 54만 2천 원, 46만 원

③ 52만 5천 원, 48만 원

④ 51만 8천 원, 49만 원

⑤ 50만 5천 원, 50만 원

42 다음은 특정 자동차 간 사고 상황에서의 과실 비율에 관한 자료이다. 이를 바탕으로 [보기]의 사고 상황에서 A차량과 B차량의 적용 과실 비율로 적절한 것을 고르면?

자동차 간 교통사고 과실 비율 안내

직진 대 직진 사고 〉 사거리 교차로(신호등이 양쪽 측면에 있음)

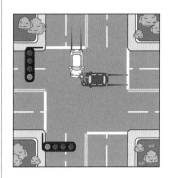

	사고 상황	신호기에 의해 교통정리가 이루어지고 있는 교차로에서 녹색 또는 황색신호에 교차로에 진입한 후 신호가 바뀔 때까지 아직 교차로를 벗어나지 못한 A차량과 녹색신호에 교차로에 진입하여 직진 중인 B차량이 충돌한 사고	
	구분	• A차량: 녹색에 직진 진입, 적색에 충돌 • B차량: 녹색에 직진	• A차량: 황색에 직진 진입, 적색에 충돌 • B차량: 녹색에 직진
	기본 과실	A30 : B70	A80 : B20

1. A차량이 녹색에 진입했는가, 황색에 진입했는가에 따라 기본 과실이 다르게 정해진다.
2. 기본 과실에서 다음과 같은 가감요소를 적용하여 적용 과실을 확정한다.
3. 정의에 열거된 요인 중 2가지 이상을 동시에 범하였어도 각 가감요소에 대한 가점은 한 번씩만 적용한다.
4. A차량의 과실에 가점을 더하면, 그만큼 B차량의 과실에서 차감하여 둘의 과실 합계가 100이 되도록 유지한다.
5. 한 차량의 과실은 100을 넘길 수 없다.
6. 현저한 과실과 중대한 과실은 중복 적용하지 않으며, 둘 다 해당될 때에는 중대한 과실만 적용한다.

가감요소	정의	가점	특이사항
현저한 과실	① 한눈팔기 등 전방주시의무 위반이 현저한 경우 ② 음주운전(혈중알코올농도 0.03% 미만) ③ 10km/h 이상 20km/h 미만의 제한속도 위반 ④ 운전 중 휴대전화 사용 ⑤ 운전 중 영상표시장치 시청·조작	10	A, B 동일하게 적용
중대한 과실	① 음주운전(혈중알코올농도 0.03% 이상) ② 무면허운전 ③ 졸음운전 ④ 제한속도 20km/h 초과 ⑤ 마약 등 약물운전	20	A, B 동일하게 적용
정체 중 꼬리물기	정상신호에 교차로에 진입하였으나 앞의 도로상황이 정체 중임이 확인됨에도 무리하게 진입(이 경우 교통사고사실확인원, 사고 동영상 등에 교차로 꼬리물기 위반임이 명확히 확인되어야 함)	30	A가 녹색에 직진 진입한 경우에 A에게만 적용

┤ 보기 ├

신호기에 의해 교통정리가 이루어지고 있는 정체 중인 교차로에 A차량이 황색신호에 꼬리물기로 진입한 후 신호가 바뀔 때까지 아직 교차로를 벗어나지 못하였다가, 녹색신호에 교차로에 진입한 B차량과 충돌하였다. A차량 운전자는 운전 중 휴대전화를 사용하고 12km/h의 제한속도를 위반하였으며, B차량 운전자는 혈중알코올농도 0.02%인 상태에서 졸음운전을 하였다. A차량의 정체 중 꼬리물기는 사고 동영상을 통해 명확히 확인된 상태이다.

	A차량	B차량
①	60	40
②	70	30
③	80	20
④	90	10
⑤	100	0

43 최 씨는 퇴근 후 운동을 하고자 회사 주변의 운동 센터 정보를 확인하였다. 다음 [조건]과 [표]를 확인하였을 때, 이용료 총액이 가장 저렴한 운동 센터를 고르면?

┤ 조건 ├

• 최 씨는 주 2회씩 20주간 운동을 할 예정이다.(단, 4주는 1개월로 간주한다.)
• 운동 이용료는 운동할 기간만큼 1개월권, 3개월권, 6개월권, 1년권 중 최대 2개까지 섞어서 선택할 수 있다.
• 운동복과 사우나, 스파는 이용하며, 그 외 별도의 시설은 이용하지 않을 예정이다.
• 기타 시설 이용료는 1개월 단위로만 결제 가능하다.

[표] 센터별 운동 이용료 및 기타 시설 이용료

구분	A센터	B센터	C센터	D센터	E센터
1개월권	126,000원	88,000원	180,000원	120,000원	99,000원
3개월권	15% 할인	220,000원	20% 할인	10% 할인	280,000원
6개월권	20% 할인	490,000원	25% 할인	15% 할인	550,000원
1년권	30% 할인	950,000원	35% 할인	20% 할인	980,000원
기타	• 락커: 10,000원/월 • 운동복: 10,000원/월 • 스파, 사우나 이용 포함	• 락커: 15,000원/월 • 운동복: 15,000원/월 • 스파: 25,000원/월 (사우나 이용 포함)	• 락커: 11,000원/월 • 운동복: 11,000원/월 • 스파, 사우나, 태닝 이용 포함	• 락커: 10,000원/월 • 스파: 20,000원/월 • 사우나, 운동복 이용 포함	• 락커: 11,000원/월 • 운동복: 11,000원/월 • 스파: 20,000원/월 (사우나 이용 포함)

※ 할인은 락커 및 운동복, 스파 이용료에는 적용하지 않으며, 1개월권 기준 할인율을 의미함

① A센터　　　　② B센터　　　　③ C센터
④ D센터　　　　⑤ E센터

44 농구경기를 하는 A~D팀의 승률과 점수 기준이 [조건]과 같을 때, A팀이 승점 3점을 얻을 확률을 고르면?

┤ 조건 ├

- A팀은 상대에 관계없이 이길 확률이 $\frac{1}{2}$ 이고, 비길 확률은 $\frac{1}{5}$ 이다.
- 승리할 경우 승점 2점, 비길 경우 승점 1점이고, 패배할 경우 1점이 차감된다.
- A~D 4개의 팀이 서로 한 번씩 경기를 한다.

① $\frac{173}{1,000}$ ② $\frac{213}{1,000}$ ③ $\frac{233}{1,000}$

④ $\frac{253}{1,000}$ ⑤ $\frac{293}{1,000}$

45 할아버지는 손주들에게 줄 선물을 금고 안에 남기고 여행을 떠나셨다. 금고의 비밀번호는 다섯 자리이고, 두 번째 숫자가 1일 때, 다음 [조건]의 내용을 바탕으로 금고 비밀번호의 세 번째 숫자를 고르면?(단, 비밀번호 숫자는 모두 자연수이다.)

┤ 조건 ├

- 첫 번째와 네 번째 숫자는 같다.
- 다섯 번째 숫자는 첫 번째 숫자와 네 번째 숫자의 곱과 같다.
- 세 번째 숫자는 첫 번째 숫자와 두 번째 숫자의 합과 같다.
- 비밀번호 다섯 자리 각각의 수를 합한 값은 20이다.

① 2   ② 3   ③ 4

④ 5   ⑤ 6

46 다음은 C사의 조직도이다. 이를 참고할 때, 각 조직의 업무 관련 결재 방법에 대한 설명으로 옳은 것을 고르면?

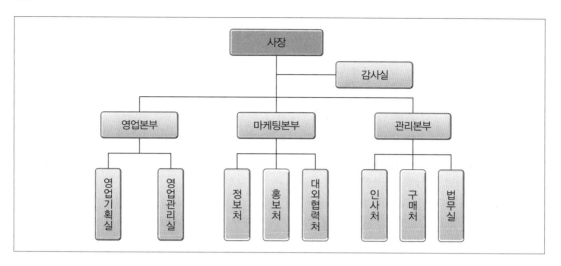

① 영업기획실 최 사원은 사장 전결 업무인 분기별 판매 계획안을 작성하며 감사실장을 결재란에 포함하였다.

② 관리본부장은 자신의 해외 출장 계획서를 작성하여 사장 결재 전 감사실장에게 우선 보고하였다.

③ 정보처 조 대리는 본부장 전결 업무에 대하여 마케팅본부장을 최종 결재권자로 한 결재 문서를 작성하였다.

④ 대외협력처 김 사원은 사장 전결 업무 문서를 작성하며 결재가 불필요한 마케팅본부장 결재란에 상향대각선을 표시하였다.

⑤ 인사처 정 대리는 사장 전결 업무인 임직원 교육 프로그램 진행 계획서를 작성하며 3명의 본부장을 모두 결재 라인에 포함하였다.

직장에서 간편하고 확실하게 동료들과 소통할 수 있는 방법 중 하나가 바로 이메일이다. 사람들을 직접 만나야 하는 번거로움을 줄이고, 기록도 남아 더욱 정확하게 소통을 할 수 있다. 그러나 절차가 쉬운 만큼 실수를 할 위험도 크다. 지난 2일 ○○브랜드를 운영 중인 △△기업의 대표가 실수로 전 직원에게 구조조정의 내용이 담긴 이메일을 보내는 사건이 발생했고, 이 사건으로 인해 △△기업의 대표는 자리에서 물러나게 되었다. 이처럼 이메일과 관련하여 생각하지 못한 문제를 일으키지 않으려면 다음과 같은 ㉠이메일 에티켓이 필요하다.

첫째, 업무 전용 이메일 주소를 사용하는 것이 좋다. 개인적인 용도로 사용하던 이메일 주소를 업무용으로 사용하는 것은 좋지 않다는 것이다. 수신자가 이메일 주소만으로도 발신자가 누구인지 유추할 수 있도록 간결한 업무 전용 이메일 주소를 사용하는 것이 좋다.

둘째, 올바른 수신자인지 여러 번 확인해야 한다. 특히 다양한 분야와 협업하는 직종이나 규모가 큰 기업에 다니고 있다면 동명이인이나 비슷한 이름을 가진 사람들에게 이메일이 잘못 전송될 수 있으므로 반드시 주의해야 한다. 한 번 발송한 이메일은 회수하기 어려우므로 받는 사람의 이메일 주소가 올바른지 거듭 확인해야 한다.

셋째, 참조에는 꼭 필요한 사람만 추가해야 한다. 업무를 위해서는 많은 정보를 함께 공유해야 하는 상황이 많다. 그러나 관련 없는 일까지 강제로 공유받게 되는 상황을 원하는 사람은 없으므로 이메일의 참조란에는 해당 이메일이 반드시 공유되어야 하는 사람만 추가하도록 한다.

넷째, 제목은 직접적이고 명확하게 작성해야 한다. 매일 쏟아지는 수십 건의 이메일을 확인하는 것도 업무의 일종이다. 그런데 일일이 클릭해서 내용을 읽어 보아야만 알아차릴 수 있는 이메일은 성가실 수 있다. 이럴 때는 제목만 보고도 어느 정도 내용을 유추하거나 중요도를 확인할 수 있도록 작성하는 것이 좋다. '회의 날짜 변경', '발표에 대한 피드백' 등 수신자가 쉽게 알아차릴 수 있을 만한 내용을 짧고 간결하게 표기하는 것이 좋다.

다섯째, 이메일을 받는 대상의 이름을 정확하게 작성하였는지 검토해야 한다. 이는 엉뚱한 사람에게 이메일을 보내는 것보다 더욱 결례일 수 있다. 자신에게 전송된 것임에도 불구하고, 자신의 이름이 잘못 작성되어 있다면 무척 불쾌할 것이다. 받는 사람의 이름과 존칭, 직함 등을 제대로 작성하였는지 꼼꼼하게 검토해 보아야 한다.

마지막으로, 발신자의 정보를 포함하여야 한다. 더욱 빠르고 정확한 소통을 위해서라면 이메일의 끝부분에 발신자의 기본적인 정보를 담는 것이 좋다. 이름, 직함, 연락처, 회사 정보 등을 간결한 형식으로 작성하는 것이 좋다. 단, 사진이나 삽화 등 불필요한 내용을 추가하는 것은 바람직하지 않다.

47 다음 중 밑줄 친 ㉠에 해당하는 내용으로 옳은 것을 고르면?

① 올바른 철자와 문법을 사용한다.
② 제목에는 발신 날짜를 넣어야 한다.
③ 용량이 큰 문서는 압축하여 보내야 한다.
④ 참조에는 꼭 필요한 사람 외에는 추가하지 않는다.
⑤ 이메일은 내용을 용건만 간단히 하여 보내도록 한다.

48 다음 중 △△기업의 대표가 간과한 이메일 에티켓으로 가장 적절한 것을 고르면?

① 올바른 수신자인지 확인한다.
② 발신자의 정보를 포함시킨다.
③ 업무 전용 이메일 주소를 사용한다.
④ 제목을 직접적이고 명확하게 작성한다.
⑤ 이메일을 받는 대상의 이름을 정확하게 작성하였는지 검토한다.

49 다음은 차량관리 규정 중 일부이다. 6월 1일(월요일)부로 서울 본사 총무팀에 입사한 신입사원이 이를 읽고 이해한 내용으로 적절하지 <u>않은</u> 것을 [보기]에서 모두 고르면?

차량관리 규정

제1조【차량의 운행】

① 모든 차량은 주관부서(총무팀)에서 배차함을 원칙으로 한다.

② 업무용 차량으로 장거리 운행할 시 차량사용자는 차량배차신청서를 운행 3일 전(영업일 기준-월~금)까지 주관부서에 제출하여 승인을 받아야 한다. 단, 가까운 거리의 운행은 약식보고로 가능하다. (장거리 운행의 기준은 1박 이상의 출장으로 하며, 가까운 거리라 함은 왕복 1~3시간 이내의 거리를 말하며 당일 출장 업무의 경우 거리에 제한을 두지 않는다.)

③ 모든 운행차량은 예정 노선을 이탈하거나 중도에서 예정 없는 주차를 하지 못한다.

④ 회사차량은 직무로써 운전을 승인받은 자와 업무상 사유로 운행허가를 받은 자 외에는 운전하여서는 안 된다.

⑤ 운전자는 교통 법령과 별도로 정한 운전수칙에 따라 운전을 해야 하며, 차량에 비치된 운행일지를 운행 시마다 작성하여야 한다.

⑥ 교통사고가 발생한 경우에는 그 차량의 운전자는 법령에 정한대로 조치를 하고 이 규정 제25조에 의거 문서로써 사고 보고서를 제출하여야 한다.

⑦ 공휴일의 차량운행 시 사전에 주관부서장의 승인을 받은 경우에만 사용할 수 있다.

⑧ 운전자는 교통안전의 법령과 별도로 정한 운전수칙에 따라 운전을 해야 한다.

⑨ 교통사고가 발생한 경우에는 그 차량의 운전자는 법령에 정한대로 조치를 하고 주관부서장에게 보고하여야 한다.

제2조【현장 차량관리】

① 현장의 차량도 본 규정에 준하여 운용되어야 한다.

② 현장의 차량관리 책임자는 현장소장으로 하며 현장공무를 차량관리 담당자로 한다.
   단, 현장의 여건에 따라 필요시 별도의 차량관리 담당자를 지정할 수 있다.

③ 현장에서는 규정된 차량운행의 차량운행일지와 정비대장을 작성해야 하며, 본사 주관부서에서 자료 요청 시 이를 제출하여야 한다.

제3조【차량주유】

차량의 연료공급은 차량에 따른 유류소비 기준에 의하여 일시에 적량을 보급하고 운행거리를 기준으로 다음 각 호에 의하여 처리한다.

① 운행거리는 계기에 의해서 측정함을 원칙으로 한다.

② 차량에 소요되는 주유일체는 회사에서 지정한 주유소에서 실시하여야 하며, 주관부서 및 현장에서 발급하는 주유카드 및 전표를 사용하여야 한다. 단, 장거리 차량운행 및 기타 사정으로 인한 경우 현지에서 주입 후 영수증을 첨부하여 처리한다.

┤ 보기 ├

㉠ 1박 2일로 지방 출장을 다녀올 땐, 운행일지를 출장 이틀째 되는 날 한 번에 작성하면 되겠구나.
㉡ 6월 15일부터 2박 3일간 출장을 가야 하는 경우 늦어도 12일까지는 차량배차신청서를 우리 팀에 제출해야 하는구나.
㉢ 인터넷으로 찾아 보니 왕복으로 대략 700km 정도인 광주 지점으로 출장을 갈 때는 회사에서 지정한 주유소에서 가득 채워도 500km 정도밖에 못가니 200km에 해당하는 기름 20리터는 현지에서 주입 후 영수증을 첨부하면 되겠구나.
㉣ 대구 거래처에 당일 출장을 다녀올 땐 팀장님께 약식보고를 해도 되겠구나.

① ㉠, ㉢ ② ㉡, ㉢ ③ ㉠, ㉢, ㉣
④ ㉡, ㉢, ㉣ ⑤ ㉠, ㉡, ㉢, ㉣

50 주어진 A~C를 고려하여 판단을 내리고자 할 때, 'so what?' 방법을 가장 잘 활용한 논리적 사고를 고르면?

- A: 소비자들의 현금 및 부동산 보유 심리가 높아져 은행권에서 자금 인출이 급상승하였다.
- B: 은행, 증권, 보험 등 전반으로 자금 이탈이 가속화되어 금융업계의 전체 현금 흐름이 악화되었다.
- C: 금융업체들의 주가는 연일 하락세를 이어가고 있다.

① 금융권이 큰 위기를 맞았네.
② 곧 흐름이 바뀔 수 있으니 지금이 금융주 매입의 적기야.
③ 자금력이 부족한 업체들은 도산으로 이어질 수 있어.
④ 현금 인출이 일어나니 금융업체 주가가 휘청거리는구나.
⑤ 당분간 모든 금융활동을 중단하는 편이 낫겠군.

51 어느 기업의 여행사 모집공고에 갑~무 업체가 지원하였다. 다음 평가기준과 [표]를 바탕으로 총점이 가장 높은 업체 한 곳을 선정한다고 할 때, 선정된 여행사를 고르면?

○ 평가항목 및 배점

구분		평가항목	배점
가격평가		① 발권수수료	30
기술평가	계량평가	② 발권실적	10
		③ 재무상태	10
		④ 인력 배치 계획	10
	비계량평가	⑤ 긴급상황 대처능력	20
		⑥ 업무지원	10
		⑦ 서비스	10

○ 평가항목별 세부평가 기준

① 국외 항공권 발권수수료

- 평가점수 산식: $30점 \times \left(1 - \dfrac{제안요율 - 2\%}{제안요율}\right)$ ※ 소수점 이하 첫째 자리에서 반올림함

② 발권실적

평가요소	평가기준	점수(점)
최근 3년간 국제선 항공권 발권실적	50억 원 이상	10
	35억 원 이상~50억 원 미만	9
	20억 원 이상~35억 원 미만	8
	20억 원 미만	7

③ 재무상태

기업 신용평가등급	점수(점)
AAA, AA+, AA0, AA-, A+, A0, A-, BBB+, BBB0	10
BBB-, BB+, BB0, BB-	9.5
B+, B0, B-	9
CCC+ 이하	7

④ 인력 배치 계획(배정인원＋평균 근무경력)

평가요소	평가기준	점수(점)	평가요소	평가기준	점수(점)
배정인원 (5점)	5명 이상	5	평균 근무경력 (5점)	5년 이상	5
	4명	4.2		4년 이상 5년 미만	4.2
	3명	3.3		3년 이상 4년 미만	3.3
	2명	2.4		2년 이상 3년 미만	2.4
	1명	1.5		2년 미만	1.5

⑤~⑦ 비계량평가 항목별 평가 방식
- 평가기준: A~E 5등급으로 구분하여 상대평가하며, 항목별 배점과 비율을 곱하여 점수 부여

평가등급		비율	평가기준
우수	A	100%	제안의 내용이 구체적이고 우수함
양호	B	90%	제안의 내용이 적정함
보통	C	80%	제안의 내용이 보통으로 무난함
미흡	D	70%	제안의 내용이 모호하여 객관성이 결여되어 있음
불량	E	60%	제안의 내용이 무성의함

- 상대평가 등급 배분 방법

지원 업체 수 / 등급	2개	3개	4개	5개	6개	7개	8개	9개	10개
A	1	1	1	1	1	1	1	1	1
B	1	1	1	1	1	2	2	2	2
C	—	1	1	2	2	3	3	4	4
D	—	—	1	1	1	1	1	1	2
E	—	—	—	—	1	1	1	1	1

※ 지원 업체 수가 2개일 경우 A등급 1개, B등급 1개로 배분함

[표] 지원 업체 갑~무의 정보

구분	갑	을	병	정	무
제안요율	3.2%	2.8%	2.4%	2.8%	3.0%
발권실적	36억 원	52억 원	48억 원	28억 원	32억 원
재무상태	A0	BBB+	BB−	A−	B+
배정인원	3명	4명	5명	3명	6명
평균 근무경력	4.2년	3.8년	4.5년	5.1년	3.5년
긴급상황 대처능력(순위)	1위	2위	5위	3위	4위
업무지원(순위)	4위	5위	3위	2위	1위
서비스(순위)	4위	3위	2위	1위	5위

※ 비계량평가는 순위가 높을수록 우수함
※ 총점이 동일한 경우 제안요율이 더 낮은 업체를 선정함

① 갑   ② 을   ③ 병
④ 정   ⑤ 무

52 다음 자료를 바탕으로 A매장의 1월 순이익을 고르면?(단, 1월 1일 매장 운영 전 재고는 40개이고, 해당 재고의 개당 매입가격은 26,000원이다. 순이익은 총매출액−매출원가로 계산한다.)

A매장에서는 선입선출법으로 매출원가를 결정한다. 모든 매입은 매주 초에 이루어지며, 매입 후에 매출이 시작된다. 1월의 주차별 매입 및 매출 현황은 다음과 같다.

[표1] 주차별 매입 현황

구분	매입수량	개당 매입가격
1주 차	100개	28,000원
2주 차	120개	26,000원
3주 차	150개	24,500원
4주 차	100개	27,000원
5주 차	90개	28,500원

[표2] 주차별 매출 현황

구분	매출수량	개당 매출가격
1주 차	120개	37,000원
2주 차	90개	36,000원
3주 차	130개	36,500원
4주 차	80개	37,500원
5주 차	110개	37,000원

- 선입선출법: 먼저 매입된 상품이 먼저 판매된 것으로 가정하는 방법
- 매입 평가액: 매입수량×개당 매입가격
- 매출 평가액: 매출수량×개당 매출가격
- 총매출액은 주차별 매출 평가액의 합을 의미함
- 매출원가는 해당 기간 동안 판매된 상품 수량에 대한 매입 평가액을 의미함

① 559만 원
② 564만 원
③ 569만 원
④ 574만 원
⑤ 579만 원

53 다음 자료를 잘못 이해한 사람을 [보기]에서 모두 고르면?

[직장 내 여러 세대의 워킹 트렌드]

◎ 당신은 어떤 세대?

[표1] 출생 시기별 세대명

86세대	X세대	밀레니얼 세대	Z세대
1961~1969년 출생자	1970~1980년 출생자	1981~1995년 출생자	1996~2001년 출생자

◎ 업무 관련 가장 합리적 의사소통 방식은?

[표2] 세대별 선호하는 의사소통 방식

구분	1970년대생	1980년대생	1990년대생 이후
1위	일대일 대면 대화(35.5%)	일대일 대면 대화(35.0%)	일대일 대면 대화(34.0%)
2위	전화 통화(17.5%)	다수가 참여하는 회의(16.5%)	일반 모바일 메신저(16.5%)
3위	다수가 참여하는 회의(16.0%)	업무 전용 메신저(14.0%)	업무 전용 메신저(13.5%)

◎ 친밀도와 팀워크 상관관계

[그래프1] 친밀도는 곧 팀워크다?

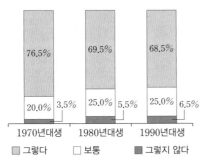

[그래프2] 업무적 정보 외에 서로에 대해 알아야 할까?

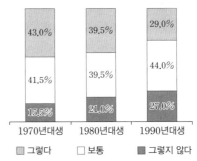

* 출처: 대학내일 20대연구소, '취준생이 기대하고 사회초년생이 원하는 직장 생활'

보기

A사원: "세대별로 차이는 있지만 친밀도가 높은 팀일수록 팀워크도 좋을 것이라는 인식을 가지고 있구나."

B사원: "86세대에서 Z세대로 갈수록 업무 중 다른 의사소통 방식에 비해 일대일 대면 대화를 선호하지 않는 것으로 나타났어."

C사원: "팀원들의 연령대가 낮을수록 일과 사생활을 분리하려는 경향이 두드러질 것 같아."

D사원: "X세대인 상사나 직장 동료와는 대면 방식보다는 업무 메신저를 통한 의사소통 방식이 효과적이겠어."

① A사원　　　　② C사원　　　　③ A사원, B사원
④ B사원, D사원　　　⑤ C사원, D사원

54 다음 [표]는 담배소비세 담배급별 과세 현황에 관한 자료이다. 이를 바탕으로 작성한 그래프 중 옳지 <u>않</u>은 것을 고르면?

[표1] 전국 담배소비세 담배급별 시도별 과세 현황   (단위: 건, 천 원)

구분		전체		국산담배		외산담배	
		건수	세액	건수	세액	건수	세액
2018년	소계	17,194	3,477,561,138	6,546	2,883,199,092	10,648	594,362,046
	시계	8,212	2,279,896,222	3,193	1,884,338,099	5,019	395,558,123
	군계	6,965	347,889,470	3,038	297,085,218	3,927	50,804,252
	구계	2,017	849,775,446	315	701,775,775	1,702	147,999,671
2019년	소계	17,100	3,357,713,067	6,736	3,102,963,020	10,364	254,750,047
	시계	7,752	2,195,894,724	3,198	2,024,760,797	4,554	171,133,927
	군계	6,565	340,838,512	3,185	315,688,949	3,380	25,149,563
	구계	2,783	820,979,831	353	762,513,274	2,430	58,466,557

[표2] 서울시 담배소비세 담배급별 과세현황   (단위: 건, 천 원)

구분	전체		국산담배		외산담배	
	건수	세액	건수	세액	건수	세액
2018년	753	607,909,525	47	518,170,136	706	89,739,389
2019년	731	565,435,461	41	564,418,696	690	1,016,765

① 전국 담배급별 시·군·구별 건수 　　　(단위: 건)

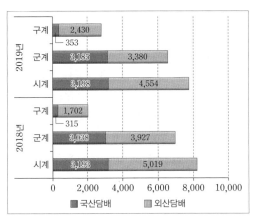

② 전국 담배급별 시·군·구별 세액 　　　(단위: 억 원)

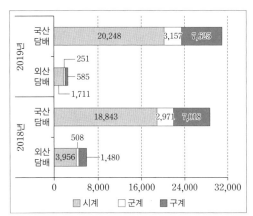

※ 억 원 미만 단위는 절상함

③ 서울시 담배급별 건수 　　　(단위: 건)

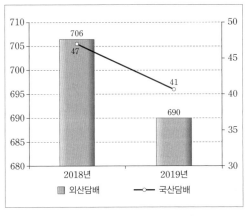

④ 서울시 담배급별 건당 담배소비세 (단위: 천 원/건)

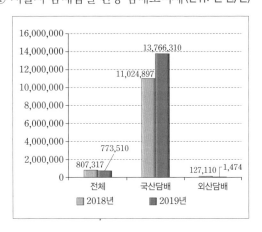

⑤ 2018년 전국 대비 서울시의 담배급별 건당 비중 및 세액 비중 　　　(단위: %)

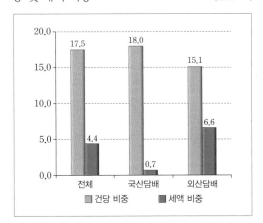

[55~56] 다음 글을 읽고 이어지는 질문에 답하시오.

현대사회에서 우리는 수많은 정보를 접하고 있다. 정보란 관찰이나 측정을 통하여 수집한 자료를 실제 문제에 도움이 될 수 있도록 정리한 지식, 또는 그 자료를 의미한다. 우리에게는 정보라는 단어가 하나밖에 없지만, 영어에는 정보에 해당하는 단어가 2개이다. 하나는 일반적으로 정보라고 번역되는 인포메이션(Information)이고, 다른 하나는 인텔리젼스(Intelligence)이다. 인포메이션이란 하나의 개별적인 정보로, '현재 우리나라 코스피가 2,249 포인트'라는 정보가 대표적인 예시가 될 수 있다. 인텔리젼스는 무수히 많은 인포메이션 중에 선별된 정보들을 연결하여, 판단하기 쉽게 도와주는 하나의 정보 덩어리를 말한다. 예를 들어, 코스피가 2,249 포인트라는 정보를 통해 앞으로 주가가 오를지 내려갈지 어느 정도 예측하는 것이 인텔리젼스의 예시가 될 수 있다.

자료의 집합이 정보가 될 수 있으며, 정보의 집합은 지식이 된다. 이 관계를 도식화하면 다음과 같다.

55 다음 중 [보기]의 ㉠에 들어갈 수 <u>없는</u> 것을 고르면?

┤ 보기 ├─

1) 자료: (㉠   )
2) 정보: 지하철 2호선의 역별/시간대별 유동인구 밀도의 변화 분석 데이터
3) 지식: 지하철 유동인구 분산을 위한 서울시의 출퇴근 시간 관리 종합대책 보고서

① 지하철 2호선 A역의 특정 시간대 유입 인원수
② 지하철 1~4호선의 출근 시간 배차 간격 현황
③ 지하철 이용자와 비이용자의 출퇴근 소요 시간에 따른 업무 효율 상관관계 분석 결과
④ 출퇴근 시간 직장인들이 이용하는 대중교통 관련 설문조사 결과
⑤ 지하철 2호선 역별로 출퇴근 시간대의 유입 인원수

56 다음 중 인포메이션과 인텔리젼스의 예시로 적절하지 <u>않은</u> 것을 고르면?

① 인포메이션 – 코로나19의 확산세가 누그러지고 있다.

② 인텔리젼스 – 코로나19 확진자 증가로 마스크 수요가 급증하고 있다.

③ 인텔리젼스 – 해외에서 코로나19 변이 바이러스가 등장하여 치료제와 백신 개발이 또 다른 국면을 맞이할 것이다.

④ 인텔리젼스 – 코로나19 여파로 인한 장기간 비정상적인 학사 운영에 따라 수능시험 일정 조정이 예상된다.

⑤ 인포메이션 – 코로나19의 백신이 보급되기 시작했다.

57 다음 글의 밑줄 친 ㉠~㉢을 MS Excel에 입력하기 위한 단축키와 함수식이 바르게 짝지어진 것을 고르면?

> Y씨는 앞으로 100일 동안 무슨 일이 있어도 매일 운동을 하여 근육질 몸을 만들기로 결심하였다. 이러한 결심을 한 Y씨는 의지를 다지기 위해 매일의 운동 일지를 기록하려고 하며, MS Excel을 활용하여 ㉠ <u>오늘 날짜</u>와 ㉡ <u>지금 시간</u>을 단축키를 써서 입력하고, ㉢ <u>오늘로부터 정확히 100일째 되는 날짜</u>가 언제인지를 함수식으로 찾아보고자 한다.

	㉠	㉡	㉢
①	ALT+:	ALT+SHIFT+:	=now( )+99
②	ALT+:	ALT+SHIFT+;	=now( )+100
③	CTRL+:	CTRL+SHIFT+;	=today( )+99
④	CTRL+;	CTRL+SHIFT+;	=today( )+99
⑤	CTRL+:	CTRL+SHIFT+:	=today( )+100

58 MS Excel을 활용하여 아래와 같이 설문 조사 결과를 작성하였다. 그러나 수치들이 백분율로 표시되지 않아, [B2] 셀부터 [F2] 셀까지 블록을 지정하여 표시형식 메뉴의 '%' 버튼을 누르고자 한다. 이때 다음 중 주어진 수치들의 표시에 대한 설명으로 옳은 것을 고르면?

	A	B	C	D	E	F
1	조사항목	매우 찬성	찬성	반대	매우 반대	모름
2	공수처 설치에 대한 의견	48.5	20.2	10.9	10.6	9.8

① #VALUE! 오류 메시지가 나타난다.

② #N/A 오류 메시지가 나타난다.

③ '48.5%', '20.2%' 등과 같이 올바르게 표시된다.

④ '0.485%', '0.202%' 등과 같이 올바르지 않게 표시된다.

⑤ '4850%', '2020%' 등과 같이 올바르지 않게 표시된다.

59 다음은 전통적 조직과 팀제 조직을 비교한 자료이다. 두 조직 형태에 대한 설명으로 적절하지 <u>않은</u> 것을 고르면?

구분	전통적 조직	팀제 조직
조직구조	수직적 계층	수평적 팀
조직화의 원리	기능 단위	업무프로세스 단위
직무설계	분업화(좁은 범위의 단순 과업)	다기능화(다차원적 과업)
권한	중앙 집중	분권화
관리자의 역할	지시/통제	코치/촉진자
리더십	지시적/하향적	후원적/참여적/설득적
정보의 흐름	통제적/제한적	개방적/공유적
보상	개인/직위, 근속 연수	개인 및 팀/성과 및 능력

① 전통적 조직은 조직의 거대화에 따른 부문 간 조정 문제의 과다라는 문제점을 야기할 수 있다.
② 팀제 조직은 팀에 대한 권한 부여와 자율적 업무 처리를 통해 계층이 축소되고 팀 간의 유기적인 조정이 중시된다.
③ 관리자가 일을 지시하고 이를 통제하는 역할을 하는 것은 전통적 조직의 특징이다.
④ 팀제 조직은 세분화된 업무 단위를 통합·조정하는 역할을 담당하는 메커니즘으로서 계층을 활용한다.
⑤ 팀제 조직은 업무수행의 효율성 증대와 생산성 향상을 목적으로 한다.

60 다음은 창의적 사고를 배양할 수 있는 방법 중 하나인 여섯 색깔 사고 모자 기법에 대한 내용이다. [보기]에 주어진 학생 A, B의 사고방식에 해당하는 모자 색깔로 옳게 짝지어진 것을 고르면?

여섯 색깔 사고 모자 기법은 회의를 할 때 순서대로 특정 색의 모자를 지정하고, 각각의 모자마다 설정된 룰에 따라서 이야기를 진행하는 방법이다.

White	사실이나 정보, 숫자와 관련된 사항	Yellow	이익, 이점, 가치와 같이 긍정적 요소에 관한 사항
Red	느낌이나 직감, 정서와 같이 감정에 관련된 사항	Green	창조, 발상의 전환, 아이디어와 같이 생산적 요소에 관한 사항
Black	주의, 경고, 잠재된 위험과 같이 부정적 요소에 관한 사항	Blue	계획, 순서, 통제에 관한 사항으로 맨 처음과 맨 마지막에 다른 모자들의 사용을 정리·통제할 목적으로 사용

회의 참석자들은 창조적인 아이디어와 논리적 사고, 정보의 나열 등 여러 형태의 이야기를 하지만 다양한 방식으로 인해 논의가 중구난방으로 흐르기 쉽다. 이런 경우에는 한 가지 정해진 모자 색깔에 맞는 주제에 집중함으로써 브레인스토밍 사고 기법을 한 단계 업그레이드시킬 수 있다.

┤ 보기 ├

K고등학교 학생 몇몇은 학습의 능률이 오르지 않아 어떻게 하면 효과적인 학습을 수행할 수 있을지에 대해 논의하고 있다. 학생 A는 지루하고 따분한 공부의 방법이 문제라고 확신하고, '어떻게 하면 지루하지 않게 공부할 수 있을까?'라는 화두를 정해 문제를 정의하고자 하였다. 또 다른 학생 B는 흔히 아는 공부 방법을 간추려 정리하고, 다소 엉뚱하더라도 의외의 색다른 공부 방법이 있을지를 알아보기 위해 어떤 의견도 좋으니 허심탄회하게 이야기해 볼 것을 제안하였다.

	학생 A	학생 B
①	Blue	White
②	Blue	Green
③	White	Yellow
④	Black	Yellow
⑤	Yellow	Red

피듈형
NCS 실전모의고사

| 5회 |

영역		구성	문항 수	풀이 시간	비고
NCS 직업기초능력평가	의사소통능력	전 영역 통합형	50문항	60분	객관식 오지선다형
	수리능력				
	문제해결능력				
	자기개발능력				
	자원관리능력				
	대인관계능력				
	정보능력				
	기술능력				
	조직이해능력				
	직업윤리				

모바일 OMR
자동채점&성적분석 무료

정답만 입력하면 채점에서 성적분석까지 한번에!

활용
GUIDE

실시간 성적분석 방법!

STEP 1
QR 코드
스캔

▶

STEP 2
모바일
OMR 입력

▶

STEP 3
자동채점 &
성적분석표 확인

STEP 1

교재 내 QR 코드 스캔

• 위 QR 코드를 모바일로 스캔 후
  에듀윌 회원 로그인
• QR 코드 하단의 바로가기 주소로도
  접속 가능

STEP 2

모바일 OMR 입력

• 회차 확인 후 '응시하기' 클릭
• 모바일 OMR에 답안 입력
• 문제풀이 시간까지 측정 가능

STEP 3

자동채점 & 성적분석표 확인

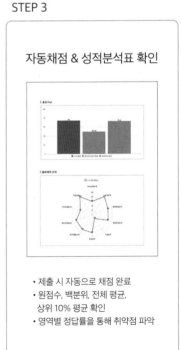

• 제출 시 자동으로 채점 완료
• 원점수, 백분위, 전체 평균,
  상위 10% 평균 확인
• 영역별 정답률을 통해 취약점 파악

※ 본 회차의 모바일 OMR 채점 서비스는 2026년 12월 31일까지 유효합니다.

실전모의고사 5회

정답과 해설 P.60

01 다음 글을 읽고 이해한 내용으로 적절하지 <u>않은</u> 것을 고르면?

> 동물원의 존립 이유에는 학문적, 환경적, 사회적 가치가 포함되어 있다. 첫째, 동물원은 중요한 교육적 기능을 수행한다. 미국 동물원 및 수족관 협회(AZA)에 따르면, 매년 약 1억 8천만 명이 동물원을 방문하여 생물의 다양성과 자연 서식지에 대한 지식을 얻는다. 특히 어린이들의 자연과 환경에 대한 이해를 높이는 데 큰 역할을 한다.
>
> 둘째, 동물원은 멸종 위기에 처한 종의 보전 및 복원에 기여한다. 전 세계 동물원에서 보전 프로그램에 참여하는 종은 약 800여 종에 달한다. 예를 들어, 캘리포니아 콘도르는 동물원의 보전 프로그램 덕분에 개체 수가 회복되고 있다.
>
> 셋째, 동물원은 동물의 행동, 생리, 번식 등에 대한 과학적 연구의 중심지이다. AZA 회원 동물원과 수족관은 매년 약 2,300개의 연구 프로젝트에 참여하여 동물 복지와 보전에 기여를 하고 있다. 그중 동물원의 연구는 특정 종의 번식 행동이나 건강 문제를 이해하고 해결하는 데 중요한 정보를 제공한다.
>
> 넷째, 동물원은 대중에게 환경 보호의 중요성을 알리고 참여를 촉진하는 역할을 한다. AZA 회원 동물원은 매년 약 500만 명 이상의 학생들에게 환경 교육 프로그램을 제공하여 실질적인 행동 변화를 이끌어낸다.
>
> 마지막으로 동물원은 사회적 여가 공간의 역할도 수행한다. 가족 단위의 방문객들이 동물원에서 여가 시간을 보내며 사회적 유대감을 강화하고 정신적 스트레스를 해소하는 데 기여한다. 통계에 따르면, 미국 내 동물원은 매년 약 12억 달러의 경제적 가치를 창출하며 지역 사회에 긍정적인 영향을 미친다.
>
> 이와 같이 동물원은 교육, 보전, 연구, 환경 보호, 사회적 여가 등 다각적인 역할을 통해 자연과 생태계를 보호하는 데 중요한 기여를 한다. 이러한 복합적 기능은 동물원이 단순히 동물을 전시하는 공간이 아닌, 학문적 연구와 실천의 장으로서 필수적인 이유를 설명해 준다.

① 동물원은 어린이들이 동물의 자연적인 행동을 관찰할 수 있는 장소이다.
② 동물원은 보전 프로그램을 통해 멸종 위기 동물 개체 수를 회복하는 데 도움을 준다.
③ 동물원은 대중에게 자연과 동물에 대한 관심과 이해를 증진시키는 데 기여한다.
④ 동물원은 매년 경제적 가치를 창출하며 지역 사회에 긍정적인 영향을 미친다.
⑤ 동물원은 동물이 자연 서식지에서 자유롭게 살면서 자연 번식 및 진화하도록 돕는다.

02 컴퓨터 주변기기를 생산하는 어느 공장에서는 3대의 기계 A, B, C를 사용하여 제품 X를 생산한다. 제품 X의 50%는 기계 A에 의해, 30%는 기계 B에 의해, 20%는 기계 C에 의해 생산된다. 이 공장에서 생산된 제품 X 한 개를 임의로 선택했을 때 불량품일 경우, 그 제품이 기계 A에서 생산되었을 확률을 고르면?(단, 세 기계 A, B, C의 불량품 생산율은 각각 1%, 2%, 3%이다.)

① $\dfrac{5}{17}$ ② $\dfrac{1}{3}$ ③ $\dfrac{7}{19}$

④ $\dfrac{2}{5}$ ⑤ $\dfrac{3}{7}$

03 A는 등산로 입구부터 산 정상까지는 가장 짧은 등산로 코스를 이용하여 시속 4km의 일정한 속력으로 올라갔다가, 산 정상에서 등산로 입구까지 내려올 때는 가장 긴 등산로 코스를 이용하여 시속 5km의 일정한 속력으로 내려왔다. 이때 총 4시간이 소요되었고, 올라가는 데 걸린 시간과 내려오는 데 걸린 시간이 동일하였다. 만약 A가 가장 짧은 등산로 코스를 이용하여 시속 3km의 일정한 속력으로 등산로 입구부터 산 정상까지 올라갔다가 같은 코스로 다시 등산로 입구로 내려오는 데 걸리는 시간을 고르면?

① 5시간   ② 5시간 20분   ③ 5시간 40분

④ 6시간   ⑤ 6시간 40분

04 다음 [표]는 G회사의 비품별 구매 조건 및 6~7월 구매 품목을 나타낸 것이다. 이를 바탕으로 8월에 구매 가능한 비품으로 올바르게 묶인 것을 고르면?

[표1] 비품별 구매 조건

네임펜	홀수 달 구매 가능	종이컵	홀수 달 구매 가능
볼펜	짝수 달 구매 가능	수건	짝수 달 구매 가능
샤프	격월 구매 가능	휴지	매달 구매 가능
연필	격월 구매 가능	비누	매달 구매 가능
공책	구매 시, 3개월 후 구매 가능	커피	구매 시, 3개월 후 구매 가능
지우개	구매 시, 3개월 후 구매 가능	녹차	구매 시, 3개월 후 구매 가능

[표2] 6~7월 구매 품목

6월 구매 품목	볼펜, 샤프, 공책, 휴지, 녹차
7월 구매 품목	네임펜, 연필, 지우개, 종이컵

① 볼펜, 수건, 종이컵 ② 샤프, 네임펜, 녹차 ③ 휴지, 커피, 공책
④ 수건, 커피, 샤프 ⑤ 비누, 연필, 지우개

[05~06] 다음 글을 읽고 이어지는 질문에 답하시오.

엘리베이터는 정지하고 있을 때 허공에 매달려 있다. 몇 톤에서 수십 톤에 이르는 무거운 카가 공중에 안전하게 매달려 있을 수 있는 것은 브레이크가 있기 때문이다. 경사진 도로에서 화물차가 미끄러지는 사고를 간혹 뉴스에서 접하곤 한다. 브레이크의 힘이 화물차의 무게를 감당하지 못해 화물차가 미끄러져 사고로 이어지는 것이다. 이처럼 엘리베이터 카가 공중에서 정지하고 있는 것은 브레이크의 구성 요소 중 압축 스프링의 역할이 크다. 압축 스프링(Brake Spring)에서 발생하는 힘에 의해서 브레이크 라이닝이 드럼을 꽉 잡아주기 때문이다.

엘리베이터가 움직이기 위해서는 브레이크를 개방해야 한다. 개방을 하려면 브레이크의 압축 스프링에서 발생하는 힘보다 더 큰 힘이 압축 스프링을 밀어내야 한다. 그리고 중요한 것은 드럼과 라이닝이 완전히 떨어져야 하는 것이다. 만약 드럼과 라이닝이 살짝 접촉하게 되면 드럼과 라이닝의 접촉에 의한 열이 발생하여 브레이크 능력을 상실하고 사고로 이어질 수 있기 때문이다.

이처럼 개방은 확실하게 작동해야 한다. 확실히 개방하기 위해서 그에 따르는 힘이 필요하고, 엘리베이터 브레이크의 압축 스프링에서 발생하는 힘보다 더 큰 힘을 발생시키는 방법은 전기를 이용하는 것이다. 솔레노이드 코일에 전기를 통과시켜 그곳에서 발생하는 자기장의 힘을 이용하여 브레이크를 개방하는 원리이다.

엘리베이터는 정지와 운행이 반복된다. 정지할 때는 솔레노이드 코일에 전기를 차단(off)하여 압축 스프링의 힘이 작동되면서 엘리베이터 카가 정지하고, 운행할 때는 솔레노이드 코일에 전기를 투입(on)함으로써 드럼과 라이닝이 개방되어 카가 운행하게 된다. 여기서 전기를 차단하고 투입해주는 전기적 부품으로는 전자접촉기 또는 릴레이가 사용된다. 전자접촉기 상부 단자대에는 솔레노이드로 보내줄 전기가 항상 대기 중이다.

제어 신호가 들어와서 전자접촉기가 작동되면 접점을 통하여 솔레노이드로 전기가 들어가게 되는 것이다. 엘리베이터 설계에서는 브레이크 압축 스프링을 개방할 수 있는 전기를 설정한다. 예를 들어 브레이크를 개방하는 데 110V가 필요하다면, 전자접촉기를 통하여 항상 110V가 안정적으로 출력되어야 한다. 그런데 사용을 하다 보면 전자접촉기의 접점에 마모가 발생한다. 최악의 경우 접점이 융착되어 붙어 버리면 사고로 이어질 수 있다.

05 다음 중 글에 대한 설명으로 옳지 <u>않은</u> 것을 고르면?

① 엘리베이터는 전기를 이용해 개방에 필요한 힘을 최대화한다.
② 엘리베이터 카가 정지된 상태에서도 전자접촉기에는 전기가 대기 중이다.
③ 브레이크 개방에 필요한 전력은 전자접촉기로 출력되는 전력보다 작아야 한다.
④ 솔레노이드와 전자접촉기의 접점이 완전히 붙어버리면 사고가 발생할 수 있다.
⑤ 개방 시 브레이크 라이닝과 드럼이 접촉된다면 브레이크 능력이 떨어진 것으로 볼 수 있다.

06 다음 중 그림의 ㉠~㉣에 대한 설명으로 적절한 것을 고르면?

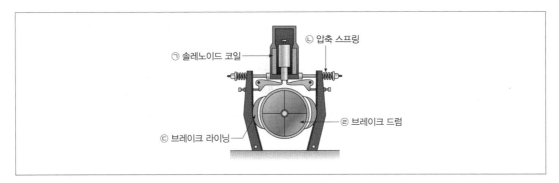

① 엘리베이터 운행 시 ㉡과 ㉢은 완전히 떨어진 상태여야 한다.
② ㉠에 전기를 투입하면 엘리베이터 카가 정지한다.
③ ㉡에서 발생하는 힘으로 ㉣의 위치가 이동한다.
④ ㉢에는 전기적 부품을 통해 전기가 차단 및 투입된다.
⑤ ㉠에 전기 투입 시 발생하는 힘은 ㉡에서 발생하는 힘보다 크다.

[가] 나아가 최근 연구에서는 이러한 공감 경험이 축적된다는 사실도 밝혀졌다. 영장류의 뇌 안에는 일종의 '선행기록부'가 있다는 것이다. 미국 듀크 대학의 스티브 창 박사 연구팀에 따르면, 이타적인 행동을 할 때마다 이를 누적하여 기록하는 부위가 있음을 발견했다. 바로 전두엽 피질 중 전대상회(ACG)라는 부위다. 이 부분은 사회적인 의사결정을 담당하는 한편, 공감을 형성한다. 우리 뇌는 상대방에게 공감을 느끼고 선행을 베풀수록 이를 계속 기억하고 반복하게 하는 방향으로 진화해 온 것이다.

[나] 이러한 연구 결과들은 인간이 왜 전혀 상관없는 사람의 고통에 함께 아픔을 느끼고 도와주려 드는지, 당장 얻을 수 있는 이익보다는 조금은 손해를 보더라도 공공선이라는 가치에 동참하려 하는지 보여준다. 사람을 포함한 영장류는 진화 과정에서 타인에게 돌아가는 보상을 내가 얻는 보상으로 느끼는 능력을 발달시켰다. 덕분에 사회적 활동과 이타적인 행동이 촉진됐으며, 유전자를 공유하는 집단이 한 덩어리로 뭉쳐서 경쟁 우위를 차지하는 데 기여했다. 인간은 여기서 한 걸음 더 나아가 유전적으로 가깝지 않은 집단과 다른 종에 대해서도 호혜적인 이익을 주고받는 능력을 발달시켜서 지금의 문명을 형성했다. 따라서 진화적으로 보면 미닝아웃과 같은 가치소비는 지극히 당연한 행동인 셈이다.

[다] 이에 대한 예로 누군가와 함께 일하는 중에, 상대방이 무거운 책상을 한쪽에서 들어 올리려고 준비하는 것을 봤다고 해 보자. 상대방이 책상을 들어 올리는 행동은 거울 뉴런에 의해 우리 뇌에서 내가 직접 책상을 드는 모습을 떠올리게 하고, 시뮬레이션을 통해 한쪽만 들어서는 책상을 제대로 옮길 수 없다는 결론을 도출하게 한다. 이는 다시 내가 반대쪽에서 균형을 맞춰 책상을 들어 올리는 행동을 촉진한다. 상대방의 행동을 내 행동으로 받아들여서 피드백하는 과정이 계속된 결과, 말 한 마디 없이도 상대방과 정교하게 협력할 수 있다.

[라] 최근 연구에 따르면, 거울 뉴런은 인간이 고등한 정신 활동을 수행할 때 맥락, 나아가서는 상대의 마음을 읽는 모듈로서 기능한다는 사실이 분명해졌다. 무리를 짓는 동물들에게서 흔히 보이듯 여러 개체가 모여 사회를 이룰수록 충돌이 빈번하게 일어난다. 이러한 충돌이 파국으로 치닫지 않고 발전적으로 해소되어야 발전이 누적되어 문명을 형성할 수 있다. 그리고 여기에는 상대방에 대한 이해와 호혜적인 이타주의가 반드시 필요하다. 거울 뉴런은 굳이 말을 주고받음 없이 단지 행동을 관찰하는 것만으로 공동체가 같은 마음 상태를 공유하게 한다. 흔히 하는 말인 '이심전심'의 정체가 거울 뉴런인 셈이다. 이를 통해 사람은 상대방과 자신의 관계를 재구성하고, 맥락에 따라 적절한 반응을 보이는 한편 타인에게 공감하면서 건설적인 교류를 이끌어낸다.

07 다음 중 [가]~[라] 문단을 문맥의 흐름에 따라 순서대로 배열한 것을 고르면?

① [가]-[다]-[나]-[라]

② [가]-[다]-[라]-[나]

③ [다]-[가]-[라]-[나]

④ [라]-[가]-[나]-[다]

⑤ [라]-[다]-[가]-[나]

08 다음 중 글을 읽고 이해한 내용으로 가장 적절한 것을 고르면?

① 협력은 영장류에서만 나타나는 독특한 행동 패턴이다.
② 인간은 영장류에 한하여 호혜적인 이익을 주고받으려는 경향을 보인다.
③ 독립적으로 생활하는 개체일수록 개체끼리 충돌할 확률이 높다.
④ 인간은 언어를 사용하지 않더라도 상대와 공감을 형성할 수 있다.
⑤ 영장류의 진화 과정에서 사회적 활동은 이타적 행동보다 우선되었다.

09 다음은 공공기관 전화상담실에서 볼 수 있는 상황에 관한 글이다. 빈칸 ㉠~㉤에 해당하는 고객 불만 유형이 바르게 짝지어진 것을 고르면?

전국의 5개의 거점 도시에 있는 공공기관 전화상담실에는 전문 지식을 갖춘 상담원이 350여 명 근무하면서 연간 약 500만 건의 크고 작은 고객 문의 및 상담에 응하고 있다. 전화상담실 상담원들은 고객들이 처한 환경과 각자의 성격만큼이나 다양한 형태로 상담을 진행한다. 그중에는 특이한 유형의 고객들도 많다.

첫째는 (㉠) 고객이다. 전화하자마자 급하게 용건을 얘기하고 바로 처리 결과를 요구하는 경우다. 내용 확인 등이 필요한 잠깐의 시간 동안에도 "여보세요"를 반복하며 재촉한다. 조금만 늦으면 "확인해서 △△△－△△△△번으로 전화 주세요."라고 말하고 바로 끊어 버리기도 한다.

둘째는 본래의 용건과는 상관없는 것들을 지적하는 (㉡) 고객이다. 상담원의 목소리를 탓하기도 하고 말꼬리를 잡으며 시비를 걸기도 한다.

셋째는 (㉢) 고객이다. "주민등록번호를 왜 알려 달라는 거야", "이 통장에서 다른 것도 인출하지 않았나"라고 하는 등 의심이 많아 고객이 원하는 상담을 진행하기가 쉽지 않다.

넷째는 (㉣) 고객이다. "내가 말이야 ~인데", "내가 전화 한 통 하면" 등으로 자기 자랑을 하거나 거드름을 피우는 경우다.

다섯째는 (㉤) 고객이다. 특별히 어떤 용건이 있다기보다는 분풀이성 하소연을 하는 경우가 대부분으로 자기 주장이나 요구가 받아들여지지 않으면 분풀이를 함으로써 심리적 보상을 받으려 한다. 감정이 폭발해 울먹이며 신세 한탄을 하기도 하는데, 대부분은 자기 할 말만 하고 전화를 끊어 버린다.

	㉠	㉡	㉢	㉣	㉤
①	빨리빨리형	트집형	의심형	과시형	막무가내형
②	빨리빨리형	의심형	트집형	과시형	막무가내형
③	막무가내형	과시형	의심형	트집형	빨리빨리형
④	막무가내형	트집형	의심형	과시형	빨리빨리형
⑤	트집형	의심형	과시형	막무가내형	빨리빨리형

10 얼마 전 공기 청정기를 구매한 A씨는 제품 작동 시 제품에서 소음이 지속적으로 나는 것을 확인하였다. 주어진 설명서를 보고 A씨가 해야 하는 조치로 적절한 것을 고르면?

공기 청정기 설명서

[주의사항]
- 사용 전에 필터를 감싸고 있는 비닐 포장을 제거해 주세요.
    - 제품 안 필터를 보호하기 위한 비닐이니 사용 전에는 반드시 제거해야 합니다.
- 제품 작동 시 냄새가 심하게 나요.
    - 새 필터에서 냄새가 날 수 있습니다.
    - 냄새가 심한 장소는 필터를 약하게 만들 수 있으니 환기 후 사용해 주세요.
- 탈취 필터는 물 세척을 하지 말아 주세요.
    - 물 세척 시 탈취 성능이 저하될 수 있습니다.
    - 얼룩은 마른 천으로 닦아 주세요. 세척 용품 사용 시 코팅이 벗겨질 수 있습니다.
- 약간의 소음이 발생할 수 있으나 정상 소음입니다.
    - 제품 작동 시 약 10초간의 소음이 발생할 수 있습니다.
- 장시간 오염 상태 버튼이 켜져 있다면 확인해 주세요.
    - 스프레이나 가습기 등의 물기나 빨래의 습기도 오염으로 간주할 수 있습니다.
    - 오염도가 높은 곳인지 확인해 주세요.(예: 부엌)
    - 먼지 센서를 최소 3개월에 한 번씩 청소해 주세요.
- 지속적인 소음이 나요.
    - 먼지 필터에 먼지가 많이 껴 있는 경우 소음이 발생할 수 있으니 청소를 해 주세요.

---

① 먼지 필터에 먼지가 쌓이지 않았는지 살펴본다.
② 탈취 필터를 깨끗이 세척한 후 다시 작동시켜 본다.
③ 습기가 많이 들어가지 않게 습기가 많은 곳은 피한다.
④ 제품이 새것이어서 그럴 수 있으니 하루 이틀 더 지켜본다.
⑤ 사용 장소의 오염도가 높아 그럴 수 있으니 장소를 옮겨 본다.

11 다음 글에서 지켜지지 <u>않은</u> 직업윤리의 기본원칙으로 가장 적절한 것을 고르면?

> K공공기관에서는 정규직 신규 채용을 진행하였다. 총 10명이 응시하였고, 이 중 8명이 서류전형을 통과하였다. 이들을 대상으로 실시한 면접시험에서 A씨가 최종합격자로 선정되었다. A씨는 서류심사에서는 응시자 10명 중 6등으로 간신히 합격했지만, 면접시험에서 가장 높은 점수를 받아 합격하였다. 하지만 나중에 밝혀진 사실에 의하면, A씨를 합격시키기 위해 A씨의 지인이었던 심사위원 중 한 명이 다른 심사위원들에게 압력을 넣은 것으로 확인되었다.

① 객관성의 원칙　　　② 전문성의 원칙　　　③ 공정경쟁의 원칙
④ 고객중심의 원칙　　　⑤ 정직과 신용의 원칙

12 신입사원 A~F가 기획부, 영업부, 홍보부에 2명씩 배정되었다. 각자 자신이 배정받은 부서에 대해 대화를 나누었는데 이 중 홍보부에 배정받은 사람은 반드시 거짓을, 나머지 부서에 배정받은 사람은 반드시 참을 말한다. 다음 [조건]을 바탕으로 영업부에 배정받은 사람들을 바르게 짝지은 것을 고르면?

┤ 조건 ├
- A: "나는 B와 같은 부서야."
- B: "나는 기획부야."
- C: "나는 A와 다른 부서야."
- D: "나는 기획부가 아니야."
- E: "F는 영업부야."
- F: "E는 홍보부야."

① A, B　　　② C, D　　　③ C, E
④ C, F　　　⑤ D, F

13 A사는 설비 교체비용을 본사와 지사가 함께 충당하기로 했다. 본사와 지사는 일정액을 각각 다르게 계약금으로 냈고, 이후 10회에 걸쳐 본사는 계약금의 120%를, 지사는 계약금의 90%를 매회 납부하였다. 이때, 본사와 지사가 계약금을 포함하여 5회까지 낸 금액의 합은 서로 같았고, 최종적으로 본사가 지사보다 1,320천 원 더 납부하였다. 이때, 본사와 지사가 지불한 설비 교체비용의 합을 고르면?(단, 설비 교체비용은 계약금을 포함하여 지불한 총비용이다.)

① 90,800천 원 ② 106,560천 원 ③ 124,520천 원
④ 128,720천 원 ⑤ 143,500천 원

14 다음은 청년내일채움공제에 관한 설명이다. 이를 바탕으로 옳지 <u>않은</u> 것을 고르면?(단, 세금 및 기타 혜택은 고려하지 않는다.)

> 2016년부터 시행된 청년내일채움공제는 중소기업에 취업한 청년이 일정 기간 동안 일정 금액을 적립하면, 정부와 기업이 공동으로 적립해 만기 시 목돈을 마련할 수 있는 제도이다. 2023년 기준, 공제에 가입한 청년이 2년간 400만 원을 적립할 경우 정부와 기업의 지원을 통해 만기 시 총 1,200만 원의 만기 공제금을 받을 수 있고, 기업은 2년간 채용유지지원금을 지원받을 수 있다.

① 가입자가 늘어날수록 기업은 손해이다.
② 워크넷-청년공제 홈페이지를 통하여 신청할 수 있다.
③ 공제에 가입하려면 청년 취업자는 만 15세 이상 34세 이하의 연령 요건을 충족해야 한다.
④ 고용보험 피보험자 수가 5인 이상 50인 미만인 특정 업종의 중소기업을 주 대상으로 지원한다.
⑤ 2023년에 가입하여 지급 요건을 충족한 청년이 2년 근속 시 받을 수 있는 금액은 최소 1,200만 원이다.

15 출판기획팀에서 근무 중인 귀하는 사무실 책장의 책을 재배치하고자 한다. 다음 [조건]을 바탕으로 항상 참인 것을 [보기]에서 고르면?

┤ 조건 ├

창가					

- 책장은 총 6칸으로 되어 있고, 책장 1곳에는 한 분야의 도서만 배치하려 한다.
- 사무실에는 법률, 경제, IT, 무역, 시사, 코딩 분야의 도서가 있다.
- IT, 무역, 시사 분야의 도서는 월간지이고, 나머지 분야의 도서는 월간지가 아니다.
- 책장의 양 끝에는 월간지가 배치되어 있다.
- 법률 관련 도서와 코딩 관련 도서는 무역 관련 도서 책장 양옆에 배치한다.
- 시사 관련 도서보다 창가와 가깝게 배치된 도서가 멀게 배치된 도서보다 많다.
- 경제 관련 도서 양옆에는 코딩 관련 도서와 IT 관련 도서가 배치되어 있다.

┤ 보기 ├

⊙ 코딩 관련 도서보다 창가와 가깝게 배치된 도서가 멀게 배치된 도서보다 많다.
ⓒ 창가에 가장 가까운 책장에는 IT 관련 도서가 배치된다.
ⓒ 법률 관련 도서는 시사 관련 도서 옆에 배치되지 않는다.
ⓔ 월간지는 서로 이웃하여 배치되지 않는다.

① ⊙, ⓒ   ② ⊙, ⓒ   ③ ⊙, ⓔ
④ ⓒ, ⓒ   ⑤ ⓒ, ⓔ

16 다음은 경력개발에 대한 단계별 내용을 요약한 자료이다. ㉠~㉤ 중 적절하지 <u>않은</u> 것을 고르면?

경력개발 단계	내용
직업선택 (0~18세)	• 최대한 여러 직업의 정보를 수집하여 탐색 후 나에게 적합한 최초의 직업 선택 • 조직에 맞는 업무 특성을 파악 ·· ㉠
조직입사 (18~25세)	• 원하는 조직에서 일자리 얻음 • 정확한 정보를 토대로 적성에 맞는 직무 선택 ··· ㉡
경력초기 (25~40세)	• 조직의 규칙과 규범에 대해 배움 ··· ㉢ • 직업과 조직에 적응해 감 • 역량(지식, 기술, 태도)을 증대시키고 꿈을 추구해 나감 ······················· ㉣
경력중기 (40~55세)	• 경력초기를 재평가하고 조금 더 업그레이드 된 꿈으로 수정함 • 성인 중기에 적합한 선택을 하고 지속적으로 열심히 일함
경력말기 (55세~퇴직)	• 지속적으로 열심히 일함 • 자존심 유지 • 퇴직 준비의 자세한 계획(경력중기부터 준비하는 것이 바람직) ······················· ㉤

① ㉠   ② ㉡   ③ ㉢

④ ㉣   ⑤ ㉤

17 다음과 같이 MS Excel을 활용하여 [A1], [A2], [A3] 셀의 값을 각각 [E1], [E2], [E3] 셀까지 드래그하고자 한다. 이에 대한 설명으로 옳은 것을 고르면?

◢	A	B	C	D	E
1	1				
2	1구역1호				
3	1일				

① [A1]~[A3] 셀을 각각 따로 드래그하면, 셋 중 한 개의 셀 값만 변동된다.

② [A1]~[A3] 셀을 동시에 드래그하면, [E1]~[E3] 셀에는 각각 '5', '1구역5호', '5일'이 입력된다.

③ '1구역'과 '1호'를 띄어 쓴 후 드래그하면, 기존에 붙여 쓴 경우와 드래그한 값과 달라진다.

④ [A2] 셀을 오른쪽으로 드래그하면, 2구역1호, 3구역1호, 4구역1호, 5구역1호의 값이 차례로 입력된다.

⑤ 드래그를 통해 [E1] 셀에 '5'가 입력될 수 있는 방법은 [B1] 셀에 '2'를 입력하여 [A1], [B1] 셀을 함께 드래그하는 것뿐이다.

18 E사는 회사 사옥을 이전하게 되어 테이블을 주문 제작하려고 한다. [판재 제작 단가표]를 참고하여 직육면체의 구조물에 가로와 세로 길이가 다르고, 두께가 100mm인 판재 2장을 위, 옆으로 연결하는 모양으로 주문 제작하려고 할 때, 테이블 1개당 제작비용이 얼마인지 고르면?(단, 판재의 소재는 PB이며, 코팅이 되어야 한다.)

[판재 제작 단가표]

구분	기본	소재	코팅
조건	부피 1m³당	PB (부피 1m³당)	유 (판재 1개당)
가격	420,000원	80,000원 추가	52,000원 추가

※ 직육면체 구조물 제작 단가는 소재나 코팅 유무에 상관없이 부피 1m³당 400,000원임

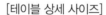

[테이블 상세 사이즈]

(단위: mm)

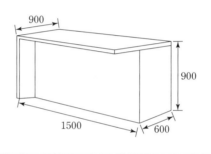

① 396,000원   ② 426,000원   ③ 448,000원
④ 498,000원   ⑤ 500,000원

19 기업 행사에 참여한 직원 50명에게 1부터 50까지의 번호를 부여한 후, 다음 [조건]과 같은 게임을 진행하여 마지막에 서 있는 직원들에게 상품을 증정하려고 한다. 이때, 상품을 받는 직원 수를 고르면?

조건

[1] 50명의 직원 모두가 선다.

[2] 2의 배수의 번호를 가진 직원은 모두 앉는다.

[3] 3의 배수의 번호를 가진 직원 중에서 서 있는 직원은 앉고, 앉아 있는 직원은 선다.

[4] 4의 배수의 번호를 가진 직원 중에서 서 있는 직원은 앉고, 앉아 있는 직원은 선다.

　　⋮

[50] 50의 배수의 번호를 가진 직원 중에서 서 있는 직원은 앉고, 앉아 있는 직원은 선다.

---

① 5명　　　　　　② 6명　　　　　　③ 7명
④ 8명　　　　　　⑤ 9명

20 다음 글의 내용 전개 방식으로 가장 적절한 것을 고르면?

중국의 판다 외교는 초기에 국가 간 우호 증진의 상징으로 여겨졌으나, 그 이면에 숨겨진 정치적·경제적 의도가 점차 비판받고 있다. 판다 외교가 중국의 정치적 영향력을 확장하고, 경제적 이익을 취하기 위한 도구로 사용되고 있다는 지적이 제기되고 있다.

1950년대 마오쩌둥 시절부터 시작된 판다 외교는 1984년 이후 임대 방식으로 변경되었다. 현재 판다 임대료는 연간 약 100만 달러에 달하며, 이는 중국에 막대한 경제적 이익을 안겨준다. 예를 들어, 에든버러 동물원은 2011년에 중국과 10년 계약을 체결하고 판다 두 마리를 임대 받아 경제적, 학술적 교류를 강화하고 관광 수익을 증대시켰다. 이는 에든버러 동물원에게만 긍정적일 뿐 아니라, 중국에도 막대한 외교적, 경제적 이익을 제공한다.

정치적 측면에서 중국은 판다 임대를 외교적 지렛대로 사용하며, 특정 국가들에게 정치적 양보를 요구하기도 한다. 2012년 일본과의 센카쿠 열도 분쟁 당시 중국이 일본과의 판다 임대 계약을 연장하지 않은 것은 이를 보여주는 대표적인 사례이다.

또한, 윤리적 문제도 있다. 판다는 국제적으로 보호받아야 할 멸종위기종으로 인위적인 환경에서 생활하는 것이 바람직하지 않다는 비판이 있다. 일부 동물보호단체는 판다가 외교적 도구로 이용되는 것은 윤리적으로 부적절하며, 자연 서식지에서 보호되어야 한다고 주장한다.

2015년 국제자연보전연맹(IUCN)은 판다를 멸종 위기에서 취약으로 분류를 변경했다. 이는 중국의 보전 노력의 성과로 볼 수 있지만, 판다 외교의 정치적·경제적 목적이 감춰져 있다는 비판은 여전하다. 판다 임대 계약은 대부분 10년 단위로 체결되며, 번식에 따라 추가 비용이 발생하기도 한다. 이는 임대국에게는 경제적 부담으로 작용하지만 중국에게는 추가적인 경제적 이익을 제공한다.

결론적으로, 중국의 판다 외교는 단순한 우호 증진을 넘어 정치적·경제적 이익을 극대화하려는 전략적 도구로 활용되고 있다. 따라서 판다 외교의 이면에 숨겨진 정치적 의도와 경제적 이익을 비판적으로 바라볼 필요가 있다.

① 문제 배경 — 역사적 상황 — 사례 분석
② 사실 나열 — 반박 — 대안 제시
③ 문제 제기 — 사례 제시 — 견해 도출
④ 주제 제시 — 사례 비판 — 결론 도출
⑤ 서론 — 찬반 논쟁 — 결론

[21~22] 다음은 K공기업의 경력직 직원 채용에 대한 자료이다. 이를 바탕으로 이어지는 질문에 답하시오.

K공기업에서는 지원자 A~I를 아래 기준에 따라 평가하였다.

[지원자 A~I의 항목별 점수]

지원자	경력(년)	어학성적(점)	포트폴리오(등급)	필기시험 점수(점)	면접 점수(점)
A	2	785	S	88.5	10
B	1	915	A	88	9
C	5	845	A	80	8
D	6	775	B	76	9
E	5	810	B	91.5	9
F	6	885	S	87.5	8
G	2	970	A	98.5	9
H	7	950	C	90	10
I	3	910	B	97	9

• 경력은 1년당 1점으로 환산한다.
• 어학성적은 950점 이상 10점, 900점 이상 950점 미만 9점, 800점 이상 900점 미만 8점, 800점 미만 7점으로 환산한다.
• 포트폴리오는 S등급 10점, A등급 9점, B등급 8점, C등급 7점으로 환산한다.
• 필기시험 점수는 95점 이상 10점, 90점 이상 95점 미만 9점, 85점 이상 90점 미만 8점, 80점 이상 85점 미만 7점, 80점 미만 6점으로 환산한다.
• 면접 점수는 그대로 반영한다.
• 아래 [조건]에 따라 총점이 높은 직원 2명을 채용한다.

[조건]
• 경력이 3년 이상인 직원만 채용한다.
• 포트폴리오 점수가 B등급 이상인 직원만 채용한다.
• 다섯 항목의 환산 점수 총점이 가장 높은 직원 2명을 채용한다. 이때, 총점이 동일한 경우 경력이 더 긴 직원을 채용한다. 경력이 동일한 경우 포트폴리오 점수가 더 높은 직원을 채용하고, 포트폴리오 점수도 동일한 경우 면접 점수가 더 높은 직원을 채용한다.

21 다음 중 채용된 직원들을 바르게 나열한 것을 고르면?

① E, F   ② E, I   ③ F, G
④ F, H   ⑤ F, I

22 다음 중 자료에 대한 설명으로 옳지 <u>않은</u> 것을 고르면?

① 지원자 C의 경력이 2년 더 길었다면 지원자 C가 합격한다.
② 지원자 G의 경력이 1년 더 길었다면 지원자 G가 합격한다.
③ 지원자 B의 경력이 2년 더 길더라도 지원자 B는 불합격한다.
④ 지원자 D의 포트폴리오 등급이 S였다면 지원자 D가 합격한다.
⑤ 지원자 A의 어학성적이 200점 더 높아도 지원자 A는 불합격한다.

23 다음 두 사례에서 시사하는 '직업윤리와 개인윤리의 조화'에 대한 설명으로 옳은 것을 [보기]에서 모두 고르면?

[사례1]

A는 경찰이다. 어느 날 신호위반을 단속하다가 신호위반차량을 발견했다. 차를 멈추게 한 후 운전자를 확인해 보니 그는 A의 고등학교 친구였다. 친구는 A에게 안부 인사를 건넨 후 실수로 신호를 위반했다며 한 번만 봐달라고 부탁한다. A는 이를 어떻게 처리해야 할지 잠시 고민한다.

[사례2]

B는 대학병원 의사이다. 얼마 전 중환자실에 들어 온 환자를 응급조치 후 수술 일정을 잡았는데, 알고 보니 이 환자는 살인범이라고 한다. 경찰과의 사투 중 큰 사고를 당해 일단 병원으로 이송되어 온 것이다. 의사의 본분이 누구든 치료가 필요한 사람이라면 치료하고 생명을 살리는 일에 최선을 다하는 것이라지만, 다른 사람들의 생명과 안전을 위협한 환자라고 생각하니 어떤 결정을 내려야 할지 고민이 된다.

┤ 보기 ├

㉠ 개인의 권한으로 공동의 재산이나 정보가 관리되므로 개인윤리는 직업윤리보다 더 높은 기준의 윤리의식을 요구한다.

㉡ 직장이라는 특수한 상황에서 형성되는 집단적 인간관계는 가족관계나 개인적 선호에 의한 친분관계와는 다르다.

㉢ 특수한 직무 상황에서는 개인적 덕목 차원의 일반적인 상식과 기준으로는 문제해결이 어려운 경우가 많다.

㉣ 직업 상황에서는 많은 사람이 관련된 경우가 대부분이므로 맡은 역할에 책임지고 완수하는 자세가 필요하며, 정확하고 투명하게 일을 처리해야 한다.

① ㉠, ㉢   ② ㉡, ㉣   ③ ㉢, ㉣

④ ㉠, ㉡, ㉢   ⑤ ㉡, ㉢, ㉣

24 다음 [조건]을 바탕으로 회로 1팀, 회로 3팀, 회로 5팀의 일요일 출근 인원의 합을 고르면?

┤ 조건 ├

• L기업의 각 팀의 팀원 수는 다음과 같다.

구분	회로 1팀	회로 2팀	회로 3팀	회로 4팀	회로 5팀
팀원 수	12명	10명	11명	14명	13명

• 긴급 이슈가 발생하여 전원 토요일과 일요일 중 하루를 골라 출근해야 한다.
• 토요일에 출근한 전체 인원은 35명이고, 각 팀의 토요일 출근 인원은 모두 다르다.
• 토요일에 가장 많이 출근한 팀은 회로 4팀으로 9명이 출근했고, 일요일에 가장 적게 출근한 팀은 3명이 출근했고 1개 팀이다.
• 일요일 출근 인원이 가장 많은 팀은 회로 1팀과 회로 3팀으로 출근 인원 수는 같다.

① 14명 ② 15명 ③ 16명
④ 17명 ⑤ 18명

[25~26] 다음 글을 읽고 이어지는 질문에 답하시오.

C사는 음료 제조회사이다. 신제품 시장출시를 앞두고 시장조사부터 상품기획, 소비자 반응 조사까지 모든 준비 작업을 기획하느라 전 직원이 정신없이 바쁜 일과를 보내고 있다. 마케팅팀 담당자인 엄 대리는 모든 준비 과정을 일목요연하게 정리하여 팀별 업무 진행 정도를 확인하고자 아래와 같은 자료를 작성하였다.

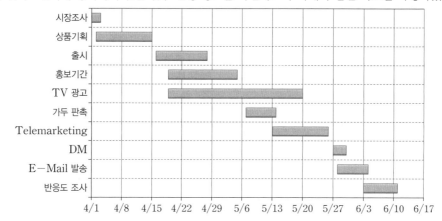

25 다음 중 엄 대리가 마케팅 준비 과정을 정리하기 위하여 작성한 위와 같은 자료의 명칭으로 적절한 것을 고르면?

① 워크 플로 시트   ② 체크리스트   ③ 과업세부도
④ 대차대조표   ⑤ 간트 차트

26 다음 중 엄 대리가 25번 문제에서 준비한 자료를 통해 업무를 진행할 때 예상할 수 있는 마케팅팀의 업무 특징으로 적절한 것을 고르면?

① 일의 흐름을 동적으로 보여 주는 데 효과적이다.
② 단계별로 소요되는 시간과 각 업무활동 사이의 관계를 효과적으로 알 수 있다.
③ 각 활동별 소요된 경비와 잔여 경비를 쉽게 파악할 수 있어 예산 절감에 효과적이다.
④ 업무를 세부적인 활동들로 나누고 활동별로 기대되는 수행 수준을 달성했는지 확인하는 데에 효과적이다.
⑤ 혼자 처리할 수 있는 일과 다른 사람의 협조를 필요로 하는 일, 주의해야 할 일 등 업무를 특성별로 구분할 수 있다.

27 다음 [표]와 보고서는 경제활동가능인구 및 경제활동인구에 관한 자료이다. 이에 대한 설명으로 옳지 않은 것을 고르면?

[표] 국가별 경제활동가능인구 및 경제활동인구 (단위: 천 명)

구분	2016년		2017년		2018년		2019년		2020년	
	경제활동 가능인구	경제활동 인구	경제활동 가능인구	경제활동 인구	경제활동 가능인구	경제활동 인구	경제활동 가능인구	경제활동 인구	경제활동 가능인구	경제활동 인구
한국	43,606	27,418	43,931	27,748	44,182	27,895	44,504	28,186	44,785	28,012
일본	110,780	66,480	111,080	67,200	111,010	68,300	110,920	68,860	110,800	68,680
캐나다	29,587	19,441	29,902	19,663	30,290	19,813	30,739	20,200	31,156	19,947
미국	253,538	159,187	255,079	160,320	257,791	162,075	259,175	163,539	260,329	160,742
프랑스	52,942	29,550	53,178	29,587	53,395	29,700	53,600	29,626	53,811	29,346
독일	70,551	43,041	70,715	43,285	70,790	43,382	70,694	43,773	70,405	43,367
이탈리아	52,058	25,770	52,053	25,930	52,027	25,970	51,993	25,941	51,977	25,214
영국	52,827	33,247	53,113	33,412	53,426	33,701	53,727	33,964	—	—

보고서

　경제활동가능인구는 만 15세 이상의 인구이다. 경제활동가능인구 중 재화나 용역을 생산하기 위해 노동을 제공할 의사와 능력이 있는 사람은 경제활동인구라 하고, 경제활동인구는 현재 취업 상태에 있는지 여부에 따라 취업자와 실업자로 구분된다.

　취업자는 매월 15일이 포함된 1주일 동안에 수입을 목적으로 1시간 이상 일한 사람과 본인 또는 가족이 소유·경영하는 농장이나 사업체에서 주당 18시간 이상 일한 무급 가족종사자를 뜻한다. 그밖에 일정한 직장이나 사업장은 가지고 있으나, 일시적인 질병, 일기불순, 휴가, 노동쟁의 등의 사유로 조사 기간 중에 일을 하지 않은 사람도 취업자로 분류되며, 실업자는 매월 15일이 포함된 1주일 동안에 적극적으로 일자리를 구해 보았으나, 1시간 이상 일을 하지 못한 사람으로서 즉시 취업이 가능한 사람을 말한다.

　비경제활동인구는 만 15세 이상 인구 중 취업자도 실업자도 아닌 사람, 즉 일할 능력은 있어도 일할 의사가 없거나 일할 능력이 없는 사람, 이를테면 집안에서 가사에 종사하는 가정주부, 학생, 연로자와 불구자, 자발적으로 자선사업이나 종교단체에 관여하고 있는 사람을 말한다. 경제활동가능인구에 대한 경제활동인구의 비율을 경제활동참가율이라 한다.

① 2020년 경제활동참가율은 한국이 미국보다 높다.
② 영국을 제외하고, 캐나다의 만 15세 이상 인구가 매년 가장 적다.
③ 2018년 경제활동참가율은 프랑스가 독일보다 5.5%p 이상 높다.
④ 영국을 제외하고, 2017~2020년 미국의 전년 대비 경제활동인구 증감 추이와 동일한 국가는 총 4개이다.
⑤ 이탈리아의 만 15세 이상 인구 중 경제활동인구가 차지하는 비중은 2018년과 2019년 각각 52% 미만이다.

28 다음 [그래프]는 경기도 내 신축 아파트 가구 및 건축 주택 수에 관한 자료이다. 이에 대한 [보기]의 설명으로 옳은 것의 개수를 고르면?

[그래프1] 2017~2019년 경기도 내 신축 아파트 가구 수 (단위: 호)

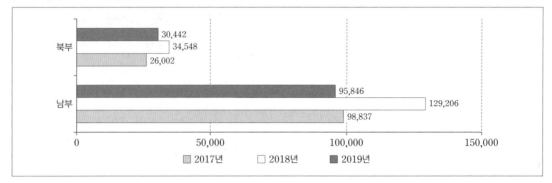

[그래프2] 2017~2019년 경기도 내 신축 아파트 가구 수 상위 10개 지역 (단위: 호)

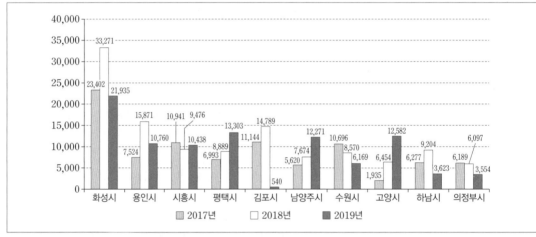

* 고양시, 남양주시, 의정부시는 경기도 북부에 속하며, 그 외의 지역은 경기도 남부에 속함

[그래프3] 연도별 경기도 내 건축 주택 수 (단위: 호)

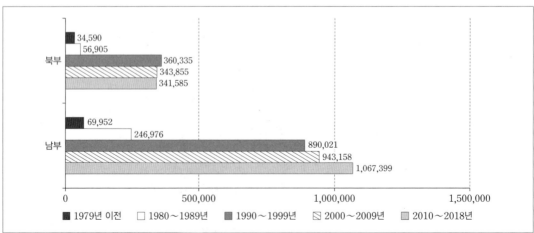

┤ 보기 ├

ⓐ 2017~2019년 동안 경기도 남부의 신축 아파트 가구 수는 매년 경기도 북부의 3배 이상이다.

ⓑ 2018년 화성시 신축 아파트 가구 수는 경기도 북부의 95% 이상이다.

ⓒ 2018~2019년 동안 경기도 내 신축 아파트 가구 수 상위 10개 지역 중 가구 수가 매년 전년 대비 30% 이상 증가한 곳은 경기도 북부가 2곳, 경기도 남부가 1곳이다.

ⓓ 경기도에서 2010~2018년 건축된 주택 수는 1979년 이전에 건축된 주택 수의 13배 이상이다.

ⓔ 2017~2019년 동안 경기도 북부의 신축 아파트 가구 수는 2018년까지 건축된 경기도 북부 주택 수의 10% 미만이다.

① 1개   ② 2개   ③ 3개
④ 4개   ⑤ 5개

29 다음 글의 빈칸에 들어갈 말로 가장 적절한 것을 고르면?

기술의 발전과 이에 따른 간편한 결제방식은 분명 우리에게 편리함을 가져다준다. 하지만 눈부신 기술 발전 속에서 우리가 놓치는 부분이 있다. 현금사용이 줄면서 현금공급 창구가 줄어들고, 결국 국민의 현금접근성이 약화된다는 점이다. 스웨덴, 영국, 뉴질랜드 등에서는 은행들이 현금사용 감소에 따른 현금취급비용 증가를 우려해 주요 현금공급 창구인 지점 및 ATM 수를 축소하여 국민들의 현금접근성은 떨어지고 있다.

이처럼 현금접근성이 약화되면 주로 현금을 사용하는 고령층, 장애인, 저소득층, 벽지지역 거주자 등 취약계층의 금융소외와 소비활동 제약 문제가 심화될 우려가 있다. 현금 없는 사회의 그림자는 이뿐만이 아니다. 현금사용 감소에 따른 수익성 악화로 화폐유통시스템 주요 참가 기관들이 화폐취급업무를 축소해 경제적거래 등에 현금사용을 보장하는 공적 화폐유통시스템이 약화될 수 있다.

화폐유통시스템은 규모의 경제가 작용하는데, 최근 현금사용 감소로 화폐취급업무가 줄고 화폐인프라(금고, 자동정사기 등)에 대한 투자도 위축되면서 소매점에서 현금사용을 배제하는 사례가 늘고 있다. 영국은 현금 없는 사회가 진전되면서 은행 지점 폐쇄, ATM 축소, 현금수송업체 수익 악화 등으로 인한 화폐유통시스템의 약화를 겪고 있다. 영국에서는 화폐유통시스템 운영비용 대부분을 은행, 소매점 등 민간업체들이 부담하고 있어 향후 (   )

이러한 사례는 우리나라에도 시사하는 점이 많다. 우리나라도 현금 없는 사회로의 진행 과정에서 취약계층의 금융소외 및 소비활동 제약, 공적 화폐유통시스템 약화 등의 문제가 나타나지 않도록 미리 필요한 대응책을 마련할 필요가 있다. 국민들의 화폐사용에 어떠한 불편도 초래해서는 안 된다는 인식이 필요한 것이다.

① 화폐취급비용이 감소할 경우 공적 화폐유통시스템이 더욱 약화될 우려가 있다.
② 화폐취급비용이 감소할 경우 민간의 화폐취급업무가 더욱 확대될 우려가 있다.
③ 화폐취급비용이 증가할 경우 공적 화폐유통시스템이 더욱 강화될 우려가 있다.
④ 화폐취급비용이 증가할 경우 민간의 화폐취급업무가 더욱 축소될 우려가 있다.
⑤ 화폐취급비용의 증가와 관계 없이 민간의 화폐취급업무가 더욱 축소될 우려가 있다.

30 다음은 홀랜드의 직업선호도검사도구를 도식화한 자료이다. 이를 바탕으로 유형별 특성에 맞는 직업이 올바르게 연결되지 <u>않은</u> 것을 고르면?

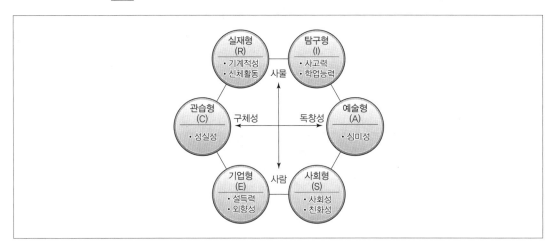

① 실재형: 기술자, 정비사
② 탐구형: 경제학자, 생물학자
③ 사회형: 교사, 간호사
④ 기업형: 변호사, 공인중개사
⑤ 관습형: 종교지도자, 상담가

[31~32] 다음은 △△공단의 문서관리 규정 일부에 관한 자료이다. 이를 바탕으로 이어지는 질문에 답하시오.

문서관리 규정

1. 문서의 식별

품질문서에는 문서번호, 제·개정일자, 개정번호 페이지 등을 기재해 식별이 가능하게 해야 하며, 다음과 같이 분류 및 번호를 부여한다.

1) 대분류

구분	대분류	기호
1	품질 매뉴얼	SM
2	품질 절차서	QP
3	지침서	QI

2) 중분류

중분류는 대분류에 대한 세부 분류로서 부분별로 아라비아숫자 1~100까지의 숫자로 문서분류 번호부여 체계에 따라 번호를 붙인다.

$$00 - 000$$
중분류
대분류

2. 문서 및 자료의 등록

승인권자가 최종 승인한 문서 및 자료는 해당 부서에서 문서등록대장에 등록 기재한다.

3. 문서의 배포 및 회수

1) 문서는 품질 시스템이 효과적으로 수행되기 위해 배포처를 선정하고, 주관 부서장이 문서배포대장에 기록 후 배포·관리한다.
2) 문서배포대장에는 배포 문서 및 자료를 관리본 또는 비관리본으로 구분해 명시하여야 한다.
   (관리본에는 관리번호를 표시하여 식별하며, 비관리본은 관리번호를 표시하지 않는다.)

4. 문서의 개정

1) 문서의 개정 동기가 발생할 경우 개정부서에서 개정 사유를 첨부한 개정안을 입안하여 별도의 지정이 없는 한 최초 문서의 발행 절차와 동일한 과정을 거쳐 검토·승인되어야 한다.
2) 개정된 문서에는 개정번호와 개정 일자를 표시하여 식별이 가능하도록 한다.
3) 관리본 문서 및 자료의 개정본은 문서배포대장에 따라 이미 관리본 문서 또는 자료가 배포된 모든 배포처에 배포되어야 한다.

5. 문서의 폐기

1) 문서 및 자료의 사용 부서는 모든 관리본 문서 또는 자료의 개정으로 인해 발생된 구본 문서 및 자료를 문서 관리부서로 이관한다. 문서 관리부서는 폐기 후 문서배포대장의 해당 문서란을 두 줄로 긋고 날인한 후 일련번호순에 따라 개정·배포된 문서 및 자료를 다시 기록하여야 한다.

2) 해당 부서는 문서 접수 대장에 문서 관리부서로 이관시킨 폐기 문서나 자료는 두 줄로 긋고 날인 후, 새로 접수받은 문서나 자료를 일련번호 순에 따라 기록한다.

3) 폐기된 문서를 법적 및 지식 보존 목적으로 보유하고자 할 때는 붉은 글씨로 "법적, 지식 보존용"이라고 표시하여 원본 관리부서로 이관한다.

31 다음 중 주어진 자료와 같은 문서의 종류에 관한 설명으로 가장 적절한 것을 고르면?

① 내용이 정확해야 하며, 전문용어로 쓰여야 한다.

② 설계상 결함이나 위험 요소를 대변해서는 안 된다.

③ 특정 제품에 대한 모든 것을 명확하게 확인할 수 있어야 한다.

④ 안전한 사용법과 사용 중 해야 할 일 또는 하지 말아야 할 일까지 정의해야 한다.

⑤ 어떤 일의 진행 방식 등을 여러 사람이 보고 따라할 수 있도록 표준화하여 설명하는 문서이다.

32 다음 [보기]의 내용 중 옳지 <u>않은</u> 것을 모두 고르면?

┤ 보기 ├

㉠ 문서에 분류 및 번호를 부여할 때, 총 300종류의 분류를 만들 수 있다.

㉡ 관리본에는 관리번호를 표시하여 식별하며, 비관리본은 관리번호를 표시하지 않는다.

㉢ 관리본 문서 및 자료의 개정본은 문서배포대장에 따라 이미 관리본 문서 또는 자료가 배포된 모든 배포처에 배포되어야 한다.

㉣ 문서는 품질 시스템이 효과적으로 수행되기 위해 배포처를 선정하고, 배포 후 주관 부서장이 문서배포대장에 기록한다.

㉤ 문서 및 자료의 사용 부서는 모든 관리본 문서 또는 자료의 개정으로 인해 발생된 구본 문서 및 자료를 원본 관리부서로 이관한다.

① ㉠, ㉡   ② ㉠, ㉤   ③ ㉡, ㉢

④ ㉢, ㉣   ⑤ ㉣, ㉤

국민연금공단이 포스코 그룹의 지주사 체제 전환을 위한 물적 분할안에 찬성표를 던지기로 했다. 최대 주주인 국민연금이 찬성 의견을 밝히면서 지주사 전환을 핵심으로 한 포스코 그룹의 지배구조 개편이 '9부 능선'을 넘었다.

국민연금은 24일 수탁자책임전문위원회 회의를 열어 포스코가 물적 분할을 통해 지주사인 포스코홀딩스(존속법인)와 철강사업회사인 포스코(신설법인)로 나뉘는 안건에 찬성하기로 했다고 발표했다. 9명의 수탁위원 가운데 과반인 6명이 찬성 의견을 내면서 결론이 났다.

포스코 그룹은 지난해 12월 이사회를 열어 지주사 체제로의 전환 계획을 밝혔다. '철강사'라는 꼬리표를 떼고 2차전지, 수소 등 신성장 사업을 육성하기 위해 철강 사업을 자회사로 분리하고 지주사는 신사업을 발굴, 투자하는 역할을 해야 한다는 취지에서이다.

분할 방식으론 지주사가 사업 회사의 지분 100%를 소유하는 물적 분할을 선택했다. 분할 사업 회사인 포스코는 비상장사로 두기로 했다. 수소, 리튬, 니켈 등 향후 지주사 산하에 신규 설립될 신사업 법인도 상장하지 않겠다는 방침을 밝혔다. 물적 분할한 자회사를 상장하는 '중복 상장'에 대한 주주들의 우려를 불식시키기 위해서이다.

이번 안건은 최대 주주인 국민연금(지분율 9.75%)이 '키'를 쥐고 있었다. 포스코 지분을 5% 이상 보유한 주주는 국민연금을 제외하면 블랙록(5.23%)뿐이다. 포스코는 오는 28일에 열리는 임시주주총회에서 이 안건을 통과시키기 위해 발행 주식 총수의 3분의 1 이상, 출석 주주 3분의 2 이상의 동의를 얻어야 한다.

ISS, 글래스루이스, 한국ESG연구소 등 국내외 주요 의결권 자문사가 대부분 찬성을 권고하면서 52.7%에 달하는 외국인 주주들의 표심은 찬성으로 기운 상황이다. 여기에 최대 주주 국민연금까지 찬성을 결정하면서 안건 통과 가능성은 크게 높아졌다.

국민연금은 최근 수년간 국내 기업의 물적 분할 안건에 잇달아 반대표를 던졌다. 2020년 LG화학의 배터리 사업 분할 건과 지난해 SK이노베이션의 배터리사업 분할 건 등이 여기에 해당한다. 국민연금은 당시 "물적 분할로 지분가치가 희석돼 주주가치가 훼손될 우려가 있다"는 논리를 폈다. 이 때문에 일각에서는 이번에도 반대표를 행사할 것이라는 예상이 나왔지만 수탁위는 기존 예상과 다른 결정을 내렸다.

28일 지주사 전환이 확정되면 포스코 그룹은 지주사 체제에 맞는 조직 개편 및 주요 임원 인사를 할 계획이다. 2차전지를 비롯해 리튬, 니켈, 수소 등 신사업에 대한 투자도 이뤄질 전망이다.

33 다음 중 글의 제목으로 가장 적절한 것을 고르면?

① 포스코 그룹, 물적 분할 성공
② 국민연금, 포스코 물적 분할 찬성
③ 국민연금, 포스코 물적 분할 반대
④ 포스코 그룹, 국민연금에 물적 분할 요청
⑤ 포스코 그룹, 조직 개편 및 주요 임원 인사 예정

34 다음 중 글의 내용과 일치하는 것을 고르면?

① 포스코 그룹은 신규 설립될 신사업 법인을 상장할 예정이다.
② 포스코 그룹의 지분을 두 번째로 많이 가지고 있는 곳은 블랙록이다.
③ 포스코 그룹의 물적 분할에 대해 외국인 주주들은 우려를 표하고 있다.
④ 포스코 그룹은 신성장 사업의 육성을 위해 철강 사업을 포기하고자 한다.
⑤ 포스코 그룹의 물적 분할에 대해 국민연금이 찬성할 것을 모두 예상하고 있었다.

35 다음 사례를 통해 K씨가 시간 계획을 제대로 지키지 못하는 원인을 추론하였을 때, 가장 거리가 먼 것을 고르면?

> K씨는 자신이 맡은 일을 효율적으로 하기 위해서 나름대로 시간 계획을 세운다. ○○시 ○○분부터 ○○분까지는 어떠한 일을 하고, ○○분부터 ○○분까지는 어떠한 일을 할 것이라는 계획을 세우지만, 실제로는 급한 업무가 없는 경우에도 대부분 계획을 지키지 못하고 있다. 시간 계획만 세우면 계획한 대로 일이 진행될 것으로 기대한 K씨는 무엇이 어떻게 잘못된 것인지 도저히 알 수 없어 직장 상사를 찾아 조언을 얻고자 한다.

① 명확한 목표 없이 계획을 세웠을 것이다.
② 업무의 진척도가 측정 가능하도록 계획을 세우지 않았을 것이다.
③ 현실성이 부족하고 실천하기 어려운 계획이 포함되었을 것이다.
④ 해당 시간대에 해야 할 일들의 우선순위를 설정하지 않았을 것이다.
⑤ 직장 동료들의 업무 요청이 많아 계획을 실행할 시간을 확보하지 못했을 것이다.

36 다음은 사물인터넷(IoT) 프로젝트를 실시하기 위한 회의의 대화 내용 중 일부이다. A~E직원 중 간접비용에 관하여 언급한 직원을 고르면?

① A직원: 이번 프로젝트와 관련하여 임베디드 시스템을 구축하기 위해선 직원들이 현재 사용하고 있는 컴퓨터가 아닌 새로운 컴퓨터를 몇 대 구입할 필요가 있습니다.

② B직원: 이 프로젝트는 다양한 네트워크 사용이 필수인 만큼 현재 사용하는 인터넷 망으로는 부족합니다. 그러니 다양한 인터넷 망을 사용하는 ○○업체를 이용해야 합니다.

③ C직원: IoT는 인공지능과 연결되어 있으므로 일반적인 프로그래머보다는 인공지능 개발 경력이 풍부한 전문가를 채용할 필요가 있습니다.

④ D직원: 경쟁업체들은 해외 업체들과 MOU를 통해 이 사업을 실시하고 있으니 저희 역시 이 프로젝트 관련 직원들의 해외 출장이 불가피해 보입니다.

⑤ E직원: 아무래도 주변 환경의 변화를 측정하기 위해선 여러 가지 센서들을 부착할 필요가 있습니다. 즉, 안정적인 센서 작동을 위한 장비 및 프로그램을 구매해야 합니다.

37 다음 [표]는 ○○카페의 판매 가격 및 비용에 관한 자료이다. 이를 바탕으로 [보기]의 대화 내용 중 올바르게 말한 사람으로만 묶인 것을 고르면?

[표] ○○카페의 메뉴별 판매 가격 및 비용 (단위: 원)

구분	판매 가격	재료비				
		원두 (400원)	우유 (800원)	A시럽 (300원)	B시럽 (200원)	C시럽 (700원)
드립커피	3,200	○		×	×	×
카페라테	3,700	○	○	×	×	×
돌체라테	4,800	○	○	○	×	×
아인슈페너	4,700	○	○	×	○	×
생과일주스	5,300	×	○	○	×	○

※ 재료 사용 유무에 따라 ○ 또는 × 표시
※ (메뉴별 판매 이익)=(메뉴별 판매 가격)−(메뉴별 재료비)−(판관비)
※ 판관비는 메뉴별 판매 가격에서 메뉴별 재료비를 제한 값의 50%임

┌─ 보기 ├─

- 지훈: 모든 메뉴는 판매 시 재료비보다 판관비가 더 크다.
- 재석: 재료비가 오를수록 판관비는 줄어든다.
- 미주: 돌체라테와 아인슈페너의 판매 이익이 동일하려면 판매 수량이 달라야 한다.
- 태희: 생과일주스 80잔을 판매했을 때의 판매 이익과 동일하려면 카페라테 112잔을 팔아야 한다.

① 지훈, 재석   ② 재석, 미주   ③ 지훈, 미주
④ 재석, 태희   ⑤ 미주, 태희

38 다음의 두 사례를 통해 알 수 있는 팀워크에서 가장 중요한 요소를 고르면?

[사례 1] 야구선수인 팅커와 에버스는 최초로 병살 플레이를 성공시켰고, 이후로도 뛰어난 플레이를 통해 팀을 네 번이나 페넌트 레이스에 진출하는 데 기여했다. 하지만 팅커와 에버스는 사이가 좋지 못한 정도가 아니라 서로 증오하는 사이였다. 1905년에 경기장에서 다툼이 생겨 서로 주먹질을 했고 그로부터 33년 후, 함께 라디오에 출연할 때까지 서로 단 한마디도 하지 않았다.
그럼에도 두 사람은 언제나 서로의 실력을 인정했고 뛰어난 선수로서 서로를 지목하기도 하였다.

[사례 2] 1988년 미국의 '크라이슬러'와 독일의 '다임러'가 합병하며 세계적으로 이목이 집중되었다. 합병 발표 당시 '천상의 결혼(Marriage in Heaven)'이라는 평가를 받기도 하였다. 고급스러운 이미지의 벤츠와 실용적인 크라이슬러의 결합으로 기대를 모았지만, 실제 시장의 반응은 미미했다. 이후 합병 실패의 원인으로, 합병 후 미국과 독일이라는 서로 다른 국적을 바탕으로 자존심 싸움이 벌어져 직원들의 사기가 떨어진 점과 두 회사 간의 문화 장벽을 넘지 못한 점을 꼽았다.

① 개인의 역량   ② 상호 간의 존중   ③ 커뮤니케이션
④ 리더의 역량   ⑤ 임파워먼트(empowerment)

39 토마스 – 킬만에 의하면 자신이 갈등의 당사자일 때, 갈등 대응 유형은 자신의 목표와 타인과의 관계 정도에 따라 5가지로 나뉜다고 한다. 이를 바탕으로 [보기]와 같은 특징을 나타내는 갈등 대응 유형을 고르면?

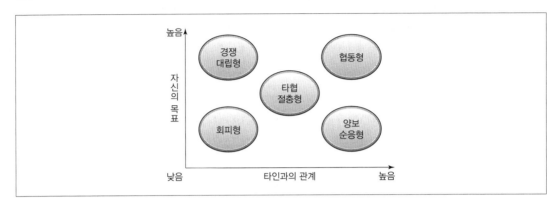

┤ 보기 ├

• 협상을 통해 관계를 해치지 않으면서 적당히 서로의 목표를 충족하는 데에 관심이 있다.
• 갈등은 묵힐수록 더 문제가 커지므로 그 전에 빨리 타협하는 것이 필요하다고 여긴다.
• 최선은 아니지만 문제가 더 악화되는 것을 막는 것이 더 중요할 때 적합한 전략이다.

① 경쟁대립형 　　　　　② 회피형 　　　　　③ 타협절충형
④ 협동형 　　　　　⑤ 양보순응형

40 이 대리는 올해 2분기에 가맹점 관리를 위해 가맹점들을 방문할 예정이다. 가맹점은 A~E에 위치하고 있으며, 관련 정보는 다음과 같다. 이 대리가 본사에서 출발하여 모든 가맹점을 방문한 후 본사로 복귀할 때의 **최소 연료비**를 고르면?(단, 본사에서 각 가맹점까지의 거리는 50km로 동일하다.)

[이용 가능한 회사 차량]

차종	A차량	B차량	C차량	D차량	E차량
연료	휘발유	휘발유	휘발유	경유	경유
복합 연비	15km/L	13km/L	16km/L	16km/L	18km/L

[분기별 연료 공급 가격]

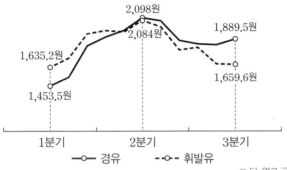

※ 단, 연료 공급 가격은 분기 동안은 동일함

[본사와 가맹점 간의 거리]

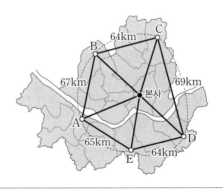

① 40,660원　　　　② 41,960원　　　　③ 42,660원
④ 44,890원　　　　⑤ 46,890원

[41~42] 다음은 Y서점의 도서 보관 코드 체계이다. 이를 바탕으로 이어지는 질문에 답하시오.

출판연월	출판 지역				입고서적 코드				입고서적 수량
	지역 코드		출판사 코드		분야 코드		세부 코드		
예시) 2022년 11월 → 2211 2023년 5월 → 2305	1	서울	A	인해	01	패션	001	여성	00001부터 다섯 자리 시리얼 넘버 부여
			B	창호			002	남성	
			C	빛	02	문화	003	가사	
	2	경기	D	가람			004	화훼	
			E	성원당			005	커피	
	3	강원	F	독창			006	공연	
			G	교문	03	문제집	007	수학	
	4	충청	H	정호			008	국어	
			I	투투			009	과학	
			J	해남	04	외국어	010	영어	
	5	전라	K	가산			011	중국어	
			L	호민			012	독일어	
			M	하늘	05	스포츠	013	골프	
	6	경상	N	미래			014	수영	
			O	사람들			015	한국사	
	7	제주	P	바람	06	역사	016	세계사	
			Q	섬빛			017	유럽사	

※ 2022년 1월 서울 지역 인해 출판사에서 출판된 여성 패션 관련 서적으로 100번째 입고된 제품의 도서 보관 코드: 2201 1A 01001 00100

41 다음 중 2021년 10월에 미래 출판사에서 출판한 공연 관련 문화 서적으로 55번째로 입고된 서적의 도서 보관 코드로 가장 적절한 것을 고르면?

① 1021 6N 00601 00550

② 1021 6O 02006 00550

③ 2110 6O 00602 00055

④ 2110 6N 02006 00055

⑤ 2110 6N 02006 00550

42 다음 3개의 도서 보관 코드를 보고 알 수 있는 내용으로 옳은 것을 [보기]에서 모두 고르면?

1) 1912 3G 04012 01200
2) 1801 5K 02003 00210
3) 2001 5M 02006 01015

─┤ 보기 ├─

㉠ 모두 다른 해에 출판되었고, 동일한 월(月)에 출판한 서적은 2개이다.

㉡ 3개 모두 각기 다른 지역에서 출판된 서적의 도서 보관 코드이다.

㉢ 문화 분야 서적 2개와 외국어 분야 서적 1개의 도서 보관 코드이다.

㉣ 동일한 서적의 Y서점 입고 수량이 1,000개 이상인 도서 보관 코드는 1개이다.

① ㉠, ㉡   ② ㉠, ㉢   ③ ㉡, ㉣

④ ㉢, ㉣   ⑤ ㉠, ㉡, ㉢

43 다음은 원산지 인증수출자 제도에 관한 자료이다. 자료를 이해한 내용으로 적절하지 **않은** 것을 [보기]에서 모두 고르면?(단, 현재는 2024년 7월이며, 자료와 [보기]에 주어진 조건만 고려한다.)

- 원산지 인증수출자란?
  '인증수출자'란 FTA 협정에서 정하는 원산지 결정 기준을 충족하는 물품을 수출하는 기업으로 세관장이 인증한 수출자를 의미한다.
- 원산지 인증수출자 혜택

구분	인증 전	인증 후
한-EU	6,000유로 이하의 수출 물품에 한하여 원산지 신고서 작성 가능	6,000유로를 초과하는 물품을 수출할 경우 원산지 인증수출자에 한하여 원산지 신고서 작성 가능
한-EFTA	자율발급 원산지 증명서로(통상 Invoice 신고 시) 수출자의 서명 필요	자율발급 원산지 증명서로(통상 Invoice 신고 시) 수출자의 서명 생략
한-싱가포르 한-아세안 한-인도 한-중국 한-베트남	• 원산지 증명서 발급신청서 작성(전산) • 첨부 서류* 제출 • 발급기간 3일(보정기간 미포함) • 현지 확인(필요한 경우)	• 원산지 증명서 발급신청서 작성(전산) • 첨부 서류 제출 생략 • 접수 후 2시간 경과하면 자동 발급 • 현지 확인(생략 가능)

* 수출신고필증 사본(전산 확인이 가능한 경우 제출 생략)/송품장 또는 거래계약서/원산지 확인서(생산자와 수출자가 다른 경우, 한국산 원재료를 사용하는 경우)/원산지 소명서/원산지 소명서 입증 서류 등 그 밖의 원산지 증빙 서류

- 원산지 인증수출자 종류

구분	업체별 원산지 인증수출자	품목별 원산지 인증수출자
인증 대상 (혜택 범위)	수출하는 모든 협정·품목에 대하여 인증 혜택 부여	인증받은 FTA 협정·인증 물품(HS품목번호 6단위)에 한하여 인증혜택 부여
인증 유효기간	5년	
인증기관	본부세관(인천·서울·부산·대구·광주) 및 평택직할세관	
인증 기준	원산지를 증명할 전산처리시스템을 보유하거나 증명 능력이 있는 자	원산지 결정 기준(HS6단위)을 충족하는 물품을 수출하는 자
원산지 관리전담자	원산지 전담자 지정·운영 교육 등 자격요건 점수 20점 이상	원산지 전담자 지정·운영 교육 등 자격요건 점수 10점 이상
법규 준수도	아래 내용에 해당사항이 없는 자 • 최근 2년간 원산지 조사 거부 • 최근 2년간 서류보관의무 위반 • 최근 2년간 속임수 또는 부정한 방법으로 원산지 증명서 작성 및 발급 사실	없음

⊙ 2019년 3월과 2020년 7월 두 차례의 원산지 조사 거부 이력이 있는 업체의 경우 원산지 인증수출자 인증을 받을 수 없다.

ⓛ 2024년 7월 1일 13시에 원산지 인승수출자 인증 전인 자가 한-베트남 협정에 해당하는 수출 물품에 대한 원산지 증명서 발급을 신청한 경우 당일 16시 이후 발급 확인이 가능하다.

ⓒ 한-EU 협정에 해당하는 5,000유로의 물품을 원산지 인증수출자 인증을 받아 수출할 경우 원산지 신고서의 작성을 생략할 수 있다.

ⓔ HS품목번호 6단위인 카메라 제품 수출에 대한 원산지 전담자의 자격 요건 점수가 16점인 경우 인증 조건을 만족한다.

① ㉠, ㉡　　　　　　② ㉡, ㉢　　　　　　③ ㉡, ㉣

④ ㉠, ㉡, ㉢　　　　⑤ ㉡, ㉢, ㉣

[44~45] 다음 [표]와 [그래프]는 2020년 기준 암발생 시기별 환자 수와 그 환자들의 5년 상대생존율에 관한 자료이다. 이를 바탕으로 이어지는 질문에 답하시오.

[표] 암발생 시기별 환자 수 및 2020년 기준 5년 상대생존율   (단위: 명, %)

성별	암발생 시기	환자 수	5년 상대생존율
남자	1993~1995년	97,627	33.2
	1996~2000년	233,532	36.4
	2001~2005년	322,587	45.6
	2006~2010년	429,696	56.9
	2011~2015년	( )	63.1
	2016~2020년	561,446	65.5
여자	1993~1995년	75,024	55.2
	1996~2000년	( )	56.4
	2001~2005년	264,523	64.3
	2006~2010년	404,793	74.4
	2011~2015년	502,043	78.3
	2016~2020년	522,264	77.8

※ 5년 상대생존율: 암 환자가 5년 이상 생존할 확률로, 5년 생존율을 일반인구 5년 기대생존율로 나눠 계산한 값

[그래프] 암발생 시기별 전체 환자 수   (단위: 명)

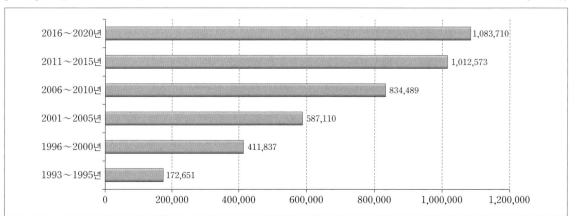

44 다음 중 자료에 대한 설명으로 옳지 <u>않은</u> 것을 고르면?(단, 비율은 소수점 이하 둘째 자리에서 반올림한다.)

① 암발생 시기가 최근일수록 전체 환자 수는 증가한다.

② 암발생 시기가 2011~2015년일 때 전체 환자 수에서 남자 환자 수가 차지하는 비율은 50.4%이다.

③ 남녀 모두 암발생 시기가 최근일수록 5년 이상 생존할 확률이 높다.

④ 여자의 5년 상대생존율이 60% 미만인 암발생 시기의 총환자 수는 253,329명이다.

⑤ 암발생 시기 2001~2005년의 전체 환자 수 대비 2006~2010년의 전체 환자 수의 증가율은 40% 이상이다.

45 다음 중 자료를 그래프로 변환하였을 때, 옳지 <u>않은</u> 것을 고르면?(단, 비율은 소수점 이하 둘째 자리에서 반올림 한다.)

① 암발생 시기별 남자 환자 수　　　(단위: 명)

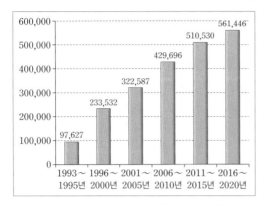

② 암발생 시기별 여자 환자 수　　　(단위: 명)

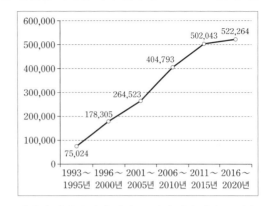

③ 암발생 시기별 남자와 여자의 5년 상대생존율

(단위: %)

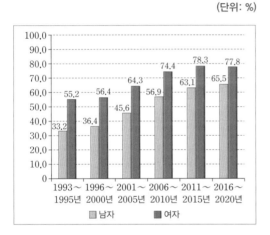

④ 암발생 시기별 전체 환자 수 대비 여자 환자 수 비율

(단위: %)

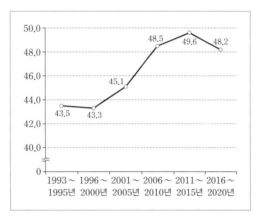

⑤ 암발생 시기별 남자 환자 수와 여자 환자 수 차이

(단위: 명)

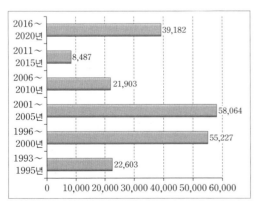

46 다음 글의 논지를 약화시키는 발언으로 적절한 것을 고르면?

초등학교 앞에 육교를 설치하는 것은 어린이들의 안전을 보장하는 중요한 조치이다. 현재 초등학교 앞 도로는 교통량이 많아 학생들이 길을 건널 때 차량과 충돌 사고가 발생할 위험이 높다. 육교를 설치하면 교통사고의 위험을 줄이고, 어린이들이 안전하게 도로를 건널 수 있으며, 학부모들도 마음 편히 자녀를 학교에 보낼 수 있다는 이점이 있다. 또한, 육교는 교통 체증을 줄이는 데도 기여할 수 있다. 차량은 횡단보도에서 멈출 필요가 없고 보행자는 육교로 원활하게 이동할 수 있기 때문이다. 이러한 이유로 육교 설치는 학생들의 안전뿐만 아니라 교통 흐름에도 긍정적인 영향을 미친다고 볼 수 있다.

그러나 일부 주민들은 육교 설치에 반대하는 목소리를 내고 있다. 그들은 육교가 지역의 미관을 해치며 공사 비용이 많이 들고, 설치 과정에서 교통 혼잡을 초래할 수 있다고 주장한다. 하지만 어린이들의 안전이 최우선으로 고려되어야 하며, 안전을 위한 투자에는 비용이 따라야 한다는 점을 간과해서는 안 된다. 초등학교 앞에 육교를 설치하는 것은 필수적인 안전 대책이며, 장기적으로 지역 사회 발전에 긍정적인 영향을 미칠 것이다.

① 차량과 보행자의 교통 분리로 교통 효율성이 향상될 수 있다.
② 육교는 어린이들의 안전을 보장하기 위해 필요한 조치이다.
③ 육교 설치는 학생들과 학부모들에게 마음의 편안함을 제공한다.
④ 큰 구조물인 육교의 설치는 지역의 자연경관을 해칠 수 있다.
⑤ 교통사고 위험을 줄이고 지역 사회 안전성을 향상시킬 수 있다.

47 다음은 R사의 영업본부 회의록이다. 이를 바탕으로 할 때, 영업본부의 향후 진행 예정인 업무 방향을 예상한 것으로 적절하지 <u>않은</u> 것을 고르면?

회의 일시	2024년 6월 16일 14:00~15:00	회의 장소	세미나실
참석자	본부장, 팀장, 남 과장, 오 과장, 허 대리, 김 대리, 이 사원, 명 사원		
회의 안건	• K제품 수입 및 내수 판매사업 관련 시장 조사 상황 보고 −K제품 공급자와의 독점 계약서 초안 검토 −강남 매장 임대 조건 확인 • 출장 계획 −K제품 생산 공장 방문 및 품질 관리 현황 파악 −초도 발주 물량 구상		
회의 결과	• 독점 계약서 국제법무팀 검토 의뢰 • 매장 임대료 인하 필요성 확인, 매출 대비 수익 산출 시뮬레이션 일정 조율 • 본사와 매장 간 전산 시스템 구비 관련 J업체 담당자 미팅 일자 확정 • 출장자 확정(팀장, 오 과장, 김 대리, 명 사원) • 초도 발주 시 고가·중저가 라인별 예상 고객층 세분화 작업 필요 • 수입 관세 및 내륙 운송에 따른 잠재 비용 파악		
유관부서 협조사항	• 국제법무팀: 계약서 지급 검토 • 총무팀: 출장자 항공 스케줄 확인 및 예약 • 인사팀: 매장 관리담당 정직원 채용 계획 협의 • 물류팀: 전용 관세사 통해 통관 및 내륙 운송 flow 점검 요청		

① "K제품 독점 공급 계약을 체결할 예정이군."
② "강남에 매장을 임대해서 수입한 제품을 판매할 계획이군."
③ "K제품의 수입 관세 및 내륙 운송비가 아직 파악이 안 된 상태군."
④ "매장 임대료가 높아 적정 매출과 수익이 발생할지 우려되는 상황이군."
⑤ "강남 매장에는 영업본부 직원과 아르바이트생이 판매를 전담하게 되겠군."

48 다음은 소아진료 지역협력체계 구축 시범사업에 관한 자료이다. 이에 대한 설명으로 옳은 것을 [보기]에서 모두 고르면?

보건복지부는 6월 28일(금) 「소아진료 지역협력체계 구축 시범사업」 참여 진료협력체계 공모를 실시한다고 밝혔다. 「소아진료 지역협력체계 구축 시범사업」은 지역 특성을 반영한 진료 협력체계 구축·운영 지역 내 소아 환자의 신속한 연계 협력체계 활성화를 위한 협력대응 및 의료이용 정보 제공 등을 지원하는 사업이다.

해당 시범사업의 주요 내용은 다음과 같다.

1) 지역 진료협력체계 구성
   – 진료협력체계는 중심기관 1개소, 참여 소아청소년과 병·의원 5개소 이상, 상급종합병원 등 배후병원 1개소 이상, 야간·휴일 등 소아 조제 역량을 갖춘 약국 1개소 이상으로 구성한다. 진료협력체계의 진료권은 시군구를 기반으로 중심기관이 지역적 특성, 교통인프라, 실제 의료 이용 등을 고려하여 설정하며, 운영모형은 아동병원 중심형과 소아진료 병원 중심형으로 구분한다.
   – 소아진료 인프라 확보 지역은 아동병원 기능 강화로 지역 소아청소년과 병·의원과 배후병원 간 협력을 활성화하여 상급종합병원의 응급실 쏠림 해소 등 소아의료 전달체계 확립을 목표로 한다. 한편, 소아진료 인프라 확충이 필요한 지역은 지역의 소아진료 병원 육성을 통한 진료협력체계 구축으로 지역 안에서 원활한 365일 소아진료가 가능한 진료체계를 구축할 계획이다.
   – 선정된 지역 진료협력체계에는 운영 등에 필요한 지원금* 중 70%를 사전에 지급하고, 나머지 지원금은 운영 성과를 연계하여 사후에 차등 지급**(전체 지원금의 최대 30%)한다.
     *지역 협력체계당 연간 최대 2억 원
     **협력체계 협력 이행률, 소아특화서비스 제공, 지역 만족도 결과 등을 반영하여 평가
   – 시범사업 참여 병·의원(상급종합병원 등 배후병원 제외)의 집중관찰이 필요한 소아를 대상으로 수액요법 및 모니터링과 상담, 치료 후 재평가 등 진료 과정 전반에 대한 통합수가인 '소아전문관리료*'를 신설한다.
     *1세 미만: (의원) 5.8만 원, (병원) 6.3만 원 / 1~6세 미만: (의원) 4.8만 원, (병원) 5.3만 원
   – 지역사회 소아환자 외래진료 지원을 통해 지역 사회 소아 진료를 강화하여, 상급종합병원 및 응급실 쏠림을 완화하고 진료 접근성도 강화할 계획이다.

2) 소아진료 연계
   – 소아 환자가 의료기관을 찾아 헤매지 않도록 지역 안에서 신속하게 적정 의료기관으로 의뢰 및 회송이 가능하도록 의료진 간 직통연락망을 구축한다.

   > [소아진료 연계방법]
   > (의원 → 중심병원 등) 입원 등 필요 소아 의뢰(직통연락망 등 활용) → (중심병원 등) 입원 등 수락 → (중심병원 등) 아동 진료(진료정보교류사업, 건강정보 고속도로 활용) → (중심병원 등 → 의원) 회송

   – 진료의 연속성 확보에 필요한 성장·발달 등 건강정보 및 영유아검진·예방접종 등 진료정보를 공유 가능한 플랫폼을 활용*한다.
     *예) 진료정보교류사업, 건강정보 고속도로 등

3) 지역 협력체계 운영 활성화

야간·공휴일 등 365일 협력체계가 운영되는 지역에 소아진료가 제공될 수 있도록 병·의원 간 역할 분담과 협력에 대한 계획을 사전에 수립한다. 또한, 중심·참여기관별 야간·휴일 진료 일정 및 역할 등을 지역 주민에게 안내하여 협력체계가 활성화될 수 있도록 지방자치단체 등과 협력한다.

시범사업은 2024년 8월부터 2년 4개월간 진행되며, 참여 대상 협력체계 선정은 외부전문가 등으로 선정평가단을 구성하여 사업계획서 등 서류심사 및 운영계획의 적절성과 실현 가능성 등을 평가하여 최종 심의를 한다. 이를 통해 오는 7월까지 시범사업에 참여하게 되는 지역 진료협력체계를 선정할 계획이다. 시범사업에 대한 보다 상세한 사항은 보건복지부 누리집(www.mohw.go.kr)에 게시된 공고문을 통해 확인할 수 있다.

| 보기 |

㉠ 시범사업에 참여하는 기관에게 지급되는 소아전문관리료는 소아청소년과 의원, 소아청소년과 병원, 상급종합병원 순으로 높아진다.

㉡ 중심기관 1개소, 소아청소년과 병·의원 6개소, 상급종합병원 1개소, 소아 조제 가능 약국 3개소로 구성된 진료협력체계는 시범사업의 구성요건을 만족한다.

㉢ 진료협력체계 내에서 소아 환자의 부모는 특정 플랫폼을 통해 해당 환자의 진료 진행 상황을 실시간으로 확인할 수 있다.

㉣ 진료협력체계로 선정된 경우 연간 지원금 중 최대 1.4억 원을 사전에 지급 받을 수 있다.

① ㉠, ㉡   ② ㉠, ㉣   ③ ㉡, ㉢
④ ㉡, ㉣   ⑤ ㉢, ㉣

49 다음 글을 바탕으로 김 대리가 해야 할 행동으로 가장 적절한 것을 고르면?

> 사업 확장으로 인하여 회사에 신설 부서가 생긴다는 공고가 났다. 기존 부서의 직원들 가운데 5명을 선발하여 신설 부서로 이동시키고, 일부는 신규 채용을 한다고 한다. 인사팀에 있는 김 대리는 현재 HRD 관련 교육을 받고 있고, 실무적 경험을 쌓아 궁극적으로는 인재 관리와 육성을 담당하고자 하는 계획을 가지고 있다. 그런데 회사에서는 김 대리에게 신설 부서로 가서 전반적인 업무 지원과 부서 운영 규정을 만들 것을 요구하고 있다.

① 자신의 경력과 재능을 살릴 수 있는 다른 회사로의 이직을 알아본다.

② 신설 부서와 자기개발 계획이 일치하지 않으므로 자신의 계획을 포기한다.

③ 회사 방침을 수용하고 이와는 별개로 처음 계획한 목표를 달성하기 위해 노력한다.

④ 회사의 방침을 수용할 수 없으나 입장이 곤란해질 수 있으므로 최대한 나중에 알리도록 한다.

⑤ 팀장에게 자신의 장점을 최대한 살릴 수 있는 업무가 무엇인지 알리고, 자신의 계획을 고려해 달라고 요청한다.

50 기획부 직원들은 7월 10일까지 하계 휴가 계획서를 제출해야 한다. 기획부 대리 5명 중 2명이 아직 계획서를 제출하지 않았다. 다음 [조건]에서 대리들 중 2명은 항상 거짓을, 3명은 항상 참을 말한다고 할 때, 하계 휴가 계획서를 아직 제출하지 <u>않은</u> 대리를 모두 고르면?(단, 모든 진술은 모두 참이거나 모두 거짓이다.)

---| 조건 |---

- 김 대리: "나는 휴가 계획서를 제출했고, 최 대리는 제출하지 않았어."
- 이 대리: "박 대리는 휴가 계획서를 제출했고, 거짓을 말하고 있어."
- 박 대리: "정 대리는 휴가 계획서를 제출했고, 이 대리는 제출하지 않았어."
- 최 대리: "박 대리는 휴가 계획서를 제출하지 않았고, 나는 제출했어."
- 정 대리: "김 대리는 휴가 계획서를 제출했고, 나는 제출하지 않았어."

① 김 대리, 최 대리 ② 이 대리, 정 대리 ③ 박 대리, 최 대리
④ 박 대리, 정 대리 ⑤ 최 대리, 정 대리

최신판

피듈형
NCS 실전모의고사

| 6회 |

영역		구성	문항 수	풀이 시간	비고
NCS 직업기초능력평가	의사소통능력	전 영역 통합형	50문항	60분	객관식 오지선다형
	수리능력				
	문제해결능력				
	자기개발능력				
	자원관리능력				
	대인관계능력				
	정보능력				
	기술능력				
	조직이해능력				
	직업윤리				

모바일 OMR
자동채점&성적분석 무료

정답만 입력하면 채점에서 성적분석까지 한번에!

활용 GUIDE

실시간 성적분석 방법!

STEP 1
QR 코드 스캔

▶

STEP 2
모바일 OMR 입력

▶

STEP 3
자동채점 & 성적분석표 확인

STEP 1

교재 내 QR 코드 스캔

실전모의고사 6회
모바일 OMR 바로가기

eduwill.kr/8lPe

- 위 QR 코드를 모바일로 스캔 후 에듀윌 회원 로그인
- QR 코드 하단의 바로가기 주소로도 접속 가능

STEP 2

모바일 OMR 입력

- 회차 확인 후 '응시하기' 클릭
- 모바일 OMR에 답안 입력
- 문제풀이 시간까지 측정 가능

STEP 3

자동채점 & 성적분석표 확인

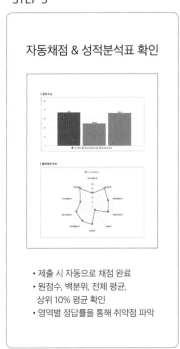

- 제출 시 자동으로 채점 완료
- 원점수, 백분위, 전체 평균, 상위 10% 평균 확인
- 영역별 정답률을 통해 취약점 파악

※ 본 회차의 모바일 OMR 채점 서비스는 2026년 12월 31일까지 유효합니다.

실전모의고사 6회

정답과 해설 P.75

01 다음 중 글의 내용과 일치하는 것을 고르면?

극의 진행과 등장인물의 대사 및 감정 등을 설명했던 변사가 등장한 것은 1900년대이다. 미국이나 유럽에도 변사가 있었지만, 그 역할은 미미했을뿐더러 그마저도 자막과 반주 음악이 등장하면서 점차 소멸하였다. 하지만 주로 동양권, 특히 한국과 일본에서는 변사의 존재가 두드러졌다.

한국에서 변사가 본격적으로 등장한 것은 극장가가 형성된 1910년부터인데, 한국 최초의 변사는 우정식으로, 단성사를 운영하던 박승필이 내세운 인물이었다. 그 후 김덕경, 서상호, 김영환, 박응면, 성동호 등이 변사로 활약했으며, 당시 영화 흥행의 성패를 좌우할 정도로 그 비중이 컸다. 단성사, 우미관, 조선 극장 등의 극장은 대개 5명 정도의 변사를 전속으로 두었으며, 2명 또는 3명이 교대로 무대에 올라 한 화를 담당하였다. 4명에서 8명의 변사가 한 무대에 등장하여 영화의 대사를 교환하는 일본과는 달리, 한국에서는 1명의 변사가 영화를 설명하는 방식을 취하였으며, 영화가 점점 장편화되면서 2명에서 4명이 번갈아 무대에 등장하는 방식으로 바뀌었다.

변사는 악단의 행진곡을 신호로 무대에 등장하였으며, 소위 전설(前說)을 하였는데 전설이란 활동사진을 상영하기 전에 그 개요를 앞서 설명하는 것이었다. 전설이 끝나면 활동사진을 상영하고 해설을 시작하였다. 변사는 전설과 해설 이외에도 막간극을 공연하기도 했는데, 당시 영화관에는 영사기가 대체로 한 대밖에 없었기 때문에 필름을 교체하는 시간을 이용하여 내용을 공연하였다.

① 한국과 일본에서 변사의 구성과 역할은 동일했다.
② 한국과 달리 일본에서는 변사가 막간극을 공연했다.
③ 한국에 극장가가 형성되기 시작한 것은 1900년경이었다.
④ 한국은 영화의 장편화로 무대에 서는 변사의 수가 늘어났다.
⑤ 서양에서는 자막과 반주 음악의 등장으로 변사의 중요성이 더욱 높아졌다.

02 재무부 직원(A대리, B대리, C대리, D사원), 물류부 직원(E대리, F대리, G사원), 영업부 직원(H사원, I사원, J사원)이 일렬로 서 있다. 다음 [조건]을 바탕으로 할 때, [보기]의 내용 중 항상 옳은 것의 개수를 고르면?

┤ 조건 ├
- 같은 직급끼리는 서로 이웃하여 서지 않는다.
- 물류부는 서로 이웃하여 선다.
- 일곱 번째에 서 있는 직원은 E대리이다.
- F대리 바로 오른쪽에 D사원이 서 있다.
- B대리는 C대리보다 오른쪽에 서 있다.
- H사원은 C대리보다 왼쪽에 서 있다.
- I사원은 물류부 직원과 이웃하여 서지 않는다.

┤ 보기 ├
- ㉠ 양 끝에 서 있는 직원은 재무부 직원이다.
- ㉡ 두 번째에 서 있는 직원은 I사원이다.
- ㉢ G사원은 F대리의 바로 왼쪽에 선다.
- ㉣ B대리는 영업부 직원과 이웃하여 서 있다.
- ㉤ 영업부 직원은 서로 이웃하여 서지 않는다.

① 1개   ② 2개   ③ 3개
④ 4개   ⑤ 5개

03 주어진 명제가 모두 참일 때, 항상 참인 명제를 고르면?

- 두통이 있는 사람은 신경이 예민하다.
- 여유가 많은 사람은 신경이 예민하지 않다.
- 두통이 없는 사람은 진통제를 좋아하지 않는다.

① 두통이 없는 사람은 여유가 많다.
② 신경이 예민한 사람은 두통이 있다.
③ 두통이 있는 사람은 진통제를 좋아한다.
④ 신경이 예민하지 않은 사람은 여유가 많다.
⑤ 진통제를 좋아하는 사람은 여유가 많지 않다.

04 다음은 약 3개월 전 △△기업에 입사한 신입사원 A씨에 관한 글이다. 이를 바탕으로 [보기]에서 A씨가 속한 팀의 팔로워십 유형에 대한 특징으로 옳은 것의 개수를 고르면?

신입사원 A씨가 3개월간 근무하며 팀의 분위기를 파악해 보니, 팀원들이 팀장에게 의존하는 정도가 심하다고 생각하였다. 팀원들은 간단한 문서 작성, 고객과의 접촉, 의사결정 등을 무조건 팀장의 판단에 의지하였다. 예를 들어, 보고서는 어떻게 작성해야 하는지, 자신이 만난 고객과의 약속 시간이 몇 시인지조차 팀장에게 묻는 것이다. A씨는 팀원들의 업무 성향을 보고 자신도 그렇게 해야 하는 것인지 의문이 들었고, 많은 고민을 하고 있다. 또한, 팀원들은 팀장의 지시가 있어야만 행동한다는 것도 알 수 있었다. 어떤 프로젝트를 진행할 때 팀원들은 자신이 각자 맡은 부분이 있음에도 불구하고, 팀장의 구체적인 지시가 없으면 일을 진행하지 않는 것이었다.

그래서 A씨는 어느 정도 자의적으로 판단하고 행동해야 할지, 아니면 다른 팀원들처럼 팀 분위기에 맞춰 팀장에게 의존하면서 업무를 진행해야 할지 고민이다.

┤ 보기 ├
㉠ 팀플레이를 하며, 리더나 조직을 믿고 헌신한다.
㉡ 판단 또는 사고를 리더에게 의존하고 지시가 있어야 행동한다.
㉢ 조직의 운영 방침에 민감하여 사건을 균형잡힌 시각으로 본다.
㉣ 스스로 생각하고 건설적인 비판을 하며, 주인의식을 지니고 있다.

① 0개   ② 1개   ③ 2개
④ 3개   ⑤ 4개

EPS(Earnings Per Share, 주당 순이익)는 주식 하나가 창출하는 순이익을 나타내는 지표로, 주식 투자자들에게 매우 중요한 정보이다. EPS는 회사의 순이익을 발행 주식 수로 나누어 계산한다. 이 지표는 투자자들에게 기업의 수익성을 평가하는 중요한 기준이며, 주가를 결정하는 데에도 큰 영향을 미친다.

EPS는 기본 EPS와 희석 EPS로 나뉜다. 기본 EPS는 단순히 순이익을 발행 주식 수로 나눈 값을 의미하며, 희석 EPS는 전환사채, 신주인수권 등 잠재적인 주식 전환 요소를 반영한 값이다. 희석 EPS는 잠재적인 주식 수의 증가를 고려하므로 일반적으로 기본 EPS보다 값이 낮다.

EPS는 기업의 재무 상태를 이해하는 데 중요한 역할을 한다. 예를 들어, EPS가 높은 기업은 주당 이익이 많아 투자자들에게 매력적일 수 있다. 반면, EPS가 낮거나 마이너스인 기업은 재무적 위험 또는 매출 감소로 이익 창출 능력이 떨어지거나 손실을 보고 있는 상태로 볼 수 있다. 따라서 투자자들은 EPS를 통해 기업의 수익성을 평가하고, 투자를 결정한다.

그러나 EPS만으로 기업의 모든 것을 평가할 수는 없다. EPS는 순이익 기반이므로 일회성 이익이나 손실, 회계 정책 변화, 시장 변화 등 다양한 요인의 영향을 받을 수 있다. 또한, EPS는 발행 주식 수의 변화에 민감하기 때문에 주식 발행이나 주식 병합, 주식 분할 등 주식 관련 활동에 따라 변동될 수 있다. 따라서 EPS는 다른 재무 지표와 함께 종합적으로 분석해야 한다.

EPS는 주식 시장에서 기업의 가치를 평가하는 데 핵심적인 역할을 한다. P/E Ratio(주가 수입비율)은 주가를 EPS로 나눈 값으로, 주가가 EPS의 몇 배인지를 나타낸다. P/E Ratio가 높으면 투자자들이 그 기업의 성장 가능성을 높게 평가하는 것으로 해석할 수 있다. 반대로 P/E Ratio가 낮으면 그 기업의 성장 가능성에 대해 회의적일 수 있다. 이러한 이유로 EPS는 주식 평가와 투자 전략을 수립하는 데 중요한 지표이다.

결론적으로 EPS는 기업의 수익성과 주가 평가에 중요한 지표이다. 그러나 EPS만으로 기업의 재무 상태를 완벽하게 평가할 수는 없으므로, 다른 재무 지표와 함께 분석하는 것이 바람직하다.

05 다음 중 EPS에 대한 설명으로 옳지 <u>않은</u> 것을 고르면?

① 기본 EPS는 회사의 순이익을 발행 주식 수로 나눈 값이다.
② 기본 EPS는 희석 EPS와 달리 잠재적인 주식 전환 요소를 반영하지 않는다.
③ EPS는 기업의 회계 정책 변화의 영향을 받아 달라질 수 있다.
④ EPS가 높을수록 기업의 주가가 낮아질 가능성이 있다는 것을 의미한다.
⑤ 투자자들이 기업의 재무 상태를 평가하기 위해서는 EPS 외 추가적인 재무 지표가 필요하다.

06 다음 중 EPS가 낮은 기업의 경제적 상황을 추측한 것으로 옳지 <u>않은</u> 것을 고르면?

① 경제 침체로 인해 기업의 매출이 감소하는 상황
② 기업이 손실을 기록하고 있거나 수익성이 약화된 상태
③ 기업의 재무 건강성이 약화되어 금융적 위험이 높은 상황
④ 투자자들이 장기적인 투자 가능성에 의구심을 유발하는 상황
⑤ 앞으로의 잠재적인 경제 회복 가능성을 기대하는 상황

07 채소 가게를 운영하는 A씨는 10kg당 20,000원인 호박을 도매상에게 총 1,000kg 구매하였고, 호박을 10kg씩 포장할 수 있는 상자 100개를 한 개당 2,000원에 구매하였다. 그런데 포장을 마치고 식당에 호박을 납품하던 중 문제가 발생하여 상자 20개를 납품할 수 없게 되었다. A씨가 포장된 상자에 담긴 남은 호박을 모두 판매하여 호박을 납품하기 위해 들인 총비용의 20%만큼 이익을 얻고자 할 때, 호박 한 상자의 판매 가격을 기존 10kg당 호박 가격에 몇 %의 이익을 붙여서 납품가를 정해야 하는지 고르면?

① 45%   ② 50%   ③ 55%
④ 60%   ⑤ 65%

08 A와 B가 오목을 두고 있다. 다음 [조건]을 바탕으로 할 때, A가 네 번째 또는 다섯 번째에 최종 승리할 확률을 고르면?

┤ 조건 ├
• 두 사람이 이길 확률은 서로 같다.
• 비기는 경우는 없고, 먼저 3번을 이긴 사람이 해당 시점에서 최종 승리한다.

① $\dfrac{1}{8}$ ② $\dfrac{3}{16}$ ③ $\dfrac{1}{4}$
④ $\dfrac{5}{16}$ ⑤ $\dfrac{3}{8}$

[09~10] 다음은 A부서, B부서, C부서에서 전자제품 정비 센터에 요청한 컴퓨터 수리 내역과 수리 요금에 관한 자료이다. 이를 바탕으로 이어지는 질문에 답하시오.

[표1] 수리 요청 내역

구분	수리 요청 내역	요청 인원(명)	비고
A부서	RAM 8GB 교체	12	요청 인원 중 3명은 교체와 추가 설치 모두 희망
	SSD 250GB 추가 설치	5	—
	프로그램 설치	20	문서작성 프로그램: 10명 3D 그래픽 프로그램: 10명
B부서	HDD 1TB 교체	4	요청 인원 모두 교체 시 HDD 백업 희망
	HDD 포맷, 배드섹터 수리	15	—
	바이러스 치료 및 백신 설치	6	—
C부서	외장 VGA 설치	1	—
	HDD 데이터 복구	1	원인: 하드웨어 문제 복구 용량: 270GB
	운영체제 설치	4	회사에 미사용 정품 설치 USB 보유

※ HDD 데이터 복구의 경우, 서비스센터로 PC를 가져가 수리함

[표2] 수리 내역별 수리 요금표

구분	수리 내역		서비스 비용(원)	비고
H/W	교체 및 설치	RAM(8GB)	8,000	부품 비용: 96,000원
		HDD(1TB)	8,000	부품 비용: 50,000원
		SSD(250GB)	9,000	부품 비용: 110,000원
		VGA(포스 1060i)	10,000	부품 비용: 300,000원
	HDD 포맷, 배드섹터 수리		10,000	—
	HDD 백업		100,000	—
S/W	프로그램 설치		6,000	그래픽 관련 프로그램 설치 시 개당 추가 1,000원
	바이러스 치료 및 백신 설치		10,000	—
	운영체제 설치		15,000	정품 미보유 시 정품 설치 USB 개당 100,000원
	드라이버 설치		7,000	—
데이터 복구	하드웨어 문제(~160GB)		160,000	초과 용량의 경우 1GB당 5,000원
	소프트웨어 문제		180,000	—

※ 프로그램, 드라이버 설치 서비스 비용은 개당 비용임
※ H/W를 교체, 설치하는 경우 수리 요금은 서비스 비용과 부품 비용을 합산하여 청구함
※ 하나의 PC에 같은 부품을 여러 개 교체, 설치하는 경우 부품의 개수만큼 서비스 비용이 발생함
※ HDD 백업은 부서당 한 번만 청구함

09 다음 중 A부서의 수리 요청 내역별 수리 요금이 바르게 짝지어진 것을 고르면?

	수리 요청 내역	수리 요금
①	RAM 8GB 교체	1,248,000원
②	RAM 8GB 교체	1,560,000원
③	SSD 250GB 추가 설치	550,000원
④	프로그램 설치	100,000원
⑤	프로그램 설치	120,000원

10 다음 중 B부서에 청구되어야 할 총수리 요금을 고르면?

① 442,000원 ② 478,000원 ③ 506,000원
④ 542,000원 ⑤ 576,000원

11 다음은 ○○기업의 휴가 규정에 관한 내용이다. 이를 바탕으로 올해(2024년) 총휴가일수가 올바른 직원을 고르면?(단, 직원들은 모두 정규사원이며, 근속연수는 2024년 1월, 하계휴가는 5월 기준으로 산정한다.)

[휴가 규정]

1. 방침
- 회사는 계속 근로로 인한 정신적, 육체적 피로를 회복하고 앞으로의 근무 의욕 고취를 위해 모든 정규사원 및 장기 임시사원에게 연차휴가, 월차휴가 및 하계휴가를 준다.
- 연차휴가는 1년 이상 계속 근로한 모든 정규사원에 대하여 각 사원의 근속연수 및 개근 여부에 따라 아래와 같이 준다.
  - 전년도 1년간 소정의 근로일수를 개근한 사원은 12일, 개근하지 못한 사원은 9일이다.
  - 근속연수가 2년 이상인 사원은 1년을 초과하는 근속연수 1년마다 1일씩을 위의 휴가일수에 가산한다.
- 월차휴가는 모든 정규사원에 대하여 월 1일을 준다.
- 하계휴가는 일률적으로 1년 이상 근무한 전 사원에게 연 5일을 준다.

2. 기준
- 연차휴가일수 계산
  - 연차휴가는 역년 단위로 계산하여 사용한다. 연도 중에 입사한 사원에게 입사 다음 해에 부여하는 최초의 휴가일수는 아래와 같이 전년도 개근 여부에 따른 휴가일수(12일)에 월할 계산(15일 이상은 절상)한다.

최초의 휴가: 12일×(입사년도 근무월수÷12개월)

  - 무단결근, 출근정지 및 정직은 개근 여부에 영향을 미친다. 이 경우의 휴가일수는 9일에 근속연수에 따른 휴가일수를 가산한다. 1회의 출근 정지 및 정직 등의 기간이 다음 해까지 계속되는 경우에는 최초 1년도의 개근 여부에만 영향을 준다.
  - 취득한 연차휴가는 당해년도에 사용하여야 하며, 다음 해로 이월할 수 없다. 휴가가 당해년도에 시작되어 다음 해로 계속되는 경우, 이는 당해년도에 사용한 것으로 한다.
  - 연차휴가 기간에 공휴일이 있는 경우, 그 공휴일 수만큼 휴가기간을 연장 사용할 수 있다.

구분	입사일	비고	총휴가일수
직원 A	2018년 07월 28일	2023년 무단결근 1회	30일
직원 B	2021년 01월 01일	–	29일
직원 C	2023년 06월 10일	–	19일
직원 D	2019년 09월 05일	–	31일

① 직원 A, 직원 B
② 직원 A, 직원 C
③ 직원 B, 직원 D
④ 직원 C, 직원 D
⑤ 직원 A, 직원 B, 직원 D

12 샘플 제작을 위해 다음과 같이 직육면체의 구조물로 쌓아 올린 샘플 모형을 제작하였다. [참고사항]을 고려하여 시트지를 붙일 때, 발주 넣어야 하는 비용이 얼마인지 고르면?

[샘플 모형]   (단위: cm)

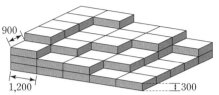

900
1,200
300

[참고사항]
- 최소의 비용으로 샘플 모형을 제작해야 한다.
- 직육면체 구조물이 보이는 각 면(윗면, 아랫면, 옆면)마다 시트지를 붙여야 한다.
- 각 면의 크기에 시트지를 정확하게 맞추어야 한다.
- 각 면에 붙인 시트지는 다른 면으로 접거나 잘라서 사용할 수 없다.

[시트지 단가]

사이즈	1장당 가격
100×100cm	400원
100×300cm	1,080원
200×200cm	2,560원
300×300cm	2,700원
600×300cm	4,500원
600×600cm	7,200원

① 1,620,600원　　　② 1,731,600원　　　③ 1,820,600원
④ 2,861,600원　　　⑤ 2,940,600원

[13~14] 다음 글을 읽고 이어지는 질문에 답하시오.

인공지능, 빅데이터, 사물 인터넷 등으로 대별되는 '4차 산업혁명'을 통한 ⊙생산 기술의 변화가 야기할 고용 변화에 대해서 엇갈린 전망들이 제기되고 있다. 이 중 어떤 전망이 정확한지 확언할 수는 없지만, 과거에 겪었던 세 차례의 산업혁명의 경험에서 얻은 분석 틀을 통해 대략적인 예측은 해볼 수 있다.

생산 기술의 변화가 일자리에 끼친 영향은 기본적으로 대체 효과, 보완 효과, 생산 효과의 형태로 나타난다. 대체 효과란 생산 기술의 발달에 따른 자동화로 인해 산업 내에서 특정 업무를 수행하는 인간의 노동력이 기술로 대체되는 효과를 의미한다. 보완 효과는 특정 생산 기술이 보편화됨에 따라 해당 기술과 관련하여 특정 직무를 수행하는 노동력에 대한 수요가 커지는 효과를 말한다. 마지막으로 생산 효과는 생산 기술의 발달에 따른 생산성 향상이 전반적인 고용과 소득의 증대로 이어지는 효과이다. 과거의 경험으로부터 알 수 있는 사실은 단기적으로는 대체 효과가 우세하지만, 중장기적으로는 생산 효과가 다른 효과들을 압도한다는 것이다.

또한, 생산 기술의 변화는 직군별로 차별적인 영향을 미치는 것으로 나타났다. 생산 기술은 숙련도가 높은 노동력에 대한 수요를 증가시키는 방향으로 변하는데, 이를 숙련 편향적 기술 변화라 한다. 한편으로는 생산 기술은 정형화된 노동을 대체하는 방향으로 변화하는데, 이를 정형 편향적 기술 변화라 한다. 한편 주변 환경이나 인간관계에 대한 적응력이 요구되는 서비스 직무는 경우에 따라 정형 편향적 기술 변화 관계에 있을 수도 있고, 숙련 편향적 기술 변화 관계에 있을 수도 있다.

4차 산업혁명은 정보 통신 기술혁명인 3차 산업혁명의 연장선에 있기 때문에, 3차 산업혁명이 지난 20~30년간 초래한 고용 변화는 앞으로의 미래상을 예측하는 데 매우 중요한 근거가 된다. 3차 산업혁명 기간 동안 생산성의 현저한 상승을 고용이 따라가지 못하였고 전체 소득 중에서 노동자의 소득이 차지하는 비중 역시 하락하였다. 숙련 편향적 기술 변화는 높은 학력을 가진 고숙련 노동에 대한 수요의 상대적 증가로 이어져 노동자들 사이에서의 소득 불평등을 확대하였다. 또한, 정형 편향적 기술 변화로 인해 기술에 의해 대체된 노동자들이 비정형적이지만, 임금 수준이 낮은 서비스 업종으로 이동하면서 소득의 양극화가 심화되었다. 따라서 4차 산업혁명이 초래할 고용 변화에 대비하기 위해서는 이러한 경험에서 얻은 교훈을 잘 활용할 필요가 있다.

13 다음 중 글의 내용과 일치하지 <u>않는</u> 것을 고르면?

① 과거 경험을 토대로 고용 변화를 예측해 볼 수 있다.
② 생산 기술의 변화는 노동력 대체를 야기하기도 한다.
③ 생산 기술의 변화는 직군에 따라 다른 효과를 나타낸다.
④ 4차 산업혁명은 3차 산업혁명과는 근본적으로 다르다.
⑤ 생산 기술의 변화는 여러 형태로 일자리에 영향을 준다.

14 다음 중 글의 내용을 바탕으로 ㉠에 대해 추론한 것 중 적절하지 <u>않은</u> 것을 고르면?

① 생산 기술의 발달 초기에는 대량 실업이 발생할 수 있다.
② 생산 기술과 보완 관계에 있는 노동력은 대체될 수 없다.
③ 정형적 직무를 수행하는 노동력은 비교적 자동화되기 쉽다.
④ 숙련도가 높은 노동력은 해당 생산 기술과 보완 관계에 있다.
⑤ 생산 기술과 대체 관계에 있던 서비스 직무가 보완 관계로 바뀔 수 있다.

15 다음의 사례에서 기업이 성공한 가장 큰 이유를 고르면?

Jessica Alba는 필요한 일상용품을 모두 제공하는 브랜드를 찾기 힘들다는 사실을 깨닫고 2012년에 The Honest Company를 설립했다. 현재 The Honest Company는 유아용품, 청소용품, 화장품, 욕실용품 카테고리에서 다양한 상품을 판매하고 있다.

The Honest Company는 육아를 시작한 바쁜 부모들을 잠재 고객으로 삼았다. 이들 상황에 맞게 소통을 위한 풀 퍼널(Full-Funnel) 전략을 수립하고, 브랜드 인지도를 높이기 위해 OTT(Over-The-Top) 비디오를 사용했다. 또한, 아마존 DSP를 통해 아마존 소유 사이트 및 앱은 물론 타사 사이트 및 앱에서도 아마존만의 잠재 고객에게 다가갈 수 있었다. Jessica Alba는 아마존 라이브 스트림도 진행했다. Jessica가 자신의 이야기를 공유하면 고객은 라이브 채팅을 통해 그 이야기에 공감하고 소통하는 동시에 라이브 스트림 옆의 제품 태그를 통해 바로 상품을 구매할 수 있었다.

① 다양한 접속 경로를 마련하여 고객이 쉽게 제품에 접근할 수 있도록 함으로써 낮은 연령대 및 높은 연령대의 고객을 모두 확보하였다.
② 주로 구매하는 고객의 특징을 파악하여 이들이 가장 필요로 하고 불편해 하는 점을 해결하는 전략으로 고객의 마음을 사로잡았다.
③ 브랜드의 고급화로 고객들이 제품 사용에 대한 자부심을 가질 수 있게 하였다.
④ 직접 찾아가는 서비스를 통해 고객의 시간과 이동 제약에 대한 편의성을 제공하여 이용 고객의 수를 점차 확대하였다.
⑤ 창출된 이익이 고객과 직원에게 재분배 및 순환되도록 하여 직원들의 사기를 높이고 고객의 마음을 사로잡았다.

[16~17] 다음은 2024년 명문장수기업 모집 공고에 대한 자료이다. 이를 바탕으로 이어지는 질문에 답하시오.

2024년 명문장수기업 모집 공고

1. 명문장수기업이란?

   장기간 기업을 운영하면서 사회에 기여한 바가 크고, 세대를 이어 지속적인 성장이 기대되는 중소·중견기업을 명문장수기업으로 확인

2. 명문장수기업 확인 시 우대사항
   - 명문장수기업 확인서 발급(국문, 영문) 및 현판 설치
   - 명문장수기업 마크 활용(생산제품 부착 및 회사 홍보에 활용)
   - SNS·언론·방송 등 매체에 명문장수기업 홍보
   - 기술개발, 수출, 자금 등 지원사업 신청 시 우대

분야	사업명	우대사항
기술개발	중소기업기술혁신 개발사업	가점 1점
기술보호	중소기업 기술거래 활성화 지원사업	가점 1점
판로	중기간 경쟁 입찰 참여 시, 신인도 가점	가점 2점
지역특화산업	지역주력산업 R&D	가점 2점
	지역주력산업 비R&D	가점 2점
	지역혁신 바우처	가점 2점
	지역스타기업 R&D	가점 2점
	지역스타기업 비R&D	가점 2점
인력	병역대체복무제도(산업기능요원 선발)	가점 1점
스마트공장	탄소중립형 스마트공장	가점 3점
	선도형 스마트공장(정부일반형)	가점 3점
수출	온라인수출플랫폼	가점 1점
	전자상거래수출시장 지원	가점 1점
	글로벌강소기업	가점 1점
	수출바우처	가점 1점
	대중소기업 동반진출	가점 1점
	수출컨소시엄 사업	가점 2점
정책자금	기술보증기금	보증료율 0.5%p 감면
	중소기업 정책자금 한도	60억 원 → 100억 원

3. 신청 자격
   - 업력 45년 이상(공고일 기준)인 중소기업 및 중견기업

   ※ 종전 매출액 제한기준(3천억 원 미만) 폐지로 매출액에 상관없이 신청 가능

- 제외사항

  아래의 업종은 신청대상에서 제외(한국표준산업분류상 건설업은 대분류, 그 외 업종은 중분류임)
  - 건설업(F), 부동산업(L68), 금융업(K64), 보험 및 연금업(K65), 금융 및 보험 관련 서비스업(K66)

4. 신청 방법
- 신청 기간: '24. 4. 29.(월)~5. 31.(금)
- 제출처 및 제출 방법: 이메일(중소기업: mmjs@kbiz.or.kr, 중견기업: jslee@fomek.or.kr) 및
  우편 접수

16 다음 중 자료에 대한 설명으로 옳지 않은 것을 고르면?

① 명문장수기업은 정책자금을 최대 100억 원까지 지원받을 수 있다.
② 공고일 기준 업력 49년차인 중견기업은 신청자격 요건을 만족한다.
③ 중소기업과 중견기업은 각각 다른 이메일 주소로 신청 접수해야 한다.
④ 선정된 기업이 온라인수출플랫폼 사업에 신청할 경우 2점 가점된다.
⑤ 명문장수기업 선정 시 확인서는 국문뿐만 아니라 영문으로도 발급된다.

17 다음 [표]의 기업 중 명문장수기업의 신청 자격을 만족하는 기업이 모두 몇 개인지 고르면?(단, 주어진 조건만 고려한다.)

[표] 기업별 정보

구분	기업명	기업 분류	업종코드(중분류)	업력(공고일 기준)	매출액
1	A기업	중소기업	C25	43년	745억 원
2	B기업	중견기업	K66	60년	2,165억 원
3	C기업	중견기업	G45	52년	1,462억 원
4	D기업	중소기업	I55	45년	254억 원
5	E기업	대기업	J63	58년	3,445억 원

① 1개
② 2개
③ 3개
④ 4개
⑤ 5개

18 다음 중 주어진 글의 전개 방식과 같은 것을 [보기]에서 모두 고르면?

물은 우리의 일상 어느 곳에든 존재한다. 우리나라 기준 한 사람당 사용하는 물의 양은 약 280리터로 세계 3위이다. 이렇게 많은 양의 물을 사용하는데, 과연 우리가 사용하는 물은 어떤 과정을 거쳐서 정화될까? 물의 정화는 오늘을 살아가는 데 있어 간과해서는 안 될 필수적인 과정이다. 하수처리 과정을 통해 물이 어떻게 정화되는지 알아보자.

하수는 하수관을 따라 배수 설비로 이동하며 하수관로를 거쳐 해당 지역의 하수처리시설로 유입된다. 이후 총 6단계의 처리 과정을 거치게 된다. 가장 첫 번째 단계는 유량 조정지에서 처리되는 것이다. 이곳에서는 유입된 하수의 유량과 수질의 변동을 균등화하여 침사지로 보낼 준비를 한다. 그다음 단계는 침사지의 정화 작업이다. 침사지에서 흙, 플라스틱 등 부피가 큰 쓰레기를 걸러낸다. 그리고 세 번째 단계는 최초 침전지의 이물질 제거 작업이다. 하수를 처음으로 가라앉히는 역할을 하며, 오염 물질을 서서히 가라앉혀 제거한다. 네 번째 단계는 생물반응조에서 처리되는데 최초 침전지를 통과한 하수에 공기를 불어 넣고 미생물을 키워 하수에 있는 유기물질을 분해한다. 다섯 번째 단계는 최종 침전지에서 처리되는데 미생물에 의해 분해된 덩어리들이 이곳에서 다시 침전되어 맑은 물만 위로 뜬다. 여기까지 통과한 하수는 마지막 단계인 총인 처리를 거쳐 방류수 수질 기준에 맞춘 뒤 하천으로 방류된다. 이렇게 총 6단계의 과정을 거쳐 방류된 물은 하천, 강, 바다 등을 흐르다 다시 사람이 사용하는 물이 되는 것이다.

┤ 보기 ├

㉠ 윗실은 상하 운동을 하는 바늘에 의해서 천 아래쪽으로 보내지는데, 이때 윗실은 밑실을 공급하는 북실패가 들어 있는 중북집의 둘레를 한 바퀴 돌면서 밑실을 꿰어 천 위쪽으로 다시 나온다. 그러면 천은 이송 기구에 의해서 한 눈 앞으로 나온다.

㉡ 가난하기 때문에 대학을 중퇴한 젊은이 라스콜리니코프는 지저분하고 더러운 작은 방 안에 틀어박혀 기묘한 이론을 생각해 낸다.

㉢ 마취제가 쓰이게 된 덕으로 외과 수술은 크게 변했다. 이제는 환자가 수술하는 동안 고통을 느끼지 않을뿐더러 외과 의사도 복잡한 일을 끝낼 때까지 충분한 여유를 가질 수 있게 된 것이다.

㉣ 동래 종점에서 전차를 내리자, 동욱이가 쪽지에 그려 준 약도를 몇 번이나 펴 보이며 진득진득 걷기 힘든 비탈길을 원구는 조심히 걸어 올라갔다. 비는 여전히 줄기차게 내리고 있었다. 우산을 받기는 했으나, 비가 후려쳐 말이 아니었다.

① ㉠

② ㉠, ㉢

③ ㉡, ㉣

④ ㉠, ㉢, ㉣

⑤ ㉡, ㉢, ㉣

19 다음은 '알 권리'와 '인간적 가치'가 충돌하는 사례이다. 이를 통해 직업인으로서 가질 수 있는 의문으로 가장 적절한 것을 고르면?

남아프리카공화국 출신의 분쟁지역 전문 사진기자였던 케빈 카터는 아프리카의 굶주린 아이들과 인종차별을 당하는 흑인들의 모습을 보면서 괴로워했다. 그리고 죽음과 싸우고 있는 어린아이들의 모습을 사진에 담은 공로로 1994년 세계적 권위의 퓰리처상을 수상하게 된다. '수단의 굶주린 소녀'라는 그의 사진은 세계를 전율시켰고 많은 봉사 단체와 국가들이 아프리카 기아 문제에 관심을 가지는 계기가 된다.

그러나 그의 사진은 사회적 논란을 일으킨다. 사진은 아프리카의 전쟁터에서 뼈가 앙상한 소녀가 기도하는 자세로 바닥에 엎드려 있고, 몇 걸음 떨어진 곳에 독수리가 깃을 접고 앉아 있는 장면이다. 그에게 쏟아진 비난은 사진을 찍기 위해 굶주린 소녀를 20분이나 그냥 방치했다는 것이었다. 사진을 찍는 것보다 소녀를 먼저 구하는 것이 맞지 않은가? 이러한 논란은 그가 비록 사진기자지만 취재보다는 어린아이의 생명을 구하는 것이 우선시 돼야 했다는 일부 여론의 거센 비난을 받게 되었고, 결국 그는 시상식이 열린 지 채 한 달이 되지 않아 자신의 자동차 안에서 자살을 하게 된다.

① 윤리는 항상 옳은 것인가?
② 윤리적 가치는 언제 발휘해야 하는가?
③ 생명을 존중하는 것은 반드시 윤리적인가?
④ 직업윤리와 개인윤리를 어떻게 조화시킬 것인가?
⑤ 윤리적 충돌은 모든 직업에서 발생하는 공통사항인가?

20 다음은 공무원에 대한 징계의 종류 및 효력에 관한 자료이다. 이에 대한 설명으로 옳지 <u>않은</u> 것을 고르면?

- 파면
  - 공무원 관계로부터 배제 및 5년간 공무원 임용 제한
  - 퇴직급여(수당)의 1/2 감액(단, 5년 미만 재직자는 퇴직급여의 1/4 감액)
- 해임
  - 공무원 관계로부터 배제 및 3년간 공무원 임용 제한
  - 금전 비리인 뇌물·향응수수, 공금 유용·횡령으로 해임된 경우 퇴직급여(수당)의 1/4 감액
    (단, 5년 미만 재직자는 퇴직급여의 1/8 감액)
- 강등
  - 1계급 아래로 직급을 내리고, 공무원 신분은 보유하나 3개월간 직무에 종사하지 못함
  - 직무에 종사하지 못하는 3개월의 기간 중 보수의 2/3 감액(연봉 적용자는 연봉월액의 7할 감액)
  - 직무에 종사하지 못하는 3개월의 기간 종료 후 최대 24개월간 승진 및 승급 제한
- 정직
  - 공무원 신분은 보유하나 정직 기간 중 직무에 종사하지 못함
  - 정직 기간 중 보수의 2/3 감액(연봉 적용자는 연봉월액의 7할 감액)
  - 정직 기간 및 정직 처분 종료 후 최대 21개월간 승진 및 승급 제한
- 감봉
  - 감봉 기간 중 1/3 감액(연봉 적용자는 연봉월액의 4할 감액)
  - 감봉 기간 및 감봉 처분 종료 후 12개월 간 승진 및 승급 제한
- 견책
  - 6개월간 승진 및 승급 제한
  - 해당 징계 외에 금품 및 향응 수수액, 공금의 횡령·유용액의 5배 내에서 징계 부가금 부과
    → 징계 부가금 부과: 징계 사유가 금품 및 향응수수, 공금횡령·유용인 경우

① 4년 차이며 퇴직급여가 3,000만 원인 S씨가 파면을 당할 경우의 퇴직급여는 2,250만 원이다.

② 거래처에 부당한 피해를 입게 하여 견책을 당할 경우, 피해액에 대한 징계 부가금이 부과되지 않는다.

③ 2017년 3월 초에 강등 조치를 받은 K씨가 승진에 제한을 받을 수 있는 최대 기간은 2019년 6월 초까지이다.

④ 연봉이 2,160만 원인 A씨가 3개월 감봉 조치를 받게 되면 3개월의 기간 중 감액되는 금액의 합은 216만 원이다.

⑤ 연봉이 3,000만 원인 R씨가 정직을 당할 경우 지급되는 연봉월액은 연봉이 2,400만 원인 M씨가 감봉을 당할 경우 지급되는 연봉월액보다 더 많다.

21 어린이체험관 공사를 담당할 용역 업체 선정을 위해 평가위원회를 구성하려고 한다. 총 12명의 평가위원 후보자군을 구성한 뒤 다음과 같은 [조건]에 따라 평가위원을 선정할 경우, 옳지 <u>않은</u> 것을 고르면?

┤ 조건 ├

- 디자인 부문과 콘텐츠 부문으로 나누어 각각 2명씩 총 4명을 선정한다.
- 디자인 부문부터 먼저 2명을 확정한 후에 콘텐츠 부문 2명을 확정한다.
- 우선 순위가 높은 후보자부터 전화를 걸어 2명의 섭외가 확정되었다면, 후순위 후보자에게는 전화를 걸지 않는다.
- 이미 선정된 사람과 같은 직장에서 근무하는 사람은 후보에서 제외하고, 그에게는 전화를 걸지 않는다.
- 우선 순위를 정하는 기준은 다음과 같다.
  - 박물관 종사자와 대학교 교수 중 박물관 종사자가 우선한다.
  - 박물관 종사자 중에서 어린이체험관을 담당하는 사람이 우선한다.
  - 박물관 종사자 중 같은 담당 종사자의 경우 팀장, 과장, 학예사 순으로 우선한다.
  - 대학교 교수의 경우 서울 소재 대학교 교수가 우선한다.
- 섭외 전화를 받은 사람이 섭외를 거절하는 경우 곧바로 후보군에서 삭제하고 다음 순위에 있는 사람에게 전화를 한다.

디자인 부문 후보	콘텐츠 부문 후보
• 김혜경 A박물관 디자인 팀장 • 김연아 B박물관 어린이체험관 디자인 팀장 • 윤아름 서울 소재 X대학교 교수 • 이보경 부산 소재 Y대학교 교수 • 이권희 C박물관 디자인 과장 • 송민지 A박물관 어린이체험관 담당 학예사	• 김보라 B박물관 어린이체험관 담당 팀장 • 김시원 C박물관 어린이체험관 담당 학예사 • 정희주 서울 소재 X대학교 교수 • 장주영 강원도 소재 Z대학교 교수 • 임정옥 A박물관 콘텐츠 과장 • 유재민 B박물관 어린이체험관 담당 과장

① 김연아 팀장이 섭외를 거절해도 유재민 과장은 섭외 전화를 받지 못할 수도 있다.
② 이권희 과장이 섭외 전화를 받지 못했다면, 임정옥 과장 역시 섭외 전화를 받지 못했을 것이다.
③ 장주영 교수가 평가위원이 되려면 콘텐츠 부문 후보들 중에는 반드시 2명 이상이 섭외를 거절해야 한다.
④ 송민지 학예사와 윤아름 교수가 평가위원이 될 경우, 김시원 학예사는 섭외 전화를 받을 수 있다.
⑤ 디자인 부문 후보 중에 섭외를 거절한 사람이 없다면, 정희주 교수는 반드시 섭외 전화를 받게 될 것이다.

22 다음 글을 바탕으로 직장 내 성희롱에 대한 인식과 그 판단 기준으로 적절하지 **않은** 것을 고르면?

---

1. 직장 내 성희롱이란?

　사업주, 상급자 또는 근로자가 직장 내의 지위를 이용하거나 업무와 관련하여 다른 근로자에게 성적 언동 등으로 성적 굴욕감 또는 혐오감을 느끼게 하거나 성적 언동 또는 그 밖의 요구 등에 따르지 아니하였다는 이유로 근로 조건 및 고용에서 불이익을 주는 것

2. 성희롱의 대표적 유형
 • 육체적 행위
 　ㅡ 입맞춤, 포옹 또는 뒤에서 껴안는 등의 신체적 접촉 행위
 　ㅡ 가슴, 엉덩이 등 특정 신체부위를 만지는 행위
 • 언어적 행위
 　ㅡ 음란한 농담을 하거나 음탕하고 상스러운 이야기를 하는 행위(문자 또는 전화 포함)
 　ㅡ 외모를 평가하거나 성적으로 비유하거나 신체부위를 언급하는 행위
 • 시각적 행위
 　ㅡ 음란한 사진, 그림, 낙서, 출판물 등을 게시하거나 보여주는 행위
 • 기타 성희롱 행위
 　ㅡ 그 밖에 사회 통념상 성적 굴욕감 또는 혐오감을 느끼게 하는 것으로 인정되는 언어나 행동

3. 성희롱 피해 시 대처 요령
 • 성희롱 피해자
 　ㅡ 명확한 거부의사 표시
 　ㅡ 증거자료 수집
 • 제3자(주변사람, 동료)
 　ㅡ 성희롱 피해 발생 시 함께 노력하여 처리
 　ㅡ 피해자의 대응 행동을 적극적으로 지지 및 지원
 　ㅡ 성희롱이 발생한 자리에서 피해자가 이의를 제기하면 적극적으로 지지

4. 성희롱 발생 시 직장 내 해결 절차
 　접수 → 사실관계 조사 및 의결 → 조치 → 후속 조치

---

① 성희롱은 행위자가 성적 의도를 가지고 한 행동이냐 아니냐를 밝혀내는 것이 가장 중요한 판단 기준이다.

② 피해자와 비슷한 조건과 상황에 있는 사람이 피해자의 입장이라면 문제가 되는 성적 언동에 대해 어떻게 반응했을까를 함께 고려하여야 한다.

③ 성적 수치심은 성적 언동 등으로 인해 피해자가 느끼는 불쾌한 감정으로 그 느낌은 행위자가 아닌 피해자의 관점을 기초로 판단되어야 한다.

④ 성적 언동 및 요구는 신체의 접촉이나 성적인 의사표현뿐만 아니라 성적 함의가 담긴 모든 언행과 요구를 말한다.

⑤ 성희롱은 '남녀차별금지 및 구제에 관한 법률'과 '남녀고용평등법'에 각각 명문화되어 있으나, 형사처벌의 대상은 아니다.

23 다음은 '갑'국의 수산식료품 분류 표준코드 체계에 관한 자료이다. 이를 참고할 때, 다음 중 '갑'국의 수산식료품 표준코드가 880042321937( )일 경우 마지막 검증번호를 고르면?

수산식료품 분류 표준코드는 SF1 체계 중 국가식별코드, 업체식별코드, 품목코드, 검증번호로 구성된 SGFIN-13 코드를 사용한다.

구분	국가식별코드	업체식별코드	품목코드	검증번호
자릿수	3자리	5자리	4자리	1자리
사례	880	00001~04999	0001~9999	0~9

[검증번호 계산법]

☞ 표준코드 880049991234( )의 경우

1) 짝수 번째에 있는 숫자를 전부 더한다. → 8+0+9+9+2+4=32

2) 1)의 결괏값에 3을 곱한다. → 32×3=96

3) 검증번호를 제외한 홀수 번째의 위치에 있는 숫자를 모두 더한다.

   → 8+0+4+9+1+3=25

4) 2)의 결괏값과 3)의 결괏값을 더한다. → 96+25=121

5) 4)의 결괏값보다 큰 수 중 가장 작은 10의 배수가 되기 위해 더해야 하는 숫자가 검증번호이다.

   → 130-121=9

---

① 1   ② 3   ③ 5

④ 7   ⑤ 9

24 다음은 카자흐스탄 자동차 산업 관련 보고서이다. 이를 이해한 내용으로 적절하지 <u>않은</u> 것을 고르면?

[카자흐스탄 자동차 산업 동향과 시사점]

■ 카자흐스탄 국가경제부는 2023년 자동차 산업 성과를 발표하고 전년 대비 산업 생산이 42%, 판매가 61% 증가하는 등 자동차 산업이 빠르게 성장하고 있다고 보고함

- 2023년 승용차 생산량은 13만 4,000대로 전년 대비 30% 증가했으며, 신차(승용차 및 상용차) 판매량은 역대 최고치인 19만 8,842대를 기록함
- 2023년 12월 차량 신규 등록 대수가 2만 3,524대로 14개월 연속 증가함
- 현대, 기아, 쉐보레가 시장의 60%를 점유하고 있으며, 2022년 새롭게 시장에 진입한 중국 자동차 브랜드들이 빠르게 성장 중임

■ 러시아-우크라이나 전쟁으로 시장 환경이 악화된 러시아에서 많은 기업이 주변 CIS국가로 생산기지를 이전하고, 새로운 생산 거점으로 카자흐스탄이 주목을 받으면서 자동차 제조설비가 확충되고 있는 것이 성장의 주요 배경으로 분석됨

- Great Wall Motors(중국), 기아자동차가 조립 공장을 신설 중이며, 러시아에서 생산해 온 러시아 및 체코 브랜드 차량을 카자흐스탄에서 생산하는 방안이 추진 중임

■ 카자흐스탄 정부는 자동차 산업을 경제성장 동력의 하나로 강조하고, 역내 자동차 생산 및 수출 거점으로의 성장을 목표로 지원하는 동시에 현지화와 고부가가치화를 추진 중임

- 자동차 조립 산업은 '특별 투자 프로젝트'로 지정되어 수입 관세와 원자재 수입에 대한 부가세가 면제되며, 환경기준 및 국산화 요구사항 충족 시 인센티브가 지급됨
- 카자흐스탄 정부는 2020년 '자동차 조립 산업에 관한 협약'을 도입하고 조립 장비 및 부품의 국산화와 조립 공정의 고도화를 추진하고 있음
  - 부품 제조 기업에 세금·관세 혜택을 제공하는 한편, 국산 부품 이용을 확대하도록 규정함으로써 국내 부품 생산을 늘리고 현재 30~40%로 평가되는 현지화 수준을 제고하고자 함
  - 기존의 SKD(Semi Knock Down) 중심의 조립 방식에서 CKD(Complete Knock Down) 방식으로의 전환을 촉진하고 있으며, 각 자동차 브랜드는 최소 1개 이상의 모델을 CKD 방식으로 생산하고, 2024년 20% 수준인 CKD 방식 생산 비율을 2027년까지 50%로 확대해야 함

■ 카자흐스탄 자동차 산업이 역내에서 빠르게 성장하고 있어 관심이 요구되며, 우리 기업은 자동차 생산 현지화·고도화를 위한 카자흐스탄 정부 방침에 대응해 나가야 할 것임

- 중앙아시아 최대 규모인 우즈베키스탄 자동차 시장과 격차가 존재하지만 카자흐스탄 정부가 2026년까지 차량 생산을 50만 대로 확대할 계획으로 지속적인 성장이 전망됨
  - 우즈베키스탄의 2023년 신차 판매는 38만 대, 승용차 생산은 39만 대로 전년 대비 각각 33%, 25.9% 증가함
- 국산 부품 이용 및 조립 공정 고도화를 위한 카자흐스탄 정부 방침에 대응하는 동시에 관련 기술 발전 및 전문 인력 양성에 대한 협력 수요에도 관심이 요구됨

① 자동차 조립 산업은 카자흐스탄에서 수입 관세가 면제되는 산업 분야이다.

② 카자흐스탄은 중앙아시아에서 자동차 시장 규모가 가장 큰 국가다.

③ 카자흐스탄 정부 정책에 따라 자동차 브랜드에서는 CKD 조립 방식 생산 모델을 필수적으로 포함해야 한다.

④ 2023년에 카자흐스탄의 승용차 생산량은 승용차 및 상용차 포함 신차 판매량보다 적었다.

⑤ 러시아-우크라이나 전쟁 이후 카자흐스탄의 자동차 산업 규모가 증가했을 것이다.

25 다음 [표]와 [그래프]는 2017~2021년 어린이집 보육교직원 현황에 관한 자료이다. 이에 대한 설명으로 옳은 것을 고르면?(단, 비율은 소수점 이하 둘째 자리에서 반올림한다.)

[표] 2017~2021년 어린이집 보육교직원 현황 (단위: 명)

구분	2017년	2018년	2019년	2020년	2021년
합계	330,217	333,419	331,444	326,623	322,703
원장	40,085	38,975	37,168	35,199	33,087
보육교사	235,704	239,996	( )	237,966	236,085
치료사	600	633	658	650	677
영양사	944	927	923	902	1,040
간호사 및 간호조무사	1,249	1,170	1,121	1,055	985
사무원	1,135	1,099	1,103	954	910

※ 합계는 특수교사, 조리원, 기타 교직원에 해당하는 인원을 포함함

[그래프] 2017~2021년 어린이집 특수교사, 조리원, 기타 교직원 현황 (단위: 명)

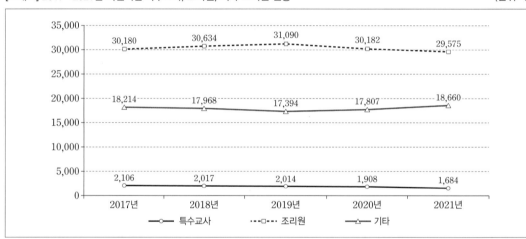

① 2018년부터 2021년까지 전년 대비 인원이 매년 감소한 직업은 4개이다.

② 2018년부터 2021년까지 전년 대비 영양사 인원의 증감률이 가장 높은 연도는 2020년이다.

③ 조사기간 동안 사무원의 인원이 두 번째로 적었던 연도에서 특수교사와 기타 직원의 수의 합은 2만명 이상이다.

④ 2018년 대비 2019년 보육교사 인원의 증감률 폭은 1% 미만이다.

⑤ 2018년부터 2020년까지 전년 대비 조리원과 증감추이가 같은 직업의 2017년 대비 2019년 인원 증감률은 10% 이상이다.

다음 [표]는 제조사에 근무하는 신 과장이 검토하고 있는 기계장비 명세서이다. 신 과장은 검토 중 2023년 기말재공품 원가액이 누락된 것을 발견하게 되었다. 신 과장이 계산한 2023년 기말재공품 원가를 고르면?

[표] 2023년 기계장비 명세서 (단위: 만 원)

항목		당기(2023년)	전기(2022년)
Ⅰ 재료비		38,000	31,000
	1. 기초원재료 재고액	12,000	10,000
	2. 당기원재료 매입액	18,000	9,000
	3. 기말원재료 재고액	8,000	12,000
Ⅱ 노무비		26,880	24,640
	1. 급여	24,000	22,000
	2. 퇴직급여	2,880	2,640
Ⅲ 경비		9,600	8,000
	1. 전력비	5,600	4,700
	2. 가스수도비	2,800	2,400
	3. 광고비	1,200	900
Ⅳ 제조원가		57,880	39,340
Ⅴ 기초재공품 원가		3,000	2,700
Ⅵ 기말재공품 원가			2,100

[계산 방법]
- (제조원가)=(기초재공품 원가)+(제조노무비)+(제조간접비)+(직접재료비)−(기말재공품 원가)
- (직접재료비)=(기초원재료 재고액)+(당기원재료 매입액)−(기말원재료 재고액)
- 제조원가: 일련의 유통과정을 제외한 순수하게 제품의 제조에만 사용된 공장원가를 의미한다.
- 제조간접비: 제품의 제조 과정과 관련이 있는 비용으로 전력비와 가스수도비를 의미한다.
- 제조노무비: 급여와 퇴직급여를 포함한 비용을 의미한다.

① 2,220만 원　　② 2,400만 원　　③ 2,500만 원
④ 2,520만 원　　⑤ 2,600만 원

27 다음은 신입사원 채용을 위해 실시한 1·2차 면접전형에 관한 자료이다. 최종적으로 1차 면접 점수와 2차 면접 점수의 합산점수가 가장 높은 지원자를 선발할 예정이다. 이때, 최종 선발되는 지원자를 모두 고르면?

면접전형

- 최종 선발인원: 3명
- 분야별 평가요소
  - 1차 면접(40점): 태도자세, 가치관, 적극성, 협동성
  - 2차 면접(60점): 업무 전문성, 회사에 대한 이해도, 논리적 사고능력
- 총합산 점수＝1차 면접 점수＋2차 면접 점수＋(적극성＋업무 전문성 점수)×0.4

[표1] 1차 면접 점수 (단위: 점)

지원자	태도자세	가치관	적극성	협동성
A	8	8	8	8
B	6	8	8	8
C	8	10	6	8
D	8	8	8	8
E	10	6	10	8
F	8	6	10	6

[표2] 2차 면접 점수 (단위: 점)

지원자	업무 전문성	회사에 대한 이해도	논리적 사고능력
A	16	16	20
B	20	16	16
C	16	20	20
D	20	16	16
E	20	12	16
F	16	20	16

---

① A, C, D   ② A, C, E   ③ B, C, D
④ C, D, E   ⑤ C, D, F

28 다음은 자기개발에 관한 글이다. 밑줄 친 ㉠~㉤ 중 자기개발에 대한 설명이 옳지 <u>않은</u> 것을 고르면?

자기개발의 필요성을 이해하기 전에 먼저 변화의 필요성을 인식해야 한다. 사람들은 관성의 법칙에 따라 현재 하고 있는 일을 지속적으로 하길 원하며, 새로운 변화에 의해 자신이 안주하고 있는 환경이나 상태가 불안정해지는 것을 원치 않는 경우가 많다. 그러나 변화는 낡은 습관을 끊임없이 새롭고 좋은 습관으로 바꾸는 삶의 과정이라 볼 수 있다. 상황에 맞게 성장하고 변화할 때 우리는 성공하는 삶을 살 수 있다.

첫째, ㉠ 자기개발은 변화하는 환경에 적응하기 위해서 이루어진다. 우리를 둘러싸고 있는 환경은 끊임없이 변화하고 있으며, 그 변화의 속도는 점점 빨라지고 있다. 우리가 가지고 있는 지식이나 기술이 과거의 것이 되지 않도록 환경 변화에 따라 지속적인 자기개발 노력이 요구된다.

둘째, ㉡ 직업생활에서의 자기개발은 효과적으로 업무를 처리하기 위하여, 즉 업무의 성과를 향상시키기 위하여 이루어진다.

셋째, ㉢ 자기개발은 주변 사람들과 긍정적인 인간관계를 형성하기 위해서도 필요하다. 자기개발에 있어서 자기관리는 매우 중요한 요소이다. 자신의 내면과 시간, 생산성을 관리하는 등의 자기관리는 좋은 인간관계의 형성과 유지의 기반이 되기도 한다.

넷째, ㉣ 자기개발은 조직의 목표를 극대화하기 위해서 해야 한다. 자기개발을 통해 조직이 원하는 인재의 모습을 갖출 수 있을 것이며, 이는 조직의 목표 달성을 위해 개개인의 조직원이 반드시 갖추어야 할 요건이라고 할 수 있다.

다섯째, ㉤ 자기개발은 개인적으로 보람된 삶을 살기 위해서 해야 한다. 자기개발을 하게 되면 자신감을 얻게 되고, 삶의 질이 향상되어 보다 보람된 삶을 살 수 있다.

---

① ㉠

② ㉡

③ ㉢

④ ㉣

⑤ ㉤

29 다음은 어느 진공청소기 사용자 안내문의 일부이다. 이를 바탕으로 고객의 문의사항에 대한 안내원의 응대가 적절하지 <u>않은</u> 것을 고르면?

	⚠ 경고 및 주의사항		
	수리 기술자 이외에는 절대로 제품을 분해하거나 개조하지 마세요. 고장 또는 화재, 감전의 원인이 됩니다.		흡입구 및 배기구를 막은 채 장시간 사용하지 마세요. 에어컨 설치 시 및 공사장 등의 분진을 흡입하지 마세요. 과열에 의한 고장 또는 발화의 원인이 됩니다.
	청소 중 연장관이나 본체에 정전기가 발생할 수 있습니다.		제품에 물 등의 액체가 들어가거나 젖지 않도록 하고, 사용 시 액체, 칼날, 불씨 등을 흡입하지 마세요. 고장 또는 화재, 감전의 원인이 됩니다.

확인사항	조치사항
Q. 청소기가 전혀 작동하지 않습니다.	1. 콘센트에 전선이 꽂혀 있는지 확인하세요. 2. 콘센트에 다른 제품(드라이어기/선풍기 등)을 꽂아 전기가 들어오는지 확인하세요. 3. 본체와 호스를 분리 후, 다시 결합해 주세요.
Q. 코드가 끝까지 안 감기거나 완전히 안 나옵니다.	1. 코드를 꺼냈다가 다시 감아주세요. 2. 코드가 안 빠질 경우 코드를 세게 당겨 빼내 주세요.
Q. 뜨거운 바람이 나오고 본체가 뜨거워요.	배기구에서 나오는 바람은 모터열을 냉각시킨 후의 바람이므로 안심하세요.
Q. 청소기 뒤쪽에서 냄새가 납니다.	1. 정상적으로 작동된다면 고장이 아닙니다. 2. 구입 초기 후 3개월가량은 새 제품이므로 고무류 냄새가 날 수 있습니다. (새 가구 냄새와 같은 원리입니다.) 3. 장기간 사용 시에는 먼지통 내의 먼지로 인한 냄새가 발생하오니 먼지통 및 필터를 세척하여 사용하세요.
Q. 청소기에서 시끄러운 소리가 납니다.	청소기의 흡입력이 높아 모터가 고속으로 회전할 때 발생하는 소리입니다. 고장이 아니므로 우려마시고 사용하십시오. 그러나 정상적인 회전 소리가 아닌 이상한 소리가 난다고 느껴지면 가까운 AS 센터로 전화해 주세요.

①	Q: 안녕하세요. 진공청소기를 물티슈로 청소하였는데, 그다음부터는 작동하지 않습니다. 무엇이 문제인가요?
	A: 안녕하세요, 고객님. 해당 제품을 물티슈로 청소하게 되면 고장의 원인이 될 수 있습니다. 억지로 작동하지 마시고, 가까운 AS 센터를 방문해 주시기 바랍니다.
②	Q: 본체에서 발열이 꽤 있고, 뜨거운 바람이 나옵니다. 구입한 지 일주일도 채 되지 않은 제품인데, 이럴 수가 있나요?
	A: 안녕하세요, 고객님. 본체에서 나오는 뜨거운 바람은 모터열을 냉각시킨 후의 바람이므로 정상입니다.
③	Q: 안녕하세요, 집안 대청소를 하고 나서 진공청소기를 사용하려고 합니다. 문제가 될까요?
	A: 대청소하신 후 제품을 사용하시면 됩니다, 고객님. 다만 사용 중간에도 먼지통 및 필터를 확인하면서 청소를 진행하시면 큰 무리는 없을 것 같습니다.
④	Q: 제품을 사용하다가 청소기 연장관 쪽에서 정전기가 느껴졌습니다. 제품에 문제가 있는 걸까요?
	A: 제품의 본체 또는 연장관에서 정전기가 발생할 수 있습니다. 제품은 정상인 듯 합니다.
⑤	Q: 이 제품을 6개월 전에 구입하였습니다. 아직까지 작동은 잘 되는데, 작동할 때마다 청소기 뒤쪽에서 조금 역한 냄새가 나네요. 무슨 문제가 있는 걸까요?
	A: 안녕하세요, 고객님. 구입한 지 6개월이 지났는데도 계속 냄새가 나는 상황이라면 제품 내부의 모터에 문제가 있을 수 있으니 가까운 AS 센터를 방문해 주시기 바랍니다.

30 다음은 Y공사의 성과급 산정 기준과 직원 A~E의 연봉 및 성과 등급에 관한 자료이다. 이를 바탕으로 성과급 산정이 적절하지 <u>않은</u> 직원을 고르면?

성과급 산정 기준

- 성과급은 부서 성과 및 개인 성과에 따라 등급을 나누어 지급한다.
- 부서 등급과 개인 등급은 각각 최우수, 우수, 보통, 미흡으로 구분하며, 등급별 성과급 산정비율은 다음과 같다.

성과 등급	최우수	우수	보통	미흡
성과급 비율(%)	40	30	15	5

- 성과급 산정 기준은 다음과 같다.
  - 2022년 성과급 산정 기준
    (성과급)=(개인별 연봉)×{(부서 성과급 비율＋개인 성과급 비율)÷2}
  - 2023년 성과급 산정 기준
    (성과급)=(개인별 연봉)×(부서 성과급 비율과 개인 성과급 비율 중 높은 값)

[표] 직원별 연봉 및 성과 등급

구분	2022년 연봉	2022년 성과 등급 부서	2022년 성과 등급 개인	2023년 연봉	2023년 성과 등급 부서	2023년 성과 등급 개인
직원 A	5,000만 원	최우수	우수	5,500만 원	미흡	우수
직원 B	5,500만 원	우수	우수	6,000만 원	보통	최우수
직원 C	3,500만 원	최우수	보통	3,800만 원	우수	최우수
직원 D	4,000만 원	보통	최우수	4,400만 원	최우수	우수
직원 E	3,000만 원	보통	미흡	3,150만 원	미흡	보통

	2022년	2023년
① 직원 A:	17,500,000원	16,500,000원
② 직원 B:	16,500,000원	24,000,000원
③ 직원 C:	9,625,000원	15,200,000원
④ 직원 D:	11,000,000원	17,600,000원
⑤ 직원 E:	3,000,000원	3,150,000원

31 뚜껑이 없는 정육면체 모양의 수조 3개가 있다. 이들은 크기가 모두 다른데, 크기 순서대로 한 모서리의 길이가 2배씩 차이가 난다. 세 수조에 물을 가득 채운 후 커다란 물탱크에 수조의 물을 전부 붓고 가장 작은 수조로 물탱크의 물을 모두 퍼낸다고 할 때, 몇 번만에 물을 모두 퍼낼 수 있는지 고르면?

① 21번   ② 36번   ③ 59번
④ 64번   ⑤ 73번

32 현재 주부인 C씨는 출산 전까지 대기업 회계팀에서 근무했고 업무 성과도 매우 높았다. 그러나 결혼 후 출산과 육아로 인해 7년 가까이 경력 단절이 생겼다. 재취업을 위해 경력개발을 하고자 할 때, [보기]에서 C씨가 할 행동으로 적절한 것을 모두 고르면?

┤ 보기 ├
ㄱ Q-net 사이트에서 직무와 관련된 자격증에 대해 알아본다.
ㄴ 구인구직 사이트를 적극적으로 활용하여 정보를 얻고 이력서를 넣는다.
ㄷ '새로일하기센터'를 통해 취업을 위한 상담과 직업 교육 훈련을 받는다.
ㄹ 자신의 전문성과 성과를 강조하여 자기소개서를 작성하고 적극적인 구직 활동을 한다.

① ㄱ, ㄴ, ㄷ   ② ㄱ, ㄴ, ㄹ   ③ ㄱ, ㄷ, ㄹ
④ ㄴ, ㄷ, ㄹ   ⑤ ㄱ, ㄴ, ㄷ, ㄹ

33 다음 [상황]과 가장 유사한 이유로 자기개발에 실패한 사례를 고르면?

[상황]

　　최근 새로운 프로젝트를 시작한 홍 사원은 업무 능력 향상과 관련하여 외국어 능력을 키우기로 결심하고 한 달 전에 중국어 학원에 등록하였다. 그런데 잦은 야근으로 인하여 학원에 자주 가지 못하고 있다.

① 김 사원은 상사로부터 자기개발이 필요하다는 조언을 들었지만, 현재 자신에게 필요한 것이 무엇이며 어떻게 시작해야 할지 몰라 고민이다.
② 이 사원은 방송통신대학에 등록하여 직장 생활과 대학 생활을 병행하고 있다. 그러나 지병의 재발로 인하여 학업을 충실히 이행할 수 없는 상황이다.
③ 인사부의 박 사원은 평소에 관심 있던 베이킹 관련 강좌가 개설되어 수강하고 있다.
④ 최 사원은 스페인 출장을 계획하고 있다. 이를 준비하기 위해 외국어 학원에 등록했지만, 갑자기 어머니가 편찮으셔서 퇴근 후에 병원에 가느라 학원에 나가지 못하고 있다.
⑤ 서 사원은 잦은 야근과 회식으로 인해 건강이 급격히 나빠지는 것을 느꼈다. 체력 관리를 위해서 운동을 해야겠다고 마음먹었으나, 다양한 운동 방법 중에 무엇이 적합한지 잘 몰라서 한 달째 시작도 못하고 있다.

34 다음 [상황]에서 상사가 G사원에게 할 말로 적절하지 않은 것을 고르면?

[상황]

　　신입사원으로 입사한 G사원은 근무한 지 2년이 넘었으나 자신이 판단하기에 업무의 양이 많아서 늘 업무를 제 시간에 끝마치지 못했다고 생각한다. 하지만, 상사는 시간관리를 잘하지 못해서 매번 야근을 함에도 불구하고 업무 기한을 계속 놓치고 있다고 판단했다. 이에 상사는 G사원에게 무작정 업무를 하는 것이 아니라 좀 더 효율적으로 하길 기대하고 있다.

① 우편물 관련 행정처리보다는 내일 있을 회식 장소를 먼저 예약해야 할 것 같아.
② 업무 처리 예상 시간을 계획하기 전에 일에 대한 우선순위를 먼저 정하는 것이 도움이 될 거야.
③ 업무에 예정된 시간이 모자라거나 할 때 등을 생각해서 늘 예비 시간을 확보해 둘 필요가 있어.
④ 이 프로젝트는 오늘까지 마무리해야 하니 회의 보고서 작성보다는 먼저 처리하는 것이 나을 것 같아.
⑤ 다음 달 예산을 계획하는 것보다는 총무팀에서 요청한 설문지 작성을 먼저 하는 것이 좋을 것 같아.

35 다음 [그래프]와 [표], [조건]은 X국의 연도별 출생아 수 및 사망자 수와 조출생률·조사망률·자연증가율에 관한 자료이다. 이를 바탕으로, (A)+(B)+(C)의 값을 고르면?(단, 당해년도의 연앙인구는 십만 자리의 수에서 반올림하고, (A), (B), (C)는 각각 소수점 이하 둘째 자리에서 반올림한다.)

[그래프] X국의 연도별 출생아 수 및 사망자 수   (단위: 명)

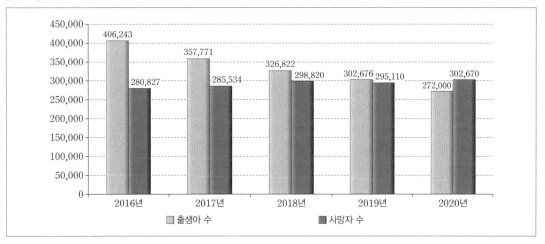

[표] X국의 연도별 조출생률·조사망률·자연증가율   (단위: 명)

구분	조출생률(천 명당)	조사망률(천 명당)	자연증가율(천 명당)
2016년	7.9	(A)	2.5
2017년	(B)	5.6	1.4
2018년	6.4	5.8	0.5
2019년	5.9	5.7	0.1
2020년	5.3	5.9	(C)

┤ 조건 ├

- (조출생률)$=\dfrac{(당해\ 1년간의\ 총출생아\ 수)}{(당해년도의\ 연앙인구)}\times1,000$

- (조사망률)$=\dfrac{(당해\ 1년간의\ 총사망자\ 수)}{(당해년도의\ 연앙인구)}\times1,000$

- (자연증가건수)=(당해 1년간의 총출생아 수)−(당해 1년간의 총사망자 수)

- (자연증가율)$=\dfrac{(당해\ 1년간의\ 총자연증가건수)}{(당해년도의\ 연앙인구)}\times1,000$

- 당해년도의 연앙인구: 당해년도의 중간인 7월 1일 기준 인구

① 11.3   ② 11.9   ③ 12.5

④ 13.1   ⑤ 13.7

출장여비 규정

제1조【이동】

출장지까지의 이동, 출장지 내에서의 이동, 출장지에서 귀사(귀가)할 때까지의 이동 경로는 일반적이고 합리적인 경로를 통하여 이동한다.

제2조【여비 사용 원칙】

1. 모든 여비는 부득이한 경우를 제외하고 회사 법인카드를 사용하는 것을 원칙으로 하고, 여의치 않을 경우 지출계획을 제출한다.
2. 여비는 영수증을 첨부한 경우에 한하여 비용으로 인정하는 것을 원칙으로 한다.(단, 시내 버스비, 전철비, 자가용 유류대, 일비 등 일부 비용은 예외로 할 수 있다.)

제3조【동행출장】

1. 임직원 2인 이상이 동일 목적으로 동행하여 출장할 경우 각 직급에 해당하는 여비 기준에 따라 여비를 사용한다.
2. 직원이 회사 업무로 외부인과 동행하여 출장하는 경우 외부인에게 그 직원과 동일한 여비를 사용하게 할 수 있다.
3. 2인 이상이 동일 목적으로 동행하여 출장할 경우 어느 1명이 다른 1명 비용의 전액 또는 일부를 기준 금액으로 보지 아니한다.
4. 임원과 함께 출장을 갈 경우에는 식대는 임원과 동일하게 지급한다.

제4조【출장비 신청 및 지급】

1. 출장자는 '출장비 사전 신청서'를 작성하여 출장비를 사전에 신청 및 수령할 수 있다.
2. 출장비를 사전에 신청할 경우에는 자금 관련 부서에서 통상적으로 업무를 처리할 수 있는 최소한의 기일 전(통상 근무일 기준 3일 전)에 신청하는 것을 원칙으로 하며, 사정상 여의치 않을 경우에는 출장자의 소속 부서 전도금을 수령할 수 있다.
3. '출장비 사전 신청서'는 전자결재의 기본 양식인 '출장계획서'에 첨부하여 결재 상신하거나 일반 '보고서'에 첨부하여 결재 상신할 수 있다.

제5조【출장 종료】

출장이 종료되면 출장자는 출장보고서를 작성하여 보고한다. 단, 일반적인 출장이거나 사소한 출장일 경우에는 출장보고서를 생략하거나 구두 보고로 대신할 수 있다.

※ [별표1] 출장비 지급 기준
출장비는 출장 기간 동안의 (숙박비)＋(교통비)＋(식비)＋(일비)의 합이다.

구분		지역 등급	숙박비(1박)	교통비(출장기간)	식비(1일)	일비(1일)
임원	대표이사~전무	가	실비	실비	40	100
		나			36	
		다			25	
	상무~이사	가			35	80
		나			32	
		다			20	
부장		가	180		30	60
		나	160		25	
		다	140		20	
차장, 과장		가	170		25	50
		나	150		20	
		다	130		15	
대리, 사원		가	160		20	30
		나	140		15	
		다	120		10	

[표] 출장비 지급 기준   (단위: 달러)

| 보기 |

- 김 대리: 2박 3일로 이사님과 함께 가 지역에 출장을 가게 되었어. 나는 교통비를 제외하고 530달러를 여비로 지급받을 수 있어.
- 이 과장: 3박 5일로 장 부장님과 함께 다 지역에 출장을 가게 되었어. 그럼 나는 교통비를 제외하고 715달러를 여비로 지급받을 수 있어.
- 정 사원: 이번에 2박 3일로 출장을 다녀왔는데 일부 영수증을 분실하여 300달러에 해당하는 영수증밖에 가지고 있지 않아. 그럼 나는 최대 300달러를 여비로 지급받을 수 있어.
- 최 부장: 나는 다음 주 월요일에 출장을 가려면 주말 전 마지막 근무일인 이번 주 금요일까지 출장비 사전 신청서를 제출해야 해.
- 윤 대리: 이번에 나 지역에 2박 3일로 출장을 다녀왔어. 출장지에서 협력업체 부장님과 함께 업무를 보았고, 협력업체 부장님도 1일 25달러의 식대를 이용할 수 있었어.

① 1명
② 2명
③ 3명
④ 4명
⑤ 5명

[37~38] 다음은 정보통신업체 E기업의 고객 응대 운영 방법에 관한 글이다. 이를 바탕으로 이어지는 질문에 답하시오.

정보통신업체 E기업은 이달 말부터 '임파워먼트 TF'를 신설하여 운영하기로 하였다. 이는 기업의 대표가 직접 지시한 것으로, 취임할 때부터 강조했던 것 중 하나였다. 그는 '이전부터 현장 임파워먼트를 강조하였으나, 그 개념과 역할이 현장에 충분히 전달되지 않았다. 그리고 이를 지원하기 위한 조직 또한 부족했다.'라고 언급하며, 현장 임파워먼트란 '직원들이 현장에서 성과를 낼 수 있도록 조직·업무 차원에서의 지원이 충분히 이루어지고, 의사결정 권한이 현장에 적절히 내려가 있는 것을 의미한다.'라고 TF 신설 취지를 밝혔다.

E기업은 지속적으로 고객을 응대하는 현장 직원들의 재량권 강화에 관한 필요성을 제기하였다. 까다로운 고객을 응대하거나 중요한 고객과의 관계 유치를 위해 현장에 재량권이 있어야 하는데, 일일이 상위 부서에 물어보거나 관련 부서에 협조를 요청하다 보니 현장 대응력이 떨어진다는 것이었다. 그러나 본사 직원들은 현장 직원들에게 의사결정 권한과 재량권이 주어진다면 현장 상황을 대응하는 데 일관성이 없고, 기업 차원의 경영 전략이 무시될 수 있다는 것을 근거로 반대해 왔다.

E기업에서 도입하고자 하는 임파워먼트란 조직 구성원들을 신뢰하고, 그들의 잠재력을 믿으며, 그 잠재력의 개발을 통해 고성과 조직이 되도록 하는 일련의 행위를 말한다. 이러한 임파워먼트의 효과는 크게 세 가지로 나눌 수 있다. 첫째, 조직의 모든 사람으로부터 시너지 있고 창조적인 에너지를 끌어낼 수 있다. 둘째, 생산성이 향상되고 사람들이 좋은 기회에 대해 큰 기대를 하게 만들 수 있다. 마지막으로, 진보적이고 성공적인 조직을 만들 수 있다는 것이다.

하지만 이러한 임파워먼트가 손쉽게 이뤄지는 것은 아니다. E기업의 사례처럼 임파워먼트 도입에는 여러 장애 요인이 존재할 수 있다.

37 다음 중 임파워먼트 효과에 대한 설명으로 가장 적절하지 <u>않은</u> 것을 고르면?

① 임파워먼트는 조직 생산성 향상에 크게 기여할 수 있다.
② 임파워먼트를 통해 시너지를 창출하는 조직을 만들 수 있다.
③ 임파워먼트를 도입하면 언제나 고성과 조직을 만들 수 있다.
④ 임파워먼트를 통해 조직 구성원의 동기부여 효과를 창출할 수 있다.
⑤ 임파워먼트를 도입하더라도 불안 요소가 없는 것은 아니다.

38 다음 중 E기업이 현장 임파워먼트를 도입하지 못했던 임파워먼트의 장애 요인으로 적절한 것을 [보기]에서 모두 고르면?

┤ 보기 ├
㉠ 갈등 처리능력 부족   ㉡ 조직 내 공감대 형성의 부족
㉢ 제한된 정책과 불편한 절차   ㉣ 통제적 리더십과 경험 부족

① ㉠, ㉢   ② ㉠, ㉣   ③ ㉡, ㉢
④ ㉠, ㉡, ㉣   ⑤ ㉡, ㉢, ㉣

39 다음은 S사에서 자기개발의 일환으로 운영하고 있는 연간 최소 학습시간 이수제에 관한 자료이다. 이에 대한 설명으로 옳은 것을 고르면?

연간 최소 학습시간 이수제

제○조(구성) 연간 학습시간은 필수 과정과 선택 과정으로 구성한다.
① 필수 과정: 사내 사이버 직무과정 및 직무집합연수
② 선택 과정: 사내·외 연수과정(어학과정 제외)

구분			연간 최소 학습시간		
			필수 과정	선택 과정	합계
3급			−	20시간	20시간
4급	차장급		−	40시간	40시간
	과장급	각 본부	10시간	30시간	
		영업점	20시간	20시간	
사원급(5~6급)			20시간	30시간	50시간
일반 준정규직	창구상담		20시간	20시간	40시간
	전화상담원, 사무지원		10시간	20시간	30시간
시간선택제 준정규직	창구상담, 전화상담원, 사무지원		6시간	10시간	16시간

제◇조(학습기간) 매년 1월 1일부터 12월 31일까지로 한다. 다만, 경영평가 및 종합근무평정 반영 시 연수일정 등을 감안하여 상반기는 연간 학습시간의 40%, 하반기는 연간 학습시간의 100%를 반영한다.

제□조(인정 과정 및 기준) 인력개발부장이 변경·고시한다.

제△조(결과 활용) ① 일반직원 및 준정규직원은 종합근무평정(연수평정)에 반영한다.
② 연간 최소 학습시간 이수율을 본부와 영업점의 경영평가에 반영한다.

① 직급이 올라갈수록 연간 최소 학습시간이 길어진다.
② 모든 직원들은 선택 과정을 이수해야 한다.
③ 회사 내 교육프로그램만 이수해야 한다.
④ 학습이 필요한 사람만 실시해도 인사고과에는 영향이 없다.
⑤ 연간 학습시간의 반영도는 상반기가 하반기보다 높다.

40 P회사에서는 올해 상반기 채용을 위해 지원자 60명에 대해 최종면접을 진행했다. 면접은 한 명씩 진행되었고 각 면접은 6분 또는 8분이 소요되었다. 면접은 오전 9시부터 시작되었고, 오후 5시 38분에 종료되었다. 면접 사이 준비 시간은 1분이고, 30명의 면접자가 면접을 끝냈을 때는 30분 동안의 휴식 시간이 주어졌다. 이때, 면접을 8분 동안 본 인원수를 고르면?(단, 휴식 시간 동안은 준비 시간 1분이 생략된다.)

① 15명   ② 20명   ③ 25명
④ 30명   ⑤ 35명

41 다음은 ChatGPT에 관한 글이다. 밑줄 친 ㉠~㉢ 중 ChatGPT에 대한 설명으로 옳지 <u>않은</u> 것을 고르면?

    ChatGPT는 2015년에 설립된 인공지능 기업 오픈에이아이(Open AI)에서 개발되었다. ChatGPT의 기반은 2018년에 개발된 Open AI의 지피티(GPT, Generative Pre−trained Transformer) 언어 모델이다. ㉠GPT는 단방향으로 텍스트를 생성하는 변환기 기반 언어 모델이었으며, 대량의 텍스트 데이터 뭉치를 기반으로 학습하여 기계 번역, 질문 답변 및 요약과 같은 다양한 언어 생성 작업에 맞게 개량되었다. 이후 2020년에는 GPT−3까지 개발되었는데, 규모와 성능 측면에서 상당한 진전을 이루어냈다.

    ㉡ChatGPT는 단순히 검색되거나 입력된 정보를 그대로 보여주는 수준을 넘어, 주어진 질문과 문맥을 바탕으로 텍스트를 생성하거나, 주어진 텍스트의 다음 단어나 문장을 예측할 수 있다. 또한, 다양한 방식으로 텍스트를 분류할 수 있으며, 주어진 문맥과 정보를 바탕으로 질문에 응답할 수 있다. 게다가 ㉢상대방과의 대화 과정에서 상황을 인식하고 일관성 있는 응답을 생성할 수 있다. 특정한 주제어나 조건이 주어졌을 때, 이 조건을 충족하는 시나 소설, 수필의 작성이 가능하며 코딩 작업의 수행도 가능하다. 영어나 한국어뿐만 아니라 세계 여러 언어로 된 텍스트를 처리하고 생성할 수 있다. 그러나 어떤 언어로 된 텍스트를 이해한 후 생성된 결과물의 품질은 그 언어 학습 데이터의 품질과 양에 따라 차이가 있다. ㉣일반적으로 학습에 사용된 데이터가 다양하고 대표성이 높을수록 ChatGPT 응답의 품질은 좋아진다. 뿐만 아니라 ㉤최신 자료를 실시간으로 업데이트할 수 있는 자체 기능이 탑재되어 있어 시의성 높은 정보를 제공할 수 있다.

---

① ㉠   ② ㉡   ③ ㉢
④ ㉣   ⑤ ㉤

42 다음 글의 밑줄 친 ㉠~㉣ 중 어법에 맞지 <u>않는</u> 것을 모두 고르면?

항공기를 이용하는 모든 승객은 ㉠ <u>수하물</u> 검색 절차를 거쳐야 하는데, 이는 항공보안과 안전을 위해 꼭 필요한 절차이다. X−ray를 이용한 보안검색 절차는 폭발물이나 위해 물품을 탐지하기 위해 1990년대 이후 도입되었다. 네 가지 색으로 다른 물질을 표시하고, 물품 내부구조를 실선으로 디지털화해 모니터에 표출하면, 숙련된 항공보안요원이 이를 육안으로 조사한다.

그런데 최근 이러한 보안검색 절차가 AI(인공지능) 기술을 활용해 더욱 똑똑해졌다. 기내 반입금지 물품을 학습한 AI 장비가 위험 물품을 자동으로 판독하여 알람을 울리면, 항공보안요원은 이를 활용해 더욱 빠르고 정확하게 위험 물품을 ㉡ <u>찾아 낸다</u>. 이를 통해 보안검색 실패 건수는 줄어들고, 승객들의 보안검색 대기시간은 감소하여 더욱 편리한 공항 이용이 가능해질 전망이다.

AI X−ray 자동판독에 대한 전체적인 ㉢ <u>콘셉</u> 디자인은 한국공항공사에서 진행했다. 보안검색 정확도를 높여 공항 안전을 강화하기 위한 목적이었다. 이후 2019년 5월부터 AI 전문 기업과 업무협약을 맺고, 공동 연구개발을 진행해 약 2년 ㉣ <u>반만에</u> AI X−ray 개발을 완료했다. 개발한 AI X−ray는 항공보안용과 기업보안용 2가지다. 항공보안용은 총, 칼, 가위 등 항공기 반입금지물품 20종을, 기업보안용은 USB, 외장하드 등 6종을 탐지해 기업 보안사고를 예방한다.

① ㉠, ㉡   ② ㉠, ㉣   ③ ㉢, ㉣

④ ㉠, ㉡, ㉢   ⑤ ㉡, ㉢, ㉣

[43~44] 다음 [표]는 연도별 의료보장 적용 인구와 건강보험 적용 인구에 관한 자료이다. 이를 바탕으로 이어지는 질문에 답하시오.

[표1] 2018~2022년 의료보장 적용 인구 (단위: 천 명, 천 세대)

구분		2018년	2019년	2020년	2021년	2022년
의료보장		52,557	52,880	52,927	52,929	52,932
건강보험		51,072	51,391	51,345	51,412	51,410
직장	가입자	17,479	18,123	18,543	19,090	19,594
	피부양자	19,510	19,104	18,607	18,090	17,039
	부양률	( )	( )	( )	( )	( )
지역	세대수	8,053	8,377	8,590	8,817	9,314
	세대원	7,404	7,207	7,062	6,897	7,075
	부양률	( )	( )	( )	( )	( )
의료급여		1,485	1,489	1,526	1,517	1,522

※ (직장가입자 부양률)(명) $= \dfrac{(피부양자)}{(가입자)}$

※ (지역가입자 부양률)(명) $= \dfrac{(세대원)}{(세대수)}$

[표2] 2016~2022년 건강보험 적용 인구 (단위: 천 명)

구분	2016년	2017년	2018년	2019년	2020년	2021년	2022년
전체	50,763	50,941	51,072	51,391	51,345	51,412	51,410
65세 이상	6,445	6,806	7,092	7,463	7,904	8,320	8,751

43 다음 중 자료에 대한 설명으로 옳지 <u>않은</u> 것을 고르면?(단, 모든 계산은 소수점 이하 둘째 자리에서 반올림한다.)

① 2018년부터 5년간 의료보장 적용 인구는 꾸준히 증가하였다.

② 2018년부터 2022년까지 직장가입자 부양률은 항상 1명 미만이다.

③ 2020년 65세 이상 건강보험 적용 인구의 비중은 3년 전 대비 2%p 증가하였다.

④ 2021년 65세 이상 건강보험 적용 인구는 2016년 대비 30% 미만으로 증가하였다.

⑤ 2019년부터 2022년까지 지역가입자 세대원 수가 전년 대비 가장 크게 변화한 해는 2019년이다.

44 주어진 자료와 다음 [그래프]를 바탕으로 할 때, [보기]에서 옳은 것을 모두 고르면?

[그래프] 2016년, 2022년 건강보험 적용 인구 (단위: 천 명)

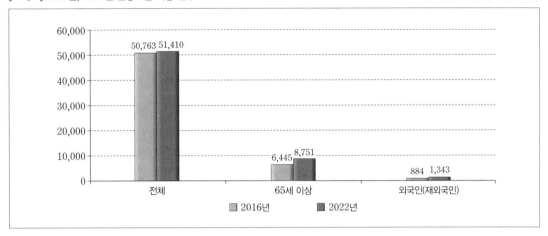

┤ 보기 ├

㉠ 2020년 65세 이상 건강보험 적용 인구는 2016년 대비 20% 이상 증가하였다.

㉡ 2022년 외국인 건강보험 적용 인구는 2016년 대비 55% 이상 증가하였다.

㉢ 2022년 건강보험 적용 인구는 2016년 대비 65만 명 미만으로 증가하였다.

① ㉠   ② ㉢   ③ ㉠, ㉡

④ ㉠, ㉢   ⑤ ㉡, ㉢

목재는 재료 수급의 용이함과 활용성 면에서 단연 발군인 소재라 할 수 있지만, 한편으로는 어떤 재료보다도 물에 약하고 부식이 잘 된다는 약점이 있다. 충분히 건조되지 않거나 수분을 머금게 되면 얼마 지나지 않아 곧 뒤틀리거나 썩기 때문이다. 이에 따라 사람들은 목재의 짧은 수명을 늘리기 위해 나무의 표면에 기름이나 식물의 수액 등을 바르기 시작했는데, 이처럼 목재의 표면에 도막을 만드는 것을 도장(塗裝)이라 한다.

옻나무의 수액을 바르는 '옻칠'은 우리나라의 대표적인 도장법 중 하나다. 옻나무의 수액에 들어 있는 물질인 우루시올(Urushiol)은 옻나무 수액에 함께 포함되어 있는 락크효소의 작용으로 공기 중의 산소를 흡수하며 검은 수지로 변하게 된다. 이 특이한 효소 반응 덕분에 어떤 조건에서도 견고한 내구성과 광택을 유지할 수 있어 옻칠은 오늘날에도 현존하는 목재 도료들 중 가장 훌륭한 마감재로 손꼽히고 있다. 그뿐만 아니라 옻칠은 강력한 방수성과 함께 외부 습도의 변화에 따라 일정량의 수분을 흡수 또는 방출하는 특성을 갖고 있다.

옻칠이 식기, 제기, 가구 같은 생활용품의 도장법이라면, '단청(丹靑)'은 우리나라의 대표적인 건축물 도장법이다. 목조 건물이 많은 우리나라는 삼국 시대부터 여러 가지 빛깔과 문양으로 건축물을 장식했는데, 이러한 단청은 단순한 미적 기능뿐만 아니라 나무를 비바람과 병충해로부터 보호하는 중요한 역할을 담당했다. 단청의 색조는 전통적인 오행설에 따라 청색, 적색, 황색, 백색, 흑색의 오방색을 기본 채색으로 하며, 시대적 분위기에 따라 조금씩 변화가 있었다.

예를 들어 신라에서는 성골, 즉 왕궁에서만 다섯 가지 색을 모두 사용할 수 있었으며, 검소함을 지향했던 조선 역시 비싼 광물성 안료가 필요한 오방색은 궁궐과 관아 등의 공공 건축물과 사찰, 사당 같은 종교 시설 정도에만 사용할 수 있었다. 반면 비교적 자유분방한 문화의 고려 시대에는 햇빛을 강하게 받는 기둥과 난간 등은 붉은색, 그늘진 곳의 추녀나 천장 부분에는 청록색 위주로 채색해 장식의 명도를 높이는 이른바 '상록하단'의 채색법이 유행하기도 했다. 그뿐만 아니라 일부 상류층과 부유한 사찰에서는 오방색뿐만 아니라 단청의 재료로 값비싼 옻칠과 금분을 두껍게 바르는 금단청 등을 활용해 화려함을 강조하였다고 알려진다.

① 옻칠을 한 목재는 도장 전보다 밝은 색을 띨 것이다.
② 목재의 소재 특성상 도장 시 기름 성분의 도장액은 사용할 수 없다.
③ 조선보다 고려의 사찰에서 사용할 수 있는 단청 색의 가짓수가 더 많았을 것이다.
④ 옻칠 이후 해당 목재에 포함된 수분의 양은 외부 조건과 상관없이 동일하게 유지된다.
⑤ 옻나무 수액에 포함된 우루시올의 양이 적을수록 락크효소의 작용이 활발해질 것이다.

46 다음은 독일행 항공편과 현지 시차에 대한 자료이다. 주어진 [조건]에 따라 독일 프랑크푸르트에 출장을 가는 박 과장이 선택할 항공편을 고르면?

[항공편]

- 인천(ICN) 2024년 7월 1일 출발 → 프랑크푸르트(FRA) 도착
- 프랑크푸르트(FRA) 2024년 7월 5일 출발 → 인천(ICN) 도착

A항공	12:25 ICN → 18:40 FRA	성인/○○카드(이용실적 충족 시)	
	15:25 FRA → 09:55 ICN +1일	왕복 1,219,600원~	∨
B항공	09:45 ICN → 16:30 FRA	허니문/성인/○○카드(이용실적 충족 시)	
	18:30 FRA → 13:20 ICN +1일	왕복 1,237,100원~	∨
C항공	10:50 ICN → 17:40 FRA	성인/모든 결제수단	
	19:40 FRA → 14:35 ICN +1일	왕복 2,324,400원~	∨
D항공	12:25 ICN → 18:40 FRA	성인/○○ T 체크카드	
	18:30 FRA → 13:20 ICN +1일	왕복 2,452,300원~	∨
E항공	10:50 ICN → 17:40 FRA	성인/○○ T 체크카드	
	15:25 FRA → 09:55 ICN +1일	왕복 2,531,600원~	∨

[국가별 UTC]

국가	영국	독일	대한민국
UTC	0	+1	+9

- UTC는 영국 그리니치 천문대를 기준으로 하는 국제표준시이며, 각 숫자는 시차를 의미한다.
- 서머타임은 여름철에 표준시보다 1시간 시계를 앞당겨 놓는 제도로 매년 3월에 시작되어 10월에 끝나며, 대한민국을 제외한 국가가 시행 중이다.

┤ 조건 ├

- 왕복 비행시간은 총 25시간 10분을 넘어야 한다.
- 한국 시간 기준 7월 2일에 도착해야 현지 호텔에 체크인이 가능하다.
- 7월 6일에 한국에서 열리는 행사를 위해 한국시간 기준 7월 5일 오후 10시 화상회의(30분 진행)에 참여할 수 있어야 한다.

① A항공　　　　　　② B항공　　　　　　③ C항공
④ D항공　　　　　　⑤ E항공

47 다음 [조건]을 바탕으로 옳지 <u>않은</u> 것을 고르면?

┤ 조건 ├

- 기획팀, 홍보팀, 재무팀, 영업팀, 보안팀은 점심시간에 도시락을 배달시켜 먹는다.
- 도시락 업체는 빵, 한식, 양식, 중식, 일식 업체가 있으며, 시간 지연을 피하고자 팀별로 중복되지 않게 업체를 선정하여 주문한다.
- 각 팀은 11시 30분부터 30분 간격으로 업체와 시간을 정해서 도시락을 받는다.
- 영업팀은 일식, 기획팀은 중식 도시락을 먹는다.
- 가장 먼저 재무팀 도시락이 배달 오고, 가장 나중에 기획팀 도시락이 배달 온다.
- 홍보팀 도시락은 영업팀 도시락보다 늦게 배달 오지만, 빵 도시락보다 먼저 배달 온다.
- 양식 도시락은 한식 도시락보다 먼저 배달 온다.

① 11시 30분에는 양식 도시락이 배달 온다.
② 13시에는 보안팀 도시락이 배달 온다.
③ 재무팀은 빵 도시락을 먹는다.
④ 영업팀보다 먼저 도시락을 받는 팀은 1팀이다.
⑤ 홍보팀은 한식 도시락을 먹는다.

48 Y공장에서는 작년에 A~E 5가지 종류의 제품을 생산하여 판매하였다. Y공장의 회계팀에서 근무 중인 귀하는 제품별 원가 비용을 계산하여 작년에 판매한 제품의 매출을 정리하고자 한다. 다음 [표]와 [조건]을 바탕으로 판단할 때, Y공장에서 생산되는 제품 중 매출액이 가장 높은 제품을 고르면?

[표] 제품별 원가 비용 (단위: 원, %)

제품	고정원가	변동원가	매출원가율
A	38,000	22,000	80
B	45,000	20,000	80
C	50,000	12,000	90
D	60,000	9,000	85
E	20,000	19,000	65

┤ 조건 ├
- 제품원가는 고정원가와 변동원가의 합이다.
- 매출원가율은 제품원가를 매출액으로 나눈 비율을 의미한다.

① 제품 A   ② 제품 B   ③ 제품 C
④ 제품 D   ⑤ 제품 E

[49~50] 다음은 농산물 우수관리 제도(GAP, Good Agricultrural Practices)에 관한 자료이다. 이를 바탕으로 이어지는 질문에 답하시오.

○ 목적: 생산에서 판매 단계까지 안전관리체계를 구축하여 소비자에게 안전한 농산물을 공급
○ 인증신규신청
  1. 농산물 우수관리 인증을 받으려는 자는 농산물 우수관리 인증 신청서를 인증기관에 첨부서류와 함께 제출
  2. 신청자격: 개별생산농가 및 생산자집단
  3. 신청시기: 신청대상 농산물이 인증기준에 따라 생육중인 농산물로서 최초 수확 예정일로부터 1개월 이전에 신청해야 함. 동일한 재배포장에서 인증기준에 따라 생산계획 중인 농림산물도 신청할 수 있음. 동일 작물을 연속하여 2회 이상 수확하는 경우에는 생육기간의 2/3가 경과되지 않은 경우에 신청할 수 있음. 이때, 생육기간이라 함은 파종일부터 수확 완료일까지의 기간을 말함. 버섯류 및 새싹채소 등 연중 생산이 가능한 작물인 경우 인증 신청 시 재배포장에 신청대상 농산물이 생육 중이면 재배기간 중 신청 가능함
  4. 제출서류
    - 신청서
    - 우수관리 인증 농산물의 위해 요소 관리 계획서
    - 사업운영계획서(생산자집단만 작성)
  5. 위해 요소 관리 계획서 작성·실천: 농산물 우수관리 인증을 받고자 하거나 농산물 우수관리 기준에 따라 농산물을 생산·관리하고자 하는 자는 재배환경, 재배단계, 수확 및 수확 후 관리과정에 대하여 위해 요소 관리 계획서를 작성하고 실천해야 함
  6. 처리기한: 신규 40일간(공휴일 및 일요일 제외)
  7. 신청서를 접수한 경우에는 심사계획 수립 후 심사일정 통보
    - 인증기관은 심사계획 수립 시 신청인과 협의하여 심사일정을 수립
    - 심사계획에 심사일자 및 기간, 심사원 등을 포함하여 수립
    - 심사일정 통보 시 원칙은 문서로 하되, 시일이 촉박하여 전화 등으로 통보할 경우 통보대장 비치
○ 갱신 신청
  1. 신청자격: 우수관리 인증을 받은 자가 우수관리 인증을 갱신하려는 경우에는 유효기간(1년)이 끝나기 1개월 전까지 인증 갱신 신청서를 제출해야 함
  2. 제출서류: 농산물 우수관리 인증 갱신신청서, 기타 변동이 있는 사항
  3. 처리기간: 접수 후 1개월 이내
○ 연장 신청
  1. 신청자격: 인증 유효기간(1년) 이내에 해당 품목을 출하하지 못한 경우 유효기간 연장 가능. 유효기간을 연장받고자 하는 자는 유효기간 만료 1개월 전까지 "농산물 우수관리 인증 유효기간 연장 신청서"를 인증기관에 제출
  2. 처리기간: 접수 후 20일 이내
    ※ 인증기관이 지정취소 또는 사업정지 처분을 받은 경우에는 다른 인증기관에 인증 유효기간 연장 신청을 할 수 있음
    - 유효기간을 연장하고자 할 경우에는 연장사유 등을 확인하여 유효기간 연장이 적합하다고 판정한 경우에는 인증서 재발급. 다만, 유효기간 연장이 부적합하다고 판정한 경우 그 사유를 명시하여 신청인에게 서면으로 통지

○ 변경 신청
1. 신청자격: 농산물 우수관리 인증을 받은 자 중 인증의 유효기간이 끝나기 전에 생산계획 등 중요사항을 변경하려는 자는 미리 우수관리 인증의 변경 신청을 해야 함
   ※ 중요사항: 생산계획(품목, 재배면적, 생산계획량), 생산자집단의 대표자, 인증을 받은 자의 주소(생산자집단의 대표자의 주소), 인증농산물의 재배필지(생산자집단 구성원이 소유한 재배필지)
2. 제출서류: 변경 증명 서류 1부
3. 처리기간: 접수 후 14일 이내
4. 인증변경 승인: 심사결과 적합할 경우 변경 승인하고 인증서 재발급
5. 인증번호: 종전번호 그대로 사용
○ 인증심사 면제
1. 자격: 기존에 인증을 받은 자가 생산계획을 축소하여 변경 신청한 경우 인증기관의 장은 인증심사의 전부를 면제할 수 있음. 생산계획의 변동 없이 갱신을 신청할 경우, 면적을 추가하여 인증을 신청하는 경우, 또는 인증 만료 후 3개월 이내에 다시 종전과 같은 인증을 신청하는 경우에는 인증기관의 장은 인증심사의 일부를 면제할 수 있음
○ 인증 비용: (신청수수료)＋(심사원 출장비)＋(토양·수질·잔류농약 분석비)
[신청수수료]

항목	수수료	비고
우수관리인증 신규(갱신) 신청	50,000원	생산자 단체 또는 조직의 경우 6농가 이상부터는 농가당 2,000원씩을 추가하되, 최고 40만 원을 초과할 수 없음
우수관리인증 유효기간 연장	30,000원	생산자 단체 또는 조직의 경우 6농가 이상부터는 농가당 1,000원씩을 추가하되, 최고 40만 원을 초과할 수 없음
우수관리인증 변경 신청	20,000원	생산자 단체 또는 조직의 경우 6농가 이상부터는 농가당 1,000원씩을 추가하되, 최고 40만 원을 초과할 수 없음

49 다음 중 자료에 대한 설명으로 옳은 것을 고르면?

① 버섯은 생육기간의 2/3가 경과되지 않은 경우에 신청할 수 있다.
② 기존에 인증을 받은 자가 생산면적을 추가하여 변경 신청한 경우 인증심사의 전부가 면제된다.
③ 우수관리 인증을 받은 자가 우수관리 인증을 갱신하기 위해서는 인증을 받은 후 11개월 이내에 인증 갱신 신청서를 제출해야 한다.
④ 인증 유효기간 이내에 인증받은 농산물을 출하하지 못한 경우에는 유효기간을 1개월 연장할 수 있다.
⑤ 농산물 우수관리 인증을 받은 자가 생산자의 거주지 주소를 변경하는 경우 변경 후 14일 이내에 변경 신청서를 제출해야 한다.

50 심사원 1인이 A생산자 단체의 심사를 진행하였다. 심사원은 하루에 두 농가를 심사할 수 있고, 토양·수질·잔류농약 분석은 실시하지 않았다. 출장비 지급규정과 심사 내역 및 출장비 발생 내역이 다음 [표]와 같을 때, A생산자 단체가 지불해야 하는 총인증 비용을 고르면?(단, 심사원은 매일 하루 최대 심사가 가능한 만큼 심사하였고, 심사 마지막 날에는 해당 지역에서 숙박하지 않았다.)

[표1] 출장비 지급규정

교통비	실비
식비	인당 2만 원/일
일비	인당 3만 원/일
숙박비	실비 (상한액: 일일 7만 원)

[표2] 심사 내역 및 출장비 발생 내역

심사 항목	우수관리인증 유효기간 연장
A생산자 단체 농가 수	50농가
교통비	총 20만 원
숙박비	8만 원/일

① 3,205,000원   ② 3,206,000원   ③ 3,255,000원
④ 3,530,000원   ⑤ 3,540,000원

ENERGY

내가 꿈을 이루면
나는 누군가의 꿈이 된다.

– 이도준

여러분의 작은 소리
에듀윌은 크게 듣겠습니다.

본 교재에 대한 여러분의 목소리를 들려주세요.
공부하시면서 어려웠던 점, 궁금한 점,
칭찬하고 싶은 점, 개선할 점, 어떤 것이라도 좋습니다.

에듀윌은 여러분께서 나누어 주신 의견을
통해 끊임없이 발전하고 있습니다.

에듀윌 도서몰 book.eduwill.net
• 부가학습자료 및 정오표: 에듀윌 도서몰 → 도서자료실
• 교재 문의: 에듀윌 도서몰 → 문의하기 → 교재(내용, 출간) / 주문 및 배송

최신판 피듈형 NCS 실전모의고사 7회

발 행 일	2025년 1월 5일 초판
편 저 자	에듀윌 취업연구소
펴 낸 이	양형남
개발책임	오용철, 윤은영
개 발	이정은, 윤나라
펴 낸 곳	(주)에듀윌
I S B N	979-11-360-3470-0
등록번호	제25100-2002-000052호
주 소	08378 서울특별시 구로구 디지털로34길 55
	코오롱싸이언스밸리 2차 3층

* 이 책의 무단 인용 · 전재 · 복제를 금합니다.

www.eduwill.net
대표전화 1600-6700

IT자격증 단기 합격!
에듀윌 EXIT 시리즈

컴퓨터활용능력

- **필기 초단기끝장(1/2급)**
  문제은행 최적화, 이론은 가볍게 기출은 무한반복!

- **필기 기본서(1/2급)**
  기초부터 제대로, 한권으로 한번에 합격!

- **실기 기본서(1/2급)**
  출제패턴 집중훈련으로 한번에 확실한 합격!

ADsP

- **데이터분석 준전문가 ADsP**
  이론부터 탄탄하게! 한번에 확실한 합격!

ITQ/GTQ

- **ITQ 엑셀/파워포인트/한글 ver.2016**
  독학러도 초단기 A등급 보장!

- **ITQ OA Master ver.2016**
  한번에 확실하게 OA Master 합격!

- **GTQ 포토샵 1급 ver.CC**
  노베이스 포토샵 합격 A to Z

실무 엑셀

- **회사에서 엑셀을 검색하지 마세요**
  자격증은 있지만 실무가 어려운 직장인을 위한
  엑셀 꿀기능 모음 zip

한국어 교재 44만 부 판매 돌파
109개월 베스트셀러 1위

에듀윌이 만든 한국어 BEST 교재로
합격의 차이를 직접 경험해 보세요

KBS한국어능력시험

한국실용글쓰기

ToKL국어능력인증시험

TOPIK 한국어능력시험

에듀윌
공기업
피듈형 NCS
실전모의고사

정답과 해설

eduwill

최신판

에듀윌
공기업
피듈형 NCS
실전모의고사

에듀윌
공기업
피듈형 NCS
실전모의고사

정답과 해설

eduwill

피듈형 NCS 실전모의고사 1회

01	③	02	③	03	①	04	③	05	②
06	①	07	④	08	①	09	③	10	①
11	②	12	③	13	⑤	14	①	15	①
16	⑤	17	④	18	④	19	①	20	⑤
21	④	22	③	23	①	24	②	25	④
26	⑤	27	④	28	⑤	29	④	30	②
31	①	32	②	33	④	34	④	35	②
36	③	37	③	38	③	39	④	40	①

☑ CHECK 영역별 실력 점검표

맞힌 문제와 틀린 문제를 체크해
나의 취약 영역을 한눈에 확인해 보세요!

문항	영역	O/×	문항	영역	O/×	문항	영역	O/×	문항	영역	O/×	문항	영역	O/×
01	의사소통		02	의사소통		03	의사소통		04	의사소통		05	수리	
06	수리		07	수리		08	수리		09	문제해결		10	문제해결	
11	문제해결		12	문제해결		13	조직이해		14	조직이해		15	조직이해	
16	조직이해		17	정보		18	정보		19	정보		20	정보	
21	자원관리		22	자원관리		23	자원관리		24	자원관리		25	기술	
26	기술		27	기술		28	기술		29	자기개발		30	자기개발	
31	자기개발		32	자기개발		33	대인관계		34	대인관계		35	대인관계	
36	대인관계		37	직업윤리		38	직업윤리		39	직업윤리		40	직업윤리	

01 ③

Quick해설 주어진 글에서는 기후변화 억제를 위한 기후테크의 중요성, 투자 현황, 과거의 실패 사례, 현재의 변화된 환경과 정책 등을 포괄적으로 다루고 있다. 특히, 기후테크1.0 시기의 실패와 기후테크2.0 시기에 나타나는 긍정적 변화와 정책적 지원 강조 및 앞으로의 전망을 언급하고 있으므로 '기후테크2.0 시대의 주요 동향'이 주어진 글의 제목으로 가장 적절하다.

[오답풀이] ① 기후변화의 원인에 대해서는 지문에서 확인할 수 없다.

② 과거와 현재의 투자 현황에 대해서 알 수 있으나 특정적인 정책에 대한 규제 강화의 내용은 확인할 수 없으므로 제목으로 적절하지 않다.

④ 스타트업 이외에 메이저급 기업도 기후테크에 뛰어들고 있다. 한편 기후테크 산업의 미래가 이 글의 주된 내용이 아니기 때문에 제목으로 적절하지 않다.

⑤ 전반적으로 기후테크의 중요성 및 동향을 언급하고 있으므로 '기후변화로 인한 시스템의 변화'는 제목으로 적절하지 않다.

02 ③

Quick해설 〈한글 맞춤법〉에 따라 부사의 끝음절이 분명히 [이]로만 나는 것은 '-이'로 적고, [히]로만 나거나 [이]나 [히]로 나는 것은 '-히'로 적는데, '깊숙이', '고즈넉이', '끔찍이', '가뜩이' 등 'ㄱ' 받침 뒤는 '-이'로 적는다. 따라서 '깊숙이'가 옳은 표현이다.

[오답풀이] ① '로서'는 지위나 신분 또는 자격을 나타내고, '로써'는 어떤 일의 수단이나 도구를 나타내는 격 조사인데, ㉠이 포함된 문장은 기후테크가 여러 분야의 온실가스를 감축할 수 있는 노력이라는 의미로 기후테크의 지위(해당 개념이 차지하는 자리나 위치)를 기술하고 있으므로 '노력으로서'로 수정하는 것이 적절하다.

② '보다'는 서로 차이가 있는 것을 비교하여 '~에 비해서'의 뜻을 나타내는 격 조사로, 앞말에 붙여 써야 하므로 '전년보다'로 수정하는 것이 적절하다.

④ '그동안'은 지시 관형사 '그'와 명사 '동안'이 결합하여 '앞에서 이미 이야기한 만큼의 시간적 길이. 또는 다시 만나거나 연락하기 이전의 일정한 기간 동안'을 의미하는 한 단어이므로 붙여 쓰는 것이 적절하다.

⑤ '여'는 수량을 나타내는 말 뒤에 붙어 '그 수를 넘음'의 뜻을 더하는 접미사이므로 앞말에 붙여야 하고, 단위를 나타내는 명사인 '년'과 명사 '전'은 띄어 써야 하므로 '십여 년 전만'으로 수정하는 것이 적절하다.

03 ①

Quick해설 1~2 문단에 따르면, 약물 검사는 약물을 복용하지 않았는데 약물을 복용했다고 하는 채택의 오류가 그 반대의 경우인 기각의 오류보다 대가가 크다. 따라서 약물 검사관은 기각의 오류보다 채택의 오류에 의한 대가를 줄이려 할 것이다.

[오답풀이] ② 2문단에 따르면, 약물 검사의 경우 채택의 오류 즉, 거짓 양성의 오류가 나타날 경우 그 대가가 크다.

③, ④ 1문단을 통해 추측한 사건이 실재한데(약물을 복용함), 실재하지 않는다(약물을 복용하지 않음)고 판단하는 것은 기각의 오류에 해당하고, 추측한 사건이 실재하지 않는데(약물을 복용하지 않음), 실재한다고 판단하는 것(약물을 복용함)은 채택의 오류에 해당함을 알 수 있다.

⑤ 3문단에 따르면, 은행의 경우 대출금을 상환할 사람을 미상환할 것이라 판단하는 것은 채택의 오류에 해당한다. 이 경우 대출금을 상환하지 못할 사람을 그렇지 않은 사람으로 판단하는 경우인 기각의 오류보다 그 대가는 잘 드러나지 않는다.

04 ③

Quick해설 오류의 기준을 정할 때 한쪽 오류로 인해 드러나는 대가에만 주목해 그 오류를 줄이려 하면 다른 쪽 오류가 커진다는 것을 간과해서는 안 된다.

[상세해설] 4문단에 따르면, 동일한 대상들에 대해 채택의 오류와 기각의 오류는 시소 관계에 있다고 서술되어 있다. 즉, 채택의 오류를 줄이기 위해 기준을 옮기면 그만큼 기각의 오류가 늘어나고, 기각의 오류를 줄이기 위해 기준을 옮기면 그만큼 채택의 오류가 늘어나게 된다고 설명되어 있다. 이는 두 오류의 가능성을 모두 줄일 수는 없다는 것을 의미한다. 따라서 오류의 기준을 정할 때 간과해서는 안 되는 점은 ③이다.

05 ②

Quick해설 전체 일의 양을 1, 두 기계 A, B가 한 시간 동안 할 수 있는 일의 양을 각각 x, y라고 놓으면, 다음과 같이 식을 세울 수 있다.

$12x+20y=1 \cdots$ ㉠
$18x+10y=1 \cdots$ ㉡

㉠, ㉡을 연립하여 풀면 $x=\dfrac{1}{24}$, $y=\dfrac{1}{40}$

따라서 기계 A만으로 작업하면 일을 완성하는 데 24시간이 걸린다.

06 ①

Quick해설 첫 번째 그림에서 $3\times2-2\times1=4$
두 번째 그림에서 $(-1)\times4-3\times0=-4$
세 번째 그림에서 $5\times4-2\times6=8$이므로
주어진 그림의 각 칸에 들어가는 수를 다음과 같이 a, b, c, d, e로 표시하면 $ad-bc=e$가 성립한다.

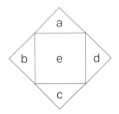

따라서 마지막 그림에서 빈칸에 들어갈 수는
$2\times(-3)-1\times6=-12$이다.

07 ④

Quick해설 2020년에 남아프리카공화국에서 C광물을 1kg 구입하기 위해 지출한 비용은 $2,550\times16.46=41,973$ (Rand)이고, 2016년에 C광물을 1kg 구입하기 위해 지출한 비용은 $2,600\times14.71=38,246$(Rand)이므로 2020년에 지출한 비용이 더 크다.

[오답풀이] ①, ② 화폐 가치가 상승한다는 것은 1달러를 구입하기 위해 필요한 비용이 적어진다는 의미이다. 즉, 환율이 높아질수록 화폐 가치는 하락한 것이므로 2019년 대비 2020년에 화폐 가치가 하락한 국가는 한국, 싱가포르, 태국, 캐나다, 멕시코, 러시아, 남아프리카공화국, 오스트레일리아, 뉴질랜드로 9곳이다. 한편 멕시코는 환율이 계속 높아지고 있으므로 멕시코 통화 단위의 화폐 가치는 계속 하락하고 있다.

③ 2017년에 일본에서 A광물 1kg을 구입하기 위해 지출한 비용은 $1,850\times112.17=207,514.5$(Yen)이고, 2019년에 B광물 4kg을 구입하기 위해 지출한 비용은 $4\times500\times109.01=218,020$(Yen)이므로 2019년에 지출한 비용이 더 크다.

⑤ 러시아의 화폐 가치가 가장 높을 때는 2017년이고, 이때 C광물 1kg을 구입하기 위해 지출한 비용은 $2,500\times58.34=145,850$(Rubles)이다. 러시아의 화폐 가치가 가장 낮을 때는 2020년이고, 이때 C광물 1kg을 구입하기 위해 지출한 비용은 $2,550\times72.11=183,880.5$(Rubles)이므로 러시아의 화폐 가치가 가장 낮을 때 지출한 비용이 더 크다.

08 ①

Quick해설 2020년에 1달러는 1,180.01Won이고, 106.78 Yen이다. 따라서 1Yen은 $1,180.01\div106.78\fallingdotseq11$(Won) 이다. 옷 한 벌의 가격이 25,000Yen인 옷을 50벌 구입하고, 세금을 20% 지출하면 $(25,000\times50\times1.2)\times11=16,500,000$(Won)이고, 신발 한 켤레의 가격이 12,000 Yen인 신발을 30켤레 구입하고, 세금을 10% 지출하면 $(12,000\times30\times1.1)\times11=4,356,000$(Won)이다.
따라서 지출해야 하는 총비용은
$16,500,000+4,356,000=20,856,000$(Won)이다.

09 ③

Quick해설 '3. 신청 요건'에 따르면 신청 대상은 주민 동의율이 50% 이상인 서울특별시 내 소규모 재건축사업 추진·협의 중 또는 희망 지구이어야 하므로 옳지 않은 설명이다.

[오답풀이] ① '5. 신청 서류'에 따르면 신청 접수를 위해 방문 접수는 불가하며, 우편 접수와 전자우편 접수가 가능하다.

② '2. 공모 대상 및 사업 요건'에 따르면 「도시 및 주거환경정비법」 제2조 제7호에 따른 주택단지는 건축법에 따라 건축허가를 받아 아파트 또는 연립주택을 건설한 일단의 토지를 말한다.

④ '2. 공모대상 및 사업 요건'에 따르면 준공 후 30년 이상 지난 노후·불량건축물의 수가 해당 사업시행구역 전체 건축물 수의 3분의 2 이상이어야 한다. 이에 따라 사업시행을 희망하는 구역 전체 건물 수가 550채라면 노후·불량건축물이 $550 \times \frac{2}{3} \fallingdotseq 366.7$, 즉 367채 이상이면 요건 중 하나를 충족한다.

⑤ '6. 평가 기준'에 따르면 평가는 평가 내용의 객관적 사실관계 확인이 가능한 지표인 정량지표를 80점, 비계량적 평가 내용에 대한 적정성 지표인 정성지표를 20점으로 평가한다.

10 ①

Quick해설 재건축 사업 신청을 위해서는 사업면적 1만 m^2 미만, 기존주택 세대수 200세대 미만, 노후·불량건축물 수가 사업시행구역 전체 건축물 수의 3분의 2 이상, 주민 동의율 50% 이상, 신청토지용도 제2종·3종 일반주거지역 요건이 충족되어야 한다. 따라서 이러한 요건을 모두 충족하는 마을은 A마을뿐이다.

[오답풀이] ② 사업시행구역의 면적이 1만 m^2 미만이어야 하므로 B마을은 신청할 수 없다.

③ 신청을 위해서는 주민 동의율이 50% 이상이어야 하므로 C마을은 신청할 수 없다.

④ 기존주택의 세대수가 200세대 미만이어야 하므로 D마을은 신청할 수 없다.

⑤ 노후·불량건축물 수가 사업시행구역 전체 건축물 수의 3분의 2 이상이어야 하므로 노후·불량건축물 비율이 60%인 E마을은 신청할 수 없다.

11 ②

Quick해설 7월 탄소중립 실천 활동에 대한 포인트는 8월에 지급받는다. 7월 탄소중립 실천 활동 중 다회용기 사용은 2회, 무공해차 대여는 1회, 전자영수증은 20회, 리필스테이션은 2회 인정되고, 친환경상품 구매는 4회 중 3회만 인정받으므로 총지급 포인트는 $(2 \times 1,000)+5,000+(20 \times 100)+(2 \times 2,000)+(3 \times 1,000)=16,000$(원)이다.

[상세해설] 월별 탄소중립 실천 포인트는 다음 달에 지급받는다고 하였으므로 8월에 지급받는 탄소중립 실천 포인트는 7월에 실천한 활동에 대해 지급받는다.

• 다회용기 사용: 회당 1,000원, 연 10,000원이 상한액이므로 10회까지 포인트를 지급받는다. 4~6월에 6회 실천하였고, 7월에 2회 실천하였으므로 2,000원 지급받는다.

• 무공해차 대여: 회당 5,000원, 연 25,000원이 상한액이므로 5회까지 포인트를 지급받는다. 4~6월에 3회 실천하였고, 7월에 1회 실천하였으므로 5,000원 지급받는다.

• 전자영수증: 회당 100원, 연 10,000원이 상한액이므로 100회까지 포인트를 지급받는다. 4~6월에 46회 실천하였고, 7월에 20회 실천하였으므로 2,000원 지급받는다.

• 리필스테이션: 회당 2,000원, 연 10,000원이 상한액이므로 5회까지 포인트를 지급받는다. 4~6월에 3회 실천하였고, 7월에 2회 실천하였으므로 4,000원 지급받는다.

• 친환경상품 구매: 회당 1,000원, 연 10,000원이 상한액이므로 10회까지 포인트를 지급받는다. 4~6월에 7회 실천하였고, 7월에 4회 실천하였으므로 3회에 대한 3,000원을 지급받는다.

따라서 8월에 지급받는 포인트는 총
$2,000+5,000+2,000+4,000+3,000=16,000$(원)이다.

12 ③

Quick해설 참여 혜택 부분에 참여자가 선택한 지급 수단(현금 또는 카드 포인트)으로 개인별 포인트를 지급한다고 하였으므로 현금으로 수령할 수 없다는 내용은 옳지 않다.

[오답풀이] ① '탄소중립 실천 활동에 따른 인센티브' 항목을 보면 실천 다짐금은 최초 1회만 지급됨을 알 수 있다.

② 인센티브 단가는 전자영수증이 회당 100원으로 가장 낮다.

④ 안내문의 첫 번째 문장에 해당하는 '탄소중립 실천 포인트'를 통해서 알 수 있는 내용이다.

⑤ '참여 방법'에 누리집 회원가입을 통해서 참여할 수 있다고 안내하고 있다.

13 ⑤

Quick해설 ㉡ 주주총회를 소집할 때 의결권이 있는 발행주식총수의 100분의 1 이하의 주식을 소유한 주주에 대한 소집통지는 반드시 서면으로 통지할 필요가 없지만, 이에 해당하지 않는 주주의 경우 총회일 2주일 전에 서면으로 통지해야 한다.

㉢ 주주총회의 의장은 사장이고, 주주총회의 의장은 의사진행의 원활을 기하기 위하여 주주의 발언시간과 횟수를 제한할 수 있다. 즉, 사장은 주주총회에서 주주의 발언시간과 횟수를 제한할 수 있다.

㉣ 의결을 위해서는 출석한 주주의 의결권의 과반수와 발행주식총수의 4분의 1 이상의 수로써 해야 한다. 발행주식총수가 100주라면 발행주식총수의 4분의 1은 25주이다. 4명이 각각 5주를 가지면 출석한 주주의 의결권의 과반수는 충족하지만 발행주식총수의 4분의 1 이상이 되지 않으므로 의결이 불가능하고, 2명이 각각 40주를 가지면 발행주식총수의 4분의 1 이상은 되지만 출석한 주주의 과반수가 되지 않으므로 결의가 불가능하다.

[오답풀이] ㉠ 정기주주총회는 매 결산기 종료일로부터 3개월 이내에, 임시주주총회는 필요에 따라 수시로 소집한다. 매 결산일을 알 수 없으므로 옳지 않은 설명이다.

14 ①

Quick해설 ㉠은 기획조정팀, ㉡은 사이버윤리팀, ㉢은 클라우드팀에서 수행된다.

[상세해설] ㉠ 전사 중장기 사업계획 수립 및 사업 조정, 이사회 운영, 조직·정원·규정 관리 및 제도 개선 등 회사 전반적인 조정의 업무는 기획조정팀에서 수행한다고 볼 수 있다.

㉡ 인터넷윤리, 사이버폭력예방 교육 기획 및 운영, 교육 대상별 맞춤형 콘텐츠 개발·보급의 업무는 사이버윤리팀에서 수행한다고 볼 수 있으며, 인터넷윤리의 중장기 계획 및 정책 지원, 사이버폭력 실태 조사 등의 업무도 함께 수행한다.

㉢ 클라우드팀은 공공부문 클라우드 도입의 확산을 위한 정책 수립 및 제도 개선, 민간 클라우드 서비스의 공공활용 촉진 및 클라우드 유통기반 조성, 개방형 플랫폼 개발·보급 및 활성화 지원 등 클라우드와 관련된 업무를 수행한다고 볼 수 있다.

15 ①

Quick해설 일반적으로 명함 교환은 자리에 착석하기 전에 건네는 게 보통이며, 상대방이 누구인지에 관계없이 먼저 건네는 것이 바람직하다. 더구나 상대방이 자신보다 높은 지위에 있는 거래 파트너라면 먼저 명함을 건네는 것이 좋다.

[오답풀이] ②, ④ 명함은 상대방이 글자를 올바르게 읽을 수 있게 반대로 돌려 오른손으로 건네며, 동시에 왼손으로 상대방의 명함을 받는 것이 예절이다. 역시 자신보다 높은 지위에 있거나 연장자라면 왼손으로 오른손을 받쳐 건네며, 두 손으로 받는 것이 보다 공손한 행동이다.

③ 명함을 받은 후 잠깐의 시간을 내어 내용을 확인하는 것은 상대방 명함을 소중하게 여긴다는 마음의 표현이다.

⑤ 명함에 전화번호나 인적사항, 만난 날짜 등을 기재하는 것은 전혀 무례한 행동이 아니지만 상대방의 소중한 명함에 무언가를 적는 일은 상대방이 없는 자리에서 하는 것이 좋다.

16 ⑤

Quick해설 일본은 직위와 서열에 따른 대접을 중요시하는 나라로 상대방이 나보다 지위가 높다면 먼저 명함을 내밀고, 만약 먼저 받게 된다면 늦게 드려 죄송하다는 사과와 함께 바로 명함을 내밀어야 한다. 또한 명함을 줄 때는 소속과 이름을 밝히고 잘 부탁드린다는 말과 함께 왼손을 오른손으로 가볍게 받치는 것이 좋다.

[오답풀이] ① 베트남 사람들은 명함 교환 시 가벼운 목례를 통해 상대방에 대한 존경을 표시하는데, 명함을 받은 후에는 상대방의 명함을 보며 이름과 직함을 파악하는 것이 좋다.

② 이슬람 문화권에서는 오른손이 중요한 역할을 한다. 특히 명함을 주고받을 때 왼손으로 명함을 받는 것은 굉장한 실례가 되므로 주의해야 하며, 명함을 받을 땐 먼저 받고 명함을 넣은 다음 자신의 명함을 주는 것이 좋다.

③ 중국인들은 명함을 자신의 신분으로 여기기 때문에 소중히 다뤄야 하는데, 명함을 받을 때는 존경심의 표시로 양손으로 받아야 하며, 받고 난 후에는 자세히 살펴보는 액션을 취하는 것이 예의이다. 또한 받은 명함을 바로 주머니에 넣는 행동은 상대방을 존중하지 않는 행동으로 여겨지므로 삼가야 한다.

④ 미국은 명함 교환이 필수는 아니며, 나중에 연락할 일이 생기거나 계속 거래를 할 때에만 주고받는다. 또한 일부 나라와는 달리 명함을 받자마자 바로 넣어도 무례한 행동으로 여겨지지 않는다.

17 ④

Quick해설 SUMIF 함수는 조건에 맞는 셀의 수치를 더할 때 활용하는 함수로, 함수식은 조건대상 영역, 조건, 합계대상 영역의 순으로 입력한다. 조건대상 영역은 'A2:A7', 조건은 '여성용', 이에 따른 합계대상은 수량을 의미하므로 합계대상 영역은 'C2:C7'이 된다. 따라서 함수식은 '=SUMIF(A2:A7,"여성용",C2:C7)'이다.

18 ④

Quick해설 재귀 함수를 이해한 후 반복 구조에서 함수가 어떻게 흘러가고 계산되는지 파악해야 한다. 피보나치 수열의 반복 구조에서 next 변수는 이전 숫자와 현재 숫자의 합이 되어야 한다. 따라서 next＝prev＋cur가 된다. 즉, (가)에 들어갈 코드는 prev＋cur이다.

19 ①

Quick해설 피보나치 수열의 반복 구조에서 next 변수는 이전 숫자와 현재 숫자의 합이 되고, prev 변수는 현재 숫자가 되면, 현재 숫자를 값으로 가지고 있던 cur는 이 다음 숫자를 값으로 가지도록 변경되어야 한다.

따라서 cur＝next가 된다. 즉, (나)에 들어갈 코드는 cur＝next이다.

20 ⑤

Quick해설 반복 구조 Fibo 함수의 빈칸을 올바르게 구했다면, 알고리즘의 a는 prev, b는 cur를 의미한다는 것을 알 수 있다. 따라서 next를 의미하는 c가 가장 첫줄에 오고, 이는 a와 b의 합이다. 또한 a는 현재 숫자인 b로, b는 다음 숫자인 c로 변경된다. 따라서 정답은 ⑤이다.

21 ④

Quick해설 J를 제외하고 점수를 구하면 다음과 같다.

구분	가점 합산 전(점)	가점 합산 전 순위	가점 합산 후(점)	가점 합산 후 순위
A	8.3	3	10.3	1
B	8.3	3	9.3	2
C	8.3	3	8.3	5
D	8.0	8	—	—
E	8.3	3	8.3	5
F	8.0	8	—	—
G	8.3	3	8.3	5
H	8.7	2	8.7	4
I	9.0	1	9	3

D와 F의 경우 J의 순위에 관계없이 가점 합산 전 순위가 8위 이하가 되므로 불합격이다.

만약 J의 면접관 5의 점수가 9점 또는 10점이라면 J의 가점 합산 전 점수는 $\frac{8+9+9}{3}≒8.7$(점)이고, 가점 합산 전 순위가 2등, 가점 합산 후 순위가 4등이다. 즉, A, B, I가 합격이고, H와 J 중에서는 가점 합산 전, 합산 후 순위가 동일하기 때문에 면접관 총점수를 구하면 H는 42점, J는 43점 또는 44점이므로 J가 합격한다.

만약 J의 면접관 5의 점수가 8점 이하라면 $\frac{8+8+9}{3}≒8.3$(점)이고, 가점 합산 전 순위가 3등, 가점 합산 후 순위가 5등이다. 따라서 A, B, H, I가 합격한다.

ⓒ D는 가점 합산 전 순위가 8등이므로 J의 점수에 관계 없이 D는 불합격이다.

ⓒ 면접관 5의 J의 점수가 10점이라면 면접관 총점이 H보다 J가 더 높으므로 J가 합격한다.

[오답풀이] ㉠ 면접관 5의 J의 점수가 9점이라면 J가 합격한다.

22 ③

Quick해설 J가 가점을 더하기 전에 불합격 대상으로 포함되기 위해 받을 수 있는 면접관 5의 최대 점수는 7점이다.

[상세해설] 가점을 더하기 전의 불합격 대상으로 포함되기 위해서는 가점을 더하기 전 순위가 4위 이하여야 한다. 가점을 더하기 전의 점수는 아래와 같다.

지원자	점수
A	$(7+9+9)÷3≒8.3$(점)
B	$(8+8+9)÷3≒8.3$(점)
C	$(9+9+7)÷3≒8.3$(점)
D	$(9+7+8)÷3=8$(점)
E	$(8+8+9)÷3≒8.3$(점)
F	$(8+8+8)÷3=8$(점)
G	$(9+7+9)÷3≒8.3$(점)
H	$(9+9+8)÷3≒8.7$(점)
I	$(9+9+9)÷3=9$(점)

하위 3명이 불합격이므로 D와 F는 확정이며 J의 경우 면접관 5의 점수가 8점 이하인 경우 점수는 $(8+8+9)÷3≒8.3$(점)이다.

따라서 점수가 8.3인 6명 중 1명이 불합격이다.

가점을 더하기 전의 점수가 8.3점인 6명의 모든 면접관의 점수를 합산하면 다음과 같다.

지원자	점수
A	$10+7+6+9+9=41$(점)
B	$8+8+7+10+9=42$(점)
C	$9+10+7+9+7=42$(점)
E	$10+8+8+8+9=43$(점)
G	$7+10+9+7+9=42$(점)
J	$(8+8+9+9+a)$(점)

불합격이려면 6명 중 가장 낮은 점수여야 하며 A와 동점이더라도 최고점이 A가 10점으로 더 높으므로 J의 모든 면접관의 점수의 합이 41점 이하이면 된다.

$8+8+9+9+a≤41$ ∴ $a≤7$

따라서 면접관 5의 J에 대한 최대 점수는 7점이다.

23 ①

Quick해설 A는 60만 원, B는 53만 원, C는 40만 원, D는 24만 원, E는 40만 원, F는 12만 원, G는 20만 원, H는 15만 원, I는 60만 원, J는 29만 원을 지원받으므로 지원금 총액은 $60+53+40+24+40+12+20+15+60+29=353$(만 원)이다.

[상세해설] A: 참가비를 5만 원 지급한다. 공공기관이고, 은상을 수상하였으므로 공모전 수행비용의 $30+10=40(\%)$를 지급하면 $150×0.4=60$(만 원)을 지급한다. 따라서 총 65만 원이지만 공공기관은 최대 60만 원을 지원하므로 60만 원을 지원한다.

B: 참가비를 5만 원 지급한다. 공공기관이고, 수상을 하지 않았으므로 공모전 수행비용의 30%를 지급하면 $160×0.3=48$(만 원)을 지급한다. 따라서 총 53만 원을 지원한다.

C: 참가비를 5만 원 지급한다. 사기관이고, 동상을 수상하였으므로 공모전 수행비용의 20＋10＝30(%)를 지급하면 200×0.3＝60(만 원)을 지급한다. 따라서 총 65만 원이지만 사기관은 최대 40만 원을 지원하므로 40만 원을 지원한다.

D: 참가비를 4만 원 지급한다. 사기관이고, 장려상을 수상하였으므로 공모전 수행비용의 20＋5＝25(%)를 지급하면 80×0.25＝20(만 원)을 지급한다. 따라서 총 24만 원을 지원한다.

E: 참가비를 5만 원 지급한다. 사기관이고, 대상을 수상하였으므로 공모전 수행비용의 20＋20＝40(%)를 지급하면 100×0.4＝40(만 원)을 지급한다. 따라서 총 45만 원이지만 사기관이므로 최대 40만 원을 지원한다.

F: 참가비를 지급하지 않는다. 공공기관이고, 수상을 하지 않았으므로 공모전 수행비용의 30%를 지급하면 40×0.3＝12(만 원)을 지급한다.

G: 참가비를 5만 원 지급한다. 사기관이고, 장려상을 수상하였으므로 공모전 수행비용의 20＋5＝25(%)를 지급하면 60×0.25＝15(만 원)을 지급한다. 따라서 총 20만 원을 지원한다.

H: 참가비를 5만 원 지급한다. 사기관이고, 수상을 하지 않았으므로 공모전 수행비용의 20%를 지급하면 50×0.2＝10(만 원)을 지급한다. 따라서 총 15만 원을 지원한다.

I: 참가비를 3만 원 지급한다. 공공기관이고, 금상을 수상하였으므로 공모전 수행비용의 30＋20＝50(%)를 지급하면 120×0.5＝60(만 원)을 지급한다. 따라서 총 63만 원이지만 공공기관이므로 최대 60만 원을 지원한다.

J: 참가비를 5만 원 지급한다. 공공기관이고, 수상을 하지 않았으므로 공모전 수행비용의 30%를 지급하면 80×0.3＝24(만 원)을 지급한다. 따라서 총 29만 원을 지원한다.

따라서 지원금 총액은 60＋53＋40＋24＋40＋12＋20＋15＋60＋29＝353(만 원)이다.

24 ②

Quick해설 기존 지원금액은 아래와 같다. 금액의 단위는 만 원으로 한다.

참가팀	기관	참가비	수행비용	수상	합계
A	공공기관	5	45	15	65→60
B	공공기관	5	48	0	53
C	사기관	5	40	20	65→40
D	사기관	4	16	4	24
E	사기관	5	20	20	45→40
F	공공기관	0	12	0	12
G	사기관	5	12	3	20
H	사기관	5	10	0	15
I	공공기관	3	36	24	63→60
J	공공기관	5	24	0	29

변경 내용을 반영한 지원금액과 기존과의 차액은 다음과 같다.

참가팀	기관	참가비	수행비용	수상	합계	기존과의 차액
A	공공기관	5	52.5	15	72.5	72.5−60＝12.5
B	공공기관	7.5	56	0	63.5	63.5−53＝10.5
C	사기관	7.5	30	20	57.5→55	55−40＝15
D	사기관	4	12	4	20	24−20＝4
E	사기관	5	15	20	40	40−40＝0
F	공공기관	0	14	0	14	14−12＝2
G	사기관	7.5	9	3	19.5	20−19.5＝0.5
H	사기관	7.5	7.5	0	15	15−15＝0
I	공공기관	3	42	24	69	69−60＝9
J	공공기관	7.5	28	0	35.5	35.5−29＝6.5

따라서, 지원금이 가장 많이 증가하는 팀은 C팀이다.

25 ④

Quick해설 주어진 도형을 출력하기 위한 명령어는 [8, 4 ; c4 ; bh2 ; 0 ; r1, bs3 ; 0 ; bt2 ; 0 ; br4]이다.

[상세해설] 주어진 실행 예시를 보면, 첫 번째 항의 숫자는 행과 열의 칸 수를 나타내고 있다. '5, 4'는 가로 5칸, 세로 4칸임을 의미한다. 또한 각 항은 ';'으로 구분되며 다음 항부터는 각 줄에 출력될 도형의 모양과 위치를 나타내고 있다. 도형의 알파벳 첫 글자로 도형의 모양을, 이어서 숫자로 각 세로줄에서의 위치를 나타내고 있다. 내부가 빈 도형은 알파벳 머리글자만 오고, 검게 표현된 도형은 알파벳 앞에 'b'를, 두 개가 겹쳐진 도형은 알파벳 앞에 'd'를 붙인다. 세로줄에서의 위치는 아래 행에서부터 세며, 같은 줄에 2개 이상의 도형이 위치할 경우, 아래행에 위치한 도형에서부터 나타내고 있다. 또한 해당 열에 아무것도 없을 경우에는 0으로 나타내고 있다.

모양 ○는 c, □는 r, ☆는 s, △는 t, ♡는 h를 나타내고 있다. 주어진 문제의 경우 가로 8칸, 세로 4칸이며, 위의 규칙을 적용하여 출력하기 위한 명령어를 나타내면, [8, 4 ; c4 ; bh2 ; 0 ; r1, bs3 ; 0 ; bt2 ; 0 ; br4]가 된다.

26 ⑤

Quick해설 입력한 명령어의 t1에서 오류가 발생하였다. △는 검게 표현된 도형으로 출력되었으므로 t1을 bt1로 수정해야 한다.

[상세해설] 명령어 [9, 5 ; c1, br2 ; 0 ; s4 ; c2 ; 0 ; 0 ; t1, bc5 ; dc3 ; bs5]를 입력하면 다음과 같은 도형이 출력된다.

					●		★
		☆					
						◎	
■			○				
○					△		

따라서 문제에 주어진 도형을 출력하기 위해 바르게 입력한 명령어는 [9, 5 ; c1, br2 ; 0 ; s4 ; c2 ; 0 ; 0 ; bt1, bc5 ; dc3 ; bs5]가 되므로 t1은 bt1로 수정되어야 한다.

27 ④

Quick해설 ㉠ '복합기 설치 방법'의 1.~2. 항목에서 확인할 수 있다.

㉡ '복합기 설치 방법'의 4. 항목에서 확인할 수 있다.

㉣ '복합기 설치 방법'의 6. 항목 하단의 사항을 보면, 복합기에 연결된 무선 인터넷과 컴퓨터에 연결된 무선 인터넷이 동일해야 한다고 하였다.

[오답풀이] ㉢ 공용 소프트웨어 설치 및 인증 방법에 해당하므로 적절하지 않다.

28 ⑤

Quick해설 매뉴얼 작성 TIP은 다음과 같다.

① 비전문가도 쉽게 이해할 수 있도록 가능한 단순하고 간결해야 한다는 것이다. 때문에 매뉴얼 내용 서술에 애매모호한 단어 사용은 삼가야 하며 추측성 기능의 내용 서술은 금물이다.

② 한 문장에 하나의 명령 또는 밀접한 몇 가지 명령만을 포함해 의미 전달을 명확하게 하여야 하며, 수동태보다는 능동태의 동사를 사용해야 한다. 또한 명령을 사용함에 있어서 단정적으로 표현하고 추상적 명사보다는 행위동사를 사용해야 한다.

③ 사용자의 질문들을 예상하고 사용자에게 답을 제공하여야 한다. 또한 사용자가 한 번 본 후, 더 이상 매뉴얼이 필요하지 않도록 배려하는 것도 필요하다.

④ 사용자가 필요한 정보를 빨리 찾기 쉽도록 구성해야 한다. 때문에 짧고 의미 있는 제목과 비고를 사용하여 사용자가 원하는 정보의 위치를 파악할 수 있도록 도와야 한다.

⑤ 매뉴얼의 내용이 아무리 훌륭하더라도 사용자가 보기 불편하다면 아무 소용이 없으므로 사용하기 쉽도록 제작해야 한다. 따라면 복잡한 구조는 삼가며, 보기 불편하지 않도록 너무 크거나 작지 않게 만들어져야 한다.

따라서 ㉤의 내용은 올바른 매뉴얼 작성 방법으로 볼 수 없다.

29 ④

Quick해설 [A] 단계에서 수행해야 하는 일은 '의사결정의 기준과 가중치를 결정하는 것'이다. 따라서 이와 관련된 말로 가장 적절한 것은 ④이다.

[오답풀이] ① 제품이 판매되는 시장 조사를 하는 것은 의사결정에 필요한 정보를 수집하는 과정에 해당한다.
② 경쟁사의 성능 파악과 우리 제품의 장점을 확인하는 것은 의사결정에 필요한 정보를 수집하는 과정에 해당한다.
③ 이전 제품의 판매 실적을 바탕으로 판매율이 저조했던 이유를 파악하는 것은 문제의 근원을 파악하는 과정에 해당한다.
⑤ 제품 마케팅과 관련해 탐색된 모든 방법들에 대해 토의하는 것은 각 대안을 분석 및 평가하는 과정에 해당한다.

30 ②

Quick해설 합리적 의사결정에 따라 순서대로 나열하면 ㉣ – ㉡ – ㉢ – ㉤ – ㉤ – ㉺이다.

[상세해설] 합리적 의사결정 단계에 따라 가장 먼저 해야 할 일은 문제의 근원을 파악하는 것이다. 박 대리가 처한 현재 상황에서 문제의 근원은 어느 곳으로 부서 이동을 신청할 것인가라는 것이다. 문제의 근원을 파악한 후, 다음 단계에서 해야 할 일은 가중치에 따라 의사 결정의 기준을 마련하는 것으로, 자신이 어떠한 부분에 좀 더 많은 가치를 두고 있는지 파악하는 과정이다. 세 번째는 필요한 정보를 수집하는 단계로 가중치를 통해 부여한 기준과 수집한 정보를 바탕으로 현재 선택할 수 있는 모든 대안을 탐색한 뒤 각 대안을 분석, 평가하는 단계이다. 이러한 단계를 모두 마치게 되면 최적의 안을 선택하고 최종 선택에 따른 결과를 평가, 피드백하는데 피드백 결과에 따라 다음 유사한 결정에 참고할 수 있다.
따라서 이러한 단계에 따라 올바르게 나열한 것은 ②이다.

31 ①

Quick해설 자기개발을 통해서 자신의 능력을 향상시켜 다른 사람과 차별성을 가지더라도 이에 대한 PR을 하지 않으면, 다른 사람들이 자신의 브랜드를 알지 못할 수 있다. 따라서 조 대리와 같이 활발한 SNS 활동, 인적 네트워크 활용, 자신만의 명함 제작, 경력 포트폴리오 제작 및 홍보 등을 실천하는 것은 효과적으로 자신을 브랜드화하여 PR하는 방법이라고 할 수 있다.

32 ②

Quick해설 경력개발은 직무 변화 등과 같은 외부적 상황의 변화 또는 개인의 기대 및 목표의 변화 등과 같은 주관적 인식의 변화에 따라 이루어진다. 따라서 나머지와 다른 하나는 개인의 요구에 의해 경력개발을 하는 ②이다.

[오답풀이] ①, ③, ④, ⑤ 조직의 요구에 의해 경력개발이 필요한 이유이다.

33 ④

Quick해설 주어진 글에서 나타난 협상 단계는 '협상 전 단계', '협상 진행 단계', '협상 후 단계' 중 '협상 전 단계'와 '협상 진행 단계'에 해당한다. 협상 내용을 비준·집행하고 분석·평가를 시행하는 것은 '협상 후 단계'에 대한 설명이다.

[오답풀이] ①, ②, ⑤ '협상 전 단계'에 해당한다.
③ '협상 진행 단계'에 해당한다.

34 ④

Quick해설 ㉠ H기업과 직원 간에 자신들의 욕구 충족을 목적으로, 상대방으로부터 최선의 것을 얻어내기 위해 상대방을 설득하는 과정이 나타나므로 의사소통 차원에서의 협상의 의미가 적절하다.
㉢ H기업과 직원 간에 여러 대안들 중에서 모두가 수용할 수 있는 대안을 찾기 위한 과정이 나타나므로 의사결정 차원에서의 협상의 의미가 적절하다.

ⓔ H기업과 직원 간에 선호가 서로 다른 상황에서 합의에 도달하기 위해 의사를 결정하는 과정이 나타나므로 교섭 차원에서의 협상의 의미가 적절하다.

[오답풀이] ⓛ 갈등해결 차원에서의 협상이란 갈등해결을 위해 상반되는 이익은 조정하고 공통되는 이익을 증진시키도록 하는 상호작용의 과정이므로 의미가 적절하지 않다. 얻고자 하는 것을 가진 상대의 호의를 쟁취하기 위한 것에 관한 지식이며, 이를 위해 노력하는 과정은 지식과 노력 차원에서의 협상의 의미이다.

35 ②

Quick해설 이성적이고 냉철하며 의지력이 강하고, 타인과 거리를 두며 대인관계를 맺는 경향이 있는 유형은 냉담형이다.

[상세해설] 실리형은 자신의 이익을 우선적으로 생각하기 때문에 자기중심적이고 경쟁적이며 타인에 대한 관심과 배려가 부족할 수 있다. 또한 타인을 신뢰하지 못하고 불공평한 대우에 예민하며 자신에게 피해를 입힌 사람에게는 보복하는 경향이 있다.
자료에 주어진 특징 외의 유형별 특징은 다음과 같다.

구분	특징
지배형	• 강압적이고 독단적, 논쟁적이어서 타인과 잦은 갈등을 겪을 수 있다. • 윗사람의 지시에 순종적이지 못하고 거만하게 보일 수 있다.
순박형	• 원치 않는 타인의 의견에 반대하지 못하고, 화가 난 감정을 타인에게 알리기 어렵다.
친화형	• 타인의 요구를 잘 거절하지 못하고 타인의 필요를 자신의 것보다 앞세우는 경향이 있다.
사교형	• 충동적이고 잘 흥분하는 성향이 있으며 타인의 관심을 끄는 행동을 많이 하거나 자신의 개인적인 일을 타인에게 너무 많이 이야기하는 경향이 있다.

36 ③

Quick해설 김 과장은 키슬러의 대인관계 의사소통 유형 중 지배형, 실리형, 사교형의 특징을 갖추고 있다.
지배형의 특징을 가진 경우 자신감이 두드러지고 자기주장이 강한 특징이 있어 타인을 리드하고 집단적인 업무에 적합하지만, 타인의 의견을 경청하고 수용하는 자세가 다소 부족할 수 있다. 또한 성취 지향적이며 이성적이고 의지력이 높은 실리형은 자신의 이익만 고려하다 타인의 입장을 배려하지 못할 수 있으므로 타인을 이해하고 배려하는 노력이 필요하다. 혼자 있는 것보다는 여럿이 함께 하는 업무 환경을 선호하고 타인에게 인정을 받고 싶어 하는 사교형의 특징을 가진 사람의 경우 타인으로부터 지나치게 인정을 받으려는 노력이 과하면 부정적인 영향을 끼칠 수 있으므로 주의할 필요가 있다.
①, ②의 경우 순박형, 친화형의 대인관계 특징을 가진 사람에게 적합한 조언이며, ④, ⑤의 경우 지배형, 실리형, 사교형의 특징을 이미 갖추고 있는 사람에겐 적합하지 않은 조언이다. 따라서 김 과장의 대인관계 유형으로 보았을 때 해줄 수 있는 적절한 조언은 ③이다.

37 ③

Quick해설 (가)는 전문가의식, (나)는 직분의식, (다)는 천직의식에 해당한다.

[상세해설] 일반적인 직업윤리에는 다음과 같이 여섯 가지가 있다.
• 소명의식: 자신이 맡은 일은 하늘에 의해 맡겨진 일이라고 생각하는 태도
• 천직의식: 자신의 일이 자신의 능력과 적성에 꼭 맞는다 여기고 그 일에 열성을 가지고 성실히 임하는 태도
• 직분의식: 자신이 하고 있는 일이 사회나 기업을 위해 중요한 역할을 하고 있다고 믿고 자신의 활동을 수행하는 태도
• 책임의식: 직업에 대한 사회적 역할과 책무를 충실히 수행하고 책임을 다하는 태도
• 전문가의식: 자신의 일이 누구나 할 수 있는 것이 아니라 해당 분야의 지식과 교육을 밑바탕으로 성실히 수행해야만 가능한 것이라 믿고 수행하는 태도
• 봉사의식: 직업 활동을 통해 다른 사람과 공동체에 대하여 봉사하는 정신을 갖추고 실천하는 태도

38 ③

Quick해설 고객접점서비스(MOT, Moment Of Truth)를 의미하는 사례이다.

[상세해설] '고객접점서비스'란 고객과 서비스 요원 사이의 15초 동안의 짧은 순간에서 이루어지는 서비스로서 이 순간을 진실의 순간(MOT) 또는 결정적 순간이라고 한다. 이 15초 동안에 고객접점에 있는 최일선 서비스 요원이 책임과 권한을 가지고 우리 회사를 선택한 것이 가장 좋은 선택이었다는 사실을 고객에게 입증시켜야 한다는 것이다. 고객이 서비스 상품을 구매하기 위해서는 입구에 들어올 때부터 나갈 때까지 여러 서비스 요원과 몇 번의 짧은 순간을 경험하게 되는데 그때마다 서비스 요원은 모든 역량을 동원하여 고객을 만족시켜 주어야 하는 것을 의미한다.

고객이 물건을 고르는 과정에서부터 백화점을 나가기까지 모든 순간에 최선을 다한 매장 직원은 고객접점서비스를 실천한 것이다.

39 ④

Quick해설 ④의 경우만 직장 내 괴롭힘 사례 중 지위 또는 관계 등의 우위를 이용한 경우이다.

[상세해설] 직장 내 괴롭힘 사례로는 지위 또는 관계 등의 우위를 이용한 경우, 업무의 적정 범위를 넘는 행위를 지시한 경우, 신체적·정신적 고통을 준 경우가 있다.

지위 또는 관계 등의 우위를 이용한 괴롭힘 사례의 경우 가해자가 지휘명령 관계에서 상위에 있거나 직접적인 지휘명령 관계에 있지 않더라도 회사 내 직위, 직급 체계상 상위에 있음을 이용하여 가해를 가한 경우에 해당한다.

업무상 적정 범위를 넘는 행위를 지시한 경우는, 지시한 행위가 업무상 필요성이 인정되지 않거나 행위가 사회 통념상 상당하지 않다고 인정되는 경우이다. 예를 들어, 업무와 무관한 사적인 용무를 지시하거나, 업무 수행 과정에서 의도적으로 무시하거나 배제한 경우, 과도한 업무를 부여하거나 원활한 업무수행을 방해하는 행위 등이 그러하다.

신체적·정신적 고통을 준 경우는 말 그대로 폭행이나 폭언 등 직접적인 가해를 가한 경우이다.

④는 인사에 영향을 줄 수 있는 팀장이라는 자신의 지위를 이용하여 피해자를 압박하고 가해를 가한 경우로 지위 또는 관계 등의 우위를 이용한 괴롭힘 사례에 해당하며, ①, ②, ③, ⑤는 업무상 적정 범위를 넘는 행위를 지시한 경우에 해당한다.

40 ①

Quick해설 (가) 같은 부서 선배라는 지위를 이용하여 후배이자 부하 직원에게 폭언과 업무와 무관한 부당 행위를 강요하였고, 이로 인해 시말서, 사유서를 쓰게 된 피해자는 정신적 스트레스를 받았을 것이며, 근로 환경이 불안정하게 조성되었다. 따라서 이는 직장 내 괴롭힘의 모든 요건을 충족한 것으로 판단할 수 있다.

(나) 팀장이라는 지위의 우위를 이용하였고 팀원들의 주말 시간을 망쳐 정신적 스트레스를 주었다고 볼 수 있으나, 팀장의 판단으로는 월요일부터 진행할 프로젝트가 중요하다고 여겼을 것이며, 업무와 관련된 일을 강조한 것이므로 업무상 적정 범위를 벗어났다고 판단하는 것은 부적절하다. 따라서 이 사례는 업무상 적정 범위를 넘은 것으로 보기 어려워 직장 내 괴롭힘에 해당되지 않는다.

(다) 직장 상사이므로 우월적 지위를 이용하였고, 폭행과 폭력을 반복함으로 인해 피해자에게 정신적 모욕을 가하였으므로 이는 직장 내 괴롭힘의 모든 요건을 충족한 것으로 판단할 수 있다.

따라서 직장 내 괴롭힘에 해당하지 않는 사례는 (나) 한 가지이다.

01	③	02	④	03	⑤	04	③	05	③
06	④	07	③	08	①	09	⑤	10	③
11	①	12	①	13	①	14	③	15	①
16	④	17	④	18	⑤	19	②	20	①
21	⑤	22	④	23	①	24	⑤	25	③
26	⑤	27	③	28	④	29	⑤	30	①
31	④	32	①	33	②	34	④	35	②
36	④	37	③	38	③	39	①	40	③
41	③	42	③	43	③	44	①	45	③
46	②	47	③	48	③	49	③	50	⑤

☑ CHECK 영역별 실력 점검표

맞힌 문제와 틀린 문제를 체크해
나의 취약 영역을 한눈에 확인해 보세요!

문항	영역	O/×	문항	영역	O/×	문항	영역	O/×	문항	영역	O/×	문항	영역	O/×
01	의사소통		02	의사소통		03	의사소통		04	의사소통		05	의사소통	
06	의사소통		07	의사소통		08	의사소통		09	의사소통		10	의사소통	
11	수리		12	수리		13	수리		14	수리		15	수리	
16	수리		17	수리		18	수리		19	수리		20	수리	
21	문제해결		22	문제해결		23	문제해결		24	문제해결		25	문제해결	
26	문제해결		27	문제해결		28	문제해결		29	문제해결		30	문제해결	
31	자원관리		32	자원관리		33	자원관리		34	자원관리		35	자원관리	
36	자원관리		37	자원관리		38	자원관리		39	자원관리		40	자원관리	
41	정보		42	정보		43	정보		44	정보		45	정보	
46	정보		47	정보		48	정보		49	정보		50	정보	

01 ③

Quick해설 주어진 글은 도전과 끈기, 노력의 중요성을 기업 경영, 개인, 사회적인 측면으로 나누어 강조하고 있다. '우공이산'은 늙은이가 거대한 산을 옮기겠다고 맹세하는 이야기로 겉보기에는 어리석고 무모한 행동처럼 보이지만, 이 속에는 굴하지 않는 도전 정신과 끈기 있는 노력의 중요성이 담겨 있다. '우공이산'은 불가능을 가능으로 만드는 끈기와 노력의 상징으로 오늘날에도 다양한 분야에서 도전과 끈기를 강조할 때, 사용되는 대표적인 한자성어로 이 글의 내용과 어울리는 한자성어이다.

우공이산: 우공이 산을 옮긴다는 뜻으로, 어떤 일이든 끊임없이 노력하면 반드시 이루어짐을 이르는 말

[오답풀이] ① 사생취의(捨生取義): 생명을 내어놓더라도 옳은 일을 함을 뜻하는 말이다.

② 지동지서(指東指西): 목적 없이 어떤 일에 주견이 없이 갈팡질팡함을 뜻하는 말이다.

④ 격물치지(格物致知): 사물의 이치를 규명하여 자기의 지식을 넓힌다는 뜻이다.

⑤ 천려일실(千慮一失): 천 가지 생각 가운데 한 가지 실책이란 의미로, 아무리 지혜롭다고 하더라도 천 번 생각하다보면 하나쯤은 실수가 있기 마련이란 뜻이다.

02 ④

Quick해설 ⓛ 걷기[걷끼]: 종성의 ㄷ과 이어지는 초성의 ㄱ의 안울림 소리끼리 만나 된소리되기 음운 교체가 1번 일어났고 음운의 개수는 변하지 않았다.

ⓒ 좋은[조은]: 종성의 ㅎ자음 음운 탈락이 1번 일어났고 음운의 개수는 1개 줄었다.

ⓜ 습관[습꽌]: 종성의 ㅂ과 이어지는 초성의 ㄱ의 안울림 소리끼리 만나 된소리되기 음운 교체가 1번 일어났고 음운의 개수는 변하지 않았다.

[오답풀이] ㄱ 관리[괄리]: 종성의 ㄴ이 이어지는 초성의 ㄹ의 영향을 받아 ㄹㄹ되기 유음화 음운 교체가 1번 일어났고 음운의 개수는 변하지 않았다.

ㄹ 잡힌[자핀]: 종성의 ㅂ이 이어지는 초성의 ㅎ을 만나 ㅍ으로 자음 음운 축약이 1번 일어났고 음운의 개수는 1개 줄었다.

03 ⑤

Quick해설 어쨌든 → [어짿든] → [어짿뜬]으로 발음하며, 초성에 오는 ㅇ은 음가가 없으므로 음운의 개수에서 제외된다. 그러므로 음운의 개수는 ㅓ, ㅉ, ㅐ, ㄷ, ㄸ, ㅡ, ㄴ 총 7개이고 음절은 [어/쨀/뜬] 3음절이다. 이와 동일한 음운 개수와 음절 개수를 가진 단어는 '알맞은'이다.

알맞은 → [알마즌]으로 발음하며, 초성에 오는 ㅇ은 음가가 없으므로 음운의 개수에서 제외된다. 그러므로 음운의 개수는 ㅏ, ㄹ, ㅁ, ㅏ, ㅈ, ㅡ, ㄴ 총 7개이고, 음절은 [알/마/즌] 3음절이다.

[오답풀이] ① 알약 → [알냑] → [알략]으로 발음하며, 초성에 오는 ㅇ은 음가가 없으므로 음운의 개수에서 제외된다. 그러므로 음운의 개수는 ㅏ, ㄹ, ㄹ, ㅑ, ㄱ 총 5개이고, 음절은 [알/략] 2음절이다.

② 물난리 → [물랄리]로 발음하며, 음운의 개수는 ㅁ, ㅜ, ㄹ, ㄹ, ㅏ, ㄹ, ㄹ, ㅣ 총 8개이고, 음절은 [물/랄/리] 3음절이다.

③ 묻히다 → [무티다] → [무치다]로 발음하며, 음운의 개수는 ㅁ, ㅜ, ㅊ, ㅣ, ㄷ, ㅏ 총 6개이고, 음절은 [무/치/다] 3음절이다.

④ 여닫이 → [여다디] → [여다지]로 발음하며, 음운의 개수는 ㅕ, ㄷ, ㅏ, ㅈ, ㅣ 총 5개이고, 음절은 [여/다/지] 3음절이다.

04 ③

Quick해설 서양의 그림은 소수의 지식층 외에는 감상하기 어려워 대중화할 수 없다는 단점을 제시하고 있을 뿐, 동양의 화가와 서양의 화가 중에서 서양에 직업으로 삼는 화가가 더 많았을 것이라는 판단을 할 수 있는 근거가 없다.

[오답풀이] ① 마지막 문단을 통해 서양의 화가들은 단순한 우의를 담으려고 한다기보다 독창적인 우의를 담기 위해 노력했다고 볼 수 있으므로 적절하다.

② 4문단에서 서양의 화가들은 감상자인 귀족, 지식층들과 일종의 숨바꼭질을 하는 것처럼 그림을 그렸다고 하였고, 마지막 문단을 통해 서양의 지식인들은 그림 감상을 통해 자신의 유식함을 과시했을 것이라고 볼 수 있으므로 적절하다.

④ 2문단에서 우리나라는 중국식 독화법을 받아들여 그림을 구상하였다고 하였고, 4문단을 통해 우리나라와 중국은 같은 소재를 대상으로 그림을 그린 것이 꽤 많았을 것이라고 짐작할 수 있으므로 적절하다.

⑤ 2문단에서 우리나라는 중국식 독화법을 받아들여 그림을 구상하였다고 하였고, 4문단에서 동양의 화가들은 누구나 알 수 있는 쉬운 방법으로 그림을 그렸기 때문에 그리는 사람이나 보는 사람이나 모두 그림 감상에 머리를 쓰지 않아도 되었다고 하였으므로 적절하다.

05 ③

Quick해설 주어진 글은 동양음악과 서양음악의 차이점을 중심으로 내용을 전개하고 있다. 즉, 둘 이상의 대상의 차이점을 중심으로 설명하는 대조의 방법이 사용되었다.

06 ④

Quick해설 주어진 글은 내용의 흐름의 순서에 따라 적절하게 배열하면 [다]-[나]-[라]-[마]-[가]의 순서가 된다.

[상세해설] 각 문단의 내용을 살펴보면 다음과 같다.

[다] 안전 의식 강화에 따른 보호 조치로 소방시설법 시행령 개정에 따라 스프링클러 설비 설치 대상이 6층 이상 건축물로 강화되었다고 언급함으로써 개정에 따라 변경된 내용을 서두에 제시한다.

[나] 스프링클러 설비를 설치하기 위한 조건에 대해 설명하면서 천장 속 여유 공간이 부족한 경우의 손실과 기능 상실 등의 문제점을 언급한다.

[라] 나열 접속사 '또한' 뒤에 [나]에서 언급한 문제점 외소방시설법과 건축법의 기준이 다르다는 문제점을 설명한다.

[마] 역접 접속사 '하지만' 뒤에 [라]에서 언급한 건축법 기준이 아닌 소방시설법에 따른 기준을 설명하고 있다.

[가] 현행 규정으로는 문제점은 있지만, 스프링클러 설비 설치를 유도하기 위해 앞으로 보완해야 할 부분이 있음을 강조하며 내용을 끝맺는 것이 자연스럽다.

07 ③

Quick해설 2문단에서 '포졸란'은 로마 콘크리트 제조 당시 이탈리아의 포주올리 지역의 화산재를 부르는 말이었지만, 이후 물과 반응해 물에 녹지 않는 화합물을 만드는 물질을 한데 이르는 말로 쓰인다고 하였으므로 옳지 않다.

[오답풀이] ① 3문단에서 생석회를 사용하여 콘크리트를 제조하는 과정에서 고온에서만 만들어지는 화합물을 생성할 수 있는데 그중 하나가 석회 쇄설암이라고 하였다.

② 마지막 문단에서 콘크리트 내부로 흘러 들어온 물과 석회 쇄설암 속 칼슘이 만나 새로운 결정이 형성되면서 콘크리트의 균열이 복구되었다고 하였다.

④ 3문단에서 석회 쇄설암은 이전까지 재료가 충분하게 섞이지 못하거나 제조 과정에서 들어간 흰색 덩어리 이물질로 여겨졌다고 하였다.

⑤ 1문단에서 해양 콘크리트는 바닷물에 의한 화학적 작용과 파도에 의한 물리적 작용으로 육상 콘크리트보다 더 쉽게 손상된다고 하였다.

08 ①

Quick해설 마지막 문단에서 루키즘의 파급효과가 사회 각 영역에서 상당한 영향력을 보이고 있으며, 일상생활에 외모를 가꾸는 것이 꼭 필요하다는 항목에 78%가 긍정적인 동의를 했다는 점에서 루키즘 현상이 사회적으로 개인의 삶을 결정짓는 데 중요한 요인임을 알 수 있다. 따라서 빈칸에 들어갈 말로 가장 적절한 것은 ①이다.

[오답풀이] ② 2문단에서 백화점 등을 방문할 때 복장에 따라 자신을 대하는 대접이 달라진다는 것을 알 수 있으므로 외모가 미치는 영향을 미미하게 여기고 있음은 적절하지 않다.

③ 1문단에서 외모는 개인 간의 우열을 형성하는 잣대가 되고 있음은 알 수 있지만, 절대적인 조건으로 작용하고 있음은 알 수 없으므로 적절하지 않다.

④ 마지막 문단에서 같은 조건일 때 외모가 중요시된다는 것은 알 수 있지만, 다른 능력보다 우선시하는 경향으로 볼 수 없으므로 적절하지 않다.

⑤ 2문단에서 외모를 중시하는 사회적인 현상으로 인해 본인의 의사와는 무관하게 자신을 꾸며야 한다는 부담스러운 의무감을 갖게 되었음을 알 수 있으므로 적절하지 않다.

09 ⑤

Quick해설 유튜브 알고리즘은 사용자의 시청 기록과 검색 기록 등을 분석하여 맞춤형 콘텐츠를 추천한다.

[오답풀이] ① 유튜브 알고리즘은 사용자의 검색 기록 이외에도 시청 기록과 구독 정보 등을 함께 종합적으로 분석한다.
② 유튜브 알고리즘은 주제와 관련성, 사용자의 개인화된 선호도, 다양성 등을 고려하여 콘텐츠를 추천할 가능성이 높다.
③ 유튜브 알고리즘은 사용자의 좋아요, 댓글, 공유 등의 행동을 분석하여 추천 동영상을 결정하는 데에 활용한다.
④ 사용자가 홈 피드에서 보는 동영상부터 현재 시청 중인 동영상과 유사한 추천 동영상, 그리고 사용자가 검색할 때 나오는 검색 결과까지 포함하여 맞춤형 콘텐츠를 제공한다.

10 ③

Quick해설 유튜브 알고리즘은 광고 수익을 극대화하기 위해 장기적인 사용자 만족과 이용 시간을 높이는 것을 목표로 한다. 하지만, 일회성 이익을 위한 짧고 자극적인 시각적 광고만을 중시하지 않는다. 오히려 사용자의 관심을 유지하고 지속적으로 시청 시간을 늘리는 방법을 통해 광고 수익을 증가시키려고 한다.

11 ①

Quick해설 선분 AD의 길이와 선분 CD의 길이의 비가 3:4이므로, 선분 AD의 길이를 $3x$cm, 선분 CD의 길이를 $4x$cm라 하면, 피타고라스 정리에 의해 선분 AC의 길이는 $5x$cm이다.
직각 삼각형 닮음 공식에 의하면,

$\{\overline{AD}\}^2 = \overline{BD} \times \overline{DC}$, $(3x)^2 = \overline{BD} \times 4x$ $\therefore \overline{BD} = \frac{9}{4}x$

따라서 피타고라스의 정리에 의하면,

$\{\overline{AB}\}^2 = \left(\frac{9}{4}x\right)^2 + 9x^2 = \frac{225}{16}x^2$ $\therefore \overline{AB} = \frac{15}{4}x$

직각 삼각형 ABC의 넓이가 $\frac{75}{4}$cm²이므로,

$\left(\frac{9}{4}x + 4x\right) \times 3x \times \frac{1}{2} = \frac{75}{8} \rightarrow \frac{75}{8}x^2 = \frac{75}{8}$

$\therefore x = 1 (\because x > 0)$

따라서 직각 삼각형 ABD와 직각 삼각형 ACD의 둘레의 길이의 차는 $(3+4+5) - \left(\frac{15}{4} + \frac{9}{4} + 3\right) = 3$(cm)이다.

12 ①

Quick해설 (두 번째 항)=8, (세 번째 항)=16, (네 번째 항)=24, (다섯 번째 항)=32, …이므로 $a_{n+1} - a_n = 8$인, 즉, 공차가 8인 등차수열이다. 따라서 첫 번째 항(빈칸)에 들어갈 숫자는 0이다.

13 ①

Quick해설 블루를 20장 주문하였으므로 화이트와 핑크는 각각 최소 10장씩 두 가지 색을 합쳐서 총 40장을 생산해야 한다. 이때, 수건을 만들 수 있는 모든 경우는 핑크를 기준으로 하면, 최소 10장에서 최대 30장이므로 총 21가지이다. 그중 세 가지 색상에서 핑크를 가장 많이 생산하는 경우는 블루와 화이트보다 많은 21장 이상을 생산할 때이므로 총 10가지이다.

따라서 핑크를 가장 많이 생산할 확률은 $\frac{10}{21}$이다.

14 ③

Quick해설 $(1★2)□(3▼4) = 3$

[상세해설] 주어진 [보기]의 내용을 바탕으로 세 연산 기호의 연산 규칙을 확인해 보면 다음과 같다.
• $a★b = a+b+1$
• $a□b = |a-b|$
• $a▼b = b^2 - a^2$

$$\therefore (1 \bigstar 2) \square (3 \blacktriangledown 4) = (1+2+1) \square (3 \blacktriangledown 4) = 4 \square (3 \blacktriangledown 4)$$
$$= 4 \square (4^2 - 3^2) = 4 \square 7$$
$$= |4-7| = 3$$

15 ①

Quick해설 **제품 B의 판매량은 전월 대비 10% 감소하였다.**

[상세해설] 제품 A의 가격을 $3x$원이라 하면, 제품 B의 가격은 $2x$원이다. 그리고 제품 A의 전월 판매량을 $4y$개라 하면, 제품 B의 전월 판매량은 $3y$개이다. 따라서 두 제품의 전월 총판매액은 다음과 같다.

$(3x \times 4y) + (2x \times 3y) = 12xy + 6xy = 18xy$(원) … ㉠

이번 달 제품 A의 판매량은 전월 대비 20% 증가하였으므로 $1.2 \times 4y = 4.8y$(개)이고, 제품 B의 전월 대비 판매량 감소율을 b%라고 하면, 이번 달 제품 B의 판매량은 $\{(1 - 0.01b) \times 3y\}$개이다.

즉, 두 제품 A, B의 이번 달 판매액은 각각

$3x \times 4.8y = 14.4xy$(원),

$2x \times (1 - 0.01b) \times 3y = (6xy - 0.06xyb)$(원)이다.

이때, 이번 달 총판매액은 전월 대비 10% 증가하였으므로, ㉠에 의해 $18xy \times 1.1 = 19.8xy$(원)임을 알 수 있다.

(이번 달 총판매액) − (이번 달 제품 A의 판매액)
= (이번 달 제품 B의 판매액)

이므로 다음과 같은 식이 성립한다.

$19.8xy - 14.4xy = 6xy - 0.06xyb$

$5.4 = 6 - 0.06b$ $\therefore b = 10$

따라서 제품 B의 판매량은 전월 대비 10% 감소하였다.

16 ④

Quick해설 2021년 골다공증 질환의 진료실인원은 총 1,138,840명이며, 해당 인원의 10%는 113,884명이다. 이보다 많은 진료실인원에 해당하는 시도는 서울시와 경기도로 총 2곳이다.

[오답풀이] ① [표1]을 보면, 2021년 골다공증 질환의 진료실인원은 1,138,840명이다. [표2]에서 골다공증 질환의 남성 진료실인원이 65,635명이므로 여성 진료실인원은 $1,138,840 - 65,635 = 1,073,205$(명)이다. 따라서 105만 명 이상이다.

② 2018~2021년 골다공증 질환의 진료실인원은 경기도, 서울시, 경상북도 순으로 많다.

③ 2019년 골다공증 질환의 진료실인원은 전년 대비 103,649명 증가한 반면, 2020년은 감소, 2021년 골다공증 질환의 진료실인원은 전년 대비 약 9만 명 증가했다.

⑤ [표2]를 보면, 9세 이하 및 10대의 경우 골다공증 질환의 진료실인원은 남성과 여성이 동일하고, 나머지 20대부터 80대 이상까지는 남성보다 여성의 수가 더 많다.

17 ④

Quick해설 [표1]의 내용을 통해 2018~2021년 중 골다공증 질환의 진료실인원이 처음 100만 명을 넘은 연도는 2019년임을 알 수 있다. 해당 연도의 총진료비는 약 2,834억 원이고, 진료실인원은 108.4만 명이므로 진료 1인당 진료비를 계산하면 $\frac{2,834}{108.4} = 26$(만 원)이다.

18 ⑤

Quick해설 ㉡ 2021년 매출액은 전년 대비

$\frac{1,320 - 1,050}{1,050} \times 100 = 25.7$(%) 증가하였으므로 25% 이상 증가하였다.

㉢ 2019년부터 2023년까지 ◇◇회사의 연도별 영업비용은 다음과 같다.

- 2019년: $440 + 600 = 1,040$(억 원)
- 2020년: $420 + 540 = 960$(억 원)
- 2021년: $720 + 720 = 1,440$(억 원)
- 2022년: $980 + 700 = 1,680$(억 원)
- 2023년: $650 + 840 = 1,490$(억 원)

따라서 5년간 ◇◇회사 영업비용의 평균은

$\frac{1}{5} \times (1,040 + 960 + 1,440 + 1,680 + 1,490) = 1,322$(억 원)이다.

㉣ 매출원가가 두 번째로 높은 해는 2021년이다. 이 해의 법인세는 45억 원이므로 40억 원 이상이다.

㉠ 2019년 영업비용이 $440+600=1,040$(억 원)이므로 영업이익은 $1,280-1,040=240$(억 원)이다. 따라서 당기순이익이 $240+700-70=870$(억 원)이므로 당기순이익률은 $\dfrac{870}{1,280}\times100≒68.0(\%)$이다. 즉, 70% 미만이다.

19 ②

Quick해설 2022년 매출액이 2021년 대비 180억 원 성장하였으므로 2022년 매출액은 $1,320+180=1,500$(억 원)이다. 그리고 이듬해인 2023년에는 전년 대비 10% 더 성장하였으므로 2023년 매출액은 $1,500\times1.1=1,650$(억 원)이다.

따라서 2023년 영업이익이 $1,650-(650+840)=160$(억 원)이므로 영업이익률은 $\dfrac{160}{1,650}\times100≒9.7(\%)$이다.

20 ①

Quick해설 조건을 모두 만족하는 연도는 2017년이다.

[상세해설] 주어진 조건을 하나씩 소거하면서 모든 조건을 만족하는 연도를 구한다.

거래대금이 가장 높은 연도는 2021년, 증권거래제세금이 가장 낮은 연도는 2019년이므로 제외되고, 2017, 2018, 2020년 차감률은 다음과 같다.

2017년	2018년	2020년
$\dfrac{26,157}{31,107}\times100$ ≒84.1(%)	$\dfrac{28,140}{37,395}\times100$ ≒75.3(%)	$\dfrac{52,873}{60,289}\times100$ ≒87.7(%)

이에 따라 차감률이 가장 낮은 2018년도 제외된다.

차감률과 결제율 식의 분모는 거래량으로 동일하므로 남은 2017년과 2020년 중 (차감량)÷(결제량)의 값이 6배 미만인지를 확인한다.

2017년은 $26,157÷4,950≒5.3$(배)이고,

2020년은 $52,873÷7,416≒7.1$(배)이므로 차감률이 결제율의 6배 이상인 2020년이 제외된다.

따라서 조건을 모두 만족하는 연도는 2017년이다.

21 ⑤

Quick해설 F와 H가 같은 반일 경우, A, D가 1반, F, H가 2반, B, G가 3반, C, E가 4반일 경우이므로 H는 2등이고, F는 7등이다.

[상세해설] A는 1반이고, G는 6등이므로 3반이다. C와 E는 같은 반에 배정되었으므로 2반 또는 4반이다.

C와 E가 2반이고, D가 1반이라면 H의 등수는 4등보다 높으므로 3반이다. 따라서 B와 F는 4반이다. D는 G와 다른 반이므로 3반일 수 없다. 만약 D가 4반이라면 F는 4반이 될 수 없으므로 1반 또는 3반이고, H의 등수는 4등보다 높으므로 1반 또는 3반이다. 즉, B는 항상 4반이고, F와 H가 1반 또는 3반이다.

C와 E가 4반이고, D가 1반이라면 B는 2반이 아니므로 3반이다. 따라서 F와 H는 반드시 2반이다. 만약 D가 2반이라면 B는 2반이 아니고, F도 2반이 아니므로 H가 2반이다. B와 F가 1반 또는 3반이고, D는 3반이 될 수 없다.

따라서 가능한 경우를 정리하면 다음과 같다.

1반	2반	3반	4반
A, D	C, E	G, H	B, F
A, F	C, E	G, H	B, D
A, H	C, E	F, G	B, D
A, D	F, H	B, G	C, E
A, B	D, H	F, G	C, E
A, F	D, H	B, G	C, E

F와 H가 같은 반이라면 F와 H는 2반이며, 이때 H는 2등이고, F는 7등이므로 항상 옳은 설명이다.

① G가 6등, H가 3등이라면 같은 반일 수 있다.
② 만약 C와 E가 2반이라면 한 명은 G보다 등수가 낮다.
③ B가 4등이라면 D는 1등, 5등, 8등 중 하나이다.
④ A와 D가 같은 반이라면 B는 3반 또는 4반이므로 3등, 4등, 5등 중 하나이다.

22 ④

Quick해설 A를 선호하는 면접관은 B를 선호하고, B를 선호하는 면접관은 D를 선호한다. E를 선호하는 면접관은 D를 선호하지 않으므로 D를 선호하는 면접관은 E를 선호하지 않는다. 또한, C를 선호하는 면접관은 B를 선호하지 않으므로 B를 선호하는 면접관은 C를 선호하지 않는다. 정리하면, A → B → D → E×와 A → B → C×의 관계가 성립한다.

따라서 A를 선호하는 면접관은 C를 선호하지 않으므로 C를 선호하는 면접관은 A를 선호하지 않는다.

[오답풀이] ① A → E×이므로 이 명제의 부정인 A → E는 항상 옳지 않다.
② B → E×이므로 E → B×가 성립한다. 따라서 이 명제의 부정인 E → B는 항상 옳지 않다.
③ A → D이므로 이 명제의 역인 D → A는 참인지 거짓인지 알 수 없다.
⑤ C와 D의 관계는 알 수 없으므로 참인지 거짓인지 판단할 수 없다.

23 ①

Quick해설 동점자가 없고, 오답에 대한 감점이 없으므로 맞힌 문제 수에 따라 등수가 결정됨을 알 수 있다. 갑, 을, 병, 정, 무의 시험 성적은 다음과 같다.

구분	1등	2등	3등	4등	5등
맞힌 문제 수	19	18	17	16	15
신입사원	을	병	갑	정	무

따라서 시험 점수가 높은 순으로 경영지원팀, 인사팀, 홍보팀, 기획팀, 재무팀에 배정되므로 홍보팀에 배정되는 신입사원은 3등을 한 '갑'이다.

[상세해설] 첫 번째 조건에 따르면, 시험은 20문제, 각 5점이고 오답에 대한 감점은 없으며, 두 번째 조건에 따르면, 시험 점수가 가장 낮은 사람은 15문제, 가장 높은 사람은 19문제를 맞혔고, 동점자는 없으므로 맞힌 문제 수에 따라 등수가 결정되고, 5명이 맞힌 문제 수는 각각 15, 16, 17, 18, 19문제임을 알 수 있다.
마지막 조건에 따르면, 정보다 시험 점수가 높은 사원 수는 낮은 사원 수의 3배라고 하였으므로 정보다 시험 점

수가 낮은 사원이 1명이라고 하면, 정보다 시험 점수가 높은 사원은 3명이 되어 신입사원 5명이라는 조건에 모순되지 않는다. 이에 따라 정보다 시험 점수가 낮은 사원은 1명, 시험 점수가 높은 사원은 3명이 되므로 정은 16문제를 맞혔음을 알 수 있다.
세 번째 조건에 따르면, 병은 무보다 3문제를 더 맞혔고, 갑은 을보다 2문제를 덜 맞혔으므로 정이 맞힌 16문제를 제외하고 무가 맞힌 문제 수를 고려하면 다음과 같다.
ⅰ) 무가 15개를 맞혔을 경우: 병은 무보다 3문제 더 맞혔으므로 18문제를 맞혔고, 갑은 을보다 2문제 덜 맞혔으므로 갑이 17문제, 을이 19문제를 맞혔다.
ⅱ) 무가 17개를 맞혔을 경우: 병은 무보다 3문제 더 맞혔으므로 20문제를 맞혀야 하는데, 시험 점수가 가장 높은 사람은 19문제를 맞혔다는 조건에 모순된다.
이에 따라 시험 성적에 따른 팀 배정은 다음과 같다.

구분	1등	2등	3등	4등	5등
맞힌 문제 수	19	18	17	16	15
신입사원	을	병	갑	정	무
팀 배정	경영지원팀	인사팀	홍보팀	기획팀	재무팀

따라서 홍보팀에 배정되는 신입사원은 '갑'이다.

24 ⑤

Quick해설 사례에서 찾을 수 있는 사고력 개발 방법은 '강제 연상법'이다.

[상세해설] 창의적 사고력을 개발하는 방법에는 비교 발상법, 자유 연상법, 강제 연상법이 있으며, 주어진 글에서는 강제 연상법의 방법 중 체크리스트를 활용한 사례를 제시한 것이다. 강제 연상법은 각종 힌트에서 강제적으로 연결 지어서 발상하는 방법으로, 특정 주제에 대하여 사고의 방향을 미리 정해서 발상을 하는 방법이다. 체크리스트는 창의적 사고를 하기 위해 막연하게 생각하기보다는 발상을 재촉하는 중요한 포인트를 미리 정해두고, 순서대로 체크해가는 방법이다. 체크를 위한 9가지 질문은 전용, 차용, 변경, 확대, 축소, 대용, 대체, 역전, 결합 등을 응용할 수 있는지에 관한 것들이며, 주어진 사례는 이 중 "다른 방법으로 사용할 수는 없을까?"를 연상한 '전용(轉用, diversion)'의 방법을 활용한 것으로 볼 수 있다.

한편, 피라미드 구조기법과 so what 기법은 논리적 사고력을 개발하는 방법이다.

사고력 개발 방법

구분	개발 방법	내용
창의적 사고	자유 연상법	어떤 생각에서 다른 것을 계속해서 떠올리는 작용을 통해 하나의 주제에서 생각나는 것을 계속해서 열거해 나가는 방법이다. 예 브레인스토밍
	강제 연상법	각종 힌트에서 강제적으로 연결지어 발상하는 방법이다. 예 체크리스트
	비교 발상법	주제와 본질적으로 닮은 것을 힌트로 새로운 아이디어를 얻는 방법이다. 예 NM법, Synectics
논리적 사고	피라미드 구조 기법	• 하위의 사실이나 현상부터 사고하여 근거를 수집하고 상위의 주장을 만들어 가는 방법이다. • 피라미드 구조는 보조 메시지들을 통해 주요 메인 메시지를 얻고, 다시 메인 메시지를 종합한 최종적인 정보를 도출해 낸다.
	so what 기법	• 'so what?'은 '그래서 무엇이지?'하고 자문자답하는 의미로, 눈앞에 있는 정보로부터 의미를 찾아내어 가치 있는 정보를 이끌어내는 사고이다. • 일부 단어나 체언만으로 표현하는 것이 아니라, 주어와 술어를 갖춘 완결된 문장을 통해 '어떻게 될 것인가?', '어떻게 해야 한다.'라는 내용을 포함해야 한다.
비판적 사고	문제의식	• 문제의식을 가지고 있다면 주변에서 발생하는 사소한 일에서도 정보를 수집할 수 있다. • 정보를 통해서 새로운 아이디어를 끊임없이 생산해 낼 수 있다. • 당장 눈앞의 문제를 자신의 문제로 여기고 진지하게 다루지 않으면 절대로 답을 얻을 수 없다. • 자신의 문제와 목적을 확실하고 정확하게 파악하는 것이 비판적 사고의 시작이다.
	고정관념 타파	• 정보에 대한 개방성을 가지고 편견을 갖지 않음으로써 지각의 폭을 넓힌다. • 고정관념은 사물의 인식에 영향을 주거나 일방적인 평가를 할 수 있으므로 이를 타파하는 일이 중요하다.

25 ③

자료에 따르면, 뉴질랜드는 2035년까지 소비전력 및 기타를 포함한 '최종 에너지 소비' 비중의 50%를 재생에너지에서 얻는 것을 목표로 한다고 하였다. 2030년까지 전체 비중으로 확대하는 것은 전체 전력 중 재생에너지 생산 비중이다.

[오답풀이] ① [그래프2]에서 지열과 풍력의 그래프 변화를 통해 지열 발전보다 풍력 발전이 전기 생산량의 변화가 큼을 확인할 수 있다.
② 뉴질랜드의 연간 생산 전력 비중에서 수력은 60%, 화석 연료는 13%를 차지한다고 하였다.
④ [그래프1]에 따르면, 1992년 이후 재생에너지원의 전력 생산 비중은 매년 50% 이상이다.
⑤ 하라파키 풍력 단지는 2023년 4분기부터 가동을 시작했다고 하였으므로 2022년 재생에너지 발전량에는 포함되지 않은 것임을 알 수 있다.

26 ⑤

10월 어학 집중 교육 일정은 다음과 같다.

구분	일	월	화	수	목	금	토
1주 차					1	2	3
					작문	듣기	개천절
2주 차	4	5	6	7	8	9	10
	—	회화	듣기	회화	작문	한글날	문법
3주 차	11	12	13	14	15	16	17
	—	듣기	문법	회화	작문	문법	회화
4주 차	18	19	20	21	22	23	24
	—	문법	회화	회화	작문	회화	듣기
5주 차	25	26	27	28	29	30	31
	—	독해	독해	회화	작문	독해	평가

ⓛ 한글날을 제외한 매주 금요일에는 듣기, 문법, 회화, 독해 과목을 수업하므로 옳은 설명이다.
ⓔ 문법 수업이 마지막으로 진행되는 날은 10월 19일(월)로, 10월 4주 차 중에 종료되므로 옳은 설명이다.
ⓜ 독해 수업이 마지막으로 진행되는 날은 10월 30일(금)이므로 옳은 설명이다.
따라서 옳은 설명은 ⓛ, ⓔ, ⓜ이다.

[상세해설] 세 번째 조건에 따라 작문 수업은 매주 같은 요일에 총 5회 진행되어야 하므로 가능한 요일은 매주 목요일뿐이다. 또한, 여섯 번째 조건에 따라 문법 수업은 매번 3일 간격으로 총 4회 진행되는데, 문법 수업이 10월 2일(금), 10월 5일(월)에 시작할 경우 10월 8일(목) 작문 수업과 겹치고, 10월 6일(화)에 시작할 경우 한글날 휴무일과 겹치고, 10월 7일(수)에 시작할 경우 작문 수업 전날에는 매번 동일한 수업을 진행한다는 네 번째 조건에 모순된다. 이에 따라 10월 10일(토)에 시작할 경우 10월 13일(화), 10월 16일(금), 10월 19일(월) 총 4회를 진행할 수 있는 가능한 빠른 일정이 된다.

구분	일	월	화	수	목	금	토
1주 차					1	2	3
					작문		개천절
2주 차	4	5	6	7	8	9	10
	—				작문	한글날	문법
3주 차	11	12	13	14	15	16	17
	—		문법		작문	문법	
4주 차	18	19	20	21	22	23	24
	—	문법			작문		
5주 차	25	26	27	28	29	30	31
	—				작문		평가

일곱 번째 조건에 따라 듣기 수업은 10월 5일(월)과 10월 17일(토)에 듣기 과목 강사의 휴무일이고, 1주 차부터 4주 차까지 주 1회씩 매주 다른 요일에 진행하기 위해서는 1주 차에는 10월 2일(금), 2주 차에는 10월 6일(화), 3주 차에는 10월 12일(월), 4주 차에는 10월 24일(토)가 가능하다. 또한, 다섯 번째 조건과 마지막 조건에 따라 독해 수업은 같은 주에 3회 진행하고, 작문 수업 전날에는 매번 동일한 수업이 진행된다는 네 번째 조건을 고려하면 독해 수업은 10월 5주 차 월요일, 화요일, 금요일에 진행됨을 알 수 있다.

구분	일	월	화	수	목	금	토
1주 차					1	2	3
					작문	듣기	개천절
2주 차	4	5	6	7	8	9	10
	—		듣기		작문	한글날	문법
3주 차	11	12	13	14	15	16	17
	—	듣기	문법		작문	문법	
4주 차	18	19	20	21	22	23	24
	—	문법			작문		듣기
5주 차	25	26	27	28	29	30	31
	—	독해	독해		작문	독해	평가

결국 10월 중 작문 수업 전날에 매번 동일한 수업이 진행되려면 8회 수업하는 회화만이 가능하여 10월 2주 차부터 5주 차까지 매주 수요일 수업이 확정된다. 이에 따라 남은 날에 회화 수업을 배치하면 다음과 같다.

구분	일	월	화	수	목	금	토
1주 차					1	2	3
					작문	듣기	개천절
2주 차	4	5	6	7	8	9	10
	—	회화	듣기	회화	작문	한글날	문법
3주 차	11	12	13	14	15	16	17
	—	듣기	문법	회화	작문	문법	회화
4주 차	18	19	20	21	22	23	24
	—	문법	회화	회화	작문	회화	듣기
5주 차	25	26	27	28	29	30	31
	—	독해	독해	회화	작문	독해	평가

따라서 옳은 설명은 ㉡, ㉣, ㉤이다.

[오답풀이] ㉠ 회화 수업은 10월 20일(화)~21일(수)에 최대 2일 연속으로 진행되므로 옳지 않은 설명이다.
㉢ 10월 31일(토)에 진행되는 평가 바로 전날에는 독해 수업이 진행되므로 옳지 않은 설명이다.

문제 풀이 Tip

배치해야 하는 것들이 많으므로 일정을 확정할 수 있는 수업이 어떤 수업인지를 빠르게 확인하는 것이 필요하다. 해당 문제의 경우 작문 수업을 먼저 배치한 후, 조건을 하나씩 확인하며 풀어나가면 어렵지 않게 범위를 좁힐 수 있다.

27 ③

Quick해설 김장 쓰레기 배출 기간이 가장 짧은 구는 B구이다. B구는 김장 쓰레기 전용봉투에 담아 납부필증(20L)을 부착하여 음식물류 폐기물 전용수거용기 옆에 배출한다.

[오답풀이] ① 전용봉투가 없을 경우 일반 투명봉투에 용량에 맞는 납부필증 부착 후 배출할 수 있으므로 옳지 않다.

② 20L 이상 김장 채소 쓰레기는 일반 쓰레기 종량제 봉투에 담아 배출해야 하지만, 20L 미만 김장 쓰레기는 음식물 쓰레기 종량제 봉투에 배출하면 되므로 옳지 않다.

④ C구 공동주택의 경우 20L 이상의 김장 쓰레기는 일반 쓰레기 종량제 봉투에 담아 음식물 수거통 옆에 배출해야 하므로 옳지 않다.

⑤ 김장 쓰레기와 일반 쓰레기 등을 혼합하여 배출하는 경우 A구는 20만 원 이하, C구는 10만 원, D구와 E구는 최대 30만 원의 과태료를 부과하여 최대 30만 원까지 과태료가 부과될 수 있으므로 옳지 않다.

28 ④

Quick해설 갑: 11월 1일에 배출할 수 있는 구는 A구, D구이고, 30L의 김장 쓰레기의 물기를 제거하여 일반 쓰레기 종량제 봉투에 담아 겉면에 '김장 쓰레기'라고 표기하여 배출했으므로 A구에 거주함을 알 수 있다.

을: 12월 31일에 배출할 수 있는 구는 A구, C구, E구이고, 50L의 김장 쓰레기를 일반 쓰레기 종량제 봉투에 담아 아무런 표기 없이 배출했으므로 C구에 거주함을 알 수 있다.

병: 모든 구에서 12월 17일에 배출할 수 있고, 그중 20L의 김장 쓰레기를 김장 쓰레기 전용봉투에 담아 납부필증을 부착하여 배출하는 것은 B구, D구이다. 이때, 음식물류 폐기물 전용수거용기 옆에 배출했으므로 B구에 거주함을 알 수 있다.

정: 12월 31일에 배출할 수 있는 구는 A구, C구, E구이고, 20L의 김장 쓰레기를 일반 쓰레기와 혼합하여 일반 쓰레기 종량제 봉투에 담아 배출하였을 때 30만 원의 과태료가 부과되었으므로 E구에 거주함을 알 수 있다.

따라서 갑, 을, 병, 정이 거주하지 않는 구는 D구이다.

> **문제 풀이 Tip**
> 구별 배출 기간, 배출 방법, 과태료에 따라 하나씩 추려나간다.

29 ⑤

Quick해설 p의 최솟값은 $\dfrac{10}{21}$이다.

[상세해설] 100명의 사람들이 각자 10원씩 은행에 예금하였으므로 은행에는 현재 1,000원이 예치되어 있다.

<유형1>의 비율이 p이고, 은행이 p를 알고 있으므로 은행은 내년에 이들에게 11원씩 지급하기 위해 남겨둘 돈을 $100p \times 11 = 1{,}100p$(원)으로 계산할 수 있다.

<유형2>의 경우 이해득실에 따라 예금을 내년에 찾을 수도 있고, 내후년에 찾을 수도 있지만 은행은 이들이 내후년에 예금을 찾을 것이라고 착각하고 있으므로 1,000원에서 1,100p원을 제외한 $(1{,}000 - 1{,}100p)$원을 모두 기업에 대출한다.

연 이율이 10%이고 만기는 2년이므로 내후년에 은행이 돌려받는 원금과 이자의 합은 $(1{,}000 - 1{,}100p) \times (1.1)^2$이다. 이를 내후년에 예금을 찾는 사람 $100(1-p)$명에게 남김없이 균등하게 분배하면 <유형2>의 사람 1명이 내후년에 받게 되는 금액은

$\dfrac{(1{,}000 - 1{,}100p) \times 1.21}{100(1-p)}$(원)이다.

이것이 당장 내년에 예금을 찾았을 때 받는 금액 11원보다 크면 <유형2> 사람들은 은행의 착각대로 내후년까지 기다리겠지만, 그렇지 않다면 <유형2> 사람들도 내년에 당장 예금을 돌려달라고 할 것이다.

즉, $\dfrac{(1{,}000 - 1{,}100p) \times 1.21}{100(1-p)} \leq 11$이면 내년에 뱅크런이 발생한다. 이를 풀면 $p \geq \dfrac{10}{21}$이 된다.

따라서 p의 최솟값은 $\dfrac{10}{21}$이다.

30 ①

Quick해설 $p = 0.5$이므로 <유형2>의 사람 1명이 내후년에 은행으로부터 받는 금액은

$\dfrac{(1{,}000 - 1{,}100 \times 0.5) \times 1.21}{100(1 - 0.5)} = 10.89$(원)이다.

금융당국은 1인당 12원을 보장했으므로, 1인당 12 - 10.89 = 1.11(원)을 마련해야 한다. <유형2>의 사람은 총 50명이므로, 금융당국이 준비해야 하는 총금액은 1.11 × 50 = 55.5(원)이다.

31 ④

Quick해설 이 팀장과 박 대리의 대화에 따르면 교육 일정은 3일 연속 3시간씩 진행되며, 정오부터 1시까지는 점심시간으로 일정을 진행할 수 없고, 외부 회의실 예약은 타임별로 3시간씩이므로 2타임은 제외하고 생각해야 한다. 이에 따라 1타임과 3타임 중 3일 연속 예약이 가능한 회의실은 6일, 7일, 8일 3타임 예약이 가능한 라 회의실이다. 따라서 김 사원이 예약해야하는 외부 회의실은 라 회의실이다.

[상세해설] 이 팀장의 말에 따르면, 교육 일정은 1일부터 15일까지 15일 중 3일간 진행되며, 박 대리에 말에 따라 매일 같은 시간에 시작해 종료되어야 한다. 또한, 이 팀장의 말에 따라 교육은 매일 3시간씩 연속된 날짜에 진행되어야 하며, 정오부터 1시까지는 점심시간으로 제외된다. 이때, 박 대리의 말에 의하면 외부 회의실 예약은 타임별로 3시간씩 진행되므로 정오부터 1시가 포함되어 있는 2타임은 예약 가능한 타임에서 제외됨을 알 수 있다. 이에 따라 1타임과 3타임 중 3일 연속 예약이 가능한 회의실을 확인해야 하며, 이는 6일, 7일, 8일 3타임 예약이 가능한 라 회의실이다.

따라서 김 사원이 예약해야 하는 외부 회의실은 라 회의실이다.

32 ①

Quick해설 명세서 · 도면 · 요약서의 합이 25면인 국어를 출원언어로 한 특허를 전자출원할 경우와 서면출원할 경우 납부해야 하는 수수료의 차는

$(66{,}000 + 1{,}000 \times 5) - 46{,}000 = 25{,}000$(원)이므로 옳지 않다.

[상세해설] 명세서 · 도면 · 요약서의 합이 25면이고, 국어를 출원언어로 한 특허를 전자출원할 경우 납부해야 하는 출원료는 46,000원이고, 서면출원할 경우 납부해야 하는 출원료는 기본료가 66,000원, 가산료로 명세서 · 도면 · 요약서의 합이 20면을 초과하는 1면마다 1,000원 가산되므로 $1{,}000 \times 5 = 5{,}000$(원)이다.

따라서 납부해야 하는 출원료의 차는

$(66{,}000 + 1{,}000 \times 5) - 46{,}000 = 25{,}000$(원)이므로 옳지 않다.

[오답풀이] ② 특허청에서 고시하는 상품명칭 외의 명칭을 사용하여 전자출원하는 경우, 상품 출원료의 기본요금은 1상품류 구분마다 62,000원이며, 1상품류 구분의 지정상품이 20개 초과 시, 초과하는 지정상품마다 2,000원 가산되므로 지정상품이 각 22개인 1상품류마다 $2{,}000 \times 2 = 4{,}000$(원)이 가산된다.

따라서 지정상품이 각 22개인 2상품류를 온라인 출원하는 B 씨가 납부할 출원료는

$(62{,}000 + 4{,}000) \times 2 = 132{,}000$(원)이다.

③ 서면으로 1디자인 일부심사를 받고, 2디자인 심사를 받은 C 씨가 납부해야 하는 출원료는

$55{,}000 + 104{,}000 \times 2 = 263{,}000$(원)이다.

④ 특허권 존속기간 연장등록출원료는 매건 300,000원이므로 3건의 특허권 존속기간 연장등록출원을 하는 D 씨가 납부할 출원료는 $300{,}000 \times 3 = 900{,}000$(원)이다.

⑤ 가산료는 국어 출원과 외국어 출원이 동일해 기본료만 비교하면 되므로 실용신안을 서면출원할 경우 국어 출원과 외국어 출원 시 납부해야 하는 출원료의 차는 $42{,}000 - 30{,}000 = 12{,}000$(원)이다.

33 ②

Quick해설 예산계획서에 들어갈 최소한의 숙박 비용은 1,612만 원이다.

[상세해설] 가장 최소의 비용은 방에 최대한 많은 인원을 배정하는 것이다. 하지만 최대한 많은 인원을 배정하되 인원 대비 숙박 비용인 객단가를 계산하여 객단가가 가장 낮은 방에 인원을 많이 배정해야 한다.

야유회는 8월 31일(금)~9월 2일(일)이므로 첫째 날은 성수기 주말, 둘째 날은 준성수기 주말에 해당한다.

이때, 객단가(최대 인원 대비 방 가격)를 계산하면 다음과 같다.

방 타입	투숙 인원(명)	성수기 (7~8월, 12~1월) 주말(만 원)	준성수기(6, 9월) 주말(만 원)
A	기준 2/최대 4	$(22+2) \div 4 = 6$	$(18+2) \div 4 = 5$
B	기준 3/최대 5	$(26+2) \div 5 = 5.6$	$(20+2) \div 5 = 4.4$
C	기준 4/최대 6	$(30+2) \div 6 ≒ 5.33$	$(22+2) \div 6 = 4$

D	기준 5/최대 7	$(36+4)÷7≒5.71$	$(28+4)÷7≒4.57$
E	기준 6/최대 8	$(40+4)÷8=5.5$	$(30+4)÷8=4.25$

이때, 객단가는 C타입＜E타입＜B타입＜D타입＜A타입이므로 가장 낮은 방은 C타입이다.

따라서 팀장급(2인 1실)을 제외하고는 C타입 최대 인원으로 많이 예약하되 인원이 남을 때는 E타입 최대 인원도 고려하여 예약하면 된다.

- 팀장급 숙박 비용: 총 28명이므로 2인 1실 기준 14개의 방이 필요하고, 야유회 일정상 성수기 주말 1박과 준성수기 주말 1박으로 비용을 계산하면
  (22만 원+18만 원)×14개=560(만 원)
- 그 외 직원 숙박 비용
  - 남자 직원 80명
    C타입(6명×12개)+E타입(8명×1개)
    =(32만 원+24만 원)×12+(44만 원+34만 원)
    =750(만 원)
  - 여자 직원 32명
    C타입(6명×4개)+E타입(8명×1개)
    =(32만 원+24만 원)×4+(44만 원+34만 원)
    =302(만 원)

따라서 야유회 2박 3일 동안 최소한의 숙박 비용은 560+750+302=1,612(만 원)이다.

34 ④

Quick해설 사무직의 경우 평가 점수에 반영되는 평가 영역이 의사소통능력, 문제해결능력, 자원관리능력, 정보능력이므로 4가지 평가 영역 점수의 평균이 높은 순서대로 3명을 선정하면, '나, 다, 아'이다. 그러나 '다' 지원자는 자원관리능력과 기술능력이 점수 미달 영역으로 탈락 처리되므로 '다' 지원자 대신 다음으로 점수가 높은 '라' 지원자가 합격한다.

따라서 사무직 필기시험 전형에 합격하는 지원자는 '나, 라, 아'이다.

[상세해설] [신입사원 필기시험 평가 기준]에 따르면, 필기시험의 평가 점수는 의사소통능력, 수리능력, 문제해결능력, 자원관리능력, 정보능력, 기술능력 중 직무별로 중요도를 고려한 4가지 평가 영역 점수의 평균으로 계산하며, 사무직의 평가 영역은 의사소통능력, 문제해결능력, 자원관리능력, 정보능력이다. 이때, 평가 점수를 산정하는 4가지 과목과 별개로 모든 평가 영역 중에서 평가 영역별 하위 20%는 해당 평가 영역 점수 미달로 평가하며, 점수 미달 영역이 2개 이상인 경우 과락으로 탈락 처리한다. 각 평가 영역별 점수 미달자는 다음과 같다.

의사 소통 능력	수리 능력	문제 해결 능력	자원 관리 능력	정보 능력	기술 능력
바, 자	가, 아	마, 차	다, 사	사, 자	다, 자

이에 따라 점수 미달 영역이 2개 이상인 '다, 사, 자' 지원자는 과락으로 탈락 처리하며, 남은 7명의 평가 점수는 다음과 같다.

(단위: 점)

지원자	의사 소통 능력	문제 해결 능력	자원 관리 능력	정보 능력	평균
가	78	90	85	83	$(78+90+85+83)$ $÷4=84$
나	83	91	88	86	$(83+91+88+86)$ $÷4=87$
라	91	84	86	80	$(91+84+86+80)$ $÷4=85.25$
마	85	60	92	78	$(85+60+92+78)$ $÷4=78.75$
바	73	96	69	80	$(73+96+69+80)$ $÷4=79.5$
아	89	96	83	80	$(89+96+83+80)$ $÷4=87$
차	88	79	86	78	$(88+79+86+78)$ $÷4=82.75$

따라서 사무직 필기시험 전형에 합격하는 지원자는 '나, 라, 아'이다.

35 ②

Quick해설 한 심사위원이 부여한 점수의 합이 1+3+5=9(점)이므로 10명의 심사위원이 부여한 점수의 합은 90점이다. 현재 전체 심사위원의 순위 점수의 합계가 22+13+14+14+9=72(점)이므로 72÷9=8(명)이 점수를 부여하였다. 따라서 남은 심사위원은 두 명이다.

⊙ E가 남은 심사위원들에게 모두 5점을 부여받는다면 최종 점수가 19점이 된다. A의 최종 점수가 22점 이상이기 때문에 E는 금메달을 획득할 수 없다.

⊙ A가 동메달을 획득하기 위해서는 22점 이상을 획득한 선수가 2명이어야 한다. 현재 A 다음으로 순위점수의 합계가 높은 선수인 C, D, B 가운데 두 명이 금메달과 은메달을 받아야 한다.

1) B가 금메달을 획득하려면 남은 심사위원 두 명에게 각각 5점씩 받아야 한다. 이 경우 C 또는 D는 심사위원 두 명에게 최대 3+3=6(점)을 받을 수 있고 최종 점수는 20점으로 A는 은메달을 받는다.

2) C가 금메달을 획득하려면 남은 심사위원 두 명에게 각각 5점씩 받거나 3점과 5점을 받아야 한다. C가 각각 5점씩 받은 경우 D는 최대 3+3=6(점)을 받을 수 있어 D의 최종 점수는 20점이 되며, A는 은메달을 받는다. 만약 C가 남은 두 심사위원에게 3점과 5점을 받는 경우, D도 3+5=8(점)을 받을 수 있는데, 이 경우 A, C, D의 최종 점수가 22점으로 동점이 된다. 동점인 경우이므로 심사위원장이 부여한 점수의 합이 가장 높은 C가 금메달을 받게 되며, A와 D는 심사위원장 점수의 합이 9점으로 동일하므로 둘 중 심사위원이 부여한 기술점수가 더 높은 A가 은메달을 받는다.

3) D가 금메달을 획득하려면 C의 경우와 마찬가지로 A는 은메달을 받는다.

따라서 A는 항상 은메달 이상을 받게 되므로 동메달을 획득할 수 없다.

[오답풀이] ⓒ 남은 두 심사위원에게 C가 각각 1점씩, E가 5점씩 받고, A와 B가 3점을 한 번씩 받으면 최종 합산 점수가 A는 25점, B와 C는 16점, D는 14점, E는 19점으로 A가 금메달, E가 은메달을 받는다. 동점자인 B와 C의 등수를 가리기 위해 심사위원장 점수를 더해 보면, B와 C 모두 13점으로 동일하나, C의 기술점수가 더 높으므로 C는 B보다 순위를 앞서 동메달을 획득한다.

36 ④

Quick해설 배송이 가장 빠르게 완료되는 날짜는 10월 7일이다.

[상세해설] 9월 중 배송 가능한 날은 1, 2, 3, 4, 7, 8, 9, 10, 11, 24, 25, 28, 29, 30일로 총 14일이다.

먼저 14일 동안은 하루 최대 800개까지(동일 제품) 배송 가능하므로 먼저 최대 800개씩 배송을 보내는 것이 낫다. 또한, 800개씩 배송 가능한 제품 A, E를 먼저 배송시키는 것이 계산하기에 더 편리하다.

- 제품 A: 3일[800개×3=2,400(개)]
- 제품 E: 4일[800개×4=3,200(개)]
- 제품 B: 3일[800개×3=2,400(개)], 나머지 200개
- 제품 D: 4일[800개×4=3,200(개)], 나머지 400개

여기까지 3일+4일+3일+4일=14(일)

10월부터는 하루 최대 1,200개(동일 제품), 두 종류 이상의 제품은 1,000개까지 배송 가능하므로

- 제품 C: 2일(1,200개×2=2,400(개)], 나머지 100개
- 나머지 제품 B(200개)＋제품 D(400개)＋제품 C(100개)=700(개)(1일)＜1,000개

즉, 배송 가능한 시간은 14일(9월)＋2일(10월)＋1일(10월)=17(일), 즉 총 17일 걸린다.

한편, 10월 일정은 다음과 같다.

일요일	월요일	화요일	수요일	목요일	금요일	토요일
				1	2	3
4	5	6	7	8	9	10
11	12	13	14	15	16	17
18	19	20	21	22	23	24
25	26	27	28	29	30	31

10월 역시 주말 배송은 불가하므로 배송 가능한 영업일은 10월 1일, 2일, 5일이다. 이때, 배송 완료 날짜는 발송 당일을 제외한 영업일 기준 2일 소요이므로 10월 5일 기준으로 2일 뒤인 10월 7일에 모든 제품이 배송 완료된다.

37 ③

Quick해설 총순수익은 316,000,000원이다.

[상세해설] 먼저, 수익계산서를 완성한 후 개당 이익과 순수익을 차례로 구하면 된다.

- 운송료: 개당 500원
- 수수료: 제품 정가(=판매가)의 10%
- 광고비: 제품 원가의 10%

- (개당 이익)=(제품 정가)-(제품 원가)-(운송료)-
  (수수료)-(광고비)
- (순수익)=(개당 이익)×(판매량)

각각을 계산하면 다음과 같다.

제품명	주문량 (개)	제품 정가 (원)	제품 원가 (원)	운송료 (원)	수수료 (원)	광고비 (원)	개당 이익 (원)	순수익 (원)
A	2,400	24,000	1,000	500	2,400	100	20,000	48,000,000
B	2,600	37,800	3,200	500	3,780	320	30,000	78,000,000
C	2,500	26,200	2,800	500	2,620	280	20,000	50,000,000
D	3,600	40,000	5,000	500	4,000	500	30,000	108,000,000
E	3,200	12,400	600	500	1,240	60	10,000	32,000,000

총순수익은 모든 판매 상품 순수익의 합이므로
$48,000,000+78,000,000+50,000,000+108,000,000$
$+32,000,000=316,000,000$(원)이다.

38 ③

Quick해설 B, D, I, J는 백색이 아니므로 제외하고, 남은 제품 중 C와 F는 30수이므로 제외한다. 남은 제품 중 A와 G는 손세탁을 해야 하므로 제외한다. 남은 제품 중 L은 반팔이므로 제외하고, N은 리뷰평점이 3점이므로 제외한다. 따라서 [조건]을 모두 만족하는 제품은 E, H, K, M이다. E의 경우 20개 이상 구입 시 자수가 무료이므로 개당 20,000원이고, H는 개당 $19,000+2,000=21,000$(원)이고, K는 개당 $25,000×0.8+2,000=22,000$(원)이고, M은 개당 $18,000+3,000=21,000$(원)이다. 따라서 할인 후 가격이 가장 저렴한 제품은 E이므로 E를 구입한다. E를 30벌 구입하면, $20,000×30=600,000$(원), 즉 60만 원이다.

39 ①

Quick해설 민 대리가 공항에 다시 도착할 예상 시각은 오후 2시이다.

[상세해설] 민 대리는 가장 빠른 지하철 편을 이용하므로 이동 시간이 가장 적게 걸려야 한다. 이때, 한 정거장 이동 시에는 2분이 소요되나 환승을 할 경우 10분이 소요되므로 환승을 가장 적게 하는 방법을 선택해야 한다.

- 거래처 A에서 공항까지 환승 1번
- 거래처 B에서 공항까지 환승 2번
- 거래처 C에서 공항까지 환승 1번
- 거래처 D에서 공항까지 환승 0번

즉, 거래처 D를 먼저 방문하거나 마지막에 방문하는 것이 효율적이다. 또한, 4호선 이용 시 거래처 B는 거래처 C가 있는 4호선을 이용한 후 5호선으로 환승해야 하므로 연속해서 방문하는 것이 효과적이다.

각 거래처를 시작으로 나열하되 거꾸로 나열한 것과 동일한 경우를 제외하면 다음과 같다.

- 거래처 D가 첫 방문지일 경우(환승 횟수)
  - 공항-거래처 D-거래처 A(1번)-거래처 B(2번)
    -거래처 C(1번)-공항(1번)
  - 총환승 횟수 5번, 역 이동 횟수 25번
  - 걸린 시간: 5번×10분+25번×2분
    +30분(거래처)×4곳=220(분)
- 거래처 C가 첫 방문지일 경우(환승 횟수)
  - 공항-거래처 C(1번)-거래처 B(1번)-거래처 D(3번)-거래처 A(1번)-공항(1번)
  - 총환승 횟수 7번, 역 이동 횟수 27번
  - 걸린 시간: 7번×10분+27번×2분
    +30분(거래처)×4곳=244(분)
- 거래처 A가 첫 방문지일 경우(환승 횟수)
  - 공항-거래처 A(1번)-거래처 C(1번)-거래처 B(1번)-거래처 D(3번)-공항
  - 총환승 횟수 6번, 역 이동 횟수 24번
  - 걸린 시간: 6번×10분+24번×2분
    +30분(거래처)×4곳=228(분)

즉, 가장 빠르게 이동할 수 있는 시간은 220분으로 민 대리가 공항에 다시 도착할 예상 시각은
10시 20분+3시간 40분(220분)=14시(오후 2시)이다.

40 ③

Quick해설 상품 A~D를 저렴한 것부터 차례대로 나열하면 B-D-C-A이다.

[상세해설] 프로젝트는 5년 동안 진행하므로 계약 기간이 1년씩일 경우에는 5번의 계약, 계약 기간이 2년씩일 경우에는 3번의 계약, 계약 기간이 3년씩일 경우에는 2번의 계약이 필요하다.

- 상품 A
  - 클라우드(900만 원)×5=4,500(만 원)
  - 컴퓨터 사양 업그레이드 100만 원(35+30+35)
    ×20대=2,000(만 원)
  즉, 총 5년 동안의 비용은
  4,500만 원+2,000만 원=6,500(만 원)
- 상품 B
  - 1년 계약(1,600만 원)+컴퓨터 사양 업그레이드
    100만 원×10대=2,600(만 원)
  - 2년째 계약: 1,600만 원×0.8=1,280(만 원)
  - 3년째 계약: 1,280만 원×0.8=1,024(만 원)
  - 4년째 계약: 1,024만×0.8=819.2(만 원)
  - 5년째 계약: 819.2만×0.8=655.36(만 원)
  즉, 총 5년 동안의 비용은
  2,600+1,280+1,024+819.2+655.36=6,378.56(만 원)
- 상품 C
  - 2년 계약(2,200만 원)+컴퓨터 사양 업그레이드
    100만 원×5대=2,700(만 원)
  - 4년째 계약: 2,200만×0.9=1,980(만 원)
  - 6년째 계약: 1,980만×0.9=1,782(만 원)
  즉, 총 5년 동안의 비용은
  2,700+1,980+1,782=6,462(만 원)
- 상품 D
  - 3년 계약: 3,300만 원
  - 6년째 계약: 3,300만×0.95=3,135(만 원)
  즉, 총 5년 동안의 비용은 3,300+3,135=6,435(만 원)
따라서 저렴한 상품부터 차례대로 나열하면
B−D−C−A이다.

41 ③

Quick해설 빈칸에 들어갈 말은 '몸값'을 뜻하는 'ransom'
과 '소프트웨어'를 뜻하는 'ware'의 합성어인 랜섬웨어
(ransomware)로, 컴퓨터 파일을 암호화해 사용할 수 없도
록 하고 이를 인질로 금전을 요구하는 악성 프로그램이다.

42 ③

Quick해설 MID 함수는 문자열의 지정 위치에서 문자를 지
정한 개수만큼 선택하는 함수이다. 함수식은 해당 셀 번
호, 문자열이 시작되는 처음 위치, 선택할 문자 개수 순으
로 입력한다. 관리번호의 두 번째 글지 하나만을 선택하는
것이므로 =MID(A2,2,1)과 같이 입력한다.
CHOOSE 함수는 여러 인수 목록 중에서 하나를 선택하는
함수이다. 함수식은 인수 번호, value1, value2, value3,
… 순으로 입력한다. 관리번호의 두 번째 글자에 따라 분
류되어야 하므로 선택된 인수(관리번호의 두 번째 글자,
MID(A2,2,1))를 입력한 후, 순서대로 아파트, 빌라, 오피스
텔을 입력하면 된다.
따라서 두 함수식을 합하면
=CHOOSE(MID(A2,2,1),"아파트","빌라","오피스텔")과
같다.

43 ③

Quick해설 · SQRT 함수는 양수의 제곱근을 구하는 함수
이므로 [A3] 셀의 값 9의 제곱근인 3이 결괏값이 된다.
· INDEX 함수는 지정된 범위에서 행 번호, 열 번호 순서
로 해당하는 셀의 값을 찾는 함수이므로 [A1:D3] 범위
에서 3행, 4열의 숫자인 6이 결괏값이 된다.
· COUNTA 함수는 지정된 셀 범위 중 비어있지 않은 셀
의 개수를 나타내는 함수이므로 [A1:D2] 범위에서 비
어있지 않은 셀의 개수인 8이 결괏값이 된다.
따라서 3개의 함수식의 결괏값을 모두 더한 값은
3+6+8=17이다.

44 ①

Quick해설 'Win+Tab'을 누르면 윈도우 작업 보기, 즉 열
려있는 모든 창을 나열할 수 있다. 또한, 'Win+D'를 누르
면 모든 창을 최소화한 후 곧바로 바탕화면으로 돌아갈
수 있다. 이때, 동일한 버튼을 한 번 더 누르면 원래의 작
업 화면으로 돌아온다.
이밖에도 윈도우 버튼과 함께 여러 알파벳 자판키를 누르
면 다양한 기능을 활용할 수 있으므로 단축키 모음을 한
번에 익혀두는 것도 보다 빠른 컴퓨터 조작을 위해 유용
한 방법이다.

45 ③

Quick해설 공공기관이 새로운 정책을 시행하기 전 설문조사를 통하여 시민의 의견을 알아보는 것은 정책 시행 전 관련된 정보를 수집하는 단계로, 설문조사의 결과에 따른 정보의 분석 내용과 함께 원하는 결론을 얻을 수 있다.

46 ②

Quick해설 • BL: 블라우스
• WH: 흰색
• 0200: 200벌
• AMC: 미국 애리조나
• 2201: 2022년 1월

따라서 "2022년 1월에 미국 애리조나에서 생산된 흰색 블라우스 200벌"에 해당하는 코드는 ②이다.

[오답풀이] ① AMA는 미국 뉴욕이다.
③ 2201과 0200의 위치가 바뀌었다.
④ WH와 BL의 위치가 바뀌었고, AMA가 아닌 AMC이어야 한다.
⑤ WH와 BL의 위치가 바뀌었고, 2201과 0200의 위치가 바뀌었다.

47 ③

Quick해설 [보기]에서 가장 마지막이 1207인 코드를 찾으면, 'SC－RE－0100－KRC－1207'이다. 따라서 '스커트, 빨간색, 100벌 생산, 한국 창원'을 나열한 ③이 정답이다.

48 ③

Quick해설 비디오는 자신의 컴퓨터나 웹 사이트에 있는 동영상 비디오 파일을 삽입할 수 있는 메뉴이므로 사진 파일을 삽입하기 위해 사용할 메뉴로 가장 적절하지 않다.

[오답풀이] 파워포인트 슬라이드에 사진 파일을 삽입하기 위해서는 '삽입' 탭에 있는 '① 온라인 그림', '② 그림', '④ 스크린샷', '⑤ 사진앨범' 메뉴를 실행해야 한다.

각 아이콘들이 의미하는 바와 실행 목적을 알고 있으면 더 빠르게 답을 구할 수 있다. 경우에 따라서는 Windows 버전과 MS 버전에 따라 기능이 추가되거나 명칭이 변경되거나 신규 기능이 생기기도 하여 버전을 명시하여 문제를 출제하기도 한다.
• 온라인 그림: MS PowerPoint 2010 버전까지 제공되었던 클립아트가 MS PowerPoint 2013 이상의 버전에서는 '온라인 그림'으로 대체되었다. 온라인으로 이미지를 검색하여 삽입하는 메뉴로, 'Creative Commons' 기능을 사용하면 저작권 문제없는 이미지만 선별하여 확인할 수 있다.
• 그림: PC에 저장된 이미지를 삽입할 수 있다.
• 비디오: 온라인 비디오와 PC의 비디오를 삽입할 수 있다.
• 스크린샷: 화면 캡처를 통해 이미지를 삽입할 수 있다.
• 사진앨범: 이미지와 텍스트를 삽입하여 사진앨범을 만들고 편집할 수 있다.

49 ③

Quick해설 통안채를 최근에 발행된 것부터 나열하면 '통당', '구통당', '구구통'이다. 아직 유통되기 전의 통안채 '통딱'이 유통되기 시작하여 '통당'이 되면, 기존에 발행된 통안채들은 뒤로 하나씩 밀려 '통당'은 '구통당'이 된다. 따라서 '구통당'은 '구구통'이 될 것이다.

[오답풀이] ① '18－2'는 2018년에 두 번째로 발행된 국고채를 의미하므로 옳지 않다.
② 채권시장 참여자들은 특정 메신저에서 만나 채팅으로 흥정과 거래를 하므로 옳지 않다.
④ 'ㅎㅈ(확정)', 'ㄱㅅ(감사)'을 입력하더라도 전화상으로 다시 한번 거래 내용을 확인하고, 통화 내용을 녹취하며 계산서를 팩스로 주고받은 후에 실제 거래가 이루어지므로 옳지 않다.
⑤ '＋' 또는 '－'로 메시지가 끝나면 100억 원어치를 거래하고 싶다는 의미이므로 옳지 않다.

50 ⑤

Quick해설 '통닭'은 '통딱', 즉 입찰이 끝난 후 실제로 유통되기 직전의 통안채 딱지를 의미한다. 또한, 현재 통안채는 2.10~2.11%에 호가가 제시되고 있으므로, '105＋'는 2.105%에 매수하고 싶다는 뜻이며, '＋' 뒤에 숫자가 붙지 않았으므로 기본 거래 단위인 100억 원어치를 의미한다.

피듈형 NCS 실전모의고사 3회

01	④	02	③	03	②	04	①	05	③
06	④	07	②	08	①	09	①	10	①
11	②	12	⑤	13	①	14	②	15	④
16	②	17	⑤	18	⑤	19	④	20	⑤
21	①	22	③	23	⑤	24	③	25	①
26	⑤	27	①	28	③	29	③	30	①
31	③	32	①	33	①	34	⑤	35	②
36	①	37	②	38	①	39	①	40	⑤
41	②	42	③	43	①	44	②	45	③
46	②	47	④	48	⑤	49	②	50	④

☑ CHECK 영역별 실력 점검표

맞힌 문제와 틀린 문제를 체크해
나의 취약 영역을 한눈에 확인해 보세요!

문항	영역	O/×	문항	영역	O/×	문항	영역	O/×	문항	영역	O/×	문항	영역	O/×
01	의사소통		02	의사소통		03	의사소통		04	의사소통		05	의사소통	
06	의사소통		07	의사소통		08	의사소통		09	의사소통		10	수리	
11	수리		12	수리		13	수리		14	수리		15	수리	
16	수리		17	문제해결		18	문제해결		19	문제해결		20	문제해결	
21	문제해결		22	문제해결		23	문제해결		24	문제해결		25	자원관리	
26	자원관리		27	자원관리		28	자원관리		29	자원관리		30	자원관리	
31	자원관리		32	정보		33	정보		34	정보		35	정보	
36	정보		37	정보		38	기술		39	기술		40	기술	
41	기술		42	기술		43	기술		44	조직이해		45	조직이해	
46	조직이해		47	조직이해		48	조직이해		49	조직이해		50	조직이해	

01 ④

Quick해설 ㉠ 부사의 끝음절이 분명히 '이'로 나는 것은 '-이'로 적고, '히'로만 나거나 '이'나 '히'로 나는 것은 '-히'로 적는다. 구체적으로 (1) '-하다'가 붙는 어근의 끝소리가 'ㅅ'인 경우, (2) 'ㅂ' 불규칙 용언의 어간 뒤, (3) '하다'가 붙지 않는 용언 어간 뒤, (4) 첩어 또는 준첩어인 명사 뒤, (5) 부사 뒤, (6) '하다'가 붙는 어근의 끝소리가 'ㄱ'인 경우에 해당하는 것은 모두 '-이'로 적는데, ㉠은 이에 해당하지 않으므로 '적절히'로 적는다.

㉢ 하나의 단어로 인정된 것은 붙여 쓰고 조사를 제외한 각 단어는 띄어 쓴다. '생각이나 마음이 온통 한곳으로 쏠리게 되다'를 뜻하는 '사로잡히다'는 하나의 단어이므로 붙여 써야 한다.

㉣ 용언의 명사형은 '-음', '-ㅁ', '-기'를 붙여서 만드는데, 어간의 형태를 밝혀 적어야 한다. 이때 '만들다', '줄어들다'와 같이 'ㄹ' 받침으로 끝나는 용언의 어간 뒤에는 명사형 어미 '-ㅁ'이 붙어서, '만듦', '줄어듦'과 같은 형태로 쓰이므로 '만듦'으로 수정해야 한다.

[오답풀이] ㉡ 서로 차이가 있는 것을 비교하는 경우, 비교의 대상이 되는 말에 붙어 '~에 비해서'의 뜻을 나타내는 격 조사인 '보다'는 체언 뒤에 붙여 써야 하므로 '부정적이기보다는'으로 쓰는 것이 적절하다.

㉤ 흔히 '보다'의 피동형으로 '보여지다'를 쓰는 경우가 많은데, '보여지다'는 피동사 '보이다' 뒤에 피동의 뜻을 나타내는 '-어지다'가 또 붙은 이중 피동 형태이므로 '보다'의 피동사 '보이다'를 활용한 '보일'과 같이 표현하는 것이 적절하다.

02 ③

Quick해설 ㉢이 포함된 문장은 경찰청과 도로교통공단 제공하는 서비스는 C-ITS 인프라를 활용하지 않고도 자율주행차량과 이어져 서비스를 제공한다는 의미이므로, '갈래갈래 찢어짐'을 의미하는 단어인 '결렬(決裂)'이 아닌 '사물과 사물을 서로 잇거나 현상과 현상이 관계를 맺게 함'이라는 의미의 단어인 '연결(連結)'을 사용하는 것이 적절하다.

[오답풀이] ① ㉠이 포함된 문장은 내비게이션에서 신호등의 신호가 바뀌기까지 남은 시간에 대한 정보를 확인할 수 있다는 내용이므로, '남아 있음 또는 그런 나머지'를 의미하는 단어인 '잔여(殘餘)'를 사용한 것은 적절하다.

② ㉡이 포함된 문장은 도시교통정보센터에서 교통신호 정보를 모으고 있다는 내용이므로, '취미나 연구를 위하여 여러 가지 물건이나 재료를 찾아 모음 또는 그 물건이나 재료'를 의미하는 단어인 '수집(蒐集)'을 사용한 것은 적절하다.

④ ㉣이 포함된 문장은 카카오모빌리티에서 신호정보를 나타내는 서비스를 제공하기 위한 기술 테스트를 완료했다는 내용이므로, '겉으로 나타냄'을 의미하는 단어인 '표출(表出)'을 사용한 것은 적절하다.

⑤ ㉤이 포함된 문장은 안드로이드와 iOS 카카오내비 앱에서 동시에 서비스를 시작한다는 내용이므로, '행동이나 일 따위를 시작함'을 의미하는 단어인 '개시(開始)'를 사용한 것은 적절하다.

03 ②

Quick해설 주어진 보도자료는 신규 개발 중인 '탄소중립포인트제 모바일 앱' 명칭에 대한 선호도 조사를 실시한다는 내용이다. 문서이해 절차 4단계는 '상대의 의도 분석 및 나에게 요구되는 행동 분석'인데, 보도자료에 따르면 선호도 조사는 대국민 저탄소 생활실천 유도를 위해 개발 중인 모바일 앱에 대한 국민의 관심을 유도하기 위해 실시되는 것이므로 정답은 ②이다.

[오답풀이]
① 2단계에 해당하는 내용이다.
③ 3단계에 해당하는 내용이다.
④ 5단계에 해당하는 내용이다.
⑤ 1단계에 해당하는 내용이다.

04 ①

Quick해설 주어진 글은 터치스크린을 구현 원리와 작동 방법에 따라 저항막 터치스크린과 정전식 터치스크린으로 나누어 설명하고 있다. [가]에서는 터치스크린이라는 핵심 소재의 개념에 대해 설명하고 있으며, [나], [다], [마]에서는 터치스크린의 두 가지 유형에 대해 구체적으로 설명하고 있다. 마지막으로 [라]에서는 터치스크린의 활용 현황을 언급하며 글을 마무리하고 있다. 이런 문단을 순서대로 배열하면 먼저 입력 장치의 개념을 제시한 뒤 터치스크린 기술을 소개하고 있는 [가]가 온 다음, 저항막 터치스크린의 원리와 장단점을 구체적으로 설명하고 있는 [나]가 와야 한다. 그런 다음 정전식 터치스크린의 원리와 장점을 상세히 소개하고 있는 [마]가 오고, 그 뒤에 정전식 터치스크린 방식을 사용하여 개발되는 스마트폰에 관한 내용이 있는 [다]가 와야 한다. 그리고 그 뒤로 터치스크린의 활용이 일상화·보편화되었음을 언급하며 글을 마무리하고 있는 [라]가 와야 한다. 따라서 정답은 [가]-[나]-[마]-[다]-[라]이다.

05 ③

Quick해설 [나]에서 저항막 방식의 터치스크린은 '손이나 펜이 맞닿는 부위에는 부드러우면서 흠집에 강한 재질의 막이 있고, 다음은 충격을 완화하는 막, 그리고 다음은 전기가 통하면서 입력을 감지할 수 있는 얇고 투명한 기판 2장이 겹쳐 있는 방식'이라고 설명하고 있다. 따라서 2장의 막으로 구성된 것이 아니다.

[오답풀이] ① [마]에서 정전식 터치스크린 방식은 전기가 통하는 화합물로 코팅된 액정 유리를 사용했기 때문에 화질이 저하될 염려가 없다고 하였다.
② [다]에서 요즘 출시되는 거의 대부분의 스마트폰이 정전식 터치스크린 방식을 활용한다고 하였다.
④ [다]에서 정전식 터치스크린의 내구성은 저항막 방식에 비해 뛰어나다고 하였다.
⑤ [가]에서 키보드, 마우스, 터치 패드, 스캐너 등의 컴퓨터 입력장치는 컴퓨터가 데이터를 처리할 수 있도록 0과 1의 이진수 형태로 바꾸는 역할을 한다고 하였다.

06 ④

Quick해설 주어진 보도자료는 댐 저수구역의 생물 서식 환경 개선과 생태계 구축을 위해 추진하는 댐 저수구역 생태계 복원 사업 계획과 진행 과정을 설명하고 있다. 따라서 보도자료의 제목으로 가장 적절한 것은 ④이다.

07 ②

Quick해설 2문단에서 임하댐 저수구역의 생태계를 복원하는 시범 사업은 송강습지와 산림을 연결하고 무단 경작지와 훼손지를 생물 서식지로 조성하는 방식으로 설계 착수가 진행된다고 하였으므로 적절하지 않다.

[오답풀이] ① 1문단에서 댐 저수구역 생태계 복원 사업은 2022년까지 생태계 보전·관리 및 복원 전략 등을 구상하는 기본 계획을 수립한다고 하였으므로 적절하다.
③ 3문단에서 탄소 흡수원인 댐 생태 공간의 복원으로 온실가스 흡수량을 늘리고 기후 조절 등 생태계 기능을 극대화하여 자연·생태 기반 탄소 중립 달성에 힘을 보탤 예정이라고 하였으므로 적절하다.
④ 1문단에서 환경부와 한국수자원공사가 육상생태계와 수생태계가 공존하는 전이 지대인 댐 저수구역의 생태적 가치를 높이기 위해 댐 저수구역 생태계 복원 사업을 추진한다고 하였으므로 적절하다.
⑤ 2문단에서 임하댐 저수구역 인근에 환경부와 한국수자원공사가 조사한 자연성이 우수하고 생물 다양성이 뛰어난 송강습지가 있다고 하였으므로 적절하다.

08 ①

Quick해설 보도자료는 정부 기관이나 기업체, 각종 단체 등이 언론을 상대로 자신들의 정보가 기사로 보도되도록 하기 위해 보내는 자료를 말한다. 주어진 보도자료는 환경부와 한국수자원공사가 댐 저수구역 생태 가치 향상을 위한 복원 사업을 추진한다는 것과 그 과정을 알리기 위해 작성되었다.

[오답풀이] ② 특정한 일에 관한 현황이나 그 진행 상황 등을 보고하기 위해 작성하는 문서는 보고서이다.

③ 법령이 정하는 바에 따라 행정 기관이 일정한 사항을 일반에게 알리기 위해 작성하는 문서는 고시이다.

④ 상대방에게 기획한 내용을 전달하여 기획을 시행하도록 설득하기 위해 작성하는 문서는 기획서이다.

⑤ 하급 기관에 업무 연락, 통보 등 일정한 사항을 알리기 위해 작성하는 문서는 회보이다.

09 ①

Quick해설 주어진 글은 JIT 시스템의 핵심 목표, 장점 및 단점, 성공적인 구현을 위한 조건 등을 설명하고 있다. 그러므로 JIT 시스템을 포괄적으로 설명하고 있는 '재고를 최소화하고 생산 효율성을 높이는 방식'이라는 내용이 이 글의 중심 문장에 가장 가깝다.

10 ①

Quick해설 주어진 각 그림에서 일정한 규칙은 왼쪽에 쓰인 수의 각 자릿수의 합을 오른쪽에 쓴 것이다.

즉, 첫 번째 그림에서 123 ⇒ $1+2+3=6$, 198 ⇒ $1+9+8=18$

두 번째 그림에서 292 ⇒ $2+9+2=13$, 5 ⇒ $5=5$

따라서 마지막 빈칸에 들어갈 수는 $1+3+5=9$이다.

11 ②

Quick해설 정가를 정할 때 원가의 $x\%$ 이익을 붙인다면,

원가 $\times(1+0.01x)\times(1-0.2)=$ 원가 $\times(1+0.04)$

$0.8+0.008x=1.04$

$0.008x=0.24$ ∴ $x=30$

따라서 처음에 정가를 정할 때 원가의 30% 이익을 붙여서 판매해야 한다.

12 ⑤

Quick해설 ㉠ 2022년 식품산업 제조업체 생산액이 1,050,110억 원이므로, 해당 연도의 국내 GDP가 21,505,760억 원이라면 국내 GDP 대비 $\frac{1,050,110}{21,505,760}\times100\fallingdotseq5(\%)$임을 알 수 있다.

㉡ 2021년 식품산업 제조업체 생산액은 931,580억 원이고, 2022년 식품산업 제조업체 생산액은 1,050,110억 원이다. 따라서 2022년 식품산업 제조업체 생산실적은 전년 대비 $\frac{1,050,110-931,580}{931,580}\times100\fallingdotseq13(\%)$ 성장했다.

㉢ [그래프]를 살펴보면, 식품제조가공업의 경우 56%, 식품첨가물제조업의 경우 2%, 용기·포장류제조업의 경우 6%이다. 주석을 참고하면 '식품 등'이 차지하는 비중은 약 $56+2+6=64(\%)$이다. 축산물의 경우도 마찬가지로 차지하는 비중은 '식육가공업+유가공업+알가공업+식육포장처리업'의 비중이므로 약 $8+5+1+19=33(\%)$이다.

13 ①

Quick해설 주어진 [표]에 따르면, 2022년 건강기능식품 상위 5개 품목의 점유율의 합은 $21.0+13.6+13.0+8.0+4.1=59.7(\%)$이다. 따라서 2022년 건강기능식품 생산실적이 2조 8,050억 원이므로, 그중 상위 5개 품목의 생산실적은 $28,050\times0.597\fallingdotseq16,746$(억 원)이다.

14 ②

Quick해설 ㉠ [표1]과 [표2]를 살펴보면, 전국에서 발생한 화재 건수는 전년도와 비교해서 2019년에 2,235건, 2020년에 1,444건, 2021년에 2,392건 감소했다. 매년 줄어들다가 2022년에는 전년 대비 $\frac{40,113-36,267}{36,267}\times100\fallingdotseq10.6(\%)$ 증가했다.

문제 풀이 Tip

전국에서 발생한 화재 건수는 2021년 36,267건→2022년 40,113건으로 3,846건 증가했으며 2021년 화재 건수인 36,267건의 10%는 3,626.7건이므로 이보다 더 크게 증가했음을 알 수 있다.

㉢ [표2]를 살펴보면, 연도별로 비주거 시설에서 발생한 화재 건수가 매년 가장 많았고 그다음으로는 주거, 기타, 자동차-철도차량, 임야, 선박-항공기, 위험물-가스제조소 등 순으로 많았음을 알 수 있다.

[오답풀이] ㉡ 2022년 전국에서 발생한 화재는 40,113건이고, 그중 부주의로 인한 화재는 19,666건이다. 따라서 부주의로 인한 화재가 전국에서 발생한 화재에서 차지하는 비중은 $\frac{19,666}{40,113} \times 100 ≒ 49.0(\%)$이므로 50% 미만이다.

> **문제 풀이 Tip**
> 2022년 전국에서 발생한 화재 40,113건의 50%는 20,056.5건인데 부주의로 인한 화재 건수가 19,666건이므로 50% 미만임을 알 수 있다.

㉣ 화학적 요인에 의한 화재 건수는 624건, 630건, 683건, 686건으로 매년 증가했고, 기타 실화에 의한 화재 건수는 452건, 600건, 679건, 683건으로 매년 증가했다. 따라서 2019~2022년 동안 원인별로 봤을 때 화재 발생 건수가 꾸준히 증가한 경우는 총 2가지이다.

15 ④

Quick해설 조사 기간 중 전국에서 발생한 화재 건수가 가장 적었던 연도는 36,267건인 2021년이다. 해당 연도에서의 화재로 인한 피해액은 인명피해액 2,130백만 원과 재산피해액 1,099,125백만 원을 더한 약 1조 1,013억 원이다.

16 ②

Quick해설 ㉠ 연헌혈 인구수는 2019년부터 계속 감소하다가 2022년에 4만 5천 명 증가, 2023년에 12만 7천 명 증가했다.
㉡ 2020년 헌혈률은 5%이다. 2019년에 비해 0.4%p 감소했다.
㉢ '개인 헌혈 인구≥단체 헌혈 인구×3'을 만족하는 시기는 2021년과 2022년으로 2018~2023년 중 두 해이다.

[오답풀이] ㉣ 단체 헌혈 인구수는 2019년부터 감소, 감소, 감소, 감소, 증가했지만, 개인 헌혈 인구수는 감소, 증가, 증가, 증가, 증가했다. 따라서 증감 추이는 상이하다.

17 ⑤

Quick해설 창의적으로 사고하기 위해서는 문제에 대한 다양한 사실이나 아이디어를 창출할 수 있는 발산적 사고가 요구된다. 이러한 발산적 사고를 개발하기 위한 방법으로는 자유연상법, 강제연상법, 비교발상법 등이 있다. 자유연상법의 대표적인 사례로는 브레인스토밍을 들 수 있으며, 강제연상법의 사례에는 체크리스트가 있다. 비교발상법은 주제와 본질적으로 닮은 것을 힌트로 하여 새로운 아이디어를 얻는 방법으로 NM법, Synectics 등이 있다.

18 ⑤

Quick해설 E의 진술이 거짓말이라면 D의 진술도 거짓말이다. 거짓말을 하는 사람은 1명이므로 모순이 발생하며, 모순을 피하기 위해서는 E의 진술이 항상 참말이어야 한다. E의 진술이 참말이라면 D의 진술도 참말이므로 예산 집행 담당자는 거짓말을 하지 않는다. 만약 A가 예산 집행 담당자라면 A는 거짓말을 하지 않아야 하는데, 자신이 예산 집행 담당자가 아니라고 하였으므로 모순이다. 따라서 A는 예산 집행 담당자가 아니며, A의 진술은 참말이다. 마찬가지로 C도 예산 집행 담당자가 아니며, C의 진술은 참말이다. 즉, A, C, D, E가 모두 참말을 하므로 남은 B의 진술이 거짓말이고, E가 예산 집행 담당자이다.

19 ④

Quick해설 1층부터 7층까지 순서대로 기획실, 생산실, 보안실, 재무실, 영업실, 마케팅실, 개발실이 근무하고, 점검은 10월 4~5일에 2층 생산실, 10월 6~7일에 5층 영업실, 10월 8일에 6층 마케팅실, 10월 11일에 4층 재무실, 10월 12일에 1층 기획실, 10월 13~14일에 7층 개발실, 10월 15일에 3층 보안실을 점검하므로 개발실 점검이 끝나는 날은 10월 14일이다.

[상세해설] 세 번째 조건에 따라 마케팅실보다 높은 층에서 근무하는 실은 1실이고, 보안실보다 낮은 층에서 근무하는 실은 2실이므로 마케팅실은 6층, 보안실은 3층에서 근무함을 알 수 있다. 또한, 두 번째 조건에 따라 재무실 바로 아래층은 보안실이 사용하고, 재무실 바로 위층은 영업실이 사용하므로 재무실은 4층, 영업실은 5층을 사용한다.

1층	2층	3층	4층	5층	6층	7층
		보안실	재무실	영업실	마케팅실	

네 번째 조건에 따라 생산실은 가장 위층이나 가장 아래
층을 사용하지 않는다고 하였으므로 생산실은 2층을 사
용하고, 마지막 조건에 따라 남은 기획실과 개발실 중에
서 1층에는 5팀 미만의 실이 근무해야 하므로 1층에 기
획실, 7층에 개발실이 근무하게 된다.

1층	2층	3층	4층	5층	6층	7층
기획실	생산실	보안실	재무실	영업실	마케팅실	개발실

점검은 2층 → 5층 → 6층 → 4층 → 1층 → 7층 → 3층
순으로 진행하며 하루에 1개 실만 진행하고, 하루 최대
5팀까지 점검 가능하므로 영업실, 개발실, 생산실은
2일, 나머지 실은 1일이 소요된다.

10월 4일 (월)	10월 5일 (화)	10월 6일 (수)	10월 7일 (목)	10월 8일 (금)
2층 생산실	2층 생산실	5층 영업실	5층 영업실	6층 마케팅실
10월 11일 (월)	**10월 12일 (화)**	**10월 13일 (수)**	**10월 14일 (목)**	**10월 15일 (금)**
4층 재무실	1층 기획실	7층 개발실	7층 개발실	3층 보안실

따라서 개발실 점검이 끝나는 날은 10월 14일이다.

20 ⑤

Quick해설 창고에 있는 각 부서의 연도별 비품 목록은 다
음과 같다.

구분	기획부 (~송.1357)	재무부 (~강.1359)	영업부 (~나.1557)	홍보부 (~나.1559)	개발부 (~송.1757)	합계
2017년	1개	0개	1개	1개	0개	3개
2018년	2개	0개	1개	2개	0개	5개
2019년	1개	1개	2개	1개	1개	6개
2020년	1개	7개	1개	2개	1개	12개
2021년	0개	3개	0개	2개	4개	9개
2022년	2개	5개	1개	1개	0개	9개
2023년	0개	3개	1개	0개	1개	5개
합계	7개	19개	7개	9개	7개	49개

따라서 2023년에 구매한 비품 목록이 없는 부서는 기획
부, 홍보부이므로 옳지 않은 설명이다.

[오답풀이] ① 2017년과 2019년에 구매한 비품 수의 합은
3＋6＝9(개)로, 2021년에 구매한 비품 수와 같다.

② 창고에 가장 많은 비품을 보관한 부서는 19개를 보관
한 재무부로, 창고에 있는 비품 총합의 49×0.4＝
19.6(개) 이하를 가지고 있다.

③ 영업부 외에 기획부, 개발부 또한 창고에 각각 7개 비
품을 보관하고 있다.

④ 비품관리 담당자는 기획부, 개발부의 송 대리, 재무부
의 강 대리, 영업부, 홍보부의 나 대리이므로 비품 일
련번호에 '송'을 포함한 것은 기획부와 개발부가 보관
한 7＋7＝14(개), '강'을 포함한 것은 재무부가 보관
한 19개, '나'를 포함한 것은 영업부와 홍보부가 보관
한 7＋9＝16(개)로, 비품관리 담당자의 성 중 가장
적은 것은 '송'이다.

21 ①

Quick해설 제3항에 따르면 추천신청액이 20억 원 미만인
경우에는 서류 심사 및 심의위원회의 온라인 심사를 통해
자금을 추천한다.

[오답풀이] ② 제5항에 따르면 자금추천 포기·취소, 추가
예산 등으로 자금추천이 추가로 가능할 시에는 당초
접수분을 대상으로 추가 또는 후순위로 지정하여 추
천할 수 있으므로 옳지 않은 설명이다.

③ 제1항 제2호에 따르면 추천액은 당해연도 동일 사업
자당 지원 한도액을 초과할 수 없고, 자금신청 최소
금액이 3,000만 원이므로 옳지 않은 설명이다.

④ 제8항에 따르면 심의위원은 오프라인 심사의 경우
10인 내외, 온라인 심사의 경우 5인 내외이므로 옳지
않은 설명이다.

⑤ 제3항 제2호에 따르면 추천 후 포기한 사업을 동일한
내용으로 재신청한 경우 서류 심사를 통해 자금을 추
천할 수 있고, 오프라인 심사를 거쳐야 한다는 내용
이 없으므로 옳지 않은 설명이다.

문제 풀이 Tip

자료의 양이 방대한 경우에는 자료에 제시된 내용을 모두 숙지
할 필요 없이 선택지의 내용이 자료에 있는지만 확인하면 되므
로 자료를 건너뛰고 선택지부터 확인한 뒤 자료와 대조하면 필
요한 부분을 빠르게 찾을 수 있다. 숫자가 있는 선택지는 지문
에서 더 빨리 확인할 수 있으므로 먼저 해결한다.

22 ③

Quick해설 '지원 금액 산정기준'에서 2005년 이전 제작 · 출고된 자동차에 지급하는 보조금은 같은 종류의 2005년 제작 · 출고된 자동차와 같은 기준을 적용한다고 하였다.

[오답풀이]
① '저소득층 적용 기준'에 따르면 차량 소유주가 2인 이상인 공동명의 차량의 경우 모두가 저소득층인 경우에만 인정한다고 하였다.
② '지원 금액 산정기준'에서 차량기준가액표에 표기되지 아니한 차량의 경우 제작사, 차명, 형식(외형), 차량용도, 차령을 기준으로 가장 유사한 차량의 기준가액을 적용한다고 하였다.
④ 총중량 3.5톤 미만으로 5인승 이하 승용차에 해당할 경우 폐차 시 기본 보조금 지원율은 50%이다. 따라서 기준가액이 200만 원인 4등급의 3.5톤 미만 4인승 차량을 폐차할 경우 기본보조금은 $200 \times 0.5 = 100$(만 원)이다.
⑤ '지원 금액 산정기준'에 따르면 차량기준가액표에 표기되지 않은 연식의 차량가액은 당해 연식이 기재된 최근연도 기준가액에 매년 15%의 감가상각률 적용한다. 따라서 차량기준가액표에 2006년까지 산정되었다면, 2004년 차량가액은 2006년 차량가액에서 2005년과 2004년으로 두 번의 15% 감가상각률을 적용해야 한다.

23 ⑤

Quick해설 ⓒ 대기관리권역 또는 신청 지역에 6개월 이상 연속하여 사용본거지로 등록되어 있어야 한다고 하였으나 아직 6개월이 지나지 않았으므로 신청 조건에 어긋난다.
ⓒ 정부 및 지자체 지원으로 배출가스저감장치(DPF)를 부착하거나 저공해 엔진으로 개조한 경우 신청 조건에 어긋난다.
ⓔ 지자체의장 또는 절차대행자가 발급한 '조기폐차 대상 차량 확인서'상 정상가동 판정이 있어야 한다고 하였으므로 신청 조건에 어긋난다.

[오답풀이]
ⓒ 총중량 3.5톤 이상 자동차의 조기폐차 신청은 6개월 이상 소유해야 한다고 하였으나 A씨가 소유한 자동차는 총중량 3.5톤 미만이므로 신청 조건에 위배되지 않는다.

24 ③

Quick해설 A씨가 소유한 차량은 '총중량 3.5톤 이상', '3,500cc 초과 5,500cc 이하'에 해당하므로 폐차 시 기본 보조금으로 100%, 폐차 후 신차 구매 시 200%의 추가 지원을 받을 수 있다. 이에 따라 계산하면 기본 보조금이 $600 \times 1 = 600$(만 원), 추가 지원 보조금이 $600 \times 2 = 1,200$(만 원)으로 총 1,800만 원이지만 배출가스가 4등급일 경우 상한액이 1,600만 원이므로 A씨가 받을 수 있는 조기폐차 보조금의 총액은 1,600만 원이다.

25 ①

Quick해설 물품의 특성 때문에 훼손되는 경우가 있다.

[상세해설]
• 물적자원을 적절하게 활용하지 못하게 하는 방해 요인
  1) 보관 장소를 파악하지 못하는 경우: 필요한 경우 적시에 공급할 수 없을 때
  2) 훼손된 경우: 물품의 특성에 맞게 관리하지 못해 활용할 수 없을 때
  3) 분실할 경우: 보관장소를 파악하지 못한 것과 유사하게 훼손된 경우와 같이 다시 구입해야 할 때
• 효과적인 물적자원 관리 과정
  1) 1단계: 사용 물품과 보관 물품의 구분
    －반복 작업을 피하고 활용의 편리성을 확보하기 위해 사용 물품과 보관 물품을 구분한다.
  2) 2단계: 동일 및 유사 물품의 분류
    －동일성의 원칙: 같은 품종은 같은 장소에 보관한다.
    －유사성의 원칙: 유사품은 인접한 장소에 보관한다.
  3) 3단계: 물품 특성에 맞는 보관 장소 선정
    －개별 물품의 훼손을 방지하기 위해 물품의 형상과 소재를 고려하여 안전한 보관 장소를 선정하여야 한다.
    －회전대응 보관의 원칙: 입·출하의 빈도가 높은 품목은 출입구 가까운 곳에 보관한다.

② 바코드나 QR코드 등을 이용하여야 하는 것은 물적자원관리에 도움이 되긴 하지만 항상 해야하는 것은 아니다.

③ 동일 물품은 같은 장소에, 유사 물품은 인접한 장소에 보관하면 찾는 시간을 단축시킬 수 있다.

④ 물적자원은 사용 물품인지 보관 물품인지를 구분하여 정리하거나 물품의 특성에 맞추어 정리한다.

⑤ 입·출하의 빈도가 높은 품목을 출입구 가까운 곳에 보관하는 것이지 현재 사용하는 물품이라고 해서 무조건 출입구 가까운 곳에 보관할 필요는 없다.

26 ⑤

Quick해설 양 사원이 구매할 비품은 볼펜 35개, 점착 메모지 24개, 클립 40개, 플래그 25개이므로 상점별 총구매 가격은 다음과 같다.

구분	할인 적용 전 총구매 가격	할인 적용 후 총구매 가격
A	$500 \times 35 + 700 \times 24 + 1,000 \times 40 + 1,500 \times 25 = 111,800$(원)	$111,800 - 20,000 = 91,800$(원)
B	$700 \times 35 + 600 \times 24 + 1,100 \times 40 + 1,400 \times 25 = 117,900$(원)	$700 \times 35 + (600 \times 24 + 1,100 \times 40 + 1,400 \times 25) \times 0.75 = 94,550$(원)
C	$400 \times 35 + 800 \times 24 + 800 \times 40 + 1,200 \times 25 = 95,200$(원)	95,200원
D	$600 \times 35 + 900 \times 24 + 900 \times 40 + 1,300 \times 25 = 111,100$(원)	$600 \times 35 + 900 \times 24 + (900 \times 40 + 1,300 \times 25) \times 0.7 = 90,550$(원)
E	$500 \times 35 + 1,000 \times 24 + 800 \times 40 + 1,300 \times 25 = 106,000$(원)	$106,000 \times 0.85 = 90,100$(원)

따라서 양 사원이 비품을 구매할 상점은 E이다.

27 ①

Quick해설 B는 필기시험 성적이 80점 미만, D는 학점이 70점 미만이므로 불합격이다. A, C, E, F, G, H의 서류전형 총점은 다음과 같다.

구분	필기시험 성적	학점	토익 성적	자기소개서	자격증	가점	총점
A	$90 \times 0.5 = 45$	$90 \times 0.2 = 18$	$80 \times 0.1 = 8$	$85 \times 0.2 = 17$	6	5	99
C	$90 \times 0.5 = 45$	$70 \times 0.2 = 14$	$95 \times 0.1 = 9.5$	$90 \times 0.2 = 18$	6		92.5
E	$88 \times 0.5 = 44$	$75 \times 0.2 = 15$	$95 \times 0.1 = 9.5$	$85 \times 0.2 = 17$	0	5	90.5
F	$95 \times 0.5 = 47.5$	$80 \times 0.2 = 16$	$90 \times 0.1 = 9$	$80 \times 0.2 = 16$	4		92.5
G	$80 \times 0.5 = 40$	$90 \times 0.2 = 18$	$90 \times 0.1 = 9$	$80 \times 0.2 = 16$	2	5	90
H	$90 \times 0.5 = 45$	$80 \times 0.2 = 16$	$90 \times 0.1 = 9$	$90 \times 0.2 = 18$	2		90

C와 F 중 필기시험 성적이 더 높은 F가 2위, G와 H 중 필기시험 성적이 더 높은 H가 5위이므로 1위가 A, 2위가 F, 3위가 C, 4위가 E, 5위가 H, 6위가 G이다.

따라서 A가 서류전형에서 우선 선발된다.

28 ③

Quick해설 서류전형에서 우선 선발된 A를 제외한 순위별 면접전형 점수는 다음과 같다. E와 G는 취업지원대상자이므로 5점을 추가로 부여받는다.

• 2위(F): $15 + 20 + 15 + 20 + 5 = 75$(점)
• 3위(C): $5 + 20 + 20 + 20 + 15 = 80$(점)
• 4위(E): $20 + 15 + 20 + 5 + 20 + 5 = 85$(점)
• 5위(H): $20 + 15 + 15 + 15 + 20 = 85$(점)
• 6위(G): $15 + 5 + 5 + 15 + 15 + 5 = 60$(점)

따라서 E와 H의 총점이 동일하고, 서류전형 순위가 E가 더 높으므로 E가 합격한다.

29 ③

Quick해설

[정액법]
• 매년도 감가액 = (취득원가 − 잔존가액) ÷ 경제적 내용연수
• 감가상각 누계액 = 매년도 감가액 × 경과연수

감가상각 누계액을 구하기 위해서는 매년도 감가액을 구해야 한다. 그리고 매년도 감가액을 구하기 위해서는 취득원가, 잔존가액, 경제적 내용연수를 알아야 한다.

1. 취득원가(매입 자산의 매입가액과 취득에 소요되는 부대비용을 포함하는 금액)
   EUV노광 장비(59억 원)＋운반비(1억 원)＋설치비(3억 6천만 원)＝63.6(억 원)
2. 잔존가액＝15억 원
3. 경제적 내용연수＝9년
4. 매년도 감가액＝(63.6－15)÷9＝5.4(억 원)
5. 감가상각 누계액＝매년도 감가액(5.4억 원)×경과연수 (3년)＝16.2(억 원)

그러므로 3년 경과 후 감가상각 누계액은 16억 2천만 원이다.

30 ①

Quick해설 • 두부: 유통기한이 11월 9일까지이므로 유통기한이 8일 남았고, 유통기한의 3분의 1 이상으로 남았다. 따라서 두부는 2,000×(1－0.1)＝1,800(원)에 판매한다.

• 라면: 유통기한이 12월 10일까지이므로 유통기한이 39일 남았고, 유통기한의 5분의 1 미만으로 남았다. 따라서 라면은 5,000×(1－0.5)＝2,500(원)에 판매한다.

• 콩나물: 유통기한이 11월 10일까지이므로 유통기한이 9일 남았고, 유통기한의 5분의 1 이상 3분의 1 미만으로 남았다. 따라서 콩나물은 3,000×(1－0.3)＝2,100(원)에 판매한다.

• 우유: 유통기한이 11월 4일까지이므로 유통기한이 3일 남았고, 유통기한의 5분의 1 이상 3분의 1 미만으로 남았다. 따라서 우유는 4,000×(1－0.3)＝2,800(원)에 판매한다.

• 계란: 유통기한이 10월 30일까지이므로 유통기한이 지났고, 구입할 수 없다.

• 소시지: 유통기한이 11월 30일까지이므로 유통기한이 29일 남았고, 유통기한의 3분의 1 이상으로 남았다. 따라서 소시지는 5,000×(1－0.1)＝4,500(원)에 판매한다.

• 만두: 유통기한이 12월 20일까지이므로 유통기한이 49일 남았고, 유통기한의 5분의 1 이상 3분의 1 미만으로 남았다. 따라서 만두는 8,000×(1－0.3)＝5,600(원)에 판매한다.

• 빵: 유통기한이 11월 6일까지이므로 유통기한이 5일 남았고, 유통기한의 3분의 1 이상으로 남았다. 따라서 빵은 3,000×(1－0.1)＝2,700(원)에 판매한다.

• 주스: 유통기한이 11월 4일까지이므로 유통기한이 3일 남았고, 유통기한의 5분의 1 미만으로 남았다. 따라서 주스는 3,000×(1－0.5)＝1,500(원)에 판매한다.

계란을 제외하고 모든 물품을 구입하면 1,800＋2,500＋2,100＋2,800＋4,500＋5,600＋2,700＋1,500＝23,500(원)이다. 가격이 비싼 것을 빼야 최대한 많은 종류의 물품을 구입할 수 있다. 비싼 순서대로 나열하면 만두, 소시지, 우유, 빵, 라면, 콩나물, 두부, 주스 순이다. 할인된 정가가 저렴한 순으로 주스, 두부, 콩나물, 라면을 합하면 1,500＋1,800＋2,100＋2,500＝7,900(원)이고, 빵까지 합하면 만 원을 초과하므로 주스, 두부, 콩나물, 라면만 구입할 수 있다.

31 ③

Quick해설 업무에 8시간을 투자하였을 때, 집중도가 가장 높은 게임에 최솟값인 1시간을 투자하고 남은 16－8－1＝7(시간) 중 운동과 공부에 각각 3시간과 4시간을 투자할 경우 각각의 결괏값은 운동 45, 업무 48, 공부 44, 게임 47이 된다.

따라서 업무의 결괏값이 가장 크게 되도록 하기 위해 업무에 투자해야 할 시간의 최솟값은 8시간이다.

[상세해설] 결괏값에 영향을 주는 집중도가 게임, 운동, 공부, 업무 순으로 높으므로 업무의 결괏값이 가장 크게 되도록 하기 위해서는 집중도가 높은 일과일수록 시간을 적게 투자하는 것이 유리하다. A씨는 하루 일과에 총 16시간을 남김없이 투자하고, 시간은 1시간 단위로 투자하며, 모든 하루 일과는 최소 1시간씩 시간을 투자하므로 A씨의 하루 일과별 집중도 중 가장 높은 항목인 게임의 경우 최소 시간인 1시간을 투자하였을 때, 결괏값을 계산하면 (1×3)＋(11×4)＝47이다. 이때, 업무에 투자하는 시간 또한 최소 시간인 1시간을 투자하였을 때, 결괏값을 계산하면 (1×3)＋(6×4)＝27이므로 게임의 결

괏값보다 업무의 결괏값이 크게 되기 위해서는 20 이상의 값이 더해져야 함을 알 수 있다. 이에 따라 업무에는 $7 \times 3 = 21$이므로 최소 7시간이 추가로 투자되어야 하고, 이로 인해 8시간이 업무에 투자되었을 때, 게임에는 1시간, 남은 $16 - 8 - 1 = 7$(시간)을 운동과 공부에 각각 3시간과 4시간씩 투자하면 다음과 같이 업무의 결괏값이 4가지 일과 중 가장 커진다.

구분	운동	업무	공부	게임
집중도	9	6	8	11
시간	3	8	4	1
결괏값	(3×3) $+(9 \times 4)$ $=45$	(8×3) $+(6 \times 4)$ $=48$	(4×3) $+(8 \times 4)$ $=44$	(1×3) $+(11 \times 4)$ $=47$

따라서 업무의 결괏값이 가장 크게 되도록 하기 위해 업무에 투자해야 할 시간의 최솟값은 8시간이다.

32 ①

Quick해설 ㉠ COUNT 함수는 주어진 범위 내에서 숫자만 입력되어 있는 셀의 개수를 구하는 함수이므로 총 14개의 셀 중 [C1], [D1], [G1], [A2], [E2] 5개의 셀이 선택되어 결괏값은 '5'이다.

㉡ COUNTA 함수는 주어진 범위 내에서 숫자, 문자, 특수 기호 등을 모두 포함한, 즉 비어 있지 않은 셀의 개수를 구하는 함수이므로 총 14개의 셀 중, 비어 있는 [E1], [C2] 셀을 제외한 12개의 셀이 선택되어 결괏값은 '12'이다.

33 ①

Quick해설 ㉢ 수식 데이터는 셀을 더블 클릭하거나, 클릭 후 F2를 눌러 수정할 수 있으며, 수식 입력줄을 통해 수정 가능하다.

㉤ 메모는 삽입할 셀에서 [검토] 탭-[메모] 그룹-[새 메모]를 선택하거나 바로 가기 메뉴에서 [메모 삽입]을 선택하여 입력할 수 있으며, 단축키는 'SHIFT+F2'이다.

[오답풀이] ㉠ 하나의 통합문서에는 최대 255개의 워크시트를 포함할 수 있다.

㉡ 워크시트 탭의 색을 변경할 수 있으며, 각 워크시트의 색은 인접한 시트든 떨어져 있는 시트든 무관하게 동일한 색을 반복 설정할 수도 있다.

㉣ 숫자 데이터를 문자 데이터 형식으로 입력하려면 문자 접두어(')를 숫자 데이터 맨 앞에 입력한다.

㉥ 워크시트에 작성한 그래픽 개체 중, 직사각형, 화살표, WordArt, 그림, 클립 아트 등은 회전이나 대칭 기능을 사용할 수 있으나, 텍스트 상자나 차트는 회전과 대칭 기능을 사용할 수 없다.

34 ⑤

Quick해설 ㉡ 소고기를 의미하는 0과 돼지고기를 의미하는 1이 쓰인 묶음번호 내에 3개씩의 개체가 있으므로 옳은 설명이다.

㉢ 소고기 및 돼지고기 묶음번호 날짜는 각각 2017년 10월 15일과 23일로 동일하지 않으므로 옳은 설명이다.

㉣ 2개의 업체의 묶음번호의 묶음고정코드 한 자리는 L로 동일하고, 같은 날 포장처리 하였으므로 묶음날짜코드 여섯 자리도 동일하다. 따라서 묶음번호의 최소 7자리가 동일하게 표시되므로 옳은 설명이다.

[오답풀이] ㉠ 영업자코드 중 업장의 사업자번호를 나타내는 4자리 수가 1234와 4321로 다르므로 2개의 업체가 각각 3개의 이력번호를 가진 개체를 다른 날 포장처리한 것이다.

35 ②

Quick해설 묶음고정코드 L, 우(牛)삼겹살이므로 소고기 구분코드 0, 묶음날짜코드 221025, 사업자 번호의 마지막 5자리 중 끝 한 자리를 제외한 4자리의 영업자코드 6789, 120개의 묶음 중 마지막 묶음의 일련번호 120을 연결하면 L022102567891200 된다.

36 ①

Quick해설 C언어는 미국 벨 연구소에서 개발한 시스템 기술 언어이다. 컴파일러나 소프트웨어 개발용 도구로도 사용된다. 프로그램을 기계어 명령에 가까운 유형으로 직접 기술할 수 있고, 언어를 간단하게 하여 풍부한 표준 자료집을 갖게 할 수 있으며, 연산자가 많고, 다른 기종에 프로그램 이식이 쉽다는 점 등이 특징이다.

파이썬(python)은 프로그램을 설계하는 프로그래밍 언어 중 하나이다. 컴퓨터는 0과 1을(이진수) 인식하여 작동하기 때문에 과거에는 0과 1을 활용한 기계어로 프로그래밍을 했다. 하지만 0과 1을 활용한 기계어는 매우 어렵고 복잡했기 때문에 쉬운 방법으로서 프로그래밍 언어가 탄생했으며, 이 중 하나가 파이썬이다.

R언어는 빅데이터 분석과 데이터 시각화에 특화된 플랫폼에 독립적인 프로그래밍 언어이자 오픈 소스 소프트웨어이다. R언어는 플랫폼에 독립적인 언어로 모든 운영 체제에서 쉽게 사용할 수 있다. 그누(GNU) 소프트웨어 중 하나로 공용 사용권을 제공하여 무료 사용이 가능하며, 사용자들이 인터넷에 공개한 다양한 통계 패키지들을 활용할 수 있다.

37 ②

Quick해설 스마트 워크센터는 이용자가 자신의 원래 근무지가 아닌 주거지와 가까운 지역에서 근무할 수 있도록 환경을 제공하는 원격근무용 업무 공간이다.

38 ①

Quick해설 ㉠ 작업자가 사전 안전 교육 없이, 또는 안전 지식이나 훈련이 불충분한 상태에서 작업 현장에 투입하여 사고가 발생하였으므로 산업 재해의 기본적 원인 중 '교육적 원인'에 해당한다.

㉡ 화재의 원인은 전기 설비 노후로 인한 누전, 즉 점검·정비·보존의 불량이므로 산업 재해의 기본적 원인 중 '기술적 원인'에 해당한다.

39 ①

Quick해설 20세기는 노하우(know—how) 시대이고, 21세기는 노웨어(know—where) 시대다. 노하우는 자신이 직접 해보고 배워 아는 것을 말한다. 그러나 범위가 좁을 수밖에 없으므로 한계가 있고, 다 배울 수도 없으며 다 익힐 수도 없다. 따라서 A에는 노하우, B에는 노웨어가 들어가야 한다.

40 ⑤

Quick해설 새로운 기술을 지닌 제품 개발 시간을 단축할 수 있는 능력은 기술 경영자에게 필요한 능력이다.

[상세해설] 기술 경영자는 일반적으로는 기술개발이 결과 지향적으로 수행되도록 유도하는 능력을 갖추어야 하고, 기술개발 과제의 세부 사항까지 파악할 수 있도록 치밀해야 하며, 기술개발 과제의 전 과정을 전체적으로 조망할 수 있는 능력을 갖춰야 한다. 반면, 중간급 매니저라고 할 수 있는 기술 관리자는 기술 경영자와는 조금 다른 능력이 필요하다. 일반적으로 기술 관리자에게 요구되는 능력은 다음과 같다.
- 기술을 운용하거나 문제를 해결할 수 있는 능력
- 기술직과 의사소통을 할 수 있는 능력
- 혁신적인 환경을 조성할 수 있는 능력
- 기술적, 사업적, 인간적인 능력을 통합할 수 있는 능력
- 시스템적인 관점에서 인식하는 능력
- 공학적 도구나 지원 방식을 이해할 수 있는 능력
- 기술이나 추세를 이해할 수 있는 능력
- 기술팀을 통합할 수 있는 능력

따라서 정답은 ⑤이다.

41 ②

Quick해설 부서원이 18명이고 이들이 모두 클라우드를 사용 가능해야 하므로, 스탠다드형은 제외한다. 용량은 최소 50TB 이상이 되어야 하고, 데이터 백업 기능은 필요하지 않으며, 해당 조건에서 가장 저렴한 유형을 요구하고 있으므로 [요구사항]에 부합하는 서비스 유형은 비즈니스형이다.

42 ③

Quick해설 (가)는 하향식, (나)는 상향식 의사결정 방법이다. 상향식은 기업 전체 차원에서 필요한 기술에 대한 체계적인 분석이나 검토 없이 연구자나 엔지니어들이 자율적으로 기술을 선택하는 것이다. 기술 개발 실무를 담당하는 기술자들의 흥미를 유발하고, 그들의 창의적인 아이디어를 활용할 수 있다는 장점이 있다. 반면, 기술자들이 자신의 과학기술 전문 분야에 대한 지식과 흥미만을 고려하여 기술을 선택할 경우, 시장의 고객들이 요구하는 제품이나 서비스를 개발하는 데 부적합한 기술이 선택될 수 있다는 단점이 있다.

하향식은 기술경영진과 기술기획담당자들에 의한 체계적인 분석을 통해 기업이 획득해야 하는 대상 기술과 목표 기술 수준을 결정하는 것이다. 이 방법은 먼저 기업이 직면하고 있는 외부 환경과 기업의 보유 자원에 대한 분석을 통해 기업의 중장기적인 사업 목표를 설정하고, 이를 달성하기 위해 확보해야 하는 핵심 고객층과 그들에게 제공하고자 하는 제품과 서비스를 결정해야 한다.

43 ①

Quick해설 (가) 자율주행차에서 사물을 인식하는 이미지 인식 기술은 안전 및 자율자동차의 근본 기술로 핵심적인 역할이 기대된다.

(나) 인공 지능의 또 하나의 역할로서, 언어와 이미지 자료를 통합하여 맥락을 이해하고 사람의 의사결정을 지원하는 시스템이 도입되기 시작했다. 유명한 IBM의 왓슨암 진단 기술이 이 분야에 포함된다.

(다) 패턴 인식은 인공 지능이 가장 잘 할 수 있는 영역으로 비정상적인 패턴을 실시간으로 찾는 인공 지능의 능력을 스팸 메일 필터뿐만 아니라 사기거래 방지와 보안 서비스 등 다양한 영역에 활용할 수 있다.

(라) 사람의 감정을 이해하는 인공 지능은 헬스케어와 실버산업 등 다양한 영역에서 응용 가능하여 심리상담을 진행할 수 있는 수준까지 발전해 있다.

44 ②

Quick해설 경영은 조직의 목적을 달성하기 위한 전략, 관리, 운영 활동이다. 과거에는 경영을 단순히 관리라고 생각하였다. 관리는 투입되는 자원을 최소화하거나 주어진 자원을 이용하여 추구하는 목표를 최대한 달성하기 위한 활동이다. 그러나 경영은 관리 이외에도 조직의 목적을 설정하고 이를 달성하기 위하여 의사결정을 하는 전략이나 관리활동을 모두 포함한다. 특히, 조직을 둘러싼 환경이 급변하면서 이에 적응하기 위한 전략이 중요해지고 있다.

[오답풀이] ① 조직의 최고경영자가 전혀 관리에 관여하지 않는 것은 아닐 것이나, 최고경영자는 경영을 담당하며 일반적인 관리는 담당 임원이나 중간 관리자가 담당하게 된다.
③ 과거에는 경영을 단순히 관리하고 생각하여 경영과 관리의 의미가 구분되지 않았다.
④ 경영의 내용이 전략, 관리, 운영으로 구분될 수는 있지만, 실제 경영활동에서 이는 구별되지 않고 동시에 복합적으로 이루어진다.
⑤ 목적, 인적자원, 자금, 전략은 경영의 4요소이다.

45 ③

Quick해설 조직의 구성원들이 조직 목표 달성에 자신의 노력과 능력을 자발적으로 기울이는 것은 조직에 소속감을 느끼고 자신의 능력이 가치 있는 것임을 인지할 때 가능하다. 이를 위해서는 조직몰입이 높아져야 할 것이며, 조직몰입을 높여주는 것이 바로 조직문화의 순기능 중 하나이다. 3문단에서 '인간은 누구나 우수하며, 여건만 갖추어지면 실제로 능력을 발휘할 것이라는 믿음이 모든 임직원들에게 깊이 뿌리를 내리고 있다.'는 설명에서 알 수 있듯이 이는 조직몰입을 높여줄 수 있는 사례로 볼 수 있다.

[오답풀이] 나머지 선택지의 내용들은 각 조직이 가진 조직문화의 특성에 따라 거둘 수 있는 다양한 효과로 볼 수 있으나, 글에서 엿볼 수 있는 조직문화의 기능과는 거리가 멀다.

46 ②

Quick해설 주어진 글에서는 이론적으로 1명이 50kgf만큼의 힘을 내므로 10명은 500kgf만큼의 힘을 내어야 하는데, 실제로는 500kgf에 미치지 못한다는 것을 보여주고 있다. 즉, 팀의 규모가 늘어나면 혼자 일할 때보다 전체 성과(전체 힘)는 늘어날 수 있지만, 효율성(개개인의 힘)은 떨어진다는 것을 의미한다.

47 ④

Quick해설 브레인스토밍 시에는 구성원들이 다양한 의견을 제시할 수 있는 편안한 분위기를 만드는 리더를 선출해야 한다. 직급이나 근무경력에 따라서 리더를 선출하는 것은 딱딱한 분위기를 만들 수 있기 때문에 분위기를 잘 조성할 수 있는 사람을 직급과 관계없이 리더로 선출해야 한다.

[오답풀이] 브레인스토밍을 활용한 회의 방법으로 다음의 내용을 기억하는 것이 좋다.
① 주제를 구체적이고 명확하게 정한다.
② 구성원을 다양한 분야의 사람들로 구성한다.
③ 구성원 서로의 얼굴을 볼 수 있도록 좌석을 배치한다.
⑤ 발언은 누구나 자유롭게 할 수 있도록 하며, 모든 발언 내용을 기록한다.

48 ⑤

Quick해설 가격경쟁력을 확보하고자 하는 것은 원가우위 전략에서 실시하는 세부 전략 내용이다. 원가를 낮춰 더 많은 고객을 확보하는 것이 원가우위 전략의 기본 목표이므로 이러한 전략이 과도할 경우 매출만 신장될 뿐 수익구조가 오히려 악화될 우려가 있다.

한편, 차별화 전략은 세분화된 시장을 표적 시장으로 삼아 각각에 독특한 상품을 제공하고자 하는 전략으로, 차별적 마케팅을 추진하여 많은 비용이 수반되며, 상품과 시장이 다양해져 그에 따른 관리 비용 역시 많아진다는 것이 가장 큰 단점이라고 할 수 있다.

49 ②

Quick해설 하드웨어적인 3개 요소로는 전략(Strategy), 시스템(System), 구조(Structure)가 있고, 소프트웨어적인 4개 요소로는 스타일(Style), 능력(Skill), 직원(Staff), 공유가치(Shared Value)가 있다. 하드웨어적인 3S는 조직이든 개인이든 전략이 수립되면 그에 따라 변경할 수 있지만, 소프트웨어적인 4S를 바꾸는 것은 훨씬 많은 시간과 노력을 필요로 한다. 새로운 전략이 수립되어 회사의 하드웨어적인 3S를 바꿔야 할 때는 소프트웨어적인 4S를 어떻게 같이 변화시킬 수 있는지가 중요한 고려사항이다.

50 ④

Quick해설 매트릭스 조직 구조는 [그림]에서 알 수 있듯이, 둘 이상의 상급자(기능부서 관리자, 프로젝트 관리자)에게 서로 다른 명령을 받을 수 있어 혼란이 발생할 수 있다. 따라서 지휘 계통에 혼선이 발생하여 신속하게 의사결정을 할 수 없다는 것이 단점이다.

[오답풀이] ① 특정 과업 수행을 위한 단위 조직을 만들 수 있어 기존 조직에서 특화된 전문 인력을 차출하여 활용할 수 있다. 따라서 인적 자원을 효율적으로 운용할 수 있게 된다.
② 매트릭스 조직은 주로 프로젝트 추진을 위한 조직이다. 따라서 특정 과업지향적인 작업 집단을 운영할 수 있다.
③ 과업지향적인 조직은 새로 탄생한 조직이며, 목표가 달성되면 해체될 가능성이 크다. 따라서 매트릭스 조직구조하의 과업조직은 영구적인 것이 아니며, 수시로 변동될 수도 있다.
⑤ 서로 다른 부서의 인력이 협업하는 형태이므로 여러 가지 상황에 유연하게 대처할 수 있다는 장점이 있다.

01	⑤	02	①	03	②	04	①	05	④
06	⑤	07	④	08	③	09	②	10	①
11	④	12	①	13	②	14	⑤	15	②
16	⑤	17	①	18	③	19	④	20	⑤
21	⑤	22	②	23	④	24	③	25	④
26	②	27	②	28	②	29	③	30	③
31	②	32	③	33	④	34	④	35	③
36	②	37	②	38	①	39	②	40	③
41	③	42	②	43	②	44	③	45	③
46	②	47	④	48	①	49	⑤	50	②
51	③	52	①	53	④	54	⑤	55	③
56	②	57	④	58	⑤	59	④	60	②

✅ CHECK 영역별 실력 점검표

맞힌 문제와 틀린 문제를 체크해
나의 취약 영역을 한눈에 확인해 보세요!

문항	영역	O/×	문항	영역	O/×	문항	영역	O/×	문항	영역	O/×	문항	영역	O/×
01	의사소통		02	문제해결		03	문제해결		04	문제해결		05	문제해결	
06	의사소통		07	의사소통		08	의사소통		09	의사소통		10	의사소통	
11	수리		12	수리		13	수리		14	정보		15	정보	
16	정보		17	정보		18	정보		19	기술		20	기술	
21	의사소통		22	자원관리		23	의사소통		24	의사소통		25	의사소통	
26	직업윤리		27	문제해결		28	조직이해		29	의사소통		30	수리	
31	자원관리		32	문제해결		33	수리		34	수리		35	수리	
36	문제해결		37	자원관리		38	문제해결		39	문제해결		40	자원관리	
41	자원관리		42	문제해결		43	자원관리		44	수리		45	수리	
46	조직이해		47	직업윤리		48	직업윤리		49	문제해결		50	문제해결	
51	문제해결		52	자원관리		53	조직이해		54	수리		55	정보	
56	정보		57	정보		58	정보		59	조직이해		60	문제해결	

01 ⑤

Quick해설 세스트린은 AMPK의 활성제와 표적 단백질의 억제제 역할을 동시에 수행하는데, 표적 단백질이 과도하게 활성하는 경우 세포의 재생 작업이 제어되고 활성 산소종이 대량으로 발생하여 노화가 일어나게 된다고 하였다. 그러나 주어진 글에서는 섭생이 세스트린을 제한된다고 볼 만한 근거는 제시되어 있지 않으며, 세스트린의 제한으로 노화가 일어난다고 볼 만한 근거 역시 찾을 수 없으므로 글의 내용을 통해 알 수 없는 내용이다.

[오답풀이] ① 노화 현상의 원인과 관련하여 네크로시스 이론, 아포토시스 이론, 섭생으로 설명하는 이론 등 다양한 이론을 제시하고 있다.
② 네크로시스 이론은 외부 자극에 의해 일어나는 세포의 죽음으로 노화 현상을 설명하는 이론이다.
③ 염증 반응이 없는데도 세포의 죽음이 발생하는 대표적 경우를 아포토시스라고 부른다고 하였다.
④ 배아 세포가 성인 세포로 되어 가는 과정에서 건강하지만 지나치게 넘쳐나는 잉여 세포가 제거되는데, 이를 '공리적 세포 자살'이라고 부른다고 하였다.

02 ①

Quick해설 ①을 전제2로 세우고 전제1과 전제2를 벤다이어그램으로 나타내면 다음과 같다.

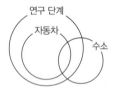

이는 항상 결론을 만족하므로 정답은 ①이다.

[오답풀이] ② 다음과 같이 결론을 만족하지 않는 반례가 존재한다.

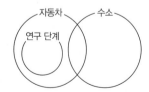

③ 다음과 같이 결론을 만족하지 않는 반례가 존재한다.

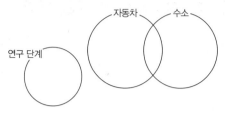

④, ⑤ 다음과 같이 결론을 만족하지 않는 반례가 존재한다.

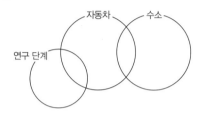

03 ②

Quick해설 주어진 명제들과 같이 여러 개의 대등한 구조의 명제가 병렬식으로 나열되어 있을 경우, 주어진 명제들과 대우명제들과의 삼단 논법을 통한 연결 고리를 빠르게 찾아내야 한다. 이를 위해 명제들을 도식화하여 대우명제를 정리하면 다음과 같다.
㉠ 미국 → 영국
　(대우) ~영국 → ~미국
㉡ 미국 → 독일
　(대우) ~독일 → ~미국
㉢ 프랑스 → 독일
　(대우) ~독일 → ~프랑스
㉣ 호주 → 영국
　(대우) ~영국 → ~호주
㉤ ~프랑스 → ~영국
　(대우) 영국 → 프랑스
따라서 ②의 명제는 미국과 호주의 상호 연결 고리를 찾을 수 없으므로 반드시 참이라고 할 수 없다.

[오답풀이] ① ㉠과 ㉤의 대우명제를 통하여 참이라는 것을 알 수 있다.
③ ㉤과 ㉣의 대우명제를 통하여 참이라는 것을 알 수 있다.
④ ㉢의 대우명제와 ㉤을 통하여 참이라는 것을 알 수 있다.
⑤ ㉢의 대우명제를 통하여 참이라는 것을 알 수 있다.

04 ①

Quick해설 제시된 조건에 따르면 A~F 6명이 각각 이야기한 2가지 이야기의 진실 여부가 서로 다르므로 2가지 이야기 중 하나의 이야기는 진실이고, 나머지 하나의 이야기는 거짓임을 알 수 있다. 먼저 B와 D는 물건을 훔치지 않았다는 F의 두 가지 이야기에 따라 B와 D 중 1명만이 물건을 훔친 사람이 되어 자기 자신과 D 중 1명만 물건을 훔쳤다는 B의 첫 번째 이야기가 진실이 되므로 물건을 훔친 사람은 2명이 아니라는 두 번째 이야기는 거짓이 된다. 이에 따라 물건을 훔친 사람은 2명이므로 D의 두 번째 이야기는 거짓이고, 물건을 훔친 사람이 2명임을 봤다는 A의 첫 번째 이야기는 진실이 되므로 사실 자기가 물건을 훔쳤다는 D의 첫 번째 이야기가 진실이 되고, D는 물건을 훔치지 않았다는 A의 두 번째 이야기는 거짓이 되어 D가 물건을 훔친 사람이고, B는 물건을 훔친 사람이 아니다. 또한 B와 C가 모두 물건을 훔친 것을 알고 있다는 E의 첫 번째 이야기는 거짓이 되므로 F가 물건을 훔쳤다는 E의 두 번째 이야기가 진실이 됨에 따라 F는 물건을 훔친 사람이다. 이때, F가 물건을 훔친 것을 봤다는 C의 첫 번째 이야기가 진실이 되므로 나와 A, E 중 물건을 훔친 사람이 최소 1명이라는 이야기는 거짓이 되어 A, C, E 중 물건을 훔친 사람은 없게 된다.

따라서 A, C, E 중 물건을 훔친 사람은 없다는 것은 항상 옳은 설명이다.

[오답풀이] ② B와 D 중 1명만이 물건을 훔친 사람이므로 옳지 않은 설명이다.

③ 물건을 훔친 사람은 2명이므로 옳지 않은 설명이다.

④ 첫 번째 이야기가 진실인 사람은 A, B, C, D 4명이므로 옳지 않은 설명이다.

⑤ C의 두 번째 진술은 거짓이므로 옳지 않은 설명이다.

문제 풀이 Tip

공통적인 이야기를 하는 사람부터 이야기의 진실 여부를 확인한다. B에 대한 이야기를 하는 사람은 B, E, F이고, D에 대한 이야기를 하는 사람은 A, B, D, F이므로 B와 F의 이야기를 먼저 확인하여 풀이한다.

05 ④

Quick해설 경우의 수를 나누어 생각하면 다음과 같다.

경우 1) E의 말이 거짓일 경우

거짓을 말하는 사람의 말에는 진실이 포함되어 있지 않으므로 C는 책장을 관리하고 D는 화분을 관리한다. 거짓을 말하는 사람은 1명이라고 하였으므로 나머지 사람들의 말은 모두 진실이어야 한다. A는 화분을 관리하는 사람이 거짓을 말하고 있다고 하였지만, 화분을 관리하는 D는 진실을 말해야 한다는 점에서 모순이 발생하므로 E의 말은 진실이다.

경우 2) D의 말이 거짓일 경우

A는 화분을 관리하고 있다. 하지만 A는 화분을 관리하는 사람이 거짓을 말하고 있다고 하였다는 점에서 A의 말도 거짓이 되어 모순이 발생하므로 D의 말은 진실이다.

경우 3) B의 말이 거짓일 경우

A의 말이 진실이어야 하므로 B가 화분을 관리해야 한다. 하지만 C는 B가 책장을 관리한다고 하였다는 점에서 모순이 발생하므로 B의 말은 진실이다.

경우 4) A의 말이 거짓일 경우

B, C의 말이 진실이므로 B는 책장, D는 탕비실, E는 공기청정기를 관리한다. C는 진실을 말하기 때문에 화분을 관리하지 않으므로 복합기를 관리해야 한다. 이 경우 A가 화분을 관리해야 하는데, A가 화분을 관리한다면 화분을 관리하는 사람이 거짓을 말하고 있다는 A의 말이 진실이 되어 모순이 발생하므로 A의 말은 진실이다.

따라서 거짓을 말하고 있는 사람은 C이고, C의 말이 거짓이라면 A의 말은 진실이므로 거짓을 말하는 C는 화분을 관리한다.

06 ⑤

Quick해설 3문단을 통해서 데이터로부터 특징을 추출하여 학습을 진행하는 것은 머신러닝에 대한 설명임을 알 수 있다. 딥러닝은 사람이 수동으로 특징을 추출할 필요 없이 데이터의 복잡한 특징을 자동으로 학습할 수 있다.

[오답풀이] ① '딥러닝 기술의 핵심은 다층 신경망 구조'라는 4문단의 가장 첫 문장을 통해서 알 수 있다.

② 5문단의 '지도 학습은 라벨이 있는 데이터를 통해 학습하며, 주로 이미지 분류, 음성 인식 등의 분야에 적용된다. 비지도 학습은 라벨이 없는 데이터를 통해 패턴을 학습하며, 데이터 클러스터링, 차원 축소 등에 활용된다.'라는 문장을 통해서 지도 학습과 비지도 학습의 차이는 데이터의 라벨 유무임을 알 수 있다.

③ 6문단의 '데이터의 양과 질에 너무 민감하게 반응하며 편향된 데이터를 학습할 경우, 잘못된 예측이나 차별적인 결과를 초래할 수도 있다.'라는 내용을 통해 자료에 따라 편향된 결과를 예측할 수 있다는 사실을 알 수 있다.

④ 5문단의 '비지도 학습은 라벨이 없는 데이터를 통해 패턴을 학습하며, 데이터 클러스터링, 차원 축소 등에 활용된다.'를 통해서 알 수 있다.

07 ④

Quick해설 노이즈까지 학습하여 데이터를 일반화하지 못하는 문제는 과적합과 관련된 문제로 이에 대한 해결책으로 글에서 데이터 양 증가 및 다양성 증대, 불필요한 데이터 제거, 규제를 통한 복잡도 조절, 교차 타당성 검증, 복수 예측 결과 모델 사용(앙상블 기법) 등의 방법을 제시하고 있다. 글에서는 검증과 관련하여 검증 데이터를 무작위로 바꾸는 교차 타당성 검증을 제시하고 있으므로 고정한다고 말한 선택지는 해결 방안으로 적절하지 않다.

[오답풀이] 각각의 선택지는 ① 데이터 양 증가 및 다양성 증대, ② 규제를 통한 복잡도 조절, ③ 불필요한 데이터 제거, ⑤ 앙상블 기법에 대한 내용이다.

08 ③

Quick해설 [다]에서는 전자요금징수시스템의 데이터 처리 방식인 시분할 방식에 대해 설명하고 있다. 아울러 시분할 방식을 동기식과 비동기식으로 나눌 수 있다는 점을 제시하고 있으나 그 종류에 따른 데이터 처리 방식, 즉 동기식 시분할 방식과 비동기식 시분할 방식에 대해서는 [라]와 [마]에서 각각 상세히 설명하고 있다.

[오답풀이] ① 전자요금징수시스템이 어떠한 과정과 방식으로 작동하는 것일까에 대한 질문을 던지며 글의 화제를 제시하고 있다.

② 전자요금징수시스템이 작동되는 과정을 상세히 설명하고 있다.

④, ⑤ 동기식 시분할 방식과 비동기식 시분할 방식에서 각각 타임 슬롯이 데이터에 할당되는 방식과 프레임이 구성되는 방식을 설명한 뒤 그러한 방식의 장점과 단점을 제시하고 있다.

09 ②

Quick해설 제1기지국에서는 차량 단말기로부터 전송받은 요금 징수 관련 데이터를 잃어버리지 않도록 임시 저장소에 보관함과 동시에 지역요금소 ETC 서버로 보낸다고 하였으므로, 제1기지국에서 데이터를 임시 저장소에 안전하게 보관한 후 지역요금소 ETC 서버로 이동시킨다고 한 ㉡은 적절하지 않다.

10 ①

Quick해설 ㉠ 주민들의 참여를 기반으로 추진했다는 점에서 더 큰 의미가 있음을 이어주고 있으므로 '따라서'가 적절하다.

㉡ 지역민에게 이익이 환원되고, 이에 덧붙여 지역경제 활성화를 위한 사업모델을 제시하고 있다는 것을 이어주고 있으므로 '그리고' 혹은 '또한'이 적절하다.

㉢ 수익이 다양한 분야에 공유되고, 이와 더불어 투자 수익도 얻을 수 있음을 이어주고 있으므로 '그리고' 혹은 '또한'이 적절하다.

11 ④

Quick해설 2017~2021년 E기업의 신입사원 총인원은 $34+42+36+48+40=200$(명)이고, 2021년 신입사원의 평균 점수를 a라 하면 $34\times80+42\times76+36\times74+48\times78+40a=200\times78$

→ $12{,}320+40a=15{,}600$

→ $40a=3{,}280$

→ $a=82$(점)

따라서 E기업의 2021년 신입사원 평균 점수는 82점이다.

문제 풀이 Tip

가중 평균은 제시된 값에 가중치(비중)를 곱하는 것이므로 다음과 같은 방식으로도 답을 도출할 수 있다.

전체 인원이 200명이므로 연도별 가중치는 0.17, 0.21, 0.18, 0.24, 0.20이다.

2021년 신입사원 평균점수를 a라고 하면

$78-(0.17\times80+0.21\times76+0.18\times74+0.24\times78)=0.2a$

→ $a=82$(점)

이처럼 가중치가 0.1, 0.2 등 쉽게 계산할 수 있는 숫자라면 풀이 시 빠르게 문제를 풀 수 있다는 점을 염두에 두고 풀이 시간을 단축할 수 있는 방법을 선택하도록 한다.

12 ①

Quick해설 남자 직원들은 모든 여자 직원들과만 한 번씩 악수를 했으므로, 남자 직원 4명이 악수한 횟수는 4×6 $=24$(번)이다. 또한, 여자 직원 6명이 악수한 횟수는, 남자직원과 악수한 것을 중복하지 않도록 여자직원끼리만 악수한 경우로 따져야 하므로 여자 직원끼리 악수한 횟수는 $_6C_2=\dfrac{6\times5}{2}=15$(번)이다. 따라서 해당 TF팀의 구성원들이 악수한 총횟수는 $24+15=39$(번)이다.

13 ②

Quick해설 A소금물 180g에서 소금의 양은 $\dfrac{10}{100}\times180=$ 18(g)이다. B소금물 300g에서 소금의 양은 $\dfrac{x}{100}\times300$ $=3x$(g)이다.

A에 소금 20g을 섞은 후의 절반은 소금물 $\dfrac{180+20}{2}=$ 100(g)이고, 100g 소금물 안에 소금의 양은 $\dfrac{18+20}{2}=$ 19(g)이다. 이와 B를 섞은 결과물이 C소금물이고, C의 농도가 10%라면, $\dfrac{19+3x}{100+300}\times100=10$의 방정식이 성립하므로 $x=7$이다.

따라서 B소금물의 농도는 7%이다.

14 ⑤

Quick해설 회피 규칙 3)에서 영어 단어를 한글 모드에서 타이핑하여 입력하는 것을 언급하고 있으므로 쉽게 노출되는 경우로 볼 수 있다.

[오답풀이] ① 회피 규칙 5), 6)에서 사용자 또는 제3자가 쉽게 알 수 있는 내용을 포함한 패스워드를 언급하고 있다.

② 회피 규칙 7)에서 일정한 규칙성이 보이는 패스워드를 언급하고 있으므로, 보안이 높은 패스워드는 일정한 패턴이 반복되면 안 된다.

③ 회피 규칙 7)에서 키보드상에서 연속하는 위치에 있는 문자에 대하여 언급하고 있다.

④ 권장 규칙 1)에서 관련 내용을 언급하고 있다.

15 ②

Quick해설 선택지 ②와 같은 패스워드는 문자, 숫자 등의 혼합 사용이나 자릿수 등 쉽게 이해할 수 있는 부분이 없는 경우로 적절한 패스워드라고 볼 수 있다.

[오답풀이] ① 문자 조합에 관계없이 6자리의 패스워드이므로 적절하지 않다.

③ 'university'를 거꾸로 타이핑하여 부적절한 패스워드이다.

④ 'house'를 쉽게 알 수 있는 경우이다.

⑤ 'ncs', 'cookie' 등의 특정 명칭으로 구성된 부적절한 패스워드이다.

16 ⑤

Quick해설 최대공약수는 하나의 수를 다른 수로 나눈 나머지와 함께 다시 최대공약수를 구하면 된다. 따라서 주어진 선택지에서 최대공약수를 구하기 위해 고려해야 할 보기는 a/b 혹은 a mod b뿐인데, 이를 재귀 구조와 반복 구조 함수에 대입했을 때 정답이 될 수 있는 것은 a mod b뿐이다.

17 ①

Quick해설 반복 구조의 GCD 함수는 b가 0이 아닌 경우, b를 a mod b로 치환하여 나머지를 대입하고, a는 기존의 b를 대입하여 반복하는 방식으로 최대공약수를 구할 수 있다. 따라서 반복 함수 while문이 모두 종료되었을 때, 최대공약수는 a가 되므로 return a가 되어야 함수의 결과가 정상적으로 반환된다.

18 ③

Quick해설 반복구조 GCD 함수의 빈칸을 올바르게 구했다면, 보기의 c는 temp에 대응되는 수임을 알 수 있다. 따라서 while문 내부의 계산식인 c=b, b=a mod b, a=c가 정답이다.

19 ④

Quick해설 지속 가능한 기술 중에는 풍력발전, 조력발전, 태양열발전처럼 지금의 주된 발전 기술과는 상당히 차이를 보이는 기술도 있다. 그렇지만 지속 가능한 기술들은 지금 우리가 가진 기술과 그 형태가 크게 다르지 않다. 더 중요한 것은 그 기술이 디자인될 때 얼마나 더 많이 사회적, 환경적 효용에 중심을 두는 가이다.

지속 가능한 기술은 ① 이용 가능한 자원과 에너지를 고려하고, ② 자원이 사용되고 그것이 재생산되는 비율의 조화를 추구하며, ③ 이러한 자원의 질을 생각하고, ④ 자원이 생산적인 방식으로 사용되는가에 주의를 기울이는 기술이라고 할 수 있다. 즉, 지속 가능한 기술은 되도록 태양에너지와 같이 고갈되지 않는 자연 에너지를 활용하며, 낭비적인 소비 형태를 지양하고, 기술적 효용만이 아닌 환경효용(eco-efficiency)을 추구한다.

따라서 [보기]의 내용 중 옳은 것은 ㉠, ㉡, ㉢이다.

[오답풀이] ㉣ 지속 가능한 기술은 제품이나 기업이 환경을 존중하고 보호하는 것으로 인식되도록 하는 것이 아니라, 자원이 사용되고 그것이 재생산되는 비율의 조화를 추구한다.

20 ⑤

Quick해설 중간급 매니저에 대한 업무수행 능력 수준을 파악하기 위한 직무 수준 평가표이므로, 평가 항목은 기술관리자에게 요구되는 능력으로 구성되어야 한다. ㉤은 기술경영자에게 요구되는 능력이다.

21 ⑤

Quick해설 ⑤는 경청의 의미를 왜곡되게 파악하는 설명이며, 경청 과정에서 '왜?'라는 질문은 피해야 한다. 먼저 경청은 단순히 '듣는다'는 의미를 넘어, 상대방의 말을 귀로 들으면서 눈으로는 상대방이 표현하고자 하는 모든 신체적, 비언어적 표현을 함께 받아들여 상대방이 전달하는 메시지를 충분히 받아들이겠다는 노력의 과정으로 파악해야 한다. 또한 '왜?'라는 말은 보통 질문을 가장한 부정적 · 추궁적 · 강압적인 표현이므로 사용하지 않는 것이 좋다.

22 ②

Quick해설 [조건]에 따라 확정된 업무 담당자는 다음과 같다.

구분	A	B	C	D	E	F	G	H	I	J
직급	부장	차장	차장	과장	과장	대리	대리	주임	사원	사원
1지망	1	3	1	2	1	10	9	10	8	10
2지망	5	–	4	–	3	6	–	9	–	6
확정 1안	5	3	4	2	1	6	9	7 또는 10	8	10 또는 7
확정 2안	5	3	4	2	1	7	9	6 또는 10	8	10 또는 6
확정 3안	5	3	4	2	1	10	9	6 또는 7	8	7 또는 6

따라서 2지망으로 지원한 업무를 하게 되는 직원은 확정 1안에 따르면 A, C, F 3명, 확정 2안과 확정 3안에 따르면 A, C 2명 또는 A, C, J 3명으로 최대 3명이다.

[상세해설] 1지망 업무 중 단독으로 지원한 인원은 B, D, G, I 4명으로 이들은 1지망으로 지원한 업무를 바로 맡게 된다.

구분	A	B	C	D	E	F	G	H	I	J
직급	부장	차장	차장	과장	과장	대리	대리	주임	사원	사원
1지망	1	3	1	2	1	10	9	10	8	10
2지망	5	–	4	–	3	6	–	9	–	6
확정		3		2			9		8	

그 다음 1번 업무를 1지망으로 지원한 A, C, E의 2지망을 확인해 보면, A, C는 2지망으로 각각 5번 업무와 4번 업무를 단독 지원하였으므로 그대로 맡게 된다. 이때 E가 2지망으로 지원한 3번 업무는 이미 D가 맡게 되어 3번 업무를 할 수 없고, 첫 번째 조건에 따라 과장급 이상 인원은 W, X, Y, Z 대학 캠퍼스 리크루팅 인솔 및 비대면 채용설명회를 준비해야 하므로 1~5번 업무 중 남은 1번 업무를 맡게 된다. 이에 따라 A는 5번, B는 3번, C는 4번, D는 2번, E는 1번 업무를 맡는다.

구분	A	B	C	D	E	F	G	H	I	J
직급	부장	차장	차장	과장	과장	대리	대리	주임	사원	사원
1지망	1	3	1	2	1	10	9	10	8	10
2지망	5	–	4	–	3	6	–	9	–	6
확정	5	3	4	2	1		9		8	

그리고 10번 업무를 1지망으로 지원한 F, H, J 중 F와 J는 6번 업무를 2지망으로 중복 지원하였고, H만 9번 업무를 2지망으로 단독 지원하였으나 이미 G가 9번 업무를 맡게 되었으므로 H는 9번 업무를 맡을 수 없다. 이에 따라 부장은 F, H, J를 남은 6번, 7번, 10번 업무 중 임의로 배정해야 한다.

구분	A	B	C	D	E	F	G	H	I	J
직급	부장	차장	차장	과장	과장	대리	대리	주임	사원	사원
1지망	1	3	1	2	1	10	9	10	8	10
2지망	5	–	4	–	3	6	–	9	–	6
확정 1안	5	3	4	2	1	6	9	7 또는 10	8	10 또는 7
확정 2안	5	3	4	2	1	7	9	6 또는 10	8	10 또는 6
확정 3안	5	3	4	2	1	10	9	6 또는 7	8	7 또는 6

[오답풀이] ① 본인이 1지망으로 지원한 업무를 하게 되는 직원은 B, D, E, G, I와 F, H, J 중 한 명으로 최대 6명이므로 항상 옳은 설명이다.

③ F, H, J는 6번, 7번, 10번 업무 중 임의로 배정되고, 셋 중 한 명은 반드시 본인이 희망하지 않은 7번 업무를 맡게 되므로 항상 옳은 설명이다.

④ 5번 업무 비대면 채용설명회 준비 업무는 A부장이 하게 되므로 항상 옳은 설명이다.

⑤ 6번 업무 비대면 채용설명회 참석자 질문 답변은 F, H, J 중 한 명이 하게 되므로 항상 옳지 않은 설명은 아니다.

> **문제 풀이 Tip**
>
> 문제를 보면, 경우의 수가 많아 보이지만, 과장급 이상의 업무와 대리급 이하의 업무가 나누어지는 것을 파악하면 보다 쉽게 문제를 해결할 수 있다.

23 ④

Quick해설 ㉠의 뒤 문장은 ㉠의 앞 문장의 내용을 전환하는 내용으로 ㉠에는 '그런데'가 들어가야 하며, ㉡의 '뿐'은 의존 명사로 관형어인 '태어났을'과 띄어 써서 '태어났을 뿐입니다'로 써야 한다. ㉢의 '각인되어집니다'는 이중피동으로 '각인됩니다'로 수정해야 한다. ㉣에서 '격리하다'는 '다른 것과 통하지 못하게 사이를 막거나 떼어 놓다'의 의미를 지닌 동사로, 사동의 의미를 이미 지니고 있으므로 사동의 뜻을 더하는 '-시키다'를 붙이는 것은 적절하지 않다. 따라서 '격리했습니다'로 수정해야 한다.

[오답풀이] ㉤ 간접 인용임을 나타내는 격 조사 '고'로 연결하는 것은 적절한 표기이다.

24 ③

Quick해설 주어진 글은 음악으로 대표되는 문화가 낮은 수준에서 높은 수준으로 진보한다는 이론에는 문제가 있으며, 문화는 진보하는 것이 아니라 지속적으로 변화하는 것일 뿐이라고 주장하는 내용의 글이다.

[가], [나] 음악을 비롯한 문화를 진보적 관점으로 바라보는 것에 대한 문제 제기

[다] 명확한 목표가 있는 진보의 속성

[라] 문화임에도 목표가 가변적이며 진보적이지 않은 분야인 언어

[마] 문화에 진보적 개념을 적용할 수 없는 이유

[바] 음악은 진보한 것이 아니라 변화한 것이라는 주장

따라서 [가]~[바]의 문단 구조로 가장 적절한 것은 ③이다.

25 ④

Quick해설 • B: 「2024년 교통사고 사망자 감소 대책」의 주요 내용에 따르면 2024년 10월부터 상습적인 음주운전을 근절하기 위해 음주운전 방지장치를 장착한 경우에만 운전이 가능한 조건부 운전면허 제도가 시행된다고 하였다.
• C: 보도자료에서 2023년 전체 교통사고 사망자 수는 2,551명이고, 보행 중 사망자는 전체 교통사고 사망자의 34.7%를 차지한다고 하였다. 따라서 $2,551 \times 0.347 ≒ 885$(명)이므로 850명 이상이다.

[오답풀이] • A: '화물차 및 이륜차' 항목에 해당하는 내용으로, 5톤 이상의 노후한 사업용 대형 화물차의 경우 주행장치, 제동장치의 가변축 분해점검을 받아야 한다고 하였다.

26 ②

Quick해설 '교수 윤리강령'에 따라 공정성과 도덕성을 유지하여야 한다. 이는 학생들의 성적을 평가할 때도 반드시 필요한 덕목이며, 개인적인 감정이나, 그 사람의 직위, 해당 학생과의 친분 등으로 추가 점수를 부여하는 것은 공정하지 못하다. 교수 D의 발언 중 학생들의 객관적인 결과만을 고려하여 학점을 부여하는 것은 공정성과 도덕성에 어긋나지 않는 교수의 직업의식이라고 볼 수 있다.
나머지 A, B, C는 △△ 대학교의 '교수 윤리강령'의 내용에 알맞게 대화하고 있으므로 윤리강령에 어긋나는 말을 한 사람 수는 1명이다.

27 ②

Quick해설 퍼실리테이션에 의한 문제해결 방법은 깊이 있는 커뮤니케이션을 통해 서로의 문제점을 이해하고 공감함으로써 창조적인 문제해결을 도모한다는 것이다. 소프트 어프로치나 하드 어프로치 방법은 타협점의 단순 조정에 그치지만, 퍼실리테이션에 의한 방법은 초기에 생각하지 못했던 창조적인 해결 방법을 도출한다. 동시에 구성원의 동기가 강화되고 팀워크도 한층 강화된다는 특징을 보인다. 이 방법을 이용한 문제해결은 구성원이 자율적으로 실행하는 것이며, 제3자가 합의점이나 줄거리를 준비해 놓고 예정대로 결론이 도출되어 가도록 해서는 안 된다.

하드 어프로치에 의한 문제해결 방법은 상이한 문화적 토양을 가지고 있는 구성원을 가정하여 서로의 생각을 직설적으로 주장하고 논쟁이나 협상을 통해 의견을 조정해 가는 방법이다. 이때 중심적 역할을 하는 것이 논리, 즉 사실과 원칙에 근거한 토론이다. 제3자는 이것을 기반으로 구성원에게 지도와 설득을 하고 전원이 합의하는 일치점을 찾아내려고 한다. 이러한 방법은 합리적이긴 하지만, 잘못하면 단순한 이해관계의 조정에 그치고 말아서 그것만으로는 창조적인 아이디어나 높은 만족감을 이끌어 내기 어렵다.

언급된 세 가지 문제해결 방법 중 (가)는 상인과 대학생들이 자발적으로 참여하여 아이디어를 공유하고 창의적인 해결방법을 찾아낸 사례이므로 퍼실리테이션을 수행한 것이며, (나)는 각자의 주장에 대해 논쟁이나 협상을 통해 의견을 조정해 가는 하드 어프로치에 의한 문제해결 방법이다.

[오답풀이] ① 하드 어프로치에 대한 설명이다.
③ 퍼실리테이션에 대한 설명이다.
④ 하드 어프로치에 대한 설명이다.

28 ②

Quick해설 ㉠ 근로기준법 제50조 제1항에 의거하여 법적 근로시간인 주당 40시간으로 업무시간을 지켜줄 것을 요구할 수 있다.
㉢ 현재 1일 10시간을 근무 중이므로 근로기준법 제54조 제1항에 의거하여 1시간의 자유로운 휴게시간을 요구할 수 있다.

[오답풀이] ㉡ 현재 주 50시간 근무 중이고 3시간을 더 근무할 경우 주당 근무시간이 53시간이며 이중 연장근무는 13시간이다. 근로기준법 제53조 제1항에 의거하면 1주간에 12시간을 한도로 근로시간을 연장할 수 있으므로 3시간을 추가로 근무하면 근로기준법 위반이다.

② 근로기준법 제60조 제5항에 따르면 회사에 막대한 지장이 있는 경우 시기를 변경할 수 있다고 하였을 뿐, 소멸에 대한 내용은 나오지 않으므로 옳은 해결 방안이라고 할 수 없다.

29 ③

Quick해설 주어진 글은 학교폭력이 일어났을 때 적용되는 법과 절차를 설명하고 있다. [가]와 [나]에서는 학교폭력이 일어났을 때 제도권 내에서 행해지는 법과 절차이고, [다]와 [라]는 과거에 일어난 학교폭력에 대해서 대응할 수 있는 법적인 절차를 설명하고 있다. 따라서 [가]와 [나]를 묶고, [다]와 [라]를 묶어야 한다. 마지막으로 [마]는 법과 교육은 결코 분리되지 않는다는 글쓴이의 주장을 담고 있으므로 따로 떨어져 있는 것이 가장 적절하다.

30 ③

Quick해설 글의 반감기 공식에 따라 식을 구성하면 다음과 같다.

$300 \times (1/2)^{(t/5)} \leq 300 \times 0.0625$

$(1/2)^{(t/5)} \leq 0.0625$

$(1/2)^{(t/5)} \leq 1/16$

$(1/2)^{(t/5)} \leq (1/2)^4$

$t/5 \geq 4$

$t \geq 20$

따라서 최소 20일 후부터 후처리가 가능하다.

31 ②

Quick해설 회사에서 출발하여 A~E를 거쳐 다시 회사로 돌아오는 방법은 '회사-A-E-D-C-B-회사', '회사-B-C-D-E-A-회사', '회사-B-A-E-D-C-회사', '회사-C-D-E-A-B-회사' 4가지이다. 각 방법의 이동거리는 다음과 같다.

• 회사-A-E-D-C-B-회사:
 3+4+2+3+3+3=18(km)
• 회사-B-C-D-E-A-회사:
 3+3+3+2+4+3=18(km)
• 회사-B-A-E-D-C-회사:
 3+2+4+2+3+5=19(km)
• 회사-C-D-E-A-B-회사:
 5+3+2+4+2+3=19(km)

따라서 최단거리는 18km이다.

32 ③

Quick해설 연차를 쓰기 전날은 수원 공장에 출장을 다녀온다. 그러므로 가능한 일정은 다음과 같다. 이 중 목요일은 수원 공장 전체 야유회 날이라 출장을 갈 수 없음을 고려해야 한다.

월	수원 공장 출장			
화	연차	수원 공장 출장		
수		연차	수원 공장 출장	
목			연차	수원 공장 출장
금				연차

또한, 신제품 초안 설계를 한 다음 날에 임원 보고에 참석한다. 추가로 업체 미팅과 연차 사용은 연달아서 하지 않는다고 하였다. 연차 전날은 수원 공장에 출장을 가므로 연차 다음 날에 업체 미팅을 하지만 않으면 된다. 업체 미팅은 금요일에 진행하지 않으므로 업체 미팅이 금요일인 경우는 제외한다.

월	수원 공장 출장	업체 미팅	신제품 초안 설계	
화	연차	수원 공장 출장	임원 보고 참석	
수	신제품 초안 설계	연차	수원 공장 출장	
목	임원 보고 참석	신제품 초안 설계	연차	수원 공장 출장
금	~~업체 미팅~~	임원 보고 참석	~~업체 미팅~~	연차

그러므로 가능한 경우는 연차를 수요일에 사용하는 일정이다. 수요일에 연차를 쓰고 할 수 있는 일은 은행과 서점에 방문하는 것이다.

33 ④

Quick해설 2019년 대비 2022년 밤시간대 소음도는 서울 1dB 증가, 부산 3dB 증가, 대구 1dB 감소, 인천과 광주 변화 없음, 대전 2dB 증가했다. 따라서 밤시간대 소음도가 3dB 이상 증감한 도시에 '부산'이 해당하므로 없다는 설명은 적절하지 않다.

[오답풀이] ① 광주의 경우 2019년부터 2022년까지 낮시간대 소음도가 62~64dB로 환경 기준인 65dB를 초과하지 않았으며, 대전도 마찬가지로 60~61dB로 환경 기준을 초과하지 않았다. 그 외 주요 도시는 모두 환경 기준을 초과했다.

② 대전의 경우 2019~2022년 밤시간대의 소음도가 53~55dB로 환경 기준인 55dB를 초과하지 않았으며, 나머지 주요 도시는 모두 초과했다.

③ 광주의 밤시간대 소음도는 2019년 57dB, 2020년 56dB, 2021년 56dB, 2022년 57dB로 서울, 부산, 대구, 인천, 광주 중 가장 낮았다.

⑤ 대구의 낮시간대 소음도는 2019년부터 2022년까지 67dB로 변동이 없었다.

34 ④

Quick해설 [표]를 참고하면 2021년 전체 허가실적은 110,944천 m³이고 그중 육상골재(하천·바다·산림골재 외의 골재)의 허가실적이 4,074천 m³이므로, 전체 허가실적은 육상골재 허가실적의 $\frac{110,944}{4,074} = 27$(배)이다.

문제 풀이 Tip

육상골재 허가실적을 어림잡아 4,000천 m³이라 하고 25배를 하면 100,000천 m³인데 이보다도 실제 육상골재 허가실적이 크므로 25배 이상임을 알 수 있다.

[오답풀이] ① 골재 허가실적의 수치가 클수록 허가량이 많음을 의미하므로, 114백만 m³으로 수치가 가장 컸던 2020년에 골재 허가량이 가장 많았음을 알 수 있다.

② 골재 채취실적의 수치가 클수록 채취량이 많음을 의미하므로, 수치가 58백만 m³으로 가장 적었던 2018년에 골재 채취량이 가장 적었음을 알 수 있다.

③ 2020년에 골재 공급실적은 132백만 m³이고, 2021년 골재 공급실적은 136백만 m³이다. 따라서 전년 대비 2021년 골재 공급실적 증가율은 $\frac{136-132}{132} \times 100 = 3$(%)이다.

⑤ [표]에서 분기별 허가실적이 많은 순으로 나열하면 1분기 30,330천 m³, 2분기 27,861천 m³, 3분기 26,701천 m³, 4분기 26,052천 m³이다.

35 ③

Quick해설 2019년과 2020년의 성별 지방 과잉 섭취자 분율은 각각 24.9%(남자) > 22.5%(여자), 27.8%(남자) > 27.0%(여자)로 남자가 여자보다 높았다. 연령대별로 살펴보면 19~29세에서 2018년 28.6%, 2019년 31.4%, 2020년 40.4%, 2021년 40.1%, 2022년 43.0%로 가장 높았다.

[오답풀이] ① 에너지 과잉 섭취자 분율은 2021년에 14.6%, 2022년에 13.5%이다. 따라서 전년 대비 2022년에 에너지 과잉 섭취자 분율은 14.6 − 13.5 = 1.1(%p) 감소했음을 알 수 있다.

② 에너지 과잉 섭취자 분율은 남자와 여자의 경우 각각 다음과 같다.
 • 남자: 22.0%(2018년), 21.3%(2019년), 18.8%(2020년), 16.9%(2021년), 15.3%(2022년)
 • 여자: 14.8%(2018년), 14.0%(2019년), 12.8%(2020년), 12.0%(2021년), 11.8%(2022년)
따라서 남자가 여자보다 높았다.
또한, 연령대별로 살펴보면 1~2세의 경우 2018년부터 2022년까지 순서대로 34.3%, 32.6%, 27.7%, 43.4%, 47.2%로 다른 연령층에 비해 가장 높았다.

④ 분율이 낮을수록 양호하다고 해석할 수 있는데, 2018~2022년 중 2018년에 지방 과잉 섭취자 분율이 19.6%로 가장 낮았으므로 가장 양호했다고 해석할 수 있다.

⑤ [표1]을 살펴보면, 연령층 중 50~64세의 경우 에너지 과잉 섭취자 분율은 2018년에 20.4%를 기록했고 17.2%, 17.0%, 16.5%, 15.2%로 꾸준히 감소했다.

36 ②

Quick해설 전용면적 85m²는 대략 25.75평(85÷3.3)이고 이를 기준으로 농어촌특별세 여부를 정한다.

- A: 전용면적 30평형의 아파트이므로 전용면적 25.75평형을 초과하여 농어촌특별세(0.2%)를 내야 한다. 취득가액은 6억 원이므로 취득세율은 1%이고, 지방교육세는 0.1%이다. 즉, 취득세율은 1.3%(1+0.2+0.1)이다.

  그러므로 총취득세는 6억 원×1.3%=780(만 원)이다.

- B: 60평형의 토지는 주택 외 매매에 속한다. 취득세율 4%, 농어촌특별세 0.2%, 지방세 0.4%이므로, 총취득세율은 4.6%(4+0.2+0.4)이다.

  그러므로 총취득세는 1억 8천만 원×4.6%=828(만 원)이다.

- C: 전용면적 20평형의 아파트이므로 전용면적 25.75평형 이하여서 농어촌특별세는 해당 사항이 없다. 취득가액은 6억 원 초과 9억 원 이하에 해당하므로 (6.12억 원×2/3-3)×1/100=6,609,600(원) 그리고 지방교육세(660,960원)를 합하면 총취득세는 7,270,560원이다.

- D: 공시지가 2억 원인 토지를 무상취득(증여)하였으므로 취득세율 3.5%, 농어촌특별세 0.2%, 지방교육세 0.3%이고, 총취득세율은 4%(3.5+0.2+0.3)이다.

  그러므로 총취득세는 2억 원×4%=800(만 원)이다.

따라서 총취득세가 높은 것부터 나열하면 B-D-A-C 이다.

37 ②

Quick해설 A~E가 받은 날짜별 수익과 총수익은 다음과 같다.

(단위: 만 원)

구분	1일 차	2일 차	3일 차	4일 차	5일 차	총수익
A	41.5	81.1	97.1	85.6	0	305.3
B	83	81.1	97.1	0	45	306.2
C	0	0	97.1	85.6	90	272.7
D	83	81.1	0	0	90	254.1
E	41.5	40.5	48.5	42.8	45	218.3

따라서 A의 총수익은 305.3만 원으로 B의 총수익 306.2만 원보다 더 적으므로 옳지 않다.

[상세해설] 1일 차에는 매출액이 370만 원이고, 10만 원과 매출액의 30%를 빼면 249만 원이다. B와 D가 받은 매출액을 x원이라 하면 A와 E가 받은 매출액은 $0.5x$원이다. 따라서 $x+0.5x+x+0.5x=249$, $3x=249$, $x=83$이다. 따라서 1일 차에 B와 D는 83만 원, A와 C는 41.5만 원을 받았다.

2일 차에는 매출액이 420만 원이고, 10만 원과 매출액의 30%를 빼면 284만 원이다. A, B, D가 받은 매출액을 x원이라 하면 E가 받은 매출액은 $0.5x$원이다. 따라서 $x+x+x+0.5x=284$, $3.5x=284$, $x≒81.1$이다. 따라서 2일 차에는 A, B, D는 81.1만 원, E는 40.5만 원을 받았다.

3일 차에는 매출액이 500만 원이고, 10만 원과 매출액의 30%를 빼면 340만 원이다. A, B, C가 받은 매출액을 x원이라 하면 E가 받은 매출액은 $0.5x$원이다. 따라서 $x+x+x+0.5x=340$, $3.5x=340$, $x≒97.1$이다. 따라서 3일 차에는 A, B, C는 97.1만 원, E는 48.5만 원을 받았다.

4일 차에는 매출액이 320만 원이고, 10만 원과 매출액의 30%를 빼면 214만 원이다. A, C가 받은 매출액을 x원이라 하면 E가 받은 매출액은 $0.5x$원이다. 따라서 $x+x+0.5x=214$, $2.5x=214$, $x=85.6$이다. 4일 차에는 A, C는 85.6만 원, E는 42.8만 원을 받았다.

5일 차에는 매출액이 400만 원이고, 10만 원과 매출액의 30%를 빼면 270만 원이다. C, D가 받은 매출액을 x원이라 하면 B, E가 받은 매출액은 $0.5x$원이다. 따라서 $0.5x+x+x+0.5x=270$, $3x=270$, $x=90$이다. 따라서 5일 차에는 C, D는 90만 원, B, E는 45만 원을 받았다.

이에 따라 A~E가 받은 날짜별 수익과 총수익은 다음과 같다.

(단위: 만 원)

구분	1일 차	2일 차	3일 차	4일 차	5일 차	총수익
A	41.5	81.1	97.1	85.6	0	305.3
B	83	81.1	97.1	0	45	306.2
C	0	0	97.1	85.6	90	272.7
D	83	81.1	0	0	90	254.1
E	41.5	40.5	48.5	42.8	45	218.3

따라서 A의 총수익은 305.3만 원으로 B의 총수익 306.2만 원보다 받은 금액이 더 적으므로 옳지 않다.

[오답풀이] ① 총재료비 및 기타 부대비용은 $0.3 \times$ $(370+420+500+320+400)=603$(만 원)이다.

③ 종일 근무자 1인이 가져가는 금액이 가장 적은 날은 81.1만 원을 가져간 2일 차이다.

④ C의 총수익은 272.7만 원으로 D의 총수익 254.1만 원보다 더 많다.

⑤ E가 받은 총수익은 218.3만 원이다.

38 ①

Quick해설 청약 가점을 높이기 위해서는 가점기준표의 가점항목의 점수를 높여야 한다. 가점항목은 무주택 기간, 부양가족수, 청약통장 가입 기간으로 이와 관련 없는 선택지는 ①번이다. 청약예금은 민영주택 청약이 목적인 통장으로 국민주택 청약과 관계가 없으며, 청약예금은 가입 기간과 예치 금액에 따라 청약 순위가 결정된다.

[오답풀이] ⑤ 부양가족과 관련된 내용으로 부양가족 기준을 충족시켜 부양가족수 점수를 높이기 위한 방법이다.

39 ②

Quick해설 가점항목을 정리하여 점수를 구하면 다음과 같다.

구분	무주택기간		부양가족수		청약통장 가입기간		합계점수
	조건	점수(점)	조건	점수(점)	조건	점수(점)	
A	3년 이상~4년 미만 (혼인신고일부터 계산)	8	2명 모: 나이요건 탈락	15	14년 이상~15년 미만	16	39
B	3년 이상~4년 미만 (30세 생일로부터 계산)	8	3명	20	10년 이상~11년 미만	12	40
C	1년 미만	2	0명	5	15년 이상	17	24
D	청약통장의 종류가 청약예금이므로 청약이 불가능						
E	15년 이상	32	0명 자녀1: 분리세대 탈락 자녀2: 기혼 탈락	5	6월 이상~1년 미만	2	39

따라서 가점이 가장 높은 B가 당첨된다.

40 ③

Quick해설 주어진 규정에 의해 항목별 평가 종합점수를 계산해 보면 다음과 같다.

[표] 항목별 평가 종합점수 (단위: 점)

구분	영업1팀	영업2팀	영업3팀	영업4팀	영업5팀
수익 달성률	90×0.4 $=36.0$	93×0.4 $=37.2$	72×0.4 $=28.8$	85×0.4 $=34.0$	83×0.4 $=33.2$
매출 실적	92×0.4 $=36.8$	78×0.4 $=31.2$	90×0.4 $=36.0$	88×0.4 $=35.2$	87×0.4 $=34.8$
팀 평가	90×0.2 $=18.0$	89×0.2 $=17.8$	82×0.2 $=16.4$	77×0.2 $=15.4$	93×0.2 $=18.6$
종합점수	90.8	86.2	81.2	84.6	86.6

따라서 평가 종합점수가 4위와 5위인 두 팀은 영업4팀과 영업3팀이다.

41 ③

Quick해설 영업1팀은 평가 종합점수 90.8점으로 A등급, 영업3팀은 평가 종합점수 81.2점으로 C등급이므로 K대리는 210만 원의 25%, S차장은 320만 원의 15%를 각각 성과급으로 지급받는다. 따라서 K대리는 $210 \times 0.25=$ 52.5(만 원), S차장은 $320 \times 0.15=48$(만 원)을 지급받는다.

42 ②

Quick해설 A차량이 황색신호에 교차로에 진입하였으므로 기본 과실은 (A80 : B20)이다. 이 경우엔 정체 중 꼬리물기가 명확히 확인되었더라도 가점을 적용하지 않는다는 것에 주의해야 한다. A는 현저한 과실에 해당하는 요인을 2가지 범하였으나, 각 가감요소에 대한 가점은 한 번씩만 적용하므로 가점 10점만 적용한다. B는 현저한 과실과 중대한 과실에 모두 해당되는데, 이 경우 중복 적용하지 않고 중대한 과실만 적용하므로 가점 20점만 적용한다.

A차량의 가점 10점과 B차량의 가점 20점을 상쇄시키면 B차량 가점 10점만 남으므로, 기본과실 (A80 : B20)을 (A70 : B30)으로 변경하여 최종 적용한다.

43 ②

Quick해설 총이용료가 가장 저렴한 경우는 운동 이용료 3개월권과 1개월권 2번을 결제하였을 때 396,000원, 기타 시설 이용료 200,000원으로 총 396,000+200,000=596,000(원)인 B센터이다.

[상세해설] 최 씨는 주 2회씩 20주, 5개월간 운동을 한다. 이에 따라 최 씨가 운동 이용료를 지불하는 방법은 3개월권+(1개월권×2)을 구매하는 경우, 6개월권을 구매하는 경우로 구분할 수 있으며, 각 경우의 센터별 운동 이용료는 다음과 같다.

구분	A센터	B센터	C센터	D센터	E센터
3개월권 + (1개월권×2)	573,300원	396,000원	792,000원	564,000원	478,000원
6개월권	604,800원	490,000원	810,000원	612,000원	550,000원

이때, 최 씨는 운동복과 사우나, 스파는 이용하며, 그 외 별도의 시설은 이용하지 않을 예정이므로 A센터는 $10,000×5=50,000$(원), B센터는 $(15,000+25,000)×5=200,000$(원), C센터는 $11,000×5=55,000$(원), D센터는 $20,000×5=100,000$(원), E센터는 $(11,000+20,000)×5=155,000$(원)이 추가되어야 한다. 각 센터별 운동 이용료 중 가장 저렴한 요금에 기타 시설 이용료를 합산한 각 센터별 총이용료는 다음과 같다.

- A센터: 573,300+50,000=623,300(원)
- B센터: 396,000+200,000=596,000(원)
- C센터: 792,000+55,000=847,000(원)
- D센터: 564,000+100,000=664,000(원)
- E센터: 478,000+155,000=633,000(원)

따라서 총이용료가 가장 저렴한 운동 센터는 B센터이다.

44 ③

Quick해설 A팀은 A-B, A-C, A-D 총 3번의 경기를 진행한다. 이때 경기 중에 승점 3점을 얻으려면 3번의 경기에서 비기거나, 2번의 경기에서 승리하고 1번의 경기에서 패배하면 된다.

이때 A팀이 이길 확률은 $\frac{1}{2}$, 비길 확률은 $\frac{1}{5}$이므로 패배할 확률은 $1-\frac{1}{2}-\frac{1}{5}=\frac{3}{10}$이다.

따라서 A팀이 승점 3점을 얻을 확률은

$\left(\frac{1}{5}\right)^3+_3C_2×\left(\frac{1}{2}\right)^2×\frac{3}{10}=\frac{233}{1,000}$이다.

45 ③

Quick해설 첫 번째와 네 번째 숫자를 x라고 할 때, 다섯 번째 숫자는 x^2이 되고, 세 번째 숫자는 $x+1$이 된다. 마지막 조건에서 비밀번호 다섯 자리 모든 수의 합이 20이므로 이를 토대로 방정식을 세우면

$x+1+(x+1)+x+x^2=x^2+3x+2=20$

→ $(x-3)(x+6)=0$ → $x=3(∵$ 자연수$)$이다. 따라서 비밀번호의 세 번째 숫자는 $x+1=4$이다.

46 ③

Quick해설 본부장 전결 업무는 본부장이 최종 결재권자이므로 상위 직급인 사장의 결재가 필요하지 않다. 따라서 마케팅본부장이 최종 결재권자인 결재 문서를 작성한 것은 적절한 행위가 된다.

[오답풀이] ① 감사실장은 사장 직속 조직이며, 감사에 관한 업무가 아닌 경우 본부장과 사장 사이에 포함된 결재 라인이라고 볼 수 없다. 따라서 분기별 판매 계획안과 같은 영업 업무에 관한 문서의 결재 라인에 감사실장을 포함하는 것은 적절하지 않다.

② 해외 출장 계획서는 감사 관련 업무로 볼 수 없으므로 감사실장에게 보고하는 것은 적절하지 않다.

④ 사장 전결 업무 문서는 이하 직급자 모두의 결재를 받아야 하므로 마케팅본부장의 결재 역시 포함되어야 한다.

⑤ 인사처의 사장 전결 업무는 인사처장, 관리본부장, 사장의 순으로 결재를 받아야 하며, 타 본부의 본부장이 결재 라인에 포함되어야 하는 것은 아니다.

47 ④

Quick해설 주어진 글에서는 이메일 에티켓을 다음과 같이 여섯 가지로 제시하고 있다.

첫째, 업무 전용 이메일 주소를 사용한다.

둘째, 올바른 수신자인지 확인한다.

셋째, 참조에는 꼭 필요한 사람만 추가한다.

넷째, 제목은 직접적이고 명확하게 작성한다.

다섯째, 이메일을 받는 대상의 이름을 정확하게 작성하였는지 검토한다.

여섯째, 발신자의 정보를 포함시킨다.

따라서 참조에는 꼭 필요한 사람 외에는 추가하지 않아야 한다.

48 ①

Quick해설 주어진 글에서 △△기업의 대표는 실수로 전 직원에게 구조조정의 내용이 담긴 이메일 발송하였고, 이 사건으로 인해 그는 자리에서 물러나게 되었다고 하였다. 따라서 △△기업의 대표는 수신자를 제대로 확인하지 않은 것이다. 다양한 분야와 협업하는 직종이나 규모가 큰 기업에 다니고 있다면 동명이인이나 비슷한 이름을 가진 사람들에게 이메일이 잘못 전송될 수 있으므로 반드시 주의해야 한다. 또한, 한 번 발송한 이메일은 회수하기 어려우므로 받는 사람의 이메일 주소가 올바른지 거듭 확인해야 한다.

49 ⑤

Quick해설 ㉠ 제1조 제5항 운전자는 교통 법령과 별도로 정한 운전수칙에 따라 운전을 해야 하며, 차량에 비치된 운행일지를 운행 시마다 작성하여야 한다.

즉, 운행일지는 운행하는 날마다 작성해야 한다.

㉡ 제1조 제2항 업무용 차량으로 장거리 운행할 시 차량 사용자는 차량배차신청서를 운행 3일 전까지 주관부서에 제출하여 승인을 받아야 한다. (장거리 운행의 기준은 1박 이상의 출장)

6월 1일이 월요일이므로 6월 15일도 월요일이다. 따라서 차량배차신청서를 운행 3일 전까지 주관부서에 제출해야 하므로 6월 10일(수)까지 우리 팀(총무팀이

주관부서)에 제출해야 한다.

㉢ 제3조 제1항 운행거리는 계기에 의해서 측정함을 원칙으로 한다.

운행거리는 계기에 의해서 측정을 하는 것이지 대략적으로 찾아 보는 거리는 인정되지 않는다.

㉣ 제1조 제2항 단, 가까운 거리의 운행은 약식보고로 가능하다. (장거리 운행의 기준은 1박 이상의 출장으로 하며, 가까운 거리라 함은 왕복 1~3시간 이내의 거리를 말하며 당일 출장 업무의 경우 거리에 제한을 두지 않는다.)

가까운 거리(왕복 1~3시간)일 때만 약식보고가 가능하다. 이때, 서울 본사에서 대구까지는 차량으로 왕복 1~3시간은 불가능하므로 약식보고가 가능하지 않다.

50 ②

Quick해설 'so what?'을 활용한 논리적 사고는 단어나 체언만으로 단순히 드러난 사실이나 1차적인 생각만을 표현하는 것이 아니라, 주어진 상황을 모두 분석하여 주어와 술어가 있는 글로 표현함으로써 '어떻게 될 것인가?', '어떻게 해야 한다.' 등의 메시지가 포함되어 있어야 한다. 따라서 'so what?' 방법을 가장 잘 활용한 논리적 사고에 해당하는 것은 제시된 A~C로부터 의미를 찾아내어 가치 있는 정보를 이끌어 낸 ②이다.

[오답풀이] ①, ③, ④ '어떻게 될 것인가?', '어떻게 해야 한다.' 등의 메시지가 포함되어 있지 않다.

⑤ 제시된 A~C를 고려하였을 때 모든 금융활동을 중단하는 편이 낫겠다는 판단은 논리적으로 적절하지 않다.

51 ③

Quick해설 평가항목별 세부기준에 따라 각 항목별 점수를 계산한다. 비계량평가의 경우 지원업체 수가 5개이므로 A등급, B등급, D등급이 1개이고, C등급이 2개이다. A등급은 배점의 100%, B등급은 90%, C등급은 80%, D등급은 70%를 부여한다.

[표] 갑~무 업체 평가 점수 (단위: 점)

구분	갑	을	병	정	무
발권수수료	19	21	25	21	20
발권실적	9	10	9	8	8
재무상태	10	10	9.5	10	9
배정인원	3.3	4.2	5	3.3	5
평균 근무경력	4.2	3.3	4.2	5	3.3
긴급상황 대처 능력(순위)	20	18	14	16	16
업무지원(순위)	8	7	8	9	10
서비스(순위)	8	8	9	10	7
총합	81.5	81.5	83.7	82.3	78.3

따라서 모집 여행사에 병 업체가 선정된다.

52 ①

Quick해설 1월 1주 차에 판매된 수량 120개 중 40개는 1월 1일 매장 운영 전 재고이고, 80개는 1월 1주 차에 매입한 수량이다. 1월 2주 차에 판매된 수량 90개 중 20개는 1월 1주 차에 매입한 수량이고, 70개는 1월 2주 차에 매입한 수량이다. 1월 3주 차에 판매된 수량 130개 중 50개는 1월 2주 차에 매입한 수량이고, 80개는 1월 3주 차에 매입한 수량이다. 1월 4주 차에 판매된 수량 80개 중 70개는 1월 3주 차에 매입한 수량이고, 10개는 1월 4주 차에 매입한 수량이다. 1월 5주 차에 판매된 수량 110개 중 90개는 1월 4주 차에 매입한 수량이고, 20개는 1월 5주 차에 매입한 수량이다.

즉, 1월 4주 차까지 매입한 물량은 모두 판매되었고, 1월 5주 차에 매입한 물량은 20개 판매되었으므로 매입원가는 $40 \times 26,000 + 100 \times 28,000 + 120 \times 26,000 + 150 \times 24,500 + 100 \times 27,000 + 20 \times 28,500 = 13,905,000$(원)이다.

1월의 총매출액은 $120 \times 37,000 + 90 \times 36,000 + 130 \times 36,500 + 80 \times 37,500 + 110 \times 37,000 = 19,495,000$(원)이다. 따라서 순이익은 $19,495,000 - 13,905,000 = 5,590,000$(원)이다.

53 ④

Quick해설 B사원: [표2]에 따르면 모든 세대에서 '일대일 대면 대화'가 가장 선호하는 의사소통 방식이라고 하였으므로 적절하지 않다.

D사원: [표2]에 따르면 X세대, 즉 1970년대생은 일대일 대면 대화, 전화 통화, 다수가 참여하는 회의 등 업무 메신저를 통한 방식보다는 직접적인 소통 방식을 선호하는 것으로 볼 수 있으므로 적절하지 않다.

[오답풀이] A사원: [그래프1]에서 확인할 수 있는 내용이다.

C사원: [그래프2]에서 확인할 수 있는 내용이다.

54 ⑤

Quick해설 2018년 전국 대비 서울시의 담배급별 건당 비중 및 세액 비중은 다음과 같다.

구분	전체	국산담배	외산담배
건당 비중	$\dfrac{753}{17,194} \times 100$ $\fallingdotseq 4.4(\%)$	$\dfrac{47}{6,546} \times 100$ $\fallingdotseq 0.7(\%)$	$\dfrac{706}{10,648} \times 100$ $\fallingdotseq 6.6(\%)$
세액 비중	$\dfrac{607,909,525}{3,477,561,138} \times 100$ $\fallingdotseq 17.5(\%)$	$\dfrac{518,170,136}{2,883,199,092} \times 100$ $\fallingdotseq 18.0(\%)$	$\dfrac{89,739,389}{594,362,046} \times 100$ $\fallingdotseq 15.1(\%)$

건당 비중과 세액 비중이 서로 바뀌어 그래프로 제시되었으므로 옳지 않다.

[오답풀이] ④ 서울시 담배급별 건당 담배소비세는 다음과 같다.

구분	전체	국산담배	외산담배
2018년	$\dfrac{607,909,525}{753} \fallingdotseq$ 807,317 (천 원/건)	$\dfrac{518,170,136}{47} \fallingdotseq$ 11,024,897 (천 원/건)	$\dfrac{89,739,389}{706} \fallingdotseq$ 127,110 (천 원/건)
2019년	$\dfrac{565,435,461}{731} \fallingdotseq$ 773,510 (천 원/건)	$\dfrac{564,418,696}{41} \fallingdotseq$ 13,766,310 (천 원/건)	$\dfrac{1,016,765}{690} \fallingdotseq$ 1,474 (천 원/건)

함수식은 '=TODAY( )'이며, 단축키는 'CTRL+;'이다.

ⓒ MS Excel에서 지금 시간을 입력할 수 있는 함수식은 '=NOW( )'이며, 단축키는 'CTRL+SHIFT+;'이다.

ⓒ MS Excel에서 오늘로부터 특정 일수의 예정일을 구하려면 TODAY함수를 사용한다. TODAY함수에서 '오늘'은 1일째로 기산하므로 100일째 되는 날을 구하기 위해서는 '=TODAY( )+99'를 입력해야 한다. 참고로 NOW함수를 사용한 함수식인 '=NOW( )+99'를 입력할 경우 오늘로부터 100일째 되는 날과 시간까지 함께 나타난다.

문제 풀이 Tip

해당 유형은 선택지의 제목에 제시된 항목과 다른 항목이 선택지의 그래프에 들어갔거나, 단위가 잘못되었거나 등 계산을 하지 않고도 답을 찾을 수 있는 경우가 많다. 따라서 계산을 하기 전, 이러한 부분이 없는지 살펴본 후, 없다면 그때 계산하여 문제를 풀이할 수 있도록 한다.

55 ③

Quick해설 지하철 이용자와 비이용자의 출퇴근 소요 시간에 따른 업무 효율 상관관계 분석 결과를 알기 위해서는 우선 지하철 이용자와 비이용자에 관한 데이터, 출퇴근 소요 시간, 업무 효율 등의 기초적인 데이터(자료)가 수집되어야 하며, 이를 적절한 방법으로 가공하여 문제해결에 필요한 새로운 정보를 만들어내야 한다. 따라서 이러한 분석 결과는 자료가 아닌, 정보로 볼 수 있다.

[오답풀이] 특정 역의 시간대별 유입 인원, 지하철의 배차 간격, 대중교통 이용에 관한 설문조사 결과 등은 모두 그 자체만으로 문제해결의 도움이 되는 데이터라고 보기 어려우며, 원하는 해답을 찾기 위해 수집·분석 등의 가공을 거쳐야 하므로 단순한 자료의 단계에 해당하는 데이터로 볼 수 있다.

56 ②

Quick해설 코로나19의 확산세가 누그러지고 있다거나 혹은 확진자 증가로 마스크 수요가 급증하고 있다는 것은 단순한 개별적인 정보에 지나지 않으므로 인포메이션이라고 볼 수 있다. 그러나 코로나19의 변이 바이러스 등장으로 인해 치료제와 백신 개발이 새로운 국면을 맞을 것으로 예측하는 것이나, 코로나19 여파로 인한 비정상적인 학사 운영에 따라 수능시험 일정이 조정될 것으로 예상하는 것은 연결된 정보 덩어리에 의해 향후의 새로운 가치를 판단하고 있으므로 인텔리전스의 예시가 된다. 따라서 선택지 ②는 인텔리전스가 아닌 인포메이션의 예시가 된다.

57 ④

Quick해설 ⓒ MS Excel에서 오늘 날짜를 입력할 수 있는

58 ⑤

Quick해설 숫자가 표시된 셀을 지정하여 '%' 버튼을 누르면 100이 곱해진 수치에 '%'가 함께 표시된다. '%'는 백분율을 표시하는 도구이므로 '×100'을 자동 연산한 값을 '%'로 표시하는 것이다.

59 ④

Quick해설 전통적 조직은 세분화된 업무 단위를 통합·조정하는 역할을 담당하는 메커니즘으로서 '계층'을 활용한다. 이러한 계층은 명령일원화의 원칙과 적정 감독 범위의 원리에 따라 다단계화되는 것이 일반적이다. 따라서 제시된 설명은 전통적 조직의 특징에 해당하므로 적절하지 않다.

[오답풀이] ① 전통적인 조직은 개인의 직무를 세분화하고 이를 기능별로 묶어서 조직단위를 구성한다. 이러한 분업화와 기능별 조직화의 원리에 의거한 전통적 조직은 조직의 거대화에 따른 부문 간 조정 문제가 과다하다는 문제점이 발생하므로 적절하다.

② 제시된 설명은 팀제 조직이 수평적인 특성을 갖는 이유에 해당하므로 적절하다.

③ 전통적 조직이 지시적 리더십을 갖게 되는 이유에 해당하므로 적절하다.

⑤ 팀제 조직은 구성원들을 하나의 방향으로 결집시켜 주는 역할을 하게 되어 업무수행 목표에 더욱 몰입할 수 있도록 하며, 이는 곧 효율성 증대와 생산성 향상으로 이어질 수 있으므로 적절하다.

60 ②

학생 A는 문제의 시작을 나름대로 정리하고자 하는 계획과 순서 등에 관심을 가졌으므로 Blue 모자 사고에 해당한다. 학생 B는 브레인스토밍의 핵심 요소인 발상의 전환을 통해 새로운 결과를 얻고자 하였으므로 Green 모자 사고에 해당한다.

피듈형 NCS 실전모의고사 5회

01	⑤	02	①	03	②	04	④	05	③
06	⑤	07	⑤	08	④	09	①	10	①
11	③	12	②	13	③	14	①	15	⑤
16	①	17	②	18	⑤	19	③	20	③
21	①	22	④	23	⑤	24	④	25	⑤
26	②	27	③	28	④	29	④	30	⑤
31	⑤	32	⑤	33	②	34	②	35	⑤
36	②	37	④	38	②	39	③	40	②
41	④	42	②	43	④	44	③	45	⑤
46	④	47	⑤	48	④	49	⑤	50	⑤

☑ CHECK 영역별 실력 점검표

맞힌 문제와 틀린 문제를 체크해
나의 취약 영역을 한눈에 확인해 보세요!

문항	영역	O/×	문항	영역	O/×	문항	영역	O/×	문항	영역	O/×	문항	영역	O/×
01	의사소통		02	수리		03	수리		04	자원관리		05	의사소통	
06	의사소통		07	의사소통		08	의사소통		09	대인관계		10	기술	
11	직업윤리		12	문제해결		13	수리		14	자기개발		15	문제해결	
16	자기개발		17	정보		18	자원관리		19	수리		20	의사소통	
21	자원관리		22	자원관리		23	직업윤리		24	문제해결		25	조직이해	
26	조직이해		27	수리		28	수리		29	의사소통		30	자기개발	
31	기술		32	기술		33	의사소통		34	의사소통		35	자원관리	
36	자원관리		37	자원관리		38	대인관계		39	대인관계		40	자원관리	
41	정보		42	정보		43	문제해결		44	수리		45	수리	
46	의사소통		47	조직이해		48	문제해결		49	자기개발		50	문제해결	

01 ⑤

Quick해설 동물원은 인공적인 환경에서 동물들의 복원과 보전을 목적으로 운영되고 있다. 실제로 자연 생태계에서의 복원에는 한계가 있으며, 인공적인 환경에서 동물들은 자연적인 번식 진화가 어렵다.

02 ①

Quick해설 제품 X 한 개를 임의로 선택했을 때 불량품일 경우, 그 제품이 기계 A에서 생산되었을 확률은

$$\frac{0.005}{0.005+0.006+0.006}=\frac{5}{17}$$ 이다.

[상세해설] 임의로 선택된 제품 X가 기계 A에서 생산된 제품일 사건을 A, 기계 B에서 생산된 제품일 사건을 B, 기계 C에서 생산된 제품일 사건을 C라고 하면,
$P(A)=0.5$, $P(B)=0.3$, $P(C)=0.2$이다.
제품 X가 불량품일 사건을 E라 하면, 각 기계에서 생산되었을 확률은 다음과 같다.
$P(A\cap E)=P(A)\cdot P(E|A)=0.5\times0.01=0.005$
$P(B\cap E)=P(B)\cdot P(E|B)=0.3\times0.02=0.006$
$P(C\cap E)=P(C)\cdot P(E|C)=0.2\times0.03=0.006$
따라서 구하는 확률은
$$P(A|E)=\frac{P(A\cap E)}{P(E)}$$
$$=\frac{P(A\cap E)}{P(A\cap E)+P(B\cap E)+P(C\cap E)}$$
$$=\frac{0.005}{0.005+0.006+0.006}$$
$$=\frac{5}{17}$$

03 ②

Quick해설 A가 시속 3km의 속력으로 가장 짧은 등산로 코스를 이용하여 등산로 입구부터 산 정상까지 올라갔다가, 다시 등산로 입구로 내려오는 데 걸린 시간은 5시간 20분이다.

[상세해설] A가 등산로 입구부터 산 정상까지 올라간 거리를 $x$km, 산 정상에서 등산로 입구까지 내려온 거리를 $y$km라고 하면 다음과 같은 식을 세울 수 있다.

$$\frac{x}{4}+\frac{y}{5}=4 \cdots ㉠$$

이때, A가 올라가는 데 걸린 시간과 내려오는 데 걸린 시간이 동일하다고 했으므로 다음과 같이 식을 세울 수 있다.

$$\frac{x}{4}=\frac{y}{5} \cdots ㉡$$

㉠, ㉡을 연립하여 풀면 $x=8$, $y=10$

$\frac{16}{3}=5\frac{1}{3}=5\frac{20}{60}$, 즉 5시간 20분이다.

04 ④

Quick해설 비품별 구매 조건과 6월, 7월 구매 품목을 고려하여 8월 구매 가능 여부를 정리하면 다음과 같다.

구분	구매 조건	구매	구매 가능 월	8월 구매 가능 여부
네임펜	홀수 달 구매 가능	7월	9월	×
볼펜	짝수 달 구매 가능	6월	8월	○
샤프	격월 구매 가능	6월	8월	○
연필	격월 구매 가능	7월	9월	×
공책	구매 시, 3개월 후 구매 가능	6월	9월	×
지우개	구매 시, 3개월 후 구매 가능	7월	10월	×
종이컵	홀수 달 구매 가능	7월	9월	×
수건	짝수 달 구매 가능	—	8월	○
휴지	매달 구매 가능	6월	8월	○
비누	매달 구매 가능	—	8월	○
커피	구매 시, 3개월 후 구매 가능	—	8월	○
녹차	구매 시, 3개월 후 구매 가능	6월	9월	×

따라서 볼펜, 샤프, 수건, 휴지, 비누, 커피가 포함되어야 하므로 정답은 ④이다.

문제 풀이 Tip

바로 지울 수 있는 항목은 홀수 달에 구매 가능한 네임펜과 종이컵이다. 다음으로 구매 이력이 없어 무조건 구매가 가능한 수건, 비누, 커피를 포함한 선택지를 찾는다. 수건, 커피를 포함하는 선택지에 샤프도 포함되어 있으므로 샤프의 구매 가능 여부를 확인한다. 이런 식으로 선택지부터 확인하여 역으로 생각하면 보다 빠른 문제해결이 가능하다.

05 ③

5문단에 따르면 엘리베이터 설계에서는 브레이크 압축 스프링을 개방할 수 있는 전기를 설정하게 되는데, 브레이크를 개방하는 데 110V가 필요하다면, 전자접촉기를 통하여 항상 110V가 안정적으로 출력되어야 한다고 하였다. 즉, 브레이크 개방에 필요한 전력은 전자접촉기로 출력되는 전력과 동일해야 함을 알 수 있다.

[오답풀이] ① 3문단에서 확실한 브레이크 개방에는 힘이 필요한데, 전기를 이용해 엘리베이터 브레이크의 압축 스프링에서 발생하는 힘보다 더 큰 힘을 발생시킨다고 하였다.
② 4문단에서 전자접촉기 상부 단자대에는 솔레노이드로 보내줄 전기가 항상 대기 중이라고 하였다.
④ 5문단에서 솔레노이드와 전자접촉기의 접점이 마모로 융착되어 붙어 버리는 경우에 사고로 이어지기도 한다고 하였다.
⑤ 2문단에서 개방 시 드럼과 라이닝이 완전히 떨어져야 하는데, 살짝 접촉을 하게 되면 드럼과 라이닝의 접촉에 의한 열이 발생하여 브레이크 능력을 상실한다고 하였다. 따라서 개방 시 브레이크 라이닝과 드럼이 접촉된다면 브레이크 능력이 이미 떨어진 상태로 볼 수 있다.

06 ⑤

3문단에서 솔레노이드 코일(㉠)에 전기를 투입하여 압축 스프링(㉡)에서 발생하는 힘보다 더 큰 힘을 발생시키는 것이 브레이크 개방의 원리라고 하였다.

[오답풀이] ① 2문단에 따르면 엘리베이터 운행 시에는 브레이크 라이닝(㉢)과 압축 스프링(㉡)이 아닌 브레이크 라이닝(㉢)과 브레이크 드럼(㉣)이 완전히 떨어진 상태여야 한다.
② 4문단에 따르면 솔레노이드 코일(㉠)에 전기를 투입하면 엘리베이터 카가 운행된다.
③ 압축 스프링(㉡)에 발생하는 힘으로 브레이크 드럼(㉣)이 아닌 브레이크 라이닝(㉢)의 위치가 이동한다.
④ 4문단에 따르면 브레이크 라이닝(㉢)이 아닌 솔레노이드 코일(㉠)에 해당하는 내용이다.

07 ⑤

주어진 글은 협력과 선행의 기원에 대해 설명하는 글이다. 따라서 거울 뉴런에 의해 상대를 공감할 수 있다는 내용의 [라] 문단이 맨 앞에 오고, 이에 대한 예시인 [다] 문단이 두 번째에 온다. 그리고 이러한 공감이 경험적으로 축적된다는 내용의 [가] 문단이 세 번째에 오고, 마지막으로 이러한 연구 결과들이 가지는 의미에 대해 언급하고 있는 [나] 문단이 와야 한다. 따라서 [가]~[라] 문단을 문맥의 흐름에 맞게 배열하면 [라]-[다]-[가]-[나]이다.

08 ④

[라] 문단에서 거울 뉴런은 굳이 말을 주고받음 없이 단지 행동을 관찰하는 것만으로도 공동체가 같은 마음 상태를 공유하게 한다고 하였으므로 적절하다.

[오답풀이] ① 주어진 글을 통해 알 수 없는 내용이다.
② [나] 문단에서 인간은 유전적으로 가깝지 않은 집단과 다른 종에 대해서도 호혜적인 이익을 주고받는 능력이 있다고 하였다.
③ [라] 문단에서 여러 개체가 모여 사회를 이룰수록 충돌이 빈번하게 일어난다고 하였다.
⑤ [나] 문단에서 영장류의 진화 과정에서 사회적 활동과 이타적 활동이 촉진되었다고 하였으나 어떤 활동이 우선되었는지는 알 수 없다.

09 ①

㉠ 즉각적인 처리를 요구하며 시간을 중요시하는 유형은 빨리빨리형 고객에 해당한다.
㉡ 담당자의 사소한 실수 등을 꼬집어 난처하게 하는 유형은 트집형 고객에 해당한다.
㉢ 담당자의 행동과 말을 의심하는 유형은 의심형 고객에 해당한다.
㉣ 자신의 사회적 지위나 권력자와의 친분관계 등을 과시하여 담당자를 주눅 들게 하려는 유형은 과시형 고객에 해당한다.
㉤ 처음부터 끝까지 욕설, 반말, 비방 등 분풀이를 하여 담당자의 마음에 상처를 입히는 유형은 막무가내형 고객에 해당한다.
따라서 빈칸에 해당하는 고객 불만 유형이 바르게 짝지어진 것은 ①이다.

10 ①

Quick해설 제품에 소음이 지속적으로 발생하는 원인은 먼지 필터에 먼지가 많이 껴 있는 경우라고 설명서에 제시되어 있다. 따라서 제품 작동 시 약 10초간의 소음이 아니라 지속적인 소음이 발생한다면 먼지 필터의 상태를 확인하는 것이 가장 적절하다.

[오답풀이] ② 탈취 필터의 세척에 대한 설명만 제시되어 있으므로 소음과 관계가 있는지는 알 수 없다.

③, ⑤ 습도나 오염도가 높은 장소에서는 오염 상태 표시가 켜져 있을 것이다. 이는 소음과 관련이 없다.

④ 설명서에서 제시하고 있는 소음의 원인은 새 제품인 것과는 관련이 없기 때문에 적절한 조치가 아니다.

11 ③

Quick해설 직원 채용에 있어 비리를 저지른 일은 법규를 준수하고 경쟁원리에 따라 공정하게 행동해야 한다는 공정경쟁의 원칙을 위반한 것이다.

[오답풀이] ① 객관성의 원칙: 업무의 공공성을 바탕으로 공사를 명확히 구분하고, 모든 것을 숨김없이 투명하게 처리하는 원칙

② 전문성의 원칙: 자기 업무에 전문가로서의 능력과 의식을 가지고 책임을 다하며, 능력을 연마하는 원칙

④ 고객중심의 원칙: 고객에 대한 봉사를 최우선으로 생각하고 현장 중심, 실천 중심으로 일하는 원칙

⑤ 정직과 신용의 원칙: 업무와 관련된 모든 것을 숨김없이 정직하게 수행하고, 본분과 약속을 지켜 신뢰를 유지하는 원칙

12 ②

Quick해설 F의 발언이 거짓일 경우 모순이 생기므로 F의 발언은 참이고, E는 홍보부, F는 기획부이다. D의 발언이 거짓일 경우 모순이 생기므로 D의 발언은 참이고, D는 영업부이다. 이때, A와 B가 같은 부서일 수 없으므로 A의 발언이 거짓이고, A는 홍보부이다. 남은 B, C의 발언은 참이어야 하므로 B가 기획부, C가 영업부이다. 따라서 영업부에 배정받은 사람은 C, D이다.

[상세해설] F의 발언이 참이라면 F는 홍보부가 아니고, E는 홍보부이다. 따라서 E의 발언이 거짓이므로 F는 영업부가 아니고 기획부이다. F의 발언이 거짓이라면 F는 홍보부이고, E는 홍보부가 아니다. 따라서 E의 발언은 참이므로 F는 영업부이다. 하지만 이 경우 모순이 생기므로 F의 발언은 거짓이 될 수 없다. 따라서 E는 홍보부, F는 기획부이다.

D는 자신이 기획부가 아니라고 하였다. 만약 D의 발언이 참이라면 D는 홍보부, 기획부가 아니므로 영업부이다. 만약 D의 발언이 거짓이라면 D는 홍보부이면서 기획부가 되는 것이므로 모순이다. 따라서 D의 발언은 참이고, D는 영업부이다. 현재 남은 부서는 기획부, 영업부, 홍보부 각 한 자리이다. 이 경우 A와 B가 서로 같은 부서가 될 수 없으므로 A의 발언은 거짓이다. 따라서 A는 홍보부이고, B와 C는 홍보부가 아니므로 B, C의 발언은 참이다. 따라서 B는 기획부, C는 영업부이다.

13 ③

Quick해설 본사와 지사가 지불한 설비 교체비용의 합은 124,520천 원이다.

[상세해설] 본사가 낸 계약금을 a천 원, 지사가 낸 계약금을 b천 원이라고 하면, 본사가 낸 총금액은 $a + 1.2a \times 10 = 13a$(천 원)이고, 지사가 낸 총금액은 $b + 0.9b \times 10 = 10b$(천 원)이다. 본사가 지사보다 1,320천 원 더 납부했으므로 다음의 식으로 나타낼 수 있다.

$13a = 10b + 1,320 \cdots$ ㉠

이때, 본사가 계약금을 포함하여 5회까지 낸 금액은 $a + 1.2a \times 5 = a + 6a = 7a$(천 원)이고,

지사가 계약금을 포함하여 5회까지 낸 금액은 $b + 0.9b \times 5 = b + 4.5b = 5.5b$(천 원)이며

두 금액이 서로 같았으므로 $7a = 5.5b$, 즉 $b = \dfrac{14}{11}a$이다.

$b = \dfrac{14}{11}a$를 ㉠에 대입하면

$13a = \dfrac{140}{11}a + 1,320 \quad \therefore a = 4,840$

$a = 4,840$이므로 $b = \dfrac{14}{11} \times 4,840 = 6,160$

따라서 본사와 지사가 지불한 설비 교체비용의 합은 $13a + 10b = 13 \times 4,840 + 10 \times 6,160 = 124,520$(천 원)이다.

14 ①

Quick해설 '청년내일채움공제'는 특정 요건에 맞는 중소기업에 정규직으로 취업한 청년이 정해진 기간에 일정 금액을 적립하면, 정부와 기업이 공동으로 적립해 목돈을 마련할 수 있게 하는 제도이다. 청년 노동자의 장기근속과 자산형성을 지원하고, 미취업 청년의 중소·중견기업 유입을 독려하기 위해 도입됐다. 고용노동부와 중소벤처기업부 공동 운영으로 2016년 7월부터 시행하고 있다. 청년내일채움공제에 참여한 중소기업은 2년간 채용유지지원금을 지원받는다. 또한, 중소벤처기업부 지원사업 평가나 선정 시 우대 혜택도 있어 가입자가 많아도 기업이 손해를 보는 것은 아니다.

[오답풀이] ② 워크넷의 청년내일채움공제 홈페이지를 통하여 신청할 수 있으므로 옳은 설명이다.

③, ④ 2023년 기준, 청년내일채움공제 지원 대상은 지원 요건에 적격한 청년과 기업이다. 청년의 경우 만 15세 이상 34세 이하이며 제조·건설업 중소기업에 정규직으로 신규 취업한 청년을 대상으로 하며, 기업의 경우 고용보험 피보험자 수 5인 이상 50인 미만 규모의 제조·건설업 중소기업으로 지원 대상 청년을 정규직으로 채용한 기업이 대상이다.

⑤ 2년 근속할 경우, 만기 시 청년은 자기부담금, 기업부담금, 정부지원금으로 각각 400만 원을 만기 공제금으로 지급받으며, 2년간 적립금에 대한 이자도 발생하므로 실제 최소 1,200만 원을 받게 된다.

15 ⑤

Quick해설 [조건]을 바탕으로 책장을 재배치하면 '창가－IT－경제－코딩－무역－법률－시사' 순으로 배치된다.

ⓒ 창가 바로 오른쪽에 IT 도서가 배치되므로 옳은 설명이다.

ⓔ 월간지는 IT, 무역, 시사 분야 도서이고, 창가 기준으로 IT 도서는 첫 번째, 무역 도서는 네 번째, 시사 도서는 여섯 번째에 배치되므로 옳은 설명이다.

[상세해설] 책장의 양 끝에는 월간지가 배치되어 있고, 그 중 무역 관련 도서 양옆에는 법률 관련 도서와 코딩 관련 도서가 배치되어 있다. 양쪽으로 책이 배치되어 있으므로 무역 관련 도서는 책장의 양 끝에 배치되지 않는다. 이에 따라 양 끝에 배치된 도서는 월간지 중 IT, 시사 관련 도서이다. 또한, 시사 관련 도서보다 창가와 가깝게 배치된 도서가 멀게 배치된 도서보다 많으므로 시사 관련 월간지는 양 끝 중 창가와 가장 먼 책장에 배치되고, 창가에 가까운 책장에는 IT 관련 월간지가 배치된다.

창가	IT					시사

경제 관련 도서 옆에는 코딩 관련 도서와 IT 관련 도서가 배치되어 있다. IT 관련 도서는 창가와 가장 가까운 책장에 배치되므로, 그 옆에 순차적으로 경제, 코딩 관련 도서가 배치된다. 또한, 법률 관련 도서와 코딩 관련 도서는 무역 관련 도서 책장 양옆에 배치하므로 이를 순차적으로 배치하면 다음과 같다.

창가	IT	경제	코딩	무역	법률	시사

따라서 창가에 가장 가까운 책장에는 IT 관련 도서가 배치되고, 월간지인 IT, 무역, 시사 분야의 도서는 서로 인접해 있지 않게 된다.

[오답풀이] ⓐ 코딩 관련 도서보다 창가와 가깝게 배치된 도서는 IT, 경제 관련 도서이고, 멀게 배치된 도서는 무역, 법률, 시사 관련 도서이므로 창가와 가깝게 배치된 도서가 멀게 배치된 도서보다 적다.

ⓑ 법률 관련 도서는 시사 관련 도서 옆에 배치된다.

문제 풀이 Tip

조건추리 문제 중 자리를 배치하는 경우, 자리의 방향이 있는지를 확인하면 경우의 수를 줄일 수 있다. 해당 문제는 창가가 있으므로 창가와 가까운 방향, 먼 방향으로 생각하면 된다.

16 ①

Quick해설 조직에 맞는 업무 특성을 파악하는 것은 조직입사 단계에서 이루어져야 한다. 직업선택 단계는 직업을 탐색하고, 필요한 능력을 함양하는 단계이다.

따라서 적절하지 않은 것은 ㉠이다.

[상세해설] • 직업선택: 자신에게 적합한 직업을 탐색하고 선택한 후에 필요한 능력을 키우는 과정
• 조직입사: 자신이 선택한 직업에 따라 직무를 수행할 조직에 들어가게 되고, 이 단계에서는 일반적으로 학교를 졸업하고, 자신이 선택한 경력 분야에서 원하는 조직의 일자리를 얻으며 직무를 선택하는 과정
• 경력초기: 자신이 맡은 업무 내용을 파악하고 조직의 규칙과 규범에 대해서 배우는 단계
• 경력중기: 자신이 그동안 성취한 것을 재평가하고, 생산성을 그대로 유지하는 단계
• 경력말기: 자신의 가치를 지속적으로 유지하기 위하여 노력하며, 동시에 퇴직을 고려하게 되는 단계

17 ②

Quick해설 세 셀을 동시에 드래그하게 되면, 각 셀의 값이 모두 증가하여 [E1]~[E3] 셀에는 각각 '5', '1구역5호', '5일'이 입력된다.

[오답풀이] ① [A1]~[A3] 셀을 각각 따로 드래그하면 [A2]와 [A3] 두 셀의 값이 변동된다.
③ '1구역'과 '1호'를 띄어 쓴 것과 붙여 쓴 것을 드래그한 값은 차이가 없다.
④ [A2] 셀을 오른쪽으로 드래그하면 마지막에 입력된 숫자가 증가하므로 1구역2호, 1구역3호, 1구역4호, 1구역5호의 값이 차례로 입력된다.
⑤ 드래그를 통해 [E1] 셀에 '5'가 입력되려면 [B1] 셀에 '2'를 입력하고 [A1], [B1] 셀을 함께 드래그하거나, [A1] 셀을 [A2] 셀과 함께 드래그하는 방법 등이 있다.

18 ⑤

Quick해설 테이블 1개당 제작비용은 500,000원이다.

[상세해설] 테이블의 1개당 제작비용은 직육면체 구조물 1개와 판재 2장를 합한 비용이다. 판재의 두께에 따라 직육면체 구조물의 높이와 판재의 길이가 달라지고, 단가의 단위는 m^3이므로 단위를 바꾸어서 계산해야 한다.

• 직육면체 구조물 1개 제작비용
직육면체 구조물은 소재나 코팅 유무에 상관없이 부피 $1m^3$당 400,000원이다.
판재 두께가 100mm이므로 구조물 높이는 900mm−100mm=800(mm)이다.
직육면체 구조물의 부피는
1.5m(가로)×0.6m(세로)×0.8m(높이)=0.72(m^3)이다.
따라서 직육면체 구조물 1개의 제작비용은
$0.72m^3$×400,000원=288,000(원)이다.

• 판재 2개 제작비용
위, 옆 판재 모두 PB소재를 사용하고, 부피당 단가로 제시되어 있으므로 판재 1개 제작 시 부피 $1m^3$당 420,000원+80,000원=500,000(원)으로 계산하면 된다. 또한, 판재는 모두 코팅을 하므로 판재 1개당 52,000원을 추가해야 한다.
위 판재의 가로 길이는 1,500mm+100mm=1,600(mm), 세로 길이는 900mm, 두께는 100mm이다.
옆 판재의 가로 길이는 900mm, 세로 길이는 900mm−100mm=800(mm), 두께는 100mm이다.

구분	총 부피(m^3)	단가(원)	코팅 포함 단가(원)
위 판재	1.6×0.9×0.1 =0.144	$0.144m^3$×500,000 =72,000	72,000+52,000 =124,000
옆 판재	0.9×0.8×0.1 =0.072	$0.072m^3$×500,000 =36,000	36,000+52,000 =88,000

따라서 테이블 1개당 제작비용은
288,000원+124,000원+88,000원=500,000(원)이다.

19 ③

Quick해설 번호의 약수가 짝수 개이면 게임이 끝날 때 앉은 상태이고, 번호의 약수가 홀수 개이면 게임이 끝날 때 선 상태이므로 마지막에 서 있는 직원들의 번호는 약수가 홀수 개인 수, 즉 제곱수이다.

따라서 1부터 50까지의 수 중에서 제곱수는 1^2, 2^2, 3^2, ⋯, $7^2(=49)$의 7개이므로 상품을 받은 직원은 7명이다.

> **문제 풀이 Tip**
>
> 게임이 끝날 때까지 2, 3은 각각 '서다 → 앉다'에서 앉은 상태로 게임이 끝난다. 4는 '서다 → 앉다 → 서다'에서 선 상태로 게임이 끝난다.

20 ③

Quick해설 이 글은 문제를 제기하고 견해를 도출하는 방식을 사용하여 중국의 판다 외교에 대한 설명을 하고 있다.

• 문제 제기: 글의 초반부에 판다 외교가 초기에는 국가 간 우호 증진의 상징으로 여겨졌지만, 숨겨진 정치적·경제적 의도로 비판받고 있다는 문제를 제기한다.

• 사례 제시: 판다 외교가 어떻게 중국의 정치적 영향력을 확장하고 경제적 이익을 추구하는 도구로 사용되고 있는지 사례를 들어 설명한다.

• 견해 도출: 글의 마지막 부분에서는 판다 외교는 정치적·경제적 이익을 극대화하려는 전략적 도구로 활용되고 있다고 보고 있다. 따라서 정치적·경제적 이익을 비판적으로 바라볼 필요가 있다는 견해를 도출한다.

21 ①

Quick해설 총점이 가장 높은 F와 함께 E와 I 중 경력이 더 긴 E가 채용된다.

[상세해설] A, B, G는 경력이 3년 미만이고, H는 포트폴리오 등급이 B 미만이므로 채용되지 않는다. 따라서 나머지 직원들에 대한 총점을 구하면 다음과 같다.

(단위: 점)

지원자	경력	어학 성적	포트 폴리오	필기 시험 점수	면접 점수	총점
C	5	8	9	7	8	37
D	6	7	8	6	9	36
E	5	8	8	9	9	39
F	6	8	10	8	8	40
I	3	9	8	10	9	39

F의 총점이 가장 높으므로 F가 채용되고, E와 I 중 경력이 더 긴 E가 채용된다.

22 ④

Quick해설 D의 포트폴리오 등급이 S였다면 총점이 6+7+10+6+9=38(점)이므로 E와 F보다 총점이 낮다. 따라서 D는 불합격한다.

[오답풀이] ① C의 경력이 2년 더 길었다면 C의 총점은 7+8+9+7+8=39(점)이다. 이때, C의 경력은 7년으로 E의 경력보다 길기 때문에 C가 합격한다.

② G의 경력이 1년 더 길었다면 3년으로 채용 대상에 포함되며, G의 총점은 3+10+9+10+9=41(점)이다. E와 F보다 총점이 높으므로 G는 합격한다.

③ B의 경력이 2년 더 길다면 경력이 3년 이상이므로 채용 대상에 포함된다. B의 경력이 3년일 때 총점은 3+9+9+8+9=38(점)이므로 E와 F보다 총점이 낮다. 따라서 B는 불합격한다.

⑤ A의 어학성적이 200점 더 높아도 경력이 3년 미만이므로 A는 불합격한다.

23 ⑤

Quick해설 ㉡ 개인적 선호에 따라 친구와 살인범을 대하는 태도는 달라질 수 있지만, 직장이라는 특수한 상황에서는 개인적 선호를 배제하고 직업윤리에 따라야 한다는 점을 인식해야 한다.

㉢ 개인적 덕목 차원의 일반적인 상식과 기준으로는 친구에게 과태료를 부과하지 않는다거나 살인범의 치료를 거부해야 한다고 생각할 수 있으나, 직무 상황에서는 그러한 개인윤리로는 당면한 문제를 해결할 수 없는 경우가 많다.

㉣ 직무 상황에서 개인윤리에 따라 친구와 살인범에게 특혜나 불이익을 제공한다면, 업무와 연관된 많은 관계자에게 피해를 입힐 수 있으므로 책임감 있고 투명한 일 처리가 우선시되어야 할 것이다.

[오답풀이] ㉠ 직업 생활에서는 공동의 재산과 정보 등이 개인의 권한하에 위임 또는 관리되며, 이러한 이유로 직업윤리는 개인윤리보다 더욱 높은 기준의 윤리의식이 요구되는 것이다.

24 ④

Quick해설 각 팀의 토요일, 일요일 출근 인원은 다음과 같다.

구분	회로 1팀	회로 2팀	회로 3팀	회로 4팀	회로 5팀	합계
팀원 수	12명	10명	11명	14명	13명	60명
토요일 출근 인원	6명	7명	5명	9명	8명	35명
일요일 출근 인원	6명	3명	6명	5명	5명	25명

따라서 회로 1팀, 회로 3팀, 회로 5팀의 일요일 출근 인원의 합은 6+6+5=17(명)이다.

[상세해설] 먼저 L기업의 각 팀의 팀원 수의 합은 12+10+11+14+13=60(명)이고, 두 번째 조건에 따라 토요일에 출근한 전체 인원은 35명이므로 일요일에 출근한 전체 인원은 60-35=25(명)이다. 또한, 네 번째 조건에 따라 토요일에 가장 많이 출근한 팀은 회로 4팀으로 9명이 출근했고, 일요일에 가장 적게 출근한 팀은 1개로 3명이 출근했으므로 회로 4팀은 토요일 9명, 일요일 5명이 출근하였고, 일요일에는 어느 한 팀이 3명 출근했음을 알 수 있다. 이때, 마지막 조건에 따라 일요일 출근

인원이 가장 많은 팀은 회로 1팀과 회로 3팀으로 서로 같다고 하였으므로 일요일 출근 인원은 회로 4팀 5명, 회로 1팀과 회로 3팀 각각 a명, 일요일에 가장 적게 출근한 어느 한 팀 3명, 그리고 나머지 한 팀 b명으로 두면 5+2a+3+b=25(명), 2a+b=17(명)이 된다.

2a+b=17(명)을 만족하는 자연수 a, b의 경우의 수를 고려할 때, a는 일요일 출근 인원이 가장 많은 팀이므로 회로 4팀의 일요일 출근 인원인 5명보다는 많아야 한다.

ⅰ) a=6, b=5일 때

일요일 출근 인원은 회로 4팀이 5명, 회로 1팀과 회로 3팀(a)이 각각 6명, 일요일에 가장 적게 출근한 어느 한 팀이 3명, 그리고 나머지 한 팀(b)이 5명이다. 이때, 회로 5팀이 일요일에 3명 출근하면 토요일에는 13-3=10(명) 출근하는데, 이 경우 토요일에 가장 많이 출근한 팀은 9명 출근한 회로 4팀이라는 네 번째 조건과 모순되므로 회로 2팀이 3명, 회로 5팀이 5명 출근하게 된다.

구분	회로 1팀	회로 2팀	회로 3팀	회로 4팀	회로 5팀	합계
팀원 수	12명	10명	11명	14명	13명	60명
토요일 출근 인원	6명	7명	5명	9명	8명	35명
일요일 출근 인원	6명	3명	6명	5명	5명	25명

이에 따라 각 팀의 토요일 출근 인원이 모두 다르다는 세 번째 조건 또한 만족함을 알 수 있다.

ⅱ) a=7, b=3일 때

일요일 출근 인원은 회로 4팀이 5명, 회로 1팀과 회로 3팀(a)이 각각 7명, 일요일에 가장 적게 출근한 어느 한 팀이 3명, 그리고 나머지 한 팀(b)이 3명이다. 이 경우 일요일에 가장 적게 출근한 어느 한 팀이 3명이라는 네 번째 조건에 모순된다.

ⅲ) a=8, b=1일 때

일요일 출근 인원은 회로 4팀이 5명, 회로 1팀과 회로 3팀(a)이 각각 8명, 일요일에 가장 적게 출근한 어느 한 팀이 3명, 그리고 나머지 한 팀(b)이 1명이다. 이 경우 일요일에 가장 적게 출근한 어느 한 팀이 3명이라는 네 번째 조건에 모순된다.

따라서 ⅰ)의 경우가 모든 조건을 만족하므로 회로 1팀, 회로 3팀, 회로 5팀의 일요일 출근 인원의 합은 6+6+5=17(명)이다.

25 ⑤

엄 대리가 작성한 자료의 명칭은 간트 차트이다. 업무 수행 계획을 수립하기 위해서는 간트 차트, 워크 플로 시트, 체크리스트 등을 활용할 수 있다. 간트 차트는 미국의 간트(Henry Laurence Gantt)가 1919년에 창안한 작업진도 도표로, 단계별로 업무를 시작해서 끝나는 데 걸리는 시간을 바(bar) 형식으로 표시한 자료를 말한다.

[오답풀이] ① 워크 플로 시트: 업무를 표기하는 도형을 다르게 표현하여 특성별로 업무를 구분할 수 있는 자료이며, 각 활동별 소요시간을 함께 표현할 수 있다.
② 체크리스트: 업무의 각 단계를 효과적으로 수행했는지 스스로 점검해 볼 수 있는 도구이다.
③ 과업세부도: 과제 및 활동 계획을 수립할 때 가장 기본적인 수단으로 활용되는 그래프로, 필요한 모든 일들을 중요한 범주에 따라 체계화하여 구분한다.
④ 대차대조표: 특정 시점에서 현재 기업이 보유하고 있는 자산과 부채, 자본에 대한 정보를 보고하는 보고서이다.

26 ②

간트 차트는 단계별로 소요되는 시간과 각 업무활동 사이의 관계를 효과적으로 알 수 있다.

[오답풀이] ①, ⑤ 워크 플로 시트의 특징이다. 워크 플로 시트는 일의 흐름을 동적으로 보여 주는 데 효과적이다. 또한, 주된 작업과 부차적인 작업, 혼자 처리할 수 있는 일과 다른 사람의 협조를 필요로 하는 일, 주의해야 할 일, 컴퓨터와 같은 도구를 사용해서 할 일 등을 구분해서 표현할 수 있다. 예를 들어 사각형은 주된 업무를, 타원은 세부 절차를, 원은 시작과 종료를 나타내는 것으로 표시할 수 있다.
③ 간트 차트는 예산을 절감할 수 있는 도구가 아니다.
④ 체크리스트에 대한 설명으로, 체크리스트는 시간의 흐름을 표현하는 데에는 한계가 있지만, 업무를 세부적인 활동들로 나누고 각 활동별로 기대되는 수행 수준을 달성했는지 확인하는 데에는 효과적이다.

27 ③

보고서에 제시된 용어를 정리하면 다음과 같다.
• 경제활동가능인구: 만 15세 이상 인구
• 경제활동인구: 만 15세 이상 인구 중 취업자 또는 실업자
• 경제활동참가율: 경제활동가능인구에 대한 경제활동인구의 비율 $=\dfrac{(경제활동인구)}{(경제활동가능인구)} \times 100$
2018년 프랑스의 경제활동참가율은
$\dfrac{29,700}{53,395} \times 100 ≒ 55.6(\%)$
독일의 경제활동참가율은
$\dfrac{43,382}{70,790} \times 100 ≒ 61.3(\%)$
따라서 프랑스가 독일보다 $61.3 - 55.6 = 5.7(\%p)$ 낮다.

[오답풀이] ① 2020년 한국의 경제활동참가율은
$\dfrac{28,012}{44,785} \times 100 ≒ 62.5(\%)$이고,
미국의 경제활동참가율은 $\dfrac{160,742}{260,329} \times 100 ≒ 61.7(\%)$
로 한국이 미국보다 더 높다.
② [표]의 수치를 보면, 영국을 제외하고, 매년 캐나다의 만 15세 이상 인구, 즉 경제활동가능인구가 가장 적다.
④ 2017~2020년 미국의 경제활동인구 증감 추이는 증가, 증가, 증가, 감소이고, 증감 추이가 미국과 동일한 국가는 한국, 일본, 캐나다, 독일로 총 4개이다.
⑤ 이탈리아의 경제활동참가율은
2018년의 경우 $\dfrac{25,970}{52,027} \times 100 ≒ 49.9(\%)$,
2019년의 경우 $\dfrac{25,941}{51,993} \times 100 ≒ 49.9(\%)$로 각각 52% 미만이다.

28 ④

Quick해설 ㉠ [그래프1]에서 2017~2019년 동안 경기도 남부 신축 아파트 가구 수는 각각 경기도 북부의 3배인 $30,442 \times 3 = 91,326$(호), $34,548 \times 3 = 103,644$(호), $26,002 \times 3 = 78,006$(호)보다 많으므로 3배 이상이다.

㉡ [그래프2]에서 2018년 화성시 신축 아파트 가구 수는 33,271호이고, [그래프1]에서 2018년 경기도 북부 신축 아파트 가구 수는 34,548호이다.

따라서 $\frac{33,271}{34,548} \times 100 ≒ 96.3$(%)로 95% 이상이다.

㉣ 경기도에서 2010~2018년 건축된 주택은 $341,585 + 1,067,399 = 1,408,984$(호)이고, 1979년 이전에 건축된 주택은 $34,590 + 69,952 = 104,542$(호)이다.

이는 $\frac{1,408,984}{104,542} ≒ 13.5$(배)로 13배 이상이다.

㉤ [그래프1]에서 2017~2019년 동안 경기도 북부의 신축 아파트 가구 수는 $30,442 + 34,548 + 26,002 = 90,992$(호)이고, [그래프3]에서 2018년까지 건축된 경기도 북부 주택 수는 $341,585 + 343,855 + 360,335 + 56,905 + 34,590 = 1,137,270$(호)이다.

이때, $1,137,270 \times 0.1 = 113,727$로 2017~2019년 동안 경기도 북부의 신축 아파트 가구 수는 2018년까지 건축된 경기도 북부 주택 수의 10% 미만이다.

따라서 옳은 것은 ㉠, ㉡, ㉣, ㉤으로 4개이다.

[오답풀이] ㉢ [그래프2]에서 2018~2019년 동안 신축 아파트 가구 수가 매년 증가한 곳은 평택시(남부), 남양주시(북부), 고양시(북부)이다. 이때, 2018년 평택시는 전년 대비 $\frac{8,889 - 6,993}{6,993} \times 100 ≒ 27.1$(%)로 30% 미만으로 증가하였으므로 매년 30% 이상 증가한 곳은 경기도 북부 2곳뿐이다.

29 ④

Quick해설 3문단에서 화폐취급업무가 줄고 있고, 화폐유통시스템의 약화로 인해 영국에서는 운영비용 대부분을 민간업체가 부담하고 있음을 알 수 있다. 따라서 향후 화폐취급비용이 증가할 경우 민간업체의 부담이 늘어나는 것이므로, 민간에서도 화폐취급업무가 더욱 축소될 우려가 있음을 알 수 있다. 따라서 빈칸에 들어갈 말로 가장 적절한 것은 ④이다.

[오답풀이] ①, ② 1문단과 2문단에서 현금사용이 감소하면 현금취급비용이 증가되고, 화폐취급업무가 축소되어 현금사용을 보장하는 공적 화폐유통시스템이 약화됨을 알 수 있다. 따라서 화폐취급비용이 감소할 경우, 화폐취급업무는 확대되고 공적 화폐유통시스템은 강화됨을 알 수 있으나, 빈칸이 포함된 문단에서 영국은 현금 없는 사회가 진전되면서 화폐유통시스템이 약화되고 있고, 화폐유통시스템 운영비용 대부분을 민간업체들이 부담하고 있다고 하였으므로 화폐취급비용의 감소를 예상하는 것은 적절하지 않다.

③ 화폐취급비용이 증가하면 화폐취급업무가 축소되어 공적 화폐유통시스템은 더욱 약화될 우려가 있으므로 적절하지 않다.

⑤ 화폐취급비용의 증감에 따라 화폐취급업무와 공적 화폐유통시스템이 영향을 받으므로 적절하지 않다.

30 ⑤

Quick해설 관습형 진로유형은 정확하며 빈틈없고, 조심성 있고 변화를 싫어하며, 계획적이고 사무적이며 완고하고 책임감이 강하다는 특성이 있다. 이에 맞는 직업으로는 회계사, 세무사, 경리사원, 은행원, 법무사, 컴퓨터 프로그래머 등을 들 수 있다. 이에 반해 종교지도자와 상담가는 사회형 진로유형에 맞는 직업이다.

[상세해설] 선택지에 언급된 직업 외에도 각 진로유형에 맞는 직업은 다음과 같이 구분할 수 있다.

- 실재형(R): 엔지니어, 기계기사, 전기기사, 운동선수, 건축가, 도시계획가
- 탐구형(I): 과학자, 의사, 화학자, 수학자, 저술가, 지질학자, 편집자
- 예술형(A): 예술가, 시인, 소설가, 디자이너, 극작가, 연극인, 미술가, 음악평론가, 만화가
- 사회형(S): 임상치료사, 사회복지사, 양호교사, 청소년지도자, 유아원장, 사회사업가
- 기업형(E): 정치가, 기업경영인, 영업사원, 보험사원, 관리자, 공장장, 판매관리사
- 관습형(C): 회계사, 세무사, 경리사원, 은행원, 법무사, 컴퓨터 프로그래머

31 ⑤

Quick해설 주어진 자료는 어떤 일의 진행 방식, 지켜야 할 규칙, 관리상의 절차 등을 일관성 있게 여러 사람이 보고 따라할 수 있도록 표준화하여 설명하는 지침서인 '업무 매뉴얼'이다. 매뉴얼은 내용이 정확해야 하며, 사용자가 알기 쉽게 쉬운 문장으로 쓰여야 한다. 또한, 사용자의 심리적 배려가 있어야 하며, 사용자가 찾고자 하는 정보를 쉽게 찾을 수 있어야 하고, 매뉴얼을 사용하기 쉬워야 한다.

[오답풀이] 나머지 선택지는 모두 '제품 매뉴얼'에 해당하는 내용이다.

32 ⑤

Quick해설 ㉣ 문서는 품질시스템이 효과적으로 수행되기 위해 배포처를 선정하고, 주관 부서장이 문서배포대장에 기록 후 배포, 관리한다.
㉤ 폐기할 때, 문서 및 자료의 사용 부서는 모든 관리본 문서 또는 자료의 개정으로 인해 발생된 구본 문서 또는 자료는 문서 관리부서로 이관한다.

[오답풀이] ㉠ 문서에 분류 및 번호를 부여할 때, 대분류의 종류는 3개, 중분류는 1~100까지 100개이므로 총 300종류의 분류를 만들 수 있다.
㉡ 문서배포대장에 명시할 때, 관리본에는 관리번호를 표시하여 식별하며, 비관리본은 관리번호를 표시하지 않는다.
㉢ 관리본 문서 및 자료의 개정본은 문서배포대장에 따라 이미 관리본 문서 또는 자료가 배포된 모든 배포처에 배포되어야 한다.

33 ②

Quick해설 주어진 글은 국민연금공단이 포스코 그룹의 지주사 체제 전환을 위한 물적 분할 안에 찬성표를 내면서 포스코 그룹이 물적 분할이 가능해졌음을 보도하는 내용의 기사이다. 따라서 글의 제목으로 가장 적절한 것은 ②이다.

[오답풀이] ① 아직 포스코 그룹이 물적 분할을 성공한 것은 아니다. 물적 분할을 위한 '9부 능선'을 넘겼다고 볼 수는 있지만, 물적 분할에 성공했다는 내용은 글의 제목으로 적절하지 않다.

34 ②

Quick해설 5문단에서 포스코의 최대 주주는 지분율 9.75%인 국민연금이고, 포스코 지분을 5% 이상 보유한 주주는 국민연금을 제외하면 블랙록(5.23%)뿐이라고 하였으므로, 블랙록이 포스코 그룹의 지분을 두 번째로 많이 가지고 있는 주주임을 알 수 있다.

[오답풀이] ① 4문단에서 포스코는 수소, 리튬, 니켈 등 향후 지주사 산하에 신규 설립될 신사업 법인을 상장하지 않겠다는 방침을 밝혔다고 하였으므로 적절하지 않다.
③ 6문단에서 포스코 그룹의 물적 분할에 대해 ISS, 글래스루이스, 한국ESG연구소 등 국내외 주요 의결권 자문사가 대부분 찬성을 권고하면서 52.7%에 달하는 외국인 주주들의 표심은 찬성으로 기운 상황이라고 하였으므로 적절하지 않다.
④ 3문단에서 포스코 그룹은 신성장 사업의 육성을 위해 철강 사업을 포기하는 것이 아니라 철강 사업을 자회사로 분리한다고 하였으므로 적절하지 않다.
⑤ 7문단에서 국민연금이 최근 수년간 국내 기업의 물적 분할 안건에 잇달아 반대표를 던져서 일각에서는 이번에도 반대표를 행사할 것이라는 예상이 나왔다고 하였으므로 적절하지 않다.

35 ⑤

Quick해설 시간 계획은 'SMART 법칙'에 따라 구체적으로, 측정 가능하도록, 행동 지향적으로, 현실성 있게, 시간적 제약이 있게 수립해야 한다. 또한, 실행 가능한 효과적인 시간 계획을 작성하기 위해서는 명확한 목표를 설정하여 일의 우선순위를 정하고, 예상 소요시간을 결정하며 시간 계획서를 작성하는 것이 바람직하다. 한편, 주어진 사례에서 K씨가 직장 동료들의 업무 요청 때문에 시간 계획을 준수하지 못한다고 추론할 근거는 제시되지 않았다.

36 ②

Quick해설 비용은 일반적으로 직접비용과 간접비용으로 구분된다. 직접비용은 제품 또는 서비스를 창출하기 위해 직접 소요되는 비용으로 재료비, 원료와 장비, 시설비, 여행(출장) 및 잡비, 인건비 등이 포함된다. 그리고 간접비용은 생산에 직접 관련되지 않는 비용으로 보험료, 건물관리비, 광고비, 통신비 등이 포함된다.

직접비용(Direct Cost)	간접비용(Indirect Cost)
• 컴퓨터 구입비 • 빔 프로젝트 대여료 • 재료비 • 건물임대료 • 인건비 • 상여금 • 출장비 • 여비교통비	• 보험료 • 건물관리비 • 광고비 • 통신비 • 공과금 • 세금 • 복리후생비 • 소모품비 • 사무용품비

따라서 인터넷 망 사용에 해당하는 통신비는 간접비용에 속한다.

[오답풀이] ① 컴퓨터 구입비는 직접비용에 속한다.
③ 전문가 채용은 인건비에 해당하므로 직접비용에 속한다.
④ 해외 출장은 출장비에 해당하므로 직접비용에 속한다.
⑤ 장비 및 프로그램 구입비는 재료비에 해당하므로 직접비용에 속한다.

37 ④

Quick해설 각 메뉴의 1잔당 판매 이익을 계산하면 다음과 같다.

(단위: 원)

구분	판매 가격	재료비	판매가격 −재료비	판관비	판매 이익
드립커피	3,200	400	2,800	1,400	1,400
카페라테	3,700	1,200	2,500	1,250	1,250
돌체라테	4,800	1,500	3,300	1,650	1,650
아인슈페너	4,700	1,400	3,300	1,650	1,650
생과일주스	5,300	1,800	3,500	1,750	1,750

• 재석: 재료비가 오를수록 판관비는 줄어들게 된다.
→ 재료비가 오를수록 (판매 가격)−(재료비) 값은 줄어들고, 판관비는 (판매 가격)−(재료비) 값의 50%를 차지하므로 판관비 역시 줄어들게 된다.
• 태희: 생과일주스 80잔을 판매했을 때의 판매 이익과 동일하려면 카페라테 112잔을 팔아야 한다.
→ 생과일주스와 카페라테의 1잔당 판매이익은 1,750−1,250=500(원) 차이가 난다. 이때, 생과일주스와 카페라테를 각각 80잔씩 판매하면 500×80=40,000(원)의 이익의 차이가 발생한다. 즉, 카페라테 32잔(40,000÷1,250)을 더 판매하면 이익의 차이만큼의 추가 이익이 발생하게 되므로, 카페라테 112잔(80잔+32잔)을 판매하면 판매 이익이 같아진다.

[오답풀이] • 지훈: 모든 메뉴는 판매 시 재료비보다 판관비가 더 크다.
→ 생과일주스의 경우 재료비(1,800원)가 판관비(1,750원)보다 더 크다.
• 미주: 돌체라테와 아인슈페너의 판매 이익이 동일하려면 판매 수량이 달라야 한다.
→ 돌체라테와 아인슈페너의 판매 이익이 1,650원으로 같으므로 판매 수량이 같아야 판매 이익이 동일하다.

38 ②

Quick해설 [사례 1]은 훌륭한 개인 역량을 가진 두 사람이 커뮤니케이션은 없었으나, 상호 간의 존중을 통해 좋은 플레이를 한 사례이다. [사례 2]는 두 개의 뛰어난 기업이 각자의 뛰어난 역량에만 기대, 서로 존중하지 않고 견제만 하여 시장 진출에 실패한 사례이다.
두 사례에서 공통적으로 확인할 수 있는 것은 개개인의 역량이 뛰어나더라도 상호 간의 존중이 있는지 없는지에 따라 성공과 실패를 좌우할 수 있다는 것으로, '상호 간의 존중'이 팀워크의 가장 중요한 요소임을 알 수 있다.

39 ③

[보기]와 같은 특징을 나타내는 갈등 대응 유형은 '타협절충형'이다.

[상세해설] [보기]의 특징을 나타내는 유형은 협상을 통해 관계를 해치지 않으면서 적당히 서로 목표를 충족하는 데에 관심이 있다. 갈등은 묵힐수록 더 문제가 커지므로 그 전에 빨리 타협하는 것이 필요하다고 여긴다. 서로 대화할 시간이 많지 않지만, 문제해결을 위한 협력이 중요할 때는 '타협절충'으로 행동하는 것이 적합하다. 최선이 아니더라도 문제가 더 악화되는 것을 막는 것이 더 중요할 때도 적합한 전략이다.

하지만 가까스로 찾은 타협점이 스스로 수용하기 힘든 결과라면 최악의 전략이 될 수 있다. 창조적인 해결이 절실할 경우, 공동체의 발전을 가로막을 수도 있다. 이런 유형의 사람이라면, '적당히'는 최선이 아니다. 빨리 답을 찾으려다가 최선의 방법을 놓칠 수 있음을 기억해야 한다.

때로는 긴 시간을 들여 문제를 해결할 때 더 근사한 방법과 더 나아진 관계를 만들 수 있음을 고려해야 한다.

이런 유형을 만난다면, 여유를 가지고 모든 주장의 근거와 서로의 감정들을 나눌 수 있는 분위기를 만들어 주고, 적당히 봉합하는 것이 오히려 갈등 상황을 반복해서 겪게 하거나 때로는 악화시킴을 상기시켜 준다.

40 ②

연료비가 적게 들기 위한 조건은 최소의 이동 거리, 차량의 높은 연비, 연료 공급 가격(2분기)이다.

• 최소의 이동 거리

C가맹점과 D가맹점 사이의 거리가 69km로 가장 멀리 떨어져 있으므로 본사에서 출발해 처음 방문하는 가맹점은 C 또는 D로 하는 것이 좋다. 즉, '본사-C/D-B/E-A-E/B-D/C-본사' 순으로 방문하는 것이 최소의 이동 거리이다. 따라서 최소 이동 거리는
50+64+67+65+64+50=360(km)이다.

• 연비와 연료 공급 가격

연비는 E차량(경유)이 가장 높지만, 2분기에는 휘발유보다 경유가 더 비싸다. 즉, 연비와 연료 공급 가격을 함께 고려해야 한다. 한편, C차량(휘발유)은 D차량(경유)와 연비는 동일하지만, 휘발유가 더 저렴하므로 C차량(휘발유)을 이용 시 연료비가 더 적게 든다.

하지만 E차량(경유)은 C차량(휘발유)보다 연료 공급 가격이 더 비싸지만 연비가 더 높으므로 계산하여 비교해야 한다.

구분	C차량	E차량
연료	휘발유	경유
연비	16km/L	18km/L
연비에 따른 소모량	360km÷16km/L =22.5(L)	360km÷18km/L =20(L)
연료비	22.5L×2,084원 =46,890(원)	20L×2,098원 =41,960(원)

따라서 E차량을 이용할 때 연료비가 가장 적으므로 이 대리가 이동할 때, 연료비는 최소 41,960원이다.

41 ④

2021년 10월이므로 출판연월 코드는 2110, 경상 지역 미래 출판사이므로 출판 지역 코드는 6N, 공연 관련 문화 서적이므로 입고서적 코드는 02006, 55번째 입고된 서적이므로 다섯 자리 시리얼 넘버에 의해 입고서적 수량 코드는 00055가 된다.

따라서 도서 보관 코드는 2110 6N 02006 00055이다.

42 ②

㉠ 1)~3)은 각각 2019년, 2018년, 2020년으로 모두 다른 해에 출판되었으나, 1월에 출판된 서적은 2)와 3) 2개이다.

㉢ 문화 분야 서적의 도서 보관 코드는 2)와 3) 2개이고, 외국어 분야 서적의 도서 보관 코드는 1) 1개이다.

[오답풀이] ㉡ 1)은 강원 지역에서 출판된 서적의 도서 보관 코드이고, 2)와 3)은 모두 전라 지역에서 출판된 서적의 도서 보관 코드이므로 옳지 않다.

㉣ 동일한 서적의 Y서점 입고 수량이 1,000개 이상인 도서 보관 코드는 입고서적 수량이 1,200부인 1)과 1,015부인 3)으로 2개이다.

43 ④

Quick해설 ㉠ 원산지 인증수출자 종류의 '업체별 원산지 인증수출자' 항목에 따르면, 최근 2년간 원산지 조사 거부를 한 경우 인증을 받을 수 없는데 2024년 7월 기준, 2019년 3월과 2020년 7월 두 차례의 원산지 조사 거부 이력 최근 2년간에 해당하지 않으므로 인증을 받을 수 있다.
㉡ 원산지 인증수출자 인증 전일 경우, '한－베트남' 협정에 해당하는 물품에 대한 원산지 증명서 발급을 신청하면 발급기간이 3일 소요된다고 하였다.
㉢ 한－EU 협정에 해당하는 물품을 수출할 경우 원산지 인증수출자 인증 여부에 따라 6,000유로를 초과하는 물품에 대한 원산지 신고서 작성 가능 여부가 달라진다. 그러나 6,000유로 이하의 수출 물품에 대한 원산지 신고서의 작성을 생략할 수 있는 것은 아니다.

[오답풀이] ㉣ 품목별 원산지 인증수출자의 경우, 인증받은 FTA 협정·HS품목번호 6단위를 충족하는 물품에 한하여 인증 혜택을 부여하며, 원산지 관리전담자의 경우, 자격요건 점수 10점 이상이어야 하므로 인증 조건을 만족한다.

44 ③

Quick해설 여자의 경우, 암발생 시기가 2011~2015년의 5년 상대생존율(78.3%)이 2016~2020년의 5년 상대생존율(77.8%)보다 높으므로 옳지 않은 설명이다.

[오답풀이] ① [그래프]에서 암발생 시기가 최근일수록 전체 환자 수가 증가함을 알 수 있다.
② 암발생 시기가 2011~2015년일 때 남자 환자 수는 $1,012,573-502,043=510,530$(명)이므로 전체 환자 수에서 남자 환자 수가 차지하는 비율은 $\frac{510,530}{1,012,573}\times100≒50.4(\%)$이다.
④ 여자의 5년 상대생존율이 60% 미만인 암발생 시기는 1993년부터 2000년까지이므로 이 시기의 여자 환자 수는 $75,024+(411,837-233,532)=253,329$(명)이다.
⑤ 암발생 시기 2001~2005년의 전체 환자 수 대비 2006~2010년의 전체 환자 수의 증가율은 $\frac{834,489-587,110}{587,110}\times100≒42.1(\%)$로, 40% 이상이다.

45 ⑤

Quick해설 암발생 시기 2006~2010년의 남자 환자 수와 여자 환자 수의 차이는 $429,696-404,793=24,903$(명)이다.

[상세해설] 암발생 시기별 남자 환자 수와 여자 환자 수의 차이를 구하면 다음과 같다.
- 1993~1995년: $97,627-75,024=22,603$(명)
- 1996~2000년: $233,532-(411,837-233,532)$ $=55,227$(명)
- 2001~2005년: $322,587-264,523=58,064$(명)
- 2006~2010년: $429,696-404,793=24,903$(명)
- 2011~2015년: $(1,012,573-502,043)-502,043$ $=8,487$(명)
- 2016~2020년: $561,446-522,264=39,182$(명)
따라서 ⑤에서 2006~2010년의 수치가 잘못되었으므로 옳지 않다.

[오답풀이] ④ 암발생 시기별 전체 환자 수 대비 여자 환자 수 비율

암발생 시기	여자 환자 수 비율(%)
1993~1995년	$\frac{75,024}{172,651}\times100≒43.5$
1996~2000년	$\frac{178,305}{411,837}\times100≒43.3$
2001~2005년	$\frac{264,523}{587,110}\times100≒45.1$
2006~2010년	$\frac{404,793}{834,489}\times100≒48.5$
2011~2015년	$\frac{502,043}{1,012,573}\times100≒49.6$
2016~2020년	$\frac{522,264}{1,083,710}\times100≒48.2$

46 ④

Quick해설 '큰 구조물인 육교의 설치는 지역의 자연경관을 해칠 수 있다.'의 선택지 ④는 육교 설치의 필요성을 강조하는 글의 논지를 약화시키는 발언이다. 나머지 선택지들은 모두 육교 설치의 필요성과 긍정적인 영향을 강조하고 있다.

47 ⑤

Quick해설 인사팀에 정직원 채용 계획을 협의해야 한다는 것은 매장 판매를 담당하는 직원을 정식 채용한다는 의미이므로 아르바이트생을 채용하려는 것으로 볼 수 없다.

[오답풀이] ① 독점 계약서를 국제법무팀에서 검토할 예정이므로 올바른 예상이다.
② 제품 수입 후 강남 매장을 통해 판매한다는 계획으로 예상할 수 있다.
③ 물류팀에서 파악해 줄 것을 의뢰하였으므로 아직 파악이 안 된 상태라고 예상할 수 있다.
④ 임대료 인하 필요성과 함께 매출 및 수익에 대한 시뮬레이션을 진행하려 하므로 적절한 예상으로 볼 수 있다.

48 ④

Quick해설 ⓒ 진료협력체계는 중심기관 1개소, 참여 소아청소년과 병·의원 5개소 이상, 상급종합병원 등 배후병원 1개소 이상, 야간·휴일 등 소아 조제 역량을 갖춘 약국 1개소 이상으로 구성하므로 주어진 진료협력체계는 시범사업의 구성요건을 만족한다.
② 지원금은 사전에 70%, 이후 나머지 평가를 통해 전체 지원금의 최대 30%까지 차등 지급된다고 하였으며, 지원금은 지역 협력체계당 연간 최대 2억 원이라고 하였다. 따라서 사전에 지급되는 연간 지원금은 최대 $2 \times 0.7 = 1.4$(억 원)임을 알 수 있다.

[오답풀이] ⓐ 상급종합병원 등 배후병원은 소아전문관리료 지급 대상에 해당하지 않는다.
ⓒ 건강정보 고속도로 등의 플랫폼은 의료진 간 진료정보를 공유하여 진료의 연속성을 확보하기 위해 활용되는 것으로, 소아 환자의 부모가 진료 진행 상황을 실시간으로 확인할 수 있는지의 여부는 해당 자료에서 확인할 수 없다.

49 ⑤

Quick해설 김 대리는 부서 신설에 따른 인사이동 과정에서 회사 측이 제시한 요구와 자신의 경력개발 계획이 충돌되어 고민하고 있는 상황이다. 이런 경우 자신의 장점과 능력을 최대한 활용할 수 있는 업무가 무엇인지 알리고, 본인의 자기개발 계획을 설명하는 것이 좋다. 또한, 이는 회사의 업무 생산성과 관련이 있어 서로의 효율성을 높일 수 있는 일임을 적극적으로 어필한다.

[오답풀이] ① 필요하다면 이직을 고민해 볼 수도 있겠지만 가장 적절한 방법은 아니다.
② 회사의 요구와 자신의 계획 사이에서 최대한 합의점을 찾으려고 노력해야 한다.
③ 자기개발은 업무와 관련하여 이루어지는 활동이어야 하므로 업무와 별개로 수행하는 노력은 적절하지 않다.
④ 거절의 의사를 표현할 때는 분명한 이유를 들고, 최대한 빨리 표현하는 것이 좋다.

50 ⑤

Quick해설 이 대리의 발언이 참일 때, 김 대리와 정 대리의 발언은 참이고, 박 대리와 최 대리의 발언은 거짓이다. 이 경우 하계 휴가 계획서를 제출하지 않은 직원은 최 대리, 정 대리이다.

[상세해설] 이 대리는 박 대리가 거짓을 말하고 있다고 하였으므로 이 대리 또는 박 대리가 거짓을 말하는 것임을 알 수 있다.
만약 이 대리의 발언이 거짓이라면 박 대리의 말은 참이다. 이 대리의 발언에 따라 박 대리는 휴가 계획서를 제출하지 않았다. 박 대리의 발언에 따라 정 대리는 휴가 계획서를 제출했고, 이 대리는 제출하지 않았다. 이 경우 최 대리의 발언은 참이 되고, 정 대리의 발언은 거짓이 된다. 따라서 김 대리는 휴가 계획서를 제출하지 않은 것이 되므로 김 대리의 발언도 거짓이 된다. 이에 따라 이 대리의 발언이 거짓일 때 김 대리, 정 대리의 발언도 거짓이 되어 3명이 거짓을 말하므로 모순이 된다.
따라서 이 대리의 발언이 참이므로 박 대리의 말은 거짓이다. 이 대리의 발언에 따라 박 대리는 휴가 계획서를 제출했고, 박 대리의 발언에 따라 정 대리는 휴가 계획서를 제출하지 않았고, 이 대리는 제출했다. 이 경우 최 대리의 발언은 거짓, 정 대리의 발언은 참이 되므로 최 대리는 휴가 계획서를 제출하지 않았고, 김 대리는 휴가 계획서를 제출했다. 이에 따라 김 대리의 발언도 참이 되어 박 대리, 최 대리 2명이 거짓을 말하므로 모순이 생기지 않는다.
따라서 하계 휴가 계획서를 아직 제출하지 않은 직원은 최 대리, 정 대리이다.

피듈형 NCS 실전모의고사 6회

01	④	02	④	03	⑤	04	②	05	④
06	⑤	07	⑤	08	⑤	09	②	10	④
11	②	12	②	13	④	14	②	15	②
16	④	17	②	18	①	19	④	20	⑤
21	③	22	①	23	④	24	②	25	④
26	②	27	④	28	④	29	⑤	30	⑤
31	⑤	32	⑤	33	④	34	⑤	35	②
36	①	37	③	38	③	39	②	40	⑤
41	⑤	42	⑤	43	②	44	④	45	③
46	③	47	③	48	②	49	③	50	①

☑ CHECK 영역별 실력 점검표

맞힌 문제와 틀린 문제를 체크해
나의 취약 영역을 한눈에 확인해 보세요!

문항	영역	O/×	문항	영역	O/×	문항	영역	O/×	문항	영역	O/×	문항	영역	O/×
01	의사소통		02	문제해결		03	문제해결		04	대인관계		05	의사소통	
06	의사소통		07	수리		08	수리		09	기술		10	기술	
11	자원관리		12	자원관리		13	의사소통		14	의사소통		15	대인관계	
16	문제해결		17	문제해결		18	의사소통		19	직업윤리		20	조직이해	
21	문제해결		22	직업윤리		23	정보		24	기술		25	수리	
26	자원관리		27	자원관리		28	자기개발		29	기술		30	자원관리	
31	수리		32	자기개발		33	자기개발		34	자원관리		35	수리	
36	조직이해		37	대인관계		38	대인관계		39	자기개발		40	수리	
41	정보		42	의사소통		43	수리		44	수리		45	의사소통	
46	자원관리		47	문제해결		48	자원관리		49	문제해결		50	문제해결	

01 ④

Quick해설 2문단에서 한국의 영화가 점점 장편화되면서 1명의 변사가 한 영화를 설명하는 방식에서 2명에서 4명의 변사가 번갈아 무대에 등장하는 방식으로 바뀌었다고 하였다.

[오답풀이] ① 2문단에서 일본에서 변사는 4명에서 8명이 한 무대에 등장하여 영화의 대사를 교환하지만, 한국에서는 변사 1명이 영화를 설명하는 방식이라고 하였으므로 일본과 한국의 변사 구성과 역할이 동일하다는 것은 글의 내용과 일치하지 않는다.
② 마지막 문단에서 한국의 변사는 전설과 해설 이외에 막간극을 공연한다고 하였으므로 글의 내용과 일치하지 않는다.
③ 2문단에서 극장가가 형성된 것은 1910년부터라고 하였으므로 글의 내용과 일치하지 않는다.
⑤ 1문단에서 미국이나 유럽에서는 자막과 반주 음악이 등장하면서 변사가 점차 소멸했다고 하였으므로 글의 내용과 일치하지 않는다.

02 ④

Quick해설 [보기]의 내용 중 항상 옳은 것은 ⓒ을 제외한 ⓐ, ⓒ, ⓔ, ⓜ으로 그 개수는 4개이다.

[상세해설] 총 10명의 직원 중 사원이 5명, 대리가 5명이다. 같은 직급끼리 서로 이웃하여 서지 않으므로 대리와 사원이 서로 번갈아 가며 서야 한다.
7번째로 선 직원이 E대리이므로 다음과 같이 사원과 대리가 번갈아 선다.

순서	1	2	3	4	5	6	7	8	9	10
직원							E			
직급	대리	사원	대리	사원	대리	사원	대리	사원	대리	사원

E대리는 물류부 직원이고, 물류부는 서로 이웃하여 서야 하므로, 자리가 고정되어 있는 E대리 외에 F대리와 G사원은 5, 6번째 또는 8, 9번째에 위치한다. 그런데 만약 F대리가 5번째에 선다면 바로 다음에 D사원이 선다는 조건에 위배된다. 따라서 F대리와 G사원은 각각 8, 9번째에 위치하게 된다. 또한, F대리 바로 다음 D사원이 위치하므로 다음과 같이 선다.

순서	1	2	3	4	5	6	7	8	9	10
직원							E	G	F	D
직급	대리	사원	대리	사원	대리	사원	대리	사원	대리	사원

B대리는 C대리보다 뒤에 서고, H사원은 C대리보다 앞에 서므로, C대리의 자리는 3번째가 된다. 또한, B대리의 자리는 5번째가 되며, C대리보다 앞에 선 H사원의 자리는 2번째가 된다.

순서	1	2	3	4	5	6	7	8	9	10
직원		H	C		B		E	G	F	D
직급	대리	사원	대리	사원	대리	사원	대리	사원	대리	사원

영업부 직원인 I사원은 물류부 직원(E대리, F대리, G사원)과 이웃하지 않으므로 다음과 같이 4번째에 위치하고 남은 직원은 A대리와 J사원이므로, 최종 순서는 다음과 같다.

순서	1	2	3	4	5	6	7	8	9	10
직원	A	H	C	I	B	J	E	G	F	D
직급	대리	사원	대리	사원	대리	사원	대리	사원	대리	사원

따라서 [보기]의 내용 중 항상 옳은 것은 ⓐ, ⓒ, ⓔ, ⓜ으로 그 개수는 4개이다.

[오답풀이] ⓒ 두 번째로 선 직원은 H사원이므로 옳지 않다.

03 ⑤

Quick해설 두통이 있는 사람을 '두통'으로, 신경이 예민한 사람을 '신경'으로, 여유가 많은 사람을 '여유'로, 진통제를 좋아하는 사람을 '진통제'로 나타내면, 주어진 명제와 대우 명제를 다음과 같이 간단히 나타낼 수 있다.

- [두통 → 신경] ⇔ [신경× → 두통×]
- [여유 → 신경×] ⇔ [신경 → 여유×]
- [두통× → 진통제×] ⇔ [진통제 → 두통]

따라서 [진통제 → 두통 → 신경 → 여유×]가 성립하므로 정답은 ⑤이다.

[오답풀이] 나머지 선택지의 내용은 주어진 명제만으로 참인지 거짓인지 알 수 없다.

04 ②

Quick해설 신입사원 A씨가 속한 팀원들의 팔로워십 유형은 수동형에 속한다. 수동형 팔로워십 유형의 특징은 다음과 같다.

- 자아상: 판단과 사고를 리더에 의존하고, 지시가 있어야 행동한다.
- 동료/리더의 시각: 하는 일이 없고, 제 몫을 하지 못하며, 업무 수행에는 감독이 반드시 필요하다.
- 조직에 대한 느낌: 조직이 나의 아이디어를 원치 않고, 노력과 공헌을 해도 아무 소용이 없으며, 리더는 항상 자기 마음대로 한다.

따라서 이에 해당하는 것은 ⓒ 1개이다.

[오답풀이] ㄱ 순응형에 해당한다.
ⓒ 실무형에 해당한다.
ⓔ 주도형에 해당한다.

05 ④

Quick해설 일반적으로 EPS가 높을수록 기업의 주가가 반드시 상승하는 것은 아니지만, 수익성이 더 좋다고 평가되며, 주가가 높아질 가능성이 있다고 본다. 따라서 EPS가 높을수록 기업의 주가가 낮아질 가능성이 있다는 내용인 ④는 옳지 않다.

06 ⑤

Quick해설 EPS가 낮은 기업의 경제적인 상황은 매출이 감소하고, 기업의 손실과 수익성이 약화된 상태로 볼 수 있기 때문에 기업 투자자들이 회복 가능성을 긍정적으로 평가하기 어려운 경우가 많다. 따라서 EPS가 낮은 기업의 잠재적인 경제 회복 가능성을 기대하기란 어렵다.

07 ⑤

Quick해설 문제가 생겨 납품하지 못하게 된 20상자를 제외하고, 나머지 80상자를 판매하여 총비용의 20%만큼 이익을 남기고자 할 때, 기존 10kg당 호박 가격의 x%의 이익을 붙여 납품가를 정하고자 할 경우 다음과 같은 식을 세울 수 있다.

$$20,000\left(1+\frac{x}{100}\right)\times(100-20)=2,200,000\left(1+\frac{20}{100}\right)$$

양변을 20,000으로 나누고 식을 정리하면,

$$80\left(1+\frac{x}{100}\right)=110\times\frac{6}{5} \rightarrow \frac{x}{100}=\frac{13}{20} \quad \therefore x=65$$

따라서 기존 10kg당 호박 가격에 65%의 이익을 붙여서 납품가를 정하면 된다.

08 ⑤

Quick해설 A가 네 번째에 최종 승리하는 경우의 확률과 다섯 번째에 최종 승리하는 경우의 확률이 모두 $\frac{3}{16}$이므로, 네 번째 또는 다섯 번째에 최종 승리할 확률은 $\frac{3}{16}+\frac{3}{16}=\frac{3}{8}$이다.

[상세해설] 1) A가 네 번째에 최종 승리하는 경우
A가 네 번째에 승리하려면 세 번째까지 A는 2번 승리, B는 1번 승리해야 한다. 즉, A가 이긴 경우를 a, B가 이긴 경우를 b라고 할 때, 네 번째는 반드시 a가 이기므로 (a, a, b, a), (a, b, a, a), (b, a, a, a)의 3가지가 가능하다. 각자 이길 확률이 $\frac{1}{2}$이므로 각 경우의 확률은 $\left(\frac{1}{2}\right)^4=\frac{1}{16}$이고, 3가지의 경우가 있으므로 A가 네 번째에 최종 승리할 확률은 $\frac{3}{16}$이다.

2) A가 다섯 번째에 최종 승리하는 경우
A가 다섯 번째에 승리하려면 네 번째까지 A는 2번 승리, B는 2번 승리해야 한다. 다섯 번째에는 반드시 a가 이기므로 (a, a, b, b, a), (a, b, a, b, a), (a, b, b, a, a), (b, a, a, b, a), (b, a, b, a, a), (b, b, a, a, a)의 6가지가 가능하다.
각 경우의 확률은 $\left(\frac{1}{2}\right)^5=\frac{1}{32}$이고, 6가지의 경우가 있으므로 A가 다섯 번째에 최종 승리할 확률은 $\frac{6}{32}=\frac{3}{16}$이다.

따라서 1), 2)에 의해 A가 네 번째 또는 다섯 번째에 최종 승리할 확률은 $\frac{3}{16}+\frac{3}{16}=\frac{3}{8}$이다.

09 ②

• RAM 8GB 교체 비용

요청 인원 12명 중 9명은 교체를, 3명은 교체와 추가 설치를 모두 희망한다. H/W를 교체 및 설치하는 경우 수리 요금은 서비스 비용과 부품 비용을 합산하여 청구한다.

9명의 교체 비용은 9×(8,000원+96,000원)=936,000(원)이다.

나머지 3명의 교체와 추가 설치 비용을 계산할 때 하나의 PC에 같은 부품을 여러 개 교체, 설치하는 경우 부품의 개수만큼 서비스 비용이 발생하므로, 다음과 같이 식으로 나타낼 수 있다.

교체 비용+추가 설치 비용=3×(8,000원+96,000원)+3×(8,000원+96,000원)=624,000(원)

따라서 RAM 8GB 교체 총 비용은 936,000원+624,000원=1,560,000(원)이다.

• SSD 250GB 추가 설치 비용

1명당 SSD 250GB 추가 설치 비용은 서비스 비용+부품 비용=9,000원+110,000원=119,000(원)이다.

5명이 요청했으므로 총비용은 119,000원×5=595,000(원)이다.

• 프로그램 설치 비용

문서작성 프로그램 1명당 설치 비용은 6,000원이고, 3D 그래픽 프로그램 설치 비용은 개당 추가 1,000원이므로 7,000원이다. 각각 10명씩 요청했으므로 총비용은 (10×6000원)+(10×7000원)=130,000(원)이다.

따라서 A부서의 수리 요청 내역별 수리 요금이 바르게 짝지어진 것은 ②이다.

10 ④

• B부서에서 요청한 수리 요청 내역은 HDD 1TB 교체, HDD 포맷, 배드섹터 수리, 바이러스 치료 및 백신 설치이다.

• HDD 1TB 교체 비용

요청 인원 4명 모두 HDD 백업을 희망하므로, 총비용은 4×(8,000원+50,000원)+100,000원=332,000(원)이다.

• HDD 포맷, 배드섹터 수리 비용

HDD 포맷, 배드섹트 수리 비용은 1명당 10,000(원)이

고, 15명이 요청하였으므로 총비용은 15×10,000원=150,000(원)이다.

• 바이러스 치료 및 백신 설치 비용

바이러스 치료 및 백신 설치 비용은 1명당 10,000(원)이고, 6명이 요청하였으므로 총비용은 6×10,000원=60,000(원)이다.

따라서 B부서에 청구되어야 할 총수리 비용은 332,000+150,000+60,000=542,000(원)이다.

11 ②

총휴가일수가 올바른 직원은 직원 A, 직원 C 이다.

[상세해설] 올해는 2024년이고, 2024년 1월 기준으로 직원들의 총휴가일수는 다음과 같다.

• 연차휴가

  － 직원 A는 전년도 무단결근으로 개근이 적용되지 않아 기본연차가 9일이다. 또한, 근속연수가 5년이므로 2년 이상인 사원이 1년을 초과하는 근속연수 1년마다 1일이 추가되어 4일의 추가 연차휴가가 주어진다.

  － 직원 B는 전년도에 개근하였으므로 기본연차 휴가 12일이 주어진다. 또한, 근속연수가 2년이므로 2년 이상인 사원이 1년을 초과하는 근속연수 1년마다 1일 추가되어 1일의 추가 연차휴가가 주어진다.

  － 직원 C는 2023년도 6월 10일에 입사하였으므로 6월은 월할 계산(15일 이상은 절상)으로 포함되므로 2023년 입사년도 근무월수는 7월로 적용된다. 그러므로 12일×(7개월÷12개월)=7(일)

  － 직원 D는 전년도에 개근하였으므로 기본연차 휴가 12일이 주어진다. 또한, 근속연수가 4년이므로 2년 이상인 사원이 1년을 초과하는 근속연수 1년마다 1일이 추가되어 3일의 추가 연차휴가가 주어진다.

• 월차휴가

모든 정규사원에게 월차는 월 1일이 주어진다. 그러므로 총 12일(12개월)이다.

• 하계휴가

1년 이상 근무한 사원에게 5일이 주어진다.

(직원 A, B, D)

직원 C의 경우에는 6월 입사자인데 하계휴가는 5월

기준으로 산정하므로 1년 이상 근무가 적용되지 않는다. 따라서 하계휴가는 별도로 주어지지 않는다.
이를 정리하면 다음과 같다.

구분	기본 연차휴가	추가 연차휴가	월차휴가	하계휴가	총 휴가일수
직원 A	9일	4일	12일	5일	30일
직원 B	12일	1일	12일	5일	30일
직원 C	—	7일	12일	—	19일
직원 D	12일	3일	12일	5일	32일

따라서 총휴가일수가 올바른 직원은 직원 A와 직원 C이다.

12 ②

Quick해설 시트지를 붙일 때, 발주 넣어야 하는 최소의 비용은 $1,170,000+288,000+273,600=1,731,600$(원)이다.

[상세해설] 최소의 비용으로 샘플 모형을 제작해야 하므로 단가가 저렴한 시트지를 사용해야 한다.

사이즈	1장당 가격	사이즈당 가격 $(10,000\text{cm}^2)$
100×100cm	400원	400원
100×300cm	1,080원	360원
200×200cm	2,560원	640원
300×300cm	2,700원	300원
600×300cm	4,500원	250원
600×600cm	7,200원	200원

즉, 사이즈가 큰 시트지를 많이 사용할수록 가격은 저렴해진다.
• (위아래에서 보는 면의 개수)=25개+25개=50(개)
 −면의 크기는 $1,200×900\text{cm}$이므로

600×600	600×300
600×600	600×600

900 / 1,200

 −1면당 2장(600×600)+2장(600×300)이므로
  $7,200원×2+4,500원×2=23,400$(원)
  → 총 50개의 면이므로
   $23,400원×50개=1,170,000$(원)

• (앞뒤에서 보는 면의 개수)=16개+16개=32(개)
 −면의 크기는 $1,200×300\text{cm}$이므로

600×300	600×300	300

1,200

 −1면당 2장(600×300)이므로
  $4,500원×2=9,000$(원)
  → 총 32개의 면이므로
   $9,000원×32개=288,000$(원)
• (양옆에서 보는 면의 개수)=19개+19개=38(개)
 −면의 크기는 $900×300\text{cm}$이므로

600×300	300×300	300

900

 −1면당 1장(600×300)+1장(300×300)이므로
  $4,500원+2,700원=7,200$(원)
  → 총 38개의 면이므로
   $7,200원×38개=273,600$(원)
따라서 샘플 모형에 시트지를 붙이는 최소의 비용은
$1,170,000+288,000+273,600=1,731,600$(원)이다.

13 ④

Quick해설 마지막 문단에서 4차 산업혁명은 정보 통신 기술혁명인 3차 산업혁명의 연장선상에 있다고 하였으므로 4차 산업혁명이 3차 산업혁명과 근본적으로 다른 것은 아님을 알 수 있다.

[오답풀이] ① 마지막 문단에서 3차 산업혁명이 지난 20~30년간 초래한 고용 변화는 앞으로의 미래상을 예측하는 데 매우 중요한 근거가 된다고 하였다.
② 3문단에서 숙련 편향적 기술 변화는 숙련도가 높은 노동력에 대한 수요를 증가시키는 방향으로 변하고, 정형 편향적 기술 변화는 정형화된 노동을 대체하는 방향으로 변한다고 하였으므로, 숙련 편향적 기술 변화로 인해 노동력 수요가 증가되는 직군과 정형 편향적 수요로 인해 노동력 대체를 야기할 수 있다.
③ 3문단에서 생산 기술의 변화는 직군별로 차별적인 영향을 미친다고 하였다.
⑤ 2문단에서 생산 기술의 변화가 일자리에 끼친 영향은 대체 효과, 보완 효과, 생산 효과의 형태로 나타난다고 하였다.

14 ②

Quick해설 생산 기술과 보완 관계에 있는 노동력의 경우 특정 생산 기술 도입 초기에는 그 수요가 급증하지만, 이후 기술 발달에 따라 해당 직무의 자동화가 얼마든지 가능하다. 따라서 시간의 흐름이나 기술의 변화에 따라 생산 기술과 보완 관계에 있던 노동력이 대체 관계로 변화할 수 있다.

[오답풀이] ① 단기적으로는 대체 효과가 우세하다는 것을 통해 생산 기술의 발달 초기에는 자동화로 인해 인간의 노동력이 기술로 대체되어 대량 실업이 발생할 가능성이 있음을 알 수 있다.

③, ④ 생산 기술의 변화와 관련하여 자동화로 인해 인간의 노동력이 기술로 대체되는 대체 효과는 정형화된 노동을 대체하는 정형 편향적 기술 변화와 관련이 있고, 특정 생산 기술이 보편화되면서 해당 기술과 관련된 노동력의 수요가 증가하는 보완 효과는 숙련도가 높은 노동력의 수요를 증가시키는 숙련 편향적 기술 변화와 관련이 있다. 이에 따라 정형화된 노동력은 자동화되기 쉬워 생산 기술과 대체 관계에 있고, 숙련도가 높은 노동력은 그 수요가 증가하여 보완 관계에 있음을 알 수 있다.

⑤ 생산 기술과 대체 관계에 있던 서비스 직무는 이후 주변 환경이나 인간관계에 대한 적응 능력에 따라 보완 관계로 바뀔 수 있다.

15 ②

Quick해설 The Honest Company는 일상용품을 주로 구매하는 일반 고객들이 해당 용품들을 따로 사는 것에 대한 불편을 없애기 위해 하나의 사이트(공간)에서 판매를 시작했다. 그다음 타깃으로 육아를 시작한 바쁜 부모들을 선택해 그들의 바쁜 시간을 쪼개어 활용할 수 있는 풀 퍼널 전략, OTT 비디오 사용, 다른 사이트를 통해 쉽게 접근하는 방법, 라이브 스트림으로 공감대를 형성하여 물건을 판매하는 전략 등을 사용하였다. 따라서 구매 고객이 가장 필요한 점을 해결하는 전략을 사용한 선택지 ②가 가장 적절하다.

[오답풀이] ① 다양한 접속 경로로 쉽게 제품에 접근할 수 있도록 한 것은 맞지만 구매 대상자의 연령대에 대한 정보는 확인할 수 없다.

③, ④, ⑤ 주어진 사례의 내용에서 확인할 수 없거나 거리가 멀다.

16 ④

Quick해설 '명문장수기업 확인 시 우대사항'에 따르면, 온라인수출플랫폼 사업 신청 시 1점 가점을 받을 수 있다.

[오답풀이] ① 선정된 중소기업은 정책자금을 최대 100억 원까지 지원받을 수 있다.

② 공고일 기준 업력 45년 이상인 중소기업 및 중견기업이 신청 대상에 해당하므로 적절하다.

③ '신청 방법'에서 중소기업과 중견기업의 신청접수 이메일 주소가 각각 다르게 제시되어 있는 것을 확인할 수 있다.

⑤ '명문장수기업 확인 시 우대사항'에 따르면 명문장수기업 선정 시 확인서는 국문뿐만 아니라 영문으로도 발급된다.

17 ②

Quick해설 '신청자격'에 따라 항목별 만족 여부를 표시하면 다음과 같다. 이때, 매출액 제한기준은 폐지되었다고 하였으므로 고려하지 않는다.

구분	기업명	기업 분류	업종코드 (중분류)	업력 (공고일 기준)	매출액
1	A기업	중소기업	C25	~~43년~~	745억 원
2	B기업	중견기업	~~K66~~	60년	2,165억 원
3	C기업	중견기업	G45	52년	1,462억 원
4	D기업	중소기업	I55	45년	254억 원
5	E기업	~~대기업~~	J63	58년	3,445억 원

따라서 신청 자격을 만족하는 기업은 C기업과 D기업으로 총 2개이다.

18 ①

Quick해설 주어진 글은 하수처리를 통한 물의 정화 과정을 설명하고 있다. [보기]에서 이와 같이 특정 주제를 과정에 따라 분석하여 전개하는 방식을 사용한 글은 재봉틀로 박음질하는 과정을 설명하고 있는 ㉠뿐이다.

[오답풀이] ㉡ 서사에 따라 전개한 글이므로 적절하지 않다.
㉢ 인과에 따라 전개한 글이므로 적절하지 않다.
㉣ 시간적 순서에 따라 전개한 글이므로 적절하지 않다.

19 ④

Quick해설 '알 권리'는 직업윤리에 기반한 것이며, '인간적 가치'는 개인윤리에 기반한 것이다. 주어진 사례는 사진기자였던 케빈 카터가 굶주린 소녀의 모습을 사진으로 담아 아프리카 기아 문제를 알릴 수 있었으나, 일각에서는 사진을 찍기 위해 소녀를 방치할 것이 아니라 구조가 우선시돼야 했다는 비판도 잇따른 사례로, '알 권리'와 '인간적 가치', 즉 직업윤리와 개인윤리가 어떻게 조화를 이루어야 하는지에 대한 문제를 제기할 수 있다.

[오답풀이] ① 어느 때 윤리가 옳고 또 어느 때 윤리가 옳지 않은지를 구분하고자 하는 것은 주어진 사례에서 말하고자 하는 바가 아니다.
② 윤리적 가치가 발휘되어야 하는 시점을 의미하는 사례가 아니며, 개인윤리와 직업윤리가 충돌했을 때 어떻게 행동해야 하는 것인지에 대한 문제를 제기하는 사례이다.
③ 생명 존중에 대한 통찰을 유도하는 사례이나, 생명을 존중하는 가치는 반드시 윤리적이므로 이에 대한 의문을 갖게 하는 사례는 아니다.
⑤ 어떤 직업에서 윤리적 충돌이 발생하고, 발생하지 않는지를 의미하는 사례가 아니다.

20 ⑤

Quick해설 연봉 3,000만 원인 R씨의 연봉월액은 3,000÷12=250(만 원)이며, 정직을 당할 경우 7할(70%)이 감액되므로 지급되는 연봉월액은 250×0.3=75(만 원)이다. 또한, 연봉 2,400만 원인 M씨의 연봉월액은 2,400÷12=200(만 원)이며, 감봉을 당할 경우 4할(40%)이 감액되므로 지급받는 연봉월액은 200×0.6=120(만 원)이다. 따라서 M씨의 연봉월액이 더 많다.

[오답풀이] ① 5년 차 미만이므로 퇴직급여의 1/4이 감액되어 3,000×0.75=2,250(만 원)이다.
② 징계 사유가 금품 및 향응수수, 공금횡령·유용에 해당하지 않으므로 피해액에 대한 징계 부가금이 부과되지 않는다.
③ 2017년 3월 초에 강등 조치를 받으면 징계가 종료되는 시점은 3개월 후인 2017년 6월 초이다. 이로부터 최대 24개월간 승진 및 승급 제한이 있으므로 2년 후인 2019년 6월 초까지가 승진에 제한을 받을 수 있는 최대 기간이 된다.
④ 연봉이 2,160만 원인 경우, 연봉월액은 2,160÷12=180(만 원)이며, 4할이 감액되므로 월 감액은 180×0.4=72(만 원), 3개월 감액분의 합은 72×3=216(만 원)이다.

21 ③

Quick해설 각 부문의 후보자 우선 순위는 다음과 같다.

구분	1위	2위	3위	4위	5위	6위
디자인 부문	김연아	송민지	김혜경	이권희	윤아름	이보경
콘텐츠 부문	김보라	유재민	김시원	임정옥	정희주	장주영

장주영은 콘텐츠 부문 후보 6명 중 우선 순위가 가장 낮다. 그러나 디자인 부문에서 A박물관과 B박물관 종사자가 선정되면 콘텐츠 부문 후보 중에선 김보라, 임정옥, 유재민이 제외되고, 김시원, 정희주, 장주영 3명만 후보로 남게 된다. 따라서 김시원 또는 정희주 둘 중 1명만 섭외를 거절해도 장주영이 평가위원이 될 수 있다.

[오답풀이] ① 디자인 부문 후보 중 김연아가 섭외를 거절하여도 김보라가 섭외에 응한다면 같은 B박물관에 근무하는 유재민은 섭외 전화를 받지 못할 수 있다.
② 이권희가 섭외 전화를 받지 못했다면, 김연아, 송민지, 김혜경 3명 중에서 2명의 섭외가 완료되었다는 뜻이다. 즉, A박물관과 B박물관 종사자가 디자인 부문에서 평가위원으로 선정되었으므로 A박물관에 종사하는 임정옥은 섭외 전화를 받지 못한다.
④ 송민지와 윤아름이 평가위원이 될 경우, A박물관 종사자인 임정옥과 X대학교 교수인 정희주는 후보군에서 제외된다. 그러나 콘텐츠 부문 1~2순위인 김보라와 유재민은 B박물관에 종사하므로 두 후보군 중 한 사람이 섭외에 응하거나 모두 거절하면 김시원은 섭외 전화를 받을 수 있다.

⑤ 디자인 부문 후보 중에서 섭외를 거절한 사람이 없다면 김연아와 송민지가 선정된다. 따라서 A, B박물관 종사자인 김보라, 임정옥, 유재민이 제외되고, 정희주는 반드시 섭외 전화를 받게 된다.

22 ①

Quick해설 성희롱 여부를 판단할 때는 피해자의 주관적인 사정을 고려하되 피해자와 비슷한 조건과 상황에 있는 사람이 피해자의 입장이라면 문제가 되는 성적 언동에 대해 어떻게 반응했을까를 함께 고려하여야 하며, 결과적으로 위협적이고 적대적인 환경을 형성해 업무 능률을 저하시키게 되는지를 검토한다. '성적 언동 및 요구'는 신체의 접촉이나 성적인 의사표현뿐만 아니라 성적 함의가 담긴 모든 언행과 요구를 말하며, 상대방이 이를 어떻게 받아들였는지가 매우 중요하다. 따라서 행위자의 의도와는 무관하며, 설사 행위자가 성적 의도를 가지고 한 행동이 아니었다고 하더라도 성희롱으로 인정될 수 있다.

[오답풀이] 성희롱은 '남녀차별금지 및 구제에 관한 법률'과 '남녀고용평등법'에 각각 명문화되어 있으나, 형사처벌의 대상은 아니며 피해자는 가해자에게 민사상의 손해배상 청구를 할 수 있다.

23 ④

Quick해설 짝수 번째에 있는 숫자를 전부 더하면 8+0+2+2+9+7=28이다.
위 결괏값 28에 3을 곱하면 84가 된다.
홀수 번째 위치에 있는 숫자를 모두 더하면 8+0+4+3+1+3=19이다.
두 결괏값을 더하면 84+19=103이다.
따라서 검증번호는 110-103=7이다.

24 ②

Quick해설 보고서에 따르면 중앙아시아에서 자동차 시장이 최대 규모인 국가는 우즈베키스탄이다.

[오답풀이] ① 카자흐스탄에서 자동차 조립 산업은 '특별 투자 프로젝트'로 지정되어 수입 관세와 원자재 수입에 대한 부가세가 면제된다고 하였다.
③ 카자흐스탄 정부가 2020년 '자동차 조립 산업에 관한 협약'을 도입함에 따라 각 자동차 브랜드는 최소 1개 이상의 모델을 CKD 방식으로 생산해야 한다고 하였다.
④ 2023년에 카자흐스탄의 승용차 생산량은 13만 4,000대이며 승용차 및 상용차 포함 신차 판매량은 19만 8,842대이므로 적절하다.
⑤ 러시아-우크라이나 전쟁으로 많은 기업이 러시아에서 주변 CIS국가로 생산기지를 이전하고, 새로운 생산 거점으로 카자흐스탄이 주목을 받는 것이 자동차 산업 성장의 주요 배경이라고 하였으므로 적절하다.

25 ④

Quick해설 2019년 어린이집 보육교직원 합계는 331,444명으로 특수교사, 조리원, 기타에 해당하는 인원까지 포함한 것이므로 2019년 보육교사 인원은 331,444-(37,168+658+923+1,121+1,103+2,014+31,090+17,394)=239,973(명)이다.
따라서 2018년 대비 2019년 보육교사 인원의 증감률은 $\frac{239,973-239,996}{239,996} \times 100 = -0.01(\%)$로, 증감률 폭이 1% 미만이므로 옳은 설명이다.

[오답풀이] ① 2018년부터 2021년까지 전년 대비 인원이 감소한 직업은 원장, 간호사 및 간호조무사, 특수교사로 3개이다.
② 2018년부터 2021년까지 전년 대비 영양사의 증감률이 가장 높은 연도는 $\frac{1,040-902}{902} \times 100 = 15.3(\%)$ 증가한 2021년이다.
③ 조사기간 동안 사무원의 인원이 두 번째로 적었던 연도는 2020년이며, 이때 특수교사와 기타 직원의 수의 합은 1,908+17,807=19,715(명)이다.
⑤ 2018년부터 2020년까지 조리원과 전년 대비 증감추이(증가-증가-감소)가 같은 직업은 치료사이며, 치료사의 2017년 대비 2019년 인원 증감률은 $\frac{658-600}{600} \times 100 = 9.7(\%)$이다.

26 ②

Quick해설 2023년 기말재공품 원가는 2,400만 원이다.

[상세해설] 기말재공품 원가를 구하기 위해서는 제조원가를 계산하는 식을 이용해야 한다.

(제조원가)＝(기초재공품 원가)＋(제조노무비)＋(제조간접비)＋(직접재료비)－(기말재공품 원가)

(기말재공품 원가)＝(기초재공품 원가)＋(제조노무비)＋(제조간접비)＋(직접재료비)－(제조원가)

- 기초재공품 원가 3,000만 원
- (제조노무비)＝(급여)＋(퇴직급여)
  ＝24,000＋2,880＝26,880(만 원)
  → 급여와 퇴직급여를 모두 포함한 비용을 의미한다.
- (제조간접비)＝(전력비)＋(가스수도비)
  ＝5,600＋2,800＝8,400(만 원)
- (직접재료비)＝(기초원재료 재고액)＋(당기원재료 매입액)－(기말원재료 재고액)
  ＝12,000＋18,000－8,000
  ＝22,000(만 원)
- 제조원가 57,880만 원

따라서 기말재공품 원가는 3,000＋26,880＋8,400＋22,000－57,880＝2,400(만 원)이다.

27 ④

Quick해설 1차 면접 점수와 2차 면접 점수의 합계를 구한 후 적극성과 업무 전문성에 각각 40%의 가중치를 더해주면 된다. 총합산 점수는 다음과 같다.

(단위: 점)

지원자	1차 면접 점수	2차 면접 점수	적극성+업무 전문성	(적극성+업무 전문성)의 40%	총합산 점수
A	32	52	24	9.6	93.6
B	30	52	28	11.2	93.2
C	32	56	22	8.8	96.8
D	32	52	28	11.2	95.2
E	34	48	30	12	94
F	30	52	26	10.4	92.4

따라서 최종적으로 선발되는 지원자는 C, D, E이다.

28 ④

Quick해설 자기개발은 조직의 목표가 아닌, 자신이 달성하고자 하는 목표를 성취하기 위해서 해야 한다. 자기개발을 하기 위해서는 자신의 비전을 발견하고 장단기 목표를 설정해야 한다. 이와 같이 자기개발은 자신의 목표를 발견하고 성취하도록 도와준다.

29 ⑤

Quick해설 제품이 정상적으로 작동한다면 고장이 아니다. 구입한 지 6개월이 지난 청소기 뒤쪽에서 냄새가 나는 경우에는 장기간 사용 시에 먼지통 내의 먼지로 인한 냄새가 발생하는 것이다. 따라서 AS 센터를 방문하는 것이 아니라, 먼지통 및 필터를 세척하여 사용할 것을 안내하는 것이 적절하다.

30 ⑤

Quick해설 2023년 성과급 산정 기준은 (개인별 연봉)×(부서 성과급 비율과 개인 성과급 비율 중 높은 값)이고, 직원 E의 2023년 부서 성과 등급은 미흡, 개인 성과 등급은 보통이므로 둘 중 더 높은 개인 성과급 비율을 반영하여 계산한다.

따라서 직원 E의 2023년 성과급은 31,500,000×0.15＝4,725,000(원)이므로 적절하지 않다.

[상세해설] 2022년 성과급 산정 기준은 (개인별 연봉)×{(부서 성과급 비율＋개인 성과급 비율)÷2}이고, 2023년 성과급 산정 기준은 (개인별 연봉)×(부서 성과급 비율과 개인 성과급 비율 중 높은 값)이므로 직원별 성과급 산정 결과는 다음과 같다.

구분	2022년	2023년
A	50,000,000×{(0.4＋0.3)÷2}＝17,500,000(원)	55,000,000×0.3＝16,500,000(원)
B	55,000,000×{(0.3＋0.3)÷2}＝16,500,000(원)	60,000,000×0.4＝24,000,000(원)
C	35,000,000×{(0.4＋0.15)÷2}＝9,625,000(원)	38,000,000×0.4＝15,200,000(원)
D	40,000,000×{(0.15＋0.4)÷2}＝11,000,000(원)	44,000,000×0.4＝17,600,000(원)
E	30,000,000×{(0.15＋0.05)÷2}＝3,000,000(원)	31,500,000×0.15＝4,725,000(원)

따라서 직원 E의 2023년 성과급은 4,725,000원이므로 적절하지 않다.

31 ⑤

Quick해설 가장 작은 수조의 한 모서리의 길이를 a라고 하면, 두 번째로 큰 수조의 한 모서리의 길이는 $2a$, 가장 큰 수조의 한 모서리의 길이는 $4a$이다. 즉, 세 수조의 부피는 작은 수조부터 차례대로 a^3, $(2a)^3=8a^3$, $(4a)^3=64a^3$이다. 따라서 물탱크에 들어 있는 물의 부피는 총 $a^3+8a^3+64a^3=73a^3$이다. 가장 작은 수조의 부피는 a^3이므로 물탱크의 물을 모두 퍼내려면, 총 73번 퍼내야 한다.

32 ⑤

Quick해설 ㉠ 한국산업인력공단에서 운영하는 자격증 취득 관련 사이트인 Q−net에 들어가 현재 취득할 수 있는 자격증을 확인하고, 자신의 업무 역량을 키우는 것이 필요하다.
㉡ 구인구직 사이트와 같이 온라인을 이용하면 자신에게 맞는 일자리를 보다 쉽게 찾아볼 수 있다.
㉢ 정부에서 운영하는 센터의 도움을 받는 것도 좋은 방법이다.
㉣ 자기 PR과 함께 할 수 있는 업무를 강조하고, 보다 적극적인 구직 활동을 하는 것이 바람직하다.
따라서 ㉠~㉣ 모두 C씨가 할 행동으로 적절하다고 볼 수 있다.

33 ④

Quick해설 주어진 상황의 홍 사원은 자기개발을 위해서 외국어 학원에 등록하였으나, '잦은 야근'이라는 외부적 요인에 의해 자기개발에 실패한 사례이다. 이와 가장 비슷한 사례는 ④이다.

[오답풀이] ① 자신에게 필요한 자기개발이 무엇인지 인식하지 못하고 있어 생겨난 실패한 사례이다.
② 자신의 몸 상태가 좋지 않아서 자기개발을 이행할 수 없는 상태로 이는 자신의 내적 요인에 의해 실패한 사례이다.
③ 현재 자신의 직업과 관련된 것은 아니지만, 자기개발에는 성공한 것이다.

⑤ 체력 관리에 관한 욕구는 있으나 이를 위한 적절한 방법을 알지 못하여 자기개발에 실패한 사례이다.

34 ⑤

Quick해설 ⑤의 말은 G사원에게 할 말로 적절하지 않다.

[상세해설] [효과적인 시간계획 세우기 및 일의 우선순위 판단하기]
1. 시간계획을 적절하게 세우기 위해서 지켜야 하는 가장 기본적인 원리는 60:40의 룰을 지키는 것이다. 이는 계획된 행동 60%, 비계획된 행동 40%(계획 외의 행동 20%, 자발적 행동 20%)를 의미한다.
2. 효과적인 시간계획을 세우는 순서
명확한 목표 설정하기 → 일의 우선순위 정하기 → 예상 소요시간 결정하기 → 시간계획서 작성하기
3. 일의 우선순위 판단을 위한 매트릭스
긴급○ / 중요○ → 긴급× / 중요○ → 긴급○ / 중요× → 긴급× / 중요×

구분	긴급함	긴급하지 않음
중요함	• 위기상황 • 급박한 문제 • 기한이 정해진 프로젝트	• 예방 생산 능력 활동 • 인간관계 구축 • 새로운 기회 발굴 • 중장기 계획, 오락
중요하지 않음	• 잠깐의 급한 질문 • 일부 보고서 및 회의 • 눈앞의 급박한 상황 • 인기 있는 활동	• 바쁜 일, 하찮은 일 • 우편물, 전화 • 시간낭비 행위 • 즐거운 활동

⑤ 긴급하지 않지만 중요한 일(다음 달 예산을 계획하는 것)을 긴급하지 않고 중요하지 않은 일(설문지 작성)보다 먼저 처리해야 한다.

[오답풀이] ① 긴급하지 않고 중요하지 않은 일(우편물 관련 행정처리)보다 긴급하지만 중요하지 않은 일(내일 있을 회식 장소 예약)을 먼저 처리해야 한다.
② 먼저 명확한 목표를 설정한 후, 일의 우선순위를 정하고, 이에 따른 예상 소요시간을 결정하여 시간계획서를 작성하는 것이 효과적이다.
③ 시간계획을 적절하게 세울 때, 계획된 행동과 비계획된 행동을 모두 고려하여야 한다.
④ 긴급하면서 중요한 일(프로젝트 마무리)을 긴급하지만 중요하지 않은 일(회의 보고서 작성)보다 먼저 처리해야 한다.

35 ②

Quick해설 • (A): 2016년 출생아 수는 406,243명이고 조출생률은 천 명당 7.9명이므로 $7.9 = \dfrac{406,243}{(2016년\ 연앙인구)} \times 1,000$의 식을 세울 수 있고, 2016년 연앙인구는 51,423,165(명)≒51,000,000(명)이다. 이때, 2016년 조사망률은 천 명당 $\dfrac{280,827}{51,000,000} \times 1,000 ≒ 5.5$(명)이다.

• (B): 2017년 사망자 수는 285,534명이고 조사망률은 천 명당 5.6명이므로 $5.6 = \dfrac{285,534}{(2017년\ 연앙인구)} \times 1,000$의 식을 세울 수 있고, 2017년 연앙인구는 50,988,214 (명)≒51,000,000(명)이다. 이때, 2017년 조출생률은 천 명당 $\dfrac{357,771}{51,000,000} \times 1,000 ≒ 7.0$(명)이다.

• (C): 2020년 출생아 수는 272,000명이고 조출생률은 천 명당 5.3명이므로 $5.3 = \dfrac{272,000}{(2020년\ 연앙인구)} \times 1,000$의 식을 세울 수 있고, 2020년 연앙인구는 51,320,755 (명)≒51,000,000(명)이다. 이때, 2020년 자연증가건수 는 $272,000 - 302,670 = -30,670$(명)이므로 자연증가율은 천 명당 $\dfrac{-30,670}{51,000,000} \times 1,000 ≒ -0.6$(명)이다.

따라서 (A)+(B)+(C)=5.5+7.0+(-0.6)=11.9이다.

36 ①

Quick해설 이 과장: 임직원 2인 이상이 동일 목적으로 동행하여 출장할 경우 각 직급에 해당하는 여비 기준에 따라 여비를 사용한다. 장 부장과 관계없이 이 과장의 숙박비는 1박 130달러, 식비는 1일 15달러, 일비는 50달러이다. 따라서 교통비를 제외한 3박 5일 여비는 $130 \times 3 + (15+50) \times 5 = 715$(달러)이다.

따라서 적절한 반응을 보인 사람은 이 과장 1명이다.

[오답풀이] 김 대리: 임직원 2인 이상이 동일 목적으로 동행하여 출장할 경우 각 직급에 해당하는 여비 기준에 따라 여비를 사용하나, 임원과 함께 출장을 갈 경우에는 식대는 임원과 동일하게 지급한다. 따라서 김 대리가 가 지역에 출장을 가게 된 경우 숙박비는 1박 160달러, 일비는 30달러이고, 식비는 이사와 동일한 35달러이다. 따라서 교통비를 제외한 2박 3일 여비로 $160 \times 2 + (35+30) \times 3 = 515$(달러)를 지급받을 수 있다.

정 사원: 여비는 영수증을 첨부한 경우에 한하여 비용으로 인정하는 것을 원칙으로 하나 시내 버스비, 전철비, 자가용 유류대, 일비 등 일부 비용은 예외로 할 수 있으므로 최대 300달러가 아닌 300달러를 초과한 금액을 여비로 지급받을 수도 있다.

최 부장: 출장비 사전 신청서는 통상 근무일 기준 3일 전에 신청해야 한다. 토요일, 일요일은 근무일이 아니므로 수요일까지 제출해야 한다.

윤 대리: 직원이 회사 업무로 외부인과 동행하여 출장하는 경우에는 외부인에게 그 직원과 동일한 여비를 사용하게 할 수 있다. 따라서 협력업체의 부장은 대리 기준 나 지역 식대인 1일 15달러를 이용할 수 있다.

37 ③

Quick해설 마지막 문단에서 임파워먼트가 손쉽게 이뤄지는 것은 아니며, 임파워먼트에는 다양한 장애 요인이 있을 수 있다고 하였으므로 언제나 고성과 조직을 만들 수 있는 것은 아님을 알 수 있다. 고성과 조직이 되도록 한다는 것은 E기업에서 도입하고자 하는 임파워먼트에 관한 설명이다.

38 ③

Quick해설 E기업이 현장 임파워먼트를 도입하지 못했던 임파워먼트의 장애 요인으로 적절한 것은 ⓒ, ⓒ이다.

[상세해설] 임파워먼트의 장애 요인으로는 개인 차원, 대인 차원, 관리 차원, 조직 차원이 있다.

• 개인 차원: 역량의 결여, 동기의 결여, 결의의 부족, 책임감 부족, 의존성

• 대인 차원: 성실성 결여, 약속 불이행, 승패를 대하는 태도, 갈등 처리능력 부족, 성과를 제한하는 조직 규범

• 관리 차원: 통제적 리더십, 리더십 발휘 능력 결여, 경험 부족, 정책 및 기획의 실행능력 결여, 비전의 효과적 전달능력 결여

• 조직 차원: 공감대 형성이 없는 구조와 시스템, 제한된 정책과 절차

주어진 글에서 E기업은 그동안 현장 임파워먼트를 강조하였으나, 현장 대응에 비효율적인 보고 체계와 현장 임파워먼트 도입에 관한 본사 직원들의 반대로 인해 현장 임파워먼트를 도입할 수 없었으므로 조직 차원의 장애 요인이 나타나고 있다. 따라서 적절한 것은 ㉡, ㉢이다.

[오답풀이] ㉠ 대인 차원의 장애 요인에 해당한다.
㉣ 관리 차원의 장애 요인에 해당한다.

39 ②

Quick해설 필수 과정에서 3급, 4급의 차장급은 제외되지만, 선택 과정은 모든 직원들이 반드시 이수해야 한다.

[오답풀이] ④ 제△조(결과 활용)에서 확인할 수 있듯이 최소 학습시간 이수 여부가 종합근무평정(연수평정)과 본부와 영업점의 경영평가에 반영되므로 인사고과에 영향을 줄 수 있다.

40 ⑤

Quick해설 면접을 6분 동안 본 인원은 25명, 8분 동안 본 인원은 35명이다.

[상세해설] 각 면접은 6분 또는 8분 동안 진행되었으므로, 6분 동안 면접을 본 사람 수를 a명, 8분 동안 면접을 본 사람 수를 b명이라 하면, $a+b=60$ … ㉠이다.
면접은 오전 9시부터 오후 5시 38분까지 진행되었으므로, 면접을 본 시간은 총 8시간 38분, 즉 518분이다.
60명이 면접을 보므로 59번의 준비 시간이 존재하는데, 이 중 한 번은 30명의 면접자가 면접을 끝냈을 때, 30분간 쉬는 시간을 보내므로 나머지 58번의 준비 시간 동안 각 1분의 준비 시간을 가지게 된다. 면접 시간은 실질적으로 $(6a+8b)$분이며, 면접을 끝내는 데 걸리는 시간이 총 $30+58+6a+8b=518$(분)이다.
$6a+8b=430$, $3a+4b=215$ … ㉡
㉠ 식과 ㉡ 식을 연립하면 $a=25$, $b=35$이다.
따라서 면접을 8분 동안 본 인원수는 35명이다.

41 ⑤

Quick해설 ChatGPT에 대한 설명으로 옳지 않은 것은 ㉤이다.

[상세해설] ChatGPT는 찾고 싶은 정보가 있는 사이트를 제시해 주는 구글과는 달리, 사전에 학습한 데이터에서 질문의 의도에 부합한 정보만을 수집해 이를 마치 사람처럼 문장으로 작성하여 응답한다는 점에서 큰 차이가 있다. 그러나 정확도에 대해서는 많은 논란이 있는데, 이는 ChatGPT가 질문의 의도에 부합하는 정보를 찾아서 제공하는 것이지, 그 정보가 옳은 정보인지를 확인하기는 어렵다는 점 때문이다. 또한, ChatGPT가 학습한 데이터의 시점도 문제가 될 수 있다. 예를 들어, 2022년 12월 일반에게 공개된 GPT-3.5 기반의 ChatGPT의 경우, 2021년까지 수집된 데이터로 학습했기 때문에 2022년 1월 이후의 정보는 반영되지 않은 응답을 제시할 것이다. 이는 실시간 검색을 기반으로 하는 구글이나 취재를 기반으로 하는 언론 보도와는 달리 정보의 시의성에서는 오류의 가능성이 있음을 의미한다.
따라서 옳지 않은 것은 ㉤이다.

42 ⑤

Quick해설 ㉡ '찾기 어려운 사람이나 사물을 찾아서 드러내다.'라는 의미를 가진 단어인 '찾아내다'는 한 단어이므로 붙여 써야 한다.
㉢ 무성 파열음([p], [t], [k])은 어말에 올 때 '으'를 붙여 적으므로 'concept'의 외래어 표기는 '콘셉트'이다.
　• 콘셉트: 어떤 작품이나 제품, 공연, 행사 따위에서 드러내려고 하는 주된 생각
㉣ '앞말이 가리키는 동안이나 거리'를 나타내는 말인 '만'은 의존 명사로 앞말과 띄어 써야 하므로 '반 만에'로 써야 한다.

[오답풀이] ㉠ '손에 간편하게 들고 다닐 수 있는 짐'을 뜻하는 단어인 수하물(手荷物), 수화물(手貨物) 모두 바른 표기이므로 적절하다.

43 ②

Quick해설 직접 계산해 보지 않더라도 (직장가입자 부양률)(명)= $\dfrac{(피부양자)}{(가입자)}$ 식에서 (피부양자)<(가입자)인 경우 부양률이 1명보다 낮음을 알 수 있다. 2021~2022년에만 직장가입자 부양률이 1명 미만이다.

[오답풀이] ① [표1]을 통해 2018년부터 2022년까지 의료보장 적용 인구는 52,557 → 52,880 → 52,927 → 52,929 → 52,932로 꾸준히 증가하였음을 알 수 있다.

③ 2017년과 2020년의 65세 이상 건강보험 적용 인구의 비중을 구하면 다음과 같다.

- 2017년: $\dfrac{6,806}{50,941} \times 100 ≒ 13.4(\%)$
- 2020년: $\dfrac{7,904}{51,345} \times 100 ≒ 15.4(\%)$

따라서 2020년 65세 이상 건강보험 적용 인구의 비중은 3년 전 대비 15.4−13.4=2(%p) 증가하였다.

④ 2021년 65세 이상 건강보험 적용 인구는 2016년 대비 $\dfrac{8,320-6,445}{6,445} \times 100 ≒ 29.1(\%)$ 증가하였으므로 30% 미만으로 증가하였다.

⑤ 2019년부터 2022년까지 전년 대비 지역가입자 세대원 수의 변화를 구하면 다음과 같다.

- 2019년: 7,404−7,207=197(천 명)
- 2020년: 7,207−7,062=145(천 명)
- 2021년: 7,062−6,897=165(천 명)
- 2022년: 7,075−6,897=178(천 명)

따라서 2019년부터 2022년까지 지역가입자 세대원 수가 전년 대비 가장 크게 변화한 해는 2019년이다.

44 ④

Quick해설 ㉠ 2020년 65세 이상 건강보험 적용 인구는 2016년 대비 $\dfrac{7,904-6,445}{6,445} \times 1.00 ≒ 22(\%)$ 증가하였으므로 20% 이상 증가하였다.

㉢ 2022년 건강보험 적용 인구는 2016년 대비 51,410−50,763=647(천 명), 즉 64만 7천 명 증가하였으므로 65만 명 미만으로 증가하였다.

[오답풀이] ㉡ 2022년 외국인 건강보험 적용 인구는 2016년 대비 $\dfrac{1,343-884}{884} \times 100 ≒ 51.9(\%)$ 증가하였으므로 55% 미만으로 증가하였다.

45 ③

Quick해설 마지막 문단에서 검소함을 지향했던 조선 시대에 단청의 오방색은 공공건축물과 종교 시설 정도에만 사용할 수 있다고 하였으며, 비교적 자유분방한 문화의 고려 시대에는 일부 상류층과 부유한 사찰에 오방색뿐만 아니라 금단청 등이 사용되어 화려함을 강조하였다고 하였으므로 조선보다 고려의 사찰에서 사용할 수 있는 단청의 색상이 더 많았을 것임을 추론할 수 있다.

[오답풀이] ① 2문단에서 옻칠 시 우루시올이 락크효소의 작용으로 검은 수지로 변하게 된다고 하였으므로 옻칠을 한 목재가 도장 전보다 밝은 색을 띨 것이라는 것은 옳지 않다.

② 1문단에서 도장은 목재의 짧은 수명을 늘리기 위해 나무의 표면에 기름이나 식물의 수액 등을 바른 것이라고 하였으므로 기름 성분의 도장액을 사용할 수 없다는 것은 옳지 않다.

④ 2문단에서 옻칠은 강력한 방수성과 함께 외부 습도의 변화에 따라 일정량의 수분을 흡수 또는 방출하는 특성이 있다고 하였으므로 수분의 양이 외부 조건과 상관없이 동일하게 유지된다는 것은 옳지 않다.

⑤ 2문단에서 옻나무 수액에 들어있는 우루시올은 락크효소의 작용으로 검은 수지로 변하게 된다고 하였을 뿐 우루시올의 양과 락크효소 작용 정도의 상관관계는 정확하게 알 수 없다.

46 ③

Quick해설 박 과장이 선택할 항공편은 C항공이다.

[상세해설] 한국은 독일보다 8시간 빠른데 출장을 가는 달이 7월이므로 독일은 서머타임이 적용되어 한국이 독일보다 7시간 빠르다.

- 한국 시간 기준 7월 2일에 도착해야 현지 호텔에 체크인이 가능하다.

  가는 편의 프랑크푸르트에 도착 시각은 한국 시간 기준 7월 2일이므로 독일 시간으로 7월 1일 17시 이후에 도착해야 한다. 이때, 17시 이후에 도착하지 않는 항공편은 B항공이므로 가능한 항공편은 A항공, C항공, D항공, E항공이다.

• 왕복 비행시간은 총 25시간 10분을 넘어야 한다. 비행시간은 인천에서 출발하여 프랑크푸르트에 도착할 때, 시간의 차에 시차인 7시간을 더하면 구할 수 있다. 또한, 프랑크푸르트에서 출발하여 인천에 도착할 때, 시간의 차에 시차인 7시간을 빼면 구할 수 있다. 즉, 가는 편은 출발시각과 도착시각의 차의 +7시간인 반면, 오는 편은 출발시각과 도착시각의 차의 −7시간이므로 왕복 비행시간은 시차를 제외한 가는 편과 오는 편의 출발시각과 도착시각의 차의 합이 총 25시간 10분을 넘기면 된다.

항공편	비행시간	총비행시간
A항공	• 가는 편: 6h 15m • 오는 편: 18h 30m	24h 45m
B항공	• 가는 편: 6h 45m • 오는 편: 18h 50m	25h 35m
C항공	• 가는 편: 6h 50m • 오는 편: 18h 55m	25h 45m
D항공	• 가는 편: 6h 15m • 오는 편: 18h 50m	25h 5m
E항공	• 가는 편: 6h 50m • 오는 편: 18h 30m	25h 20m

그러므로 왕복 비행시간이 25시간 10분을 넘기는 항공편은 B항공, C항공, E항공이다.
• 한국 시간 기준 7월 6일 한국 행사로 인해 7월 5일 오후 10시 화상회의(30분)에 참여할 수 있어야 한다.
한국 시간 기준 7월 5일 오후 10시는 독일 시간 7월 5일 오후 3시이므로 화상회의를 마치는 시각은 7월 5일 오후 3시 30분이다. 이때, 오는 편으로 가능한 항공편은 B항공, C항공, D항공이다.
따라서 3가지 조건을 모두 만족하는 항공편은 C항공이다.

47 ③

Quick해설 다섯 번째 조건에 따라 가장 먼저 재무팀 도시락이 오고, 가장 나중에 기획팀 도시락이 배달 오며, 네 번째 조건에 따라 기획팀은 중식 도시락을 먹는다.

배달 시간	11시 30분	12시	12시 30분	13시	13시 30분
팀	재무팀				기획팀
도시락 업체					중식

여섯 번째 조건에 따라 홍보팀 도시락은 영업팀 도시락보다 늦게 배달 오지만, 빵 도시락보다 먼저 배달 오는데, 13시 30분에 배달을 받는 기획팀과 도시락 업체는 모두 정해져 있고, 11시 30분에 도시락이 배달 오는 팀은 재무팀으로 정해져 있으므로 12시에는 영업팀 도시락, 12시 30분에는 홍보팀 도시락, 13시에는 빵 도시락이 배달 와야 한다. 이때, 네 번째 조건에 따라 영업팀은 일식을 먹으므로 남은 한 팀인 보안팀에는 13시에 빵 도시락이 배달 온다. 마지막 조건에 따라 양식 도시락이 한식 도시락보다 먼저 배달오므로 재무팀이 양식, 홍보팀이 한식 도시락을 먹는다.

배달 시간	11시 30분	12시	12시 30분	13시	13시 30분
팀	재무팀	영업팀	홍보팀	보안팀	기획팀
도시락 업체	양식	일식	한식	빵	중식

따라서 재무팀은 양식 도시락을 먹으므로 옳지 않은 것은 ③이다.

[오답풀이] ① 11시 30분에는 재무팀에 양식 도시락이 배달 온다.
② 13시에는 보안팀에 빵 도시락이 배달 온다.
④ 영업팀보다 먼저 도시락을 받는 팀은 재무팀 1팀이다.
⑤ 홍보팀은 12시 30분에 한식 도시락을 먹는다.

48 ②

매출원가율은 제품원가를 매출액으로 나눈 비율이므로 매출액은 제품원가를 매출원가율로 나누어 구한다. A제품의 매출액은 60,000÷0.8=75,000(원), B제품의 매출액은 65,000÷0.8=81,250(원), C제품의 매출액은 62,000÷0.9≒68,889(원), D제품의 매출액은 69,000÷0.85≒81,176(원), E제품의 매출액은 39,000÷0.65=60,000(원)
따라서 Y공장에서 생산되는 제품 중 매출액이 가장 높은 제품은 B이다.

[상세해설] 매출원가율은 제품원가를 매출액으로 나눈 비율이므로 매출액은 다음과 같은 식으로 구할 수 있다.

(매출원가율)(%)=(제품원가)÷(매출액)×100

→ (매출액)(원)=(제품원가)÷(매출원가율)×100

이때, 제품원가는 고정원가와 변동원가의 합이므로 각 제품별 제품원가와 매출액을 구하면 다음과 같다.

제품	제품원가	매출액
A	38,000+22,000=60,000(원)	60,000÷80×100=75,000(원)
B	45,000+20,000=65,000(원)	65,000÷80×100=81,250(원)
C	50,000+12,000=62,000(원)	62,000÷90×100≒68,889(원)
D	60,000+9,000=69,000(원)	69,000÷85×100≒81,176(원)
E	20,000+19,000=39,000(원)	39,000÷65×100=60,000(원)

따라서 Y공장에서 생산되는 제품 중 매출액이 가장 높은 제품은 B이다.

49 ③

인증 유효기간은 1년이고, 갱신 신청은 유효기간이 끝나기 1개월 전까지 인증 갱신 신청서를 제출해야 한다. 따라서 인증을 받은 후 11개월 이내에 인증 갱신 신청서를 제출해야 한다.

[오답풀이] ① 버섯류는 연중 생산이 가능하므로 인증 신청 시 재배포장에 신청대상 농산물이 생육 중이면 재배기간 중 신청 가능하다.
② 기존에 인증을 받은 자가 생산면적을 추가하여 변경 신청한 경우 인증심사의 일부가 면제되고, 축소하여 변경 신청한 경우에는 전부 면제된다.

④ 유효기간 연장 신청은 유효기간 만료 1개월 전까지 인증기관에 신청서를 제출하면 된다. 하지만, 유효기간을 얼마만큼 연장할 수 있는지는 알 수 없다.
⑤ 농산물 우수관리 인증을 받은 자가 생산자의 거주지 주소를 변경하는 경우, 변경 전 미리 신청서를 제출해야 하고, 접수 후 14일 이내에 처리가 된다.

50 ①

A생산자 단체가 지불해야 하는 총인증 비용은 3,205,000원이다.

[상세해설] 신청수수료의 경우 우수관리인증 유효기간 연장은 5농가까지 30,000원이고, 6농가 이상부터는 1농가당 1,000원씩 추가되므로
30,000+45×1,000=75,000(원)이다.
심사원 1인은 하루에 2농가를 심사하므로 50농가를 심사하기 위해서는 25일이 소요된다. 이에 따라 식비는 2만 원×25=500,000(원), 일비는 3만 원×25=750,000(원)이다. 숙박은 24일 하고, 일일 상한액이 70,000(원)이므로 숙박비는 24×7만 원=1,680,000(원)이다. 교통비는 실비 지급이므로 200,000(원)이다.
따라서 지불해야 하는 총인증 비용은
75,000+200,000+500,000+750,000+1,680,000
=3,205,000(원)이다.

피듈형 NCS 실전모의고사 1회

수험번호

수 험 번 호					
⓪①②③④⑤⑥⑦⑧⑨	⓪①②③④⑤⑥⑦⑧⑨	⓪①②③④⑤⑥⑦⑧⑨	⓪①②③④⑤⑥⑦⑧⑨	⓪①②③④⑤⑥⑦⑧⑨	⓪①②③④⑤⑥⑦⑧⑨

출생(생년을 제외한) 월일

출생(생년을 제외한) 월일			
⓪①②③④⑤⑥⑦⑧⑨	⓪①②③④⑤⑥⑦⑧⑨	⓪①②③④⑤⑥⑦⑧⑨	⓪①②③④⑤⑥⑦⑧⑨

성명

수험생 유의 사항

(1) 아래와 같은 방식으로 답안지를 바르게 작성한다.

[보기] ① ② ● ④ ⑤

(2) 성명란은 왼쪽부터 빠짐없이 순서대로 작성한다.

(3) 수험번호는 각자 자신에게 부여받은 번호를 표기하여 작성한다.

(4) 출생 월일은 출생연도를 제외하고 작성한다.

(예) 2002년 4월 1일 → 0401

01	①②③④⑤	16	①②③④⑤	31	①②③④⑤
02	①②③④⑤	17	①②③④⑤	32	①②③④⑤
03	①②③④⑤	18	①②③④⑤	33	①②③④⑤
04	①②③④⑤	19	①②③④⑤	34	①②③④⑤
05	①②③④⑤	20	①②③④⑤	35	①②③④⑤
06	①②③④⑤	21	①②③④⑤	36	①②③④⑤
07	①②③④⑤	22	①②③④⑤	37	①②③④⑤
08	①②③④⑤	23	①②③④⑤	38	①②③④⑤
09	①②③④⑤	24	①②③④⑤	39	①②③④⑤
10	①②③④⑤	25	①②③④⑤	40	①②③④⑤
11	①②③④⑤	26	①②③④⑤		
12	①②③④⑤	27	①②③④⑤		
13	①②③④⑤	28	①②③④⑤		
14	①②③④⑤	29	①②③④⑤		
15	①②③④⑤	30	①②③④⑤		

피듈형 NCS 실전모의고사 2회

수험번호

수	험	번	호

⓪ ① ② ③ ④ ⑤ ⑥ ⑦ ⑧ ⑨

출생(생년을 제외한) 월일

⓪ ① ② ③ ④ ⑤ ⑥ ⑦ ⑧ ⑨

성명

수험생 유의 사항

(1) 아래와 같은 방식으로 답안지를 바르게 작성한다.

[보기] ① ② ● ④ ⑤

(2) 성명란은 왼쪽부터 빠짐없이 순서대로 작성한다.

(3) 수험번호는 각자 자신에게 부여받은 번호를 표기하여 작성한다.

(4) 출생 월일은 출생연도를 제외하고 작성한다.

(예) 2002년 4월 1일 → 0401

01	① ② ③ ④ ⑤	16	① ② ③ ④ ⑤	31	① ② ③ ④ ⑤	46	① ② ③ ④ ⑤
02	① ② ③ ④ ⑤	17	① ② ③ ④ ⑤	32	① ② ③ ④ ⑤	47	① ② ③ ④ ⑤
03	① ② ③ ④ ⑤	18	① ② ③ ④ ⑤	33	① ② ③ ④ ⑤	48	① ② ③ ④ ⑤
04	① ② ③ ④ ⑤	19	① ② ③ ④ ⑤	34	① ② ③ ④ ⑤	49	① ② ③ ④ ⑤
05	① ② ③ ④ ⑤	20	① ② ③ ④ ⑤	35	① ② ③ ④ ⑤	50	① ② ③ ④ ⑤
06	① ② ③ ④ ⑤	21	① ② ③ ④ ⑤	36	① ② ③ ④ ⑤		
07	① ② ③ ④ ⑤	22	① ② ③ ④ ⑤	37	① ② ③ ④ ⑤		
08	① ② ③ ④ ⑤	23	① ② ③ ④ ⑤	38	① ② ③ ④ ⑤		
09	① ② ③ ④ ⑤	24	① ② ③ ④ ⑤	39	① ② ③ ④ ⑤		
10	① ② ③ ④ ⑤	25	① ② ③ ④ ⑤	40	① ② ③ ④ ⑤		
11	① ② ③ ④ ⑤	26	① ② ③ ④ ⑤	41	① ② ③ ④ ⑤		
12	① ② ③ ④ ⑤	27	① ② ③ ④ ⑤	42	① ② ③ ④ ⑤		
13	① ② ③ ④ ⑤	28	① ② ③ ④ ⑤	43	① ② ③ ④ ⑤		
14	① ② ③ ④ ⑤	29	① ② ③ ④ ⑤	44	① ② ③ ④ ⑤		
15	① ② ③ ④ ⑤	30	① ② ③ ④ ⑤	45	① ② ③ ④ ⑤		

피둘형 NCS 실전모의고사 3회

성 명	수 험 번 호

출생(생년을 제외한) 월일

01	① ② ③ ④ ⑤	16	① ② ③ ④ ⑤	31	① ② ③ ④ ⑤	46	① ② ③ ④ ⑤
02	① ② ③ ④ ⑤	17	① ② ③ ④ ⑤	32	① ② ③ ④ ⑤	47	① ② ③ ④ ⑤
03	① ② ③ ④ ⑤	18	① ② ③ ④ ⑤	33	① ② ③ ④ ⑤	48	① ② ③ ④ ⑤
04	① ② ③ ④ ⑤	19	① ② ③ ④ ⑤	34	① ② ③ ④ ⑤	49	① ② ③ ④ ⑤
05	① ② ③ ④ ⑤	20	① ② ③ ④ ⑤	35	① ② ③ ④ ⑤	50	① ② ③ ④ ⑤
06	① ② ③ ④ ⑤	21	① ② ③ ④ ⑤	36	① ② ③ ④ ⑤		
07	① ② ③ ④ ⑤	22	① ② ③ ④ ⑤	37	① ② ③ ④ ⑤		
08	① ② ③ ④ ⑤	23	① ② ③ ④ ⑤	38	① ② ③ ④ ⑤		
09	① ② ③ ④ ⑤	24	① ② ③ ④ ⑤	39	① ② ③ ④ ⑤		
10	① ② ③ ④ ⑤	25	① ② ③ ④ ⑤	40	① ② ③ ④ ⑤		
11	① ② ③ ④ ⑤	26	① ② ③ ④ ⑤	41	① ② ③ ④ ⑤		
12	① ② ③ ④ ⑤	27	① ② ③ ④ ⑤	42	① ② ③ ④ ⑤		
13	① ② ③ ④ ⑤	28	① ② ③ ④ ⑤	43	① ② ③ ④ ⑤		
14	① ② ③ ④ ⑤	29	① ② ③ ④ ⑤	44	① ② ③ ④ ⑤		
15	① ② ③ ④ ⑤	30	① ② ③ ④ ⑤	45	① ② ③ ④ ⑤		

피듈형 NCS 실전모의고사 4회

번호	①	②	③	④	⑤
01	①	②	③	④	⑤
02	①	②	③	④	⑤
03	①	②	③	④	⑤
04	①	②	③	④	⑤
05	①	②	③	④	⑤
06	①	②	③	④	⑤
07	①	②	③	④	⑤
08	①	②	③	④	⑤
09	①	②	③	④	⑤
10	①	②	③	④	⑤
11	①	②	③	④	⑤
12	①	②	③	④	⑤
13	①	②	③	④	⑤
14	①	②	③	④	⑤
15	①	②	③	④	⑤
16	①	②	③	④	⑤
17	①	②	③	④	⑤
18	①	②	③	④	⑤
19	①	②	③	④	⑤
20	①	②	③	④	⑤
21	①	②	③	④	⑤
22	①	②	③	④	⑤
23	①	②	③	④	⑤
24	①	②	③	④	⑤
25	①	②	③	④	⑤
26	①	②	③	④	⑤
27	①	②	③	④	⑤
28	①	②	③	④	⑤
29	①	②	③	④	⑤
30	①	②	③	④	⑤
31	①	②	③	④	⑤
32	①	②	③	④	⑤
33	①	②	③	④	⑤
34	①	②	③	④	⑤
35	①	②	③	④	⑤
36	①	②	③	④	⑤
37	①	②	③	④	⑤
38	①	②	③	④	⑤
39	①	②	③	④	⑤
40	①	②	③	④	⑤
41	①	②	③	④	⑤
42	①	②	③	④	⑤
43	①	②	③	④	⑤
44	①	②	③	④	⑤
45	①	②	③	④	⑤
46	①	②	③	④	⑤
47	①	②	③	④	⑤
48	①	②	③	④	⑤
49	①	②	③	④	⑤
50	①	②	③	④	⑤
51	①	②	③	④	⑤
52	①	②	③	④	⑤
53	①	②	③	④	⑤
54	①	②	③	④	⑤
55	①	②	③	④	⑤
56	①	②	③	④	⑤
57	①	②	③	④	⑤
58	①	②	③	④	⑤
59	①	②	③	④	⑤
60	①	②	③	④	⑤

성 명 / 수 험 번 호 / 출생(생년을 제외한) 월일

수험생 유의 사항

(1) 아래와 같은 방식으로 답안지를 바르게 작성한다.

[보기] ① ② ● ④ ⑤

(2) 성명란은 왼쪽부터 빠짐없이 순서대로 작성한다.

(3) 수험번호는 각자 자신에게 부여된 번호를 표기하여 작성한다.

(4) 출생 월일은 출생연도를 제외하고 작성한다.

(예) 2002년 4월 1일 → 0401

피듈형 NCS 실전모의고사 5회

수험번호

	성 명	출생(생년월일 제외한) 월일

수험생 유의 사항

(1) 아래와 같은 방식으로 답안지를 바르게 작성한다.
[보기] ① ② ● ④ ⑤
(2) 성명란은 왼쪽부터 빠짐없이 순서대로 작성한다.
(3) 수험번호는 각자 자신에게 부여받은 번호를 표기하여 작성한다.
(4) 출생 월일은 출생연도를 제외하고 작성한다.
(예) 2002년 4월 1일 → 0401

번호						번호						번호					
01	① ② ③ ④ ⑤					16	① ② ③ ④ ⑤					31	① ② ③ ④ ⑤				
02	① ② ③ ④ ⑤					17	① ② ③ ④ ⑤					32	① ② ③ ④ ⑤				
03	① ② ③ ④ ⑤					18	① ② ③ ④ ⑤					33	① ② ③ ④ ⑤				
04	① ② ③ ④ ⑤					19	① ② ③ ④ ⑤					34	① ② ③ ④ ⑤				
05	① ② ③ ④ ⑤					20	① ② ③ ④ ⑤					35	① ② ③ ④ ⑤				
06	① ② ③ ④ ⑤					21	① ② ③ ④ ⑤					36	① ② ③ ④ ⑤				
07	① ② ③ ④ ⑤					22	① ② ③ ④ ⑤					37	① ② ③ ④ ⑤				
08	① ② ③ ④ ⑤					23	① ② ③ ④ ⑤					38	① ② ③ ④ ⑤				
09	① ② ③ ④ ⑤					24	① ② ③ ④ ⑤					39	① ② ③ ④ ⑤				
10	① ② ③ ④ ⑤					25	① ② ③ ④ ⑤					40	① ② ③ ④ ⑤				
11	① ② ③ ④ ⑤					26	① ② ③ ④ ⑤					41	① ② ③ ④ ⑤				
12	① ② ③ ④ ⑤					27	① ② ③ ④ ⑤					42	① ② ③ ④ ⑤				
13	① ② ③ ④ ⑤					28	① ② ③ ④ ⑤					43	① ② ③ ④ ⑤				
14	① ② ③ ④ ⑤					29	① ② ③ ④ ⑤					44	① ② ③ ④ ⑤				
15	① ② ③ ④ ⑤					30	① ② ③ ④ ⑤					45	① ② ③ ④ ⑤				
												46	① ② ③ ④ ⑤				
												47	① ② ③ ④ ⑤				
												48	① ② ③ ④ ⑤				
												49	① ② ③ ④ ⑤				
												50	① ② ③ ④ ⑤				

피둘형 NCS 실전모의고사 6회

번호	답란	번호	답란	번호	답란	번호	답란
01	① ② ③ ④ ⑤	16	① ② ③ ④ ⑤	31	① ② ③ ④ ⑤	46	① ② ③ ④ ⑤
02	① ② ③ ④ ⑤	17	① ② ③ ④ ⑤	32	① ② ③ ④ ⑤	47	① ② ③ ④ ⑤
03	① ② ③ ④ ⑤	18	① ② ③ ④ ⑤	33	① ② ③ ④ ⑤	48	① ② ③ ④ ⑤
04	① ② ③ ④ ⑤	19	① ② ③ ④ ⑤	34	① ② ③ ④ ⑤	49	① ② ③ ④ ⑤
05	① ② ③ ④ ⑤	20	① ② ③ ④ ⑤	35	① ② ③ ④ ⑤	50	① ② ③ ④ ⑤
06	① ② ③ ④ ⑤	21	① ② ③ ④ ⑤	36	① ② ③ ④ ⑤		
07	① ② ③ ④ ⑤	22	① ② ③ ④ ⑤	37	① ② ③ ④ ⑤		
08	① ② ③ ④ ⑤	23	① ② ③ ④ ⑤	38	① ② ③ ④ ⑤		
09	① ② ③ ④ ⑤	24	① ② ③ ④ ⑤	39	① ② ③ ④ ⑤		
10	① ② ③ ④ ⑤	25	① ② ③ ④ ⑤	40	① ② ③ ④ ⑤		
11	① ② ③ ④ ⑤	26	① ② ③ ④ ⑤	41	① ② ③ ④ ⑤		
12	① ② ③ ④ ⑤	27	① ② ③ ④ ⑤	42	① ② ③ ④ ⑤		
13	① ② ③ ④ ⑤	28	① ② ③ ④ ⑤	43	① ② ③ ④ ⑤		
14	① ② ③ ④ ⑤	29	① ② ③ ④ ⑤	44	① ② ③ ④ ⑤		
15	① ② ③ ④ ⑤	30	① ② ③ ④ ⑤	45	① ② ③ ④ ⑤		

성 명

수 험 번 호

⓪ ① ② ③ ④ ⑤ ⑥ ⑦ ⑧ ⑨

출생(생년을 제외한) 월일

⓪ ① ② ③ ④ ⑤ ⑥ ⑦ ⑧ ⑨

수험생 유의 사항

(1) 아래와 같은 방식으로 답안지를 바르게 작성한다.

[보기] ① ② ● ④ ⑤

(2) 성명란은 왼쪽부터 빠짐없이 순서대로 작성한다.

(3) 수험번호는 각자 자신에게 부여받은 번호를 표기하여 작성한다.

(4) 출생 월일은 출생연도를 제외하고 작성한다.

(예) 2002년 4월 1일 → 0401

MEMO

MEMO

정답과 해설

최신판

에듀윌 공기업 피듈형 NCS 실전모의고사

고객의 꿈, 직원의 꿈, 지역사회의 꿈을 실현한다

에듀윌 도서몰
book.eduwill.net

- 부가학습자료 및 정오표: 에듀윌 도서몰 > 도서자료실
- 교재 문의: 에듀윌 도서몰 > 문의하기 > 교재(내용, 출간) / 주문 및 배송